STADTGRÜN [*Urban Green*

Wirtz International, Boulevard du Roi Albert II, Brüssel, Belgien, 1992 [Wirtz International, Boulevard du Roi Albert II, Brussels, Belgium, 1992

Annette Becker, Peter Cachola Schmal (Hrsg. [Eds.)

STADTGRÜN

Europäische Landschaftsarchitektur für das 21. Jahrhundert

Urban Green

European Landscape Design for the 21st century

Birkhäuser
Basel

Burckhardt + Partner/Raderschall Landschaftsarchitekten, MFO-Park, Zürich, Schweiz, 2002 [Burckhardt + Partner/Raderschall Landschaftsarchitekten, MFO-Park, Zurich, Switzerland, 2002

INHALTSVERZEICHNIS [CONTENTS

VORWORT [PREFACE

Seit seiner Gründung in der zweiten Hälfte des 19. Jahrhunderts findet der Frankfurter Palmengarten als Gartenanlage regionale und überregionale Beachtung. Das liegt sicher an der Tatsache, dass er von Anfang an ein Garten der gesamten Bürgerschaft war und kein exklusiver Schlosspark oder Privatgarten eines großbürgerlichen Potentaten. In Frankfurt gab es außer dem Zoo und der »Nizza« genannten Flaniermeile am Mainufer nur sehr wenige öffentlich zugängliche Parkanlagen. Daher waren die Bürger vom Palmengarten sogleich begeistert und besuchten ihn in Scharen. Dieses neuartige und faszinierende Stück gestalteter Natur erschien allen, die keinen eigenen Garten hatten, wie ein kleines Paradies. Andere holten sich schon damals jede Menge Anregungen, wie man das eigene Fleckchen Grün gestalten könnte.

Das Geschäftsmodell des Landschaftsarchitekten Heinrich Siesmayer (1817 – 1900) war genial. Mit seinen weiträumigen Mustergärten wie dem Kurpark in Bad Nauheim oder dem Palmengarten in der Mainstadt begeisterte er das aufstrebende Bürgertum – die daraus resultierende Nachfrage befriedigte er mit seiner Firma Gebrüder Siesmayer. In seinen Memoiren behauptet er, insgesamt etwa 1 000 Gärten geschaffen zu haben!

Siesmayers Anlagen mit ihren reichbestückten Schmuckbeeten, den modellierten Landschaften und geschwungenen Wegen, den Weihern, Grotten und Aussichtspunkten waren äußerst modern. Auch wenn der Zahn der Zeit inzwischen eine schleichende Erosion der zum Teil recht verspielten Elemente bewirkt hat, sind diese Gärten aus dem 19. Jahrhundert mit ihrem reichen Gehölzbestand und ihren großzügigen Sichtachsen noch immer ein wichtiges Gartenkulturgut.

Heutige Garten- und Landschaftsarchitekten dürften Siesmayer vor allem um die immensen Flächen beneiden, die er damals gestalten konnte. Mit der Bevölkerungsexplosion sind die Städte immer größer geworden, die Grünflächen und Parkanlagen im gleichen Maße geschrumpft. Raumnot aber kann, wie fast jede Not, durchaus auch erfinderisch machen. Das beweisen gärtnerische Konzepte der jüngsten Zeit. Weit schlimmer allerdings ist der verheerende Einfluss fehlender Finanzen. Wenn die Kosten für die Erstellung von Grünanlagen »optimiert« werden müssen, der Pflegeaufwand für den Erhalt drastisch eingeschränkt wird, wird manches phantastische Konzept zukunftsweisender Gartenkultur bereits im Keim erstickt. Wollte man das Siesmayersche Blumenparterre in seiner einstigen Pracht zeigen, würden die Kosten das heutige Budget für die Pflege des Sommerflors schlicht sprengen.

Ever since its founding in the second half of the nineteenth century, Frankfurt's Palmengarten has been widely admired as a public garden both regionally and nationally. This is due not least to the fact that it was conceived from the beginning as a garden for the citizens and not as an exclusive castle garden or the private grounds of some local magnate. At the time, with the exception of the zoo and the »Nizza« promenade along the banks of the River Main, there were very few publicly accessible gardens. The Palmengarten accordingly attained immediate popularity and was soon inundated with throngs of visitors. For those who had no garden of their own, this entirely new and fascinating piece of designed nature seemed like a glimpse of paradise. Others drew all manner of inspiration for ways in which they could design their very own spot of green.

For the landscape architect Heinrich Siesmayer (1817 – 1900), the Palmengarten was part of an astute business model. His extensive model gardens, another example is the Spa Gardens in Bad Nauheim, captured the imagination of the emerging middle classes, creating a demand which he then catered for with his company Gebrüder Siesmayer. In his memoirs he purports to have created about 1 000 gardens altogether!

Siesmayer's gardens with their well-stocked flowerbeds, modelled landscapes, winding paths, shrines, grottos and vantage points were exceptionally modern for the time. And although the ravages of time have since eroded many of the somewhat fanciful elements, these nineteenth-century gardens, with their rich stock of mature trees and sight lines, still represent an important cultural asset.

Contemporary garden and landscape architects will surely be envious of the immense acreage available to Siesmayer. As the population explosion progressed, the cities grew ever larger while the green spaces and parks shrunk to a corresponding degree. But constraints – in this case a lack of space – can breed resourcefulness, a fact demonstrated by many more recent garden concepts. Much worse, however, is the devastating effect of a lack of finances. The need to »optimise« the cost of creating green spaces, to drastically minimise the cost of maintenance sounds the death knell for many fantastic and forward-looking garden concepts. If one were to realise the flowerbeds of Siesmayer's gardens today in their full glory, the cost of maintaining the summer blooms would quite simply exceed all available budgets.

Man muss sich nicht wundern, wenn viele Landschaftsarchitekten im Stadtraum über dem Kampf um Kosten immer häufiger den Kampf um Qualität vernachlässigen müssen. Im vorliegenden Band lassen sich die unterschiedlichsten städtebaulichen Sünden des 20. Jahrhunderts und der oft gedankenlose, ja lieblose Umgang mit den immer spärlicheren Grünflächen in gleich mehreren kritischen Essays nachlesen. Dass aus den Fehlern gelernt werden muss und wie vielfältig die Konsequenzen sein können, dokumentiert dieses Buch gleichfalls. Aus Anlass und als Begleitband der Ausstellung »STADTGRÜN – Europäische Landschaftsarchitektur für das 21. Jahrhundert« erschienen, stellt es eine Fülle innovativer Gartenkonzeptionen vor. Das Spektrum der Projekte aus Amsterdam, Berlin, London, Lyon, Madrid, Paris, Rom, Zürich und anderen europäischen Städten reicht vom Nutzgarten bis zum Park, vom prominenten Flussufer bis zur urbanen Plaza, vom Spielplatz zum Wohn-Wald, vom Friedhof bis zu modernen hängenden Gärten.
Dem Deutschen Architekturmuseum als Initiator und federführendem Veranstalter der Schau ist es mit der Auswahl der Autoren für diesen Band ebenso wie mit den vorgestellten Landschaftsplanern und Gartenkünstlern gelungen, einen überzeugenden Ausschnitt aus dem hochaktuellen Komplex bisheriger und zukünftiger Grünanlagen unserer Städte zu präsentieren. Es werden Probleme und Problemlösungen vorgestellt, die ökologische und die psychologische Bedeutung, kulturelle und nützliche Aspekte, Hässliches und Schönes gleichermaßen.
Die Vielfalt der theoretischen und praktischen Ansätze versteht sich nicht zuletzt als Appell, dieses wichtige Thema nicht nur Politikern, Bauherren und Investoren zu überlassen. Die Grünen Lungen urbaner Räume gehen uns alle an. Da ist es ein gutes Zeichen und ein schöner Anfang, dass bei diesem Thema zwei namhafte Frankfurter Institutionen zusammenarbeiten und das Thema »STADTGRÜN« gemeinsam ins Rampenlicht stellen. Die vom Deutschen Architekturmuseum konzipierte Ausstellung wird in einem üppig-grünen Umfeld, mitten im Frankfurter Palmengarten zu sehen sein, dessen Motto »Pflanzen, Leben, Kultur« lautet. Als traditionsreicher Schau-, Lehr- und Bürgergarten, der einzigartig in ganz Deutschland ist, hat der Palmengarten freilich in puncto gärtnerischer Zukunftsideen schon seit jeher die Nase vorn, seine Existenz inklusive...

Matthias Jenny
Direktor des Palmengartens, Frankfurt am Main

It should be no surprise, then, that many urban landscape architects, driven by the need to stay within cost constraints, are finding it increasingly difficult to deliver the same level of quality. Several of the critical essays in this volume detail the plethora of bad planning decisions made in the twentieth century and the often thoughtless or lacklustre approach to dealing with the ever sparser green spaces in cities. This book also documents how we can learn from these mistakes and just how varied the results can be. Published as a catalogue to accompany the exhibition »Urban Green – European Landscape Design for the 21st Century«, it presents a wealth of innovative garden concepts. The spectrum of the projects from Amsterdam, Berlin, London, Lyon, Madrid, Paris, Rome, Zurich and other European cities ranges from vegetable gardens to parks, from high-profile riverside projects to urban plazas, from playgrounds to residential woodland, from cemeteries to modern hanging gardens.
As the initiator and curator of the exhibition, the Deutsches Architekturmuseum has been able to bring together both a selection of authors as well as landscape architects and garden designers whose work constitutes a representative cross-section of the contemporary complex of current and future planned green spaces in our cities. Problems and solutions are presented and assessed in terms of their ecological and psychological relevance, cultural and functional aspects, and ugliness and beauty.
The variety of theoretical and practical approaches can be understood not least as a call to action: this topic is too important to be left to politicians, clients and investors – the green lungs of our urban environment are vital to us all. In light of this situation it is a positive signal and an appropriate start that two noted institutions in Frankfurt collaborate to raise public awareness of the topic of »Urban Green«. The exhibition, conceived and presented by the Deutsches Architekturmuseum, will be on show in the heart of the lush, green environment of Frankfurt's Palmengarten whose motto is »Plants, Life, Culture«. As a garden rich in tradition, conceived for the people and for looking and learning, the Palmengarten is unparalleled in Germany and has, since its very existence, always been a step ahead where garden concepts for the future are concerned.

Matthias Jenny
Director of the Palmengarten, Frankfurt am Main

Die seit einigen Jahren anhaltende Wiederentdeckung der Innenstädte hat die Sehnsucht der Menschen nach der Natur nicht verdrängt. Im Gegenteil, es müssen heute immer mehr innerstädtische Lösungen gefunden werden, um diese wachsenden Bedürfnisse zu erfüllen. Zugleich muss den wachsenden Anforderungen von Gestaltung, Ökologie, Soziologie und Ökonomie entsprochen werden. Akute Fragen stellen zum Beispiel die Verbesserung der städtischen Umweltsituation, die infolge des Bevölkerungsrückganges zu erwartenden urbanen Schrumpfungsprozesse oder aber die nach wie vor aktuelle Umnutzung alter Industriebrachen dar, und tatsächlich kann das städtische Grün einen entscheidenden Beitrag zu einem nachhaltigen ökologischen Stadtumbau leisten.
Städte sind einerseits Orte, an denen kulturell-zivilisatorische, soziale und ökonomisch-technische Entwicklungen in optimaler Weise vorangetrieben werden können, andererseits vernachlässigt der Lebensraum Stadt die biologischen und ökologischen Bedürfnisse seiner Bewohner, physisches und psychisches Befinden können, ebenso wie die hygienischen Bedingungen, in vielfältiger Weise beeinträchtigt werden. In Reaktion auf diese Entwicklungen entstanden bereits in vergangenen Jahrhunderten viele eindrucksvolle Anlagen und öffentliche Parks in der Stadt, darunter der Hyde Park in London, der Central Park in New York oder der Bois de Boulogne und der Bois de Vincennes in Paris. In Boston wird im späten 19. Jahrhundert mit den Arbeiten an dem sogenannten »Emerald Necklace«, dem ersten planmäßigen innerstädtischen Verbund von Grünanlagen und Freiflächen, begonnen – erstes »Juwel« des »Smaragdhalsbandes« wird der zentrale Stadtpark, der Boston Common. Ohne solche bedeutenden Parkanlagen wären viele Städte heute fast ohne innerstädtisches Grün.

The ongoing renaissance of the inner city in recent years has not in any way lessened its inhabitants' sense of longing for nature. On the contrary, ever more solutions in the inner-city need to be found to cater for this growing need. At the same time, these must fulfil the increasing demands of design, ecology, sociology and economics. Topical issues are for instance the improvement of the urban environment, the shrinking processes resulting from a decline in the urban population or the progressive conversion of former industrial sites; in all of these cases urban green can make a major contribution to the sustainable and ecological renewal of the city.
Cities are on the one hand places that offer optimal conditions for cultural, civic, social and economic-technical developments. On the other hand, the urban habitat neglects the biological and ecological needs of its inhabitants, and is potentially detrimental to their physical and mental well-being and to hygienic conditions as a whole in manifold different ways. As a reaction to these conditions, many impressive urban green spaces arose in the last centuries, including Hyde Park in London, Central Park in New York or the Bois de Boulogne and Bois de Vincennes in Paris. The first planned series of interconnected green areas and open spaces, the »Emerald Necklace« in Boston, was created in the late nineteenth century – the first »jewel« in the »necklace« was the central park, Boston Common. Without the influence of such prominent urban parks, many cities would have next to no urban green spaces.
In contrast to the many people who live from agriculture, private endeavours at cultivating green spaces in the urban habitat, often known as »civic agriculture«, are generally undertaken for pleasure.

Raderschall Landschaftsarchitekten, Innenhof des Bürogebäudes der West-Park AG, Zürich, Schweiz, 2002 [Raderschall Landschaftsarchitekten, inner courtyard of West-Park AG office building, Zurich, Switzerland, 2002

Im Gegensatz zu vielen Menschen, die von der Landwirtschaft leben, ist die private Beschäftigung mit Grün im städtischen Umfeld, im Englischen als »Civic Agriculture« bezeichnet, meist eine Frage des Vergnügens. Für den Städter ist es eine Freude, in seinem Garten, in einem Schrebergarten oder einfach im Freisitz seiner Wohnung seine botanischen Fähigkeiten zu erproben. Wenn gar Leberecht Migges Überlegungen, jedes Haus mit einem Nutzgarten zu versehen, noch einmal umfänglich realisiert würden, käme man möglicherweise einer anderen Umweltethik auf die Spur und würde leichter eine Sensibilisierung für Nachhaltigkeit erreichen.
Verlockend ist auch noch immer die Vision von der »Stadt als Garten«. Fast 80 % aller Menschen in Europa und fast die Hälfte der Weltbevölkerung leben in Städten und Ballungsräumen. Eine von ihnen erträumte Durchgrünung der modernen Metropole kann nur gelingen, wenn diese ihren neuen Lebensformen entspricht. Der »urbane Hybridraum«, ein Freiraumtyp zwischen Park und Platz, ist eine mögliche Antwort auf die neuen Anforderungen der Stadtbewohner.[1]
Sucht man für dieses Buch- und Ausstellungsprojekt nach Vorbildern, so stammt eines aus Frankfurt am Main. Erlässt die Freie Reichsstadt doch bereits 1827 ein Gesetz zur Bewahrung der öffentlichen Grünanlagen, das »Frankfurter Wallservitut«. Es stellte die nach der Schleifung der Wallanlagen kreisförmig um die Stadt errichteten Gärten unter besonderen Schutz und belegte sie mit einem Bebauungsverbot, das, mit Ausnahmen wie dem Gebäude der Alten Oper oder dem Stadtbad Mitte (jetzt Hilton Hotel), bis heute eingehalten wurde. Eindrucksvoll zeigt dies die Einstellung der Bürgerschaft zu ihrem Stadtgrün. Zu Beginn des 21. Jahrhunderts scheint diese Begeisterung auf ihre Wiederentdeckung

For the city dweller, a private garden, an allotment or even just a balcony represents a pleasurable diversion and an opportunity to try out their botanical skills. Leberecht Migge went as far as to propose that every house should have a vegetable garden – were this idea to be realised at a larger scale today, there is a good chance that our attitude to the environment would be different to how it is today, resulting in turn in a better appreciation of the need for sustainability.
Similarly seductive is the long-held vision of the »city as a garden«. Almost 80 % of all people in Europe and almost half of the world's population live in cities and urban conurbations. However, the dream of greening our modern metropolises can only succeed where this corresponds to their citizen's new way of life. One possible answer to the needs of modern city dwellers could be a new kind of »hybrid urban space« that lies between the notion of a park on the one hand and a plaza on the other.[1]
One inspiration for this book and exhibition originates, however, from Frankfurt. In 1827, the Free City of Frankfurt issued a statutory declaration entitled the »Frankfurter Wallservitut« which was to conserve the city's public green spaces. This placed the gardens created after the razing of the city walls under official protection, forbidding the construction of buildings on those sites. With two exceptions, the Old Opera House and the Stadtbad Mitte (an indoor swimming pool that is now part of the Hilton Hotel), the building ban continues to be observed today, a fact that says much about the attitude of the citizens to green space in their city. At the beginning of the twenty-first century, it seems that this enthusiasm has yet to be rediscovered. In some cases, the maintenance of green areas in the

Tobias Emilsson und Kaj Rolf, Botanischer Dachgarten in Augustenborg, Malmö, Schweden, 2001 [Tobias Emilsson and Kaj Rolf, Augustenborg Botanical Roof Garden, Malmö, Sweden, 2001

zu warten. Die Erhaltung innerstädtischer Grünflächen steht verschiedentlich gar zur Disposition, so dass diese wertvollen Freiräume gegen konkurrierende Flächenansprüche verteidigt werden müssen. Neue Parks verdanken ihre Entstehung nicht selten politischen Kompensationsgeschäften. In Frankfurt beispielsweise wird man am Umgang mit dem Frankfurter Grüngürtel beobachten können, wie es sich mit der Einstellung der Stadtgesellschaft zu diesem gefährdeten Gut verhält.

Die zusammen mit einem wissenschaftlichen Beirat (Inken Formann, Christophe Girot, Ulrich Maximilian Schumann, Günther Vogt, Udo Weilacher) ausgewählten Projekte zeigen 27 aktuell realisierte Beispiele von Freiraumgestaltung in Europa, entworfen von international renommierten Landschaftsarchitekten. Neben Projekten aus Amsterdam, Berlin, London, Lyon, Madrid, Paris, Rom, Zürich u.a. werden in der Ausstellung auch zwei aktuelle Grünplanungen aus Frankfurt am Main vorgestellt, die Mainufer-Promenade und der Alte Flugplatz Bonames. Wir haben die kulturelle Einheit gewählt und nicht primär die geografische. Bei unserer Auswahl stand die typologische Vielfalt im Vordergrund, eben das gewaltige Aufgabenspektrum des zeitgenössischen Stadtgrüns mit seinen verschiedensten Formen der Aneignung und Möglichkeiten zur Naturerfahrung.

Die Projekte reichen vom urbanen Hofgarten (Kulturgarten, Berlin) bis zu der Revitalisierung von Flussuferbereichen (Quai De Saône, Lyon) oder Grün-Masterplanungen für ganze Metropolen (Pru Rubattino, Mailand). Sie umfassen hängende Gärten, die Natur förmlich in ein Bild verwandeln (Vertikaler Garten, Caixa Forum, Madrid) und Innenstadtbereiche, die dem Wildwuchs und der Pioniervegetation als Bühne dienen (Schöneberger Südgelände, Berlin). Wir zeigen historisches Stadtgrün (Garten Max Liebermann, Berlin) und temporäre Installationen (Domplatz, Hamburg), begrünte Straßenzüge (Avenue John F. Kennedy, Luxemburg) und Spielplätze für Kinder (Georg-Freundorfer-Platz, München) ebenso wie die Umwandlung von Industriebrachen in nachhaltige Kulturlandschaften (Kulturpark Westergasfabriek, Amsterdam); und einen Park, der als Friedhof genutzt wird (De Nieuwe Ooster, Amsterdam). Wir zeigen Gemeinschaftsgärten und Schrebergärten. Weit gespannt bei allen Beispielen ist auch der Bogen der eingesetzten finanziellen Mittel, so steht der Alte Flugplatz Bonames in Frankfurt am

inner cities has even been called into question with the result that such valuable open spaces will need to be defended against competing land use interests. The creation of new parks is not seldom the product of a political deal or planning gain. In Frankfurt, for example, the future handling of the development of the city's green belt will be a test of civil society's attitude to urban green.

The projects in this book have been selected in cooperation with an advisory committee (Inken Formann, Christophe Girot, Ulrich Maximilian Schumann, Günther Vogt, Udo Weilacher) and show 27 recently completed examples of the design of open spaces in Europe, designed by internationally renowned landscape architects. Alongside projects in Amsterdam, Berlin, London, Lyon, Madrid, Paris, Rome and Zurich, among others, the exhibition presents two new examples of planned green spaces in Frankfurt am Main: the Main Riverside Promenade and the former Bonames Airfield. Our choices are informed by cultural unity rather than geographic location. First and foremost, our selection aims to illustrate the typological variety and sheer breadth of the spectrum of contemporary approaches to experiencing nature in the city and making it a part of everyday life.

The projects range from urban courtyard gardens (Kulturgarten, Berlin) to large projects such as the revitalisation of riverside areas (Quai de Saône, Lyon) or green master planning for entire metropolitan cities (Pru Rubattino, Milan). They encompass hanging gardens that have mutated to become an image of nature (Vertical Garden, Caixa Forum, Madrid) and inner city areas that serve as a stage for wild growth and pioneer vegetation (Schöneberger Südgelände Nature Park, Berlin). Alongside historical urban spaces (Max Liebermann's Garden, Berlin) we show temporary installations (Domplatz, Hamburg), alongside greened street spaces (Avenue John F. Kennedy, Luxembourg) and playgrounds for children (Georg-Freundorfer-Platz, Munich); we show the conversion of industrial wasteland into sustainable cultural landscapes (Westergasfabriek Culture Park, Amsterdam) as well as a park that is used as a cemetery (De Nieuwe Ooster, Amsterdam); we show communal gardens and allotment gardens. Similarly varied is the level of financial investment for the different projects: the former Bonames Airfield in Frankfurt am Main is by far

Main mit 11 Euro pro Quadratmeter unangefochten an günstigster Stelle, während der Potters Field Park in London 833 Euro pro Quadratmeter erforderte.
Die ausgewählten Beispiele wurden zwischen 1990 und 2010 realisiert und gestalten innerstädtische Freiräume zum überwiegenden Teil mit Grünpflanzungen. Dieser Schwerpunkt bei der Auswahl war uns wichtig. Pflanzen wurden zuletzt gelegentlich vergessen oder bewusst ausgespart. Stattdessen bevorzugte man vermeintlich pflegeleichtere künstliche Materialien zur Freiraumgestaltung. Man sah eine angebliche Überlegenheit eines spektakulären Designs gegenüber »einfachen« Pflanzen. Die botanischen und die gärtnerischen Kenntnisse müssen, so scheint es, neu entdeckt werden. Das Wissen um Standorte und Pflege, Wachstum und biologische Zyklen erfordert eine hohe Kompetenz in der Planung wie in der Pflege. Die vermeintlich aufwändige Pflege von Pflanzen ist ein Grund für die spärliche Verwendung in vielen zeitgenössischen Anlagen.
Historisch gesehen bedeutet ein Park vordergründig den Umgang mit Vegetation. In Verbindung mit den weiteren Elementen, im Besonderen den gestalteten Wasser- und Bodenflächen, ergibt sich das Typische, was sich nur hier und immer wieder neu und anders erleben lässt: das Tages- und Jahreszeiten begleitende Spiel von Licht, Schatten und Farben, die Geräuschkulisse und jene offenen und gleichzeitig definierten Räume und Flächen.
Grüne Erholungsräume bieten Ruhe und die Möglichkeit zum Alleinsein, gleichzeitig sind sie ein Ort für Begegnung und Selbstdarstellung. Stadtgrün trägt in unersetzlicher Weise zum psychischen und physi-

the cheapest at 11 Euro per m^2, while Potters Field Park in London incurred an expenditure of 833 Euro per m^2.
The selected projects were realised between 1990 and 2010 and predominantly make use of green planting in the design of inner-city urban spaces. This emphasis was particularly important to us in our selection. In recent times, plants have occasionally been neglected or even consciously sidelined in favour of allegedly more easily maintainable artificial materials for open spaces. Spectacular designs had, it seemed, triumphed over the »simple« plant. Horticultural knowledge and gardening skills, it seems, need to be re-acquired. Where plants are best used, how they are cared for, their growth patterns and biological cycles, such expertise requires a high level of competency among planners as well as carefully planned maintenance concepts. The apparently complex care of plants is one reason for their sparse use in many contemporary outdoor spaces.
From a historical point of view, parks superficially consist of controlled areas of vegetation. It is through the combination of the use of plants with further elements, in particular modelled terrain and expanses of water, that the specific quality of a park comes into being, something that can be experienced only there and in ever changing ways: the play of light as the day progresses and the seasons evolve, shade and colours, the ambient sounds, and those spaces and expanses that are open and defined at the same time.
Green recreational spaces provide peace and quiet and space to be on one's own; at the same time they are a place for meeting and display. Urban green spaces make an invaluable contribution to the physical

Atelier Le Balto, Garten mit kletterndem Hopfen, KW Institute for Contemporary Art, Berlin, Deutschland, 2004 [Atelier Le Balto, garden with climbing hops, KW Institute for Contemporary Art, Berlin, Germany, 2004

schen, klimatischen und hygienischen Wohlbefinden der Menschen bei. Es wirkt als Staubfilter und Leitbahn zur Frischluftversorgung. Es ist Lebensraum für Pflanzen und Tiere, Kommunikations- und Erholungsraum für die Stadtbevölkerung – und bestimmt somit den Wohnwert und die Lebensqualität einer Stadt maßgeblich.
Doch sind angesichts der gestiegenen Umweltbelastung auch die Ansprüche an Pflanzen gestiegen. Zusätzlich wird städtisches Grün inzwischen auch zum Hort für die Wiederherstellung natürlicher Artenvielfalt und bietet Ersatzlebensraum für aus der freien Landschaft verdrängte Pflanzen und Tiere. Stadtnatur produziert ihre eigenen ökologischen Leistungen, sie leistet eine ökologische Ausgleichsfunktion im Umwelthaushalt. Daher muss sie bewusst in die städtebauliche Planung einbezogen und darf nicht mit Restflächen »abgespeist« werden. Mangelnde öffentliche Finanzkraft und klimatische Verschlechterung fordern Landschaftsarchitektur neu heraus. Diversität der Natur, in einer breiten Palette von Naturerlebnismöglichkeiten dargeboten, sollte die Antwort darauf lauten.
Das Projekt »STADTGRÜN – Europäische Landschaftsarchitektur für das 21. Jahrhundert« versteht sich daher als ein engagiertes Plädoyer für eine höhere Wertschätzung und einen behutsameren Umgang mit den innerstädtisch zur Verfügung stehenden Grün- und Freiflächen. Es gibt nicht nur einen Überblick über führende Positionen der Landschaftsarchitektur in Europa – ihre Ziele, Materialien und Technologien, insbesondere über solche, welche die Pflanze wieder in den Mittelpunkt ihres Entwurfsgedankens stellen, sondern auch einen Anstoß, das Grün der Stadt einem größeren Publikum wieder vertraut und bewusst erlebbar zu machen. Darüber hinaus werden in zehn Essays ausgewählte Fragen von dem Umgang mit historischen Gärten bis zum zukunftstauglichen Nutzungskonzept von urbanen Grünanlagen diskutiert.
Die Ausstellung »STADTGRÜN – Europäische Landschaftsarchitektur für das 21. Jahrhundert« ist wie das begleitende Buch eine Kooperation zwischen dem Deutschen Architekturmuseum und dem Palmengarten Frankfurt am Main. Es steht unter der Schirmherrschaft und Förderung von Dr. Peter Ramsauer, Bundesminister für Verkehr, Bau und Stadtentwicklung, und Dr. h.c. Petra Roth, Frankfurter Oberbürgermeisterin und Präsidentin des Deutschen Städtetages.
Das Deutsche Architekturmuseum dankt dem Palmengarten Frankfurt und hier besonders seinem Direktor Matthias Jenny sowie seiner Mitarbeiterin

and mental well-being of people and their climatic and hygienic environment. They filter dust from the air and act as a fresh air corridor. They serve as a habitat for plants and animals and as a space for communication and recreation for city dwellers. Accordingly, they have a lasting effect on the quality of life and amenities in a city.
However, as environmental pollution increases, plants will need to be ever more resilient. In addition urban green spaces have become havens for the recreation of biological diversity, providing alternative habitats for plants and animals that are no longer to be found in the countryside. Urban nature has an ecological capacity of its own – it serves a compensatory function within the environmental system. It is therefore vital that it is consciously incorporated into urban planning and not treated merely as residual space. A lack of public funding and detrimental climatic conditions present new challenges for landscape architecture. The answer is to be found in natural diversity, in a broad palette of different ways of experiencing nature.
In this respect, »Urban Green – European Landscape Design for the 21st Century« should be understood as an earnest plea for a greater awareness of and a more sensitive approach to public open spaces and green within our inner cities. It provides an overview of the leading standpoints in contemporary landscape architecture and their respective objectives, materials and technologies, focusing particularly on approaches that place plants in the centre of their design intention. Furthermore, these ideas are an invitation to make green within the city more accessible and tangible to an ever wider section of society. Ten expert essays address a selection of relevant topics, ranging from various ways of redesigning and reintegrating historical gardens to innovative use concepts for urban green spaces.
The exhibition »Urban Green – European Landscape Design for the 21st Century« and the accompanying book is a collaboration between the Deutsches Architekturmuseum and the Palmengarten Frankfurt am Main. It stands under the patronage and sponsorship of Dr. Peter Ramsauer, Federal Minister of Transport, Building and Urban Development, and Dr. h.c. Petra Roth, mayor of the City of Frankfurt and president of the German Association of Cities.
The Deutsches Architekturmuseum would like to thank the Palmengarten Frankfurt, and in particular its director Matthias Jenny and his associate Karin Wittstock, for the exceptional cooperation and

Karin Wittstock, die mit größtem Entgegenkommen und eindrucksvoller Kompetenz unser Projekt mit getragen und bereichert haben. In der Zusammenarbeit beider Institutionen haben sich viele neue Perspektiven eröffnet.
Wir bedanken uns besonders auch bei unseren wissenschaftlichen Beratern, die dieses Ausstellungsprojekt begleitet und mit wichtigen Anregungen befördert haben, sowie bei den teilnehmenden wissenschaftlichen Autoren.

impressive competence with which they have supported and enriched our project. The collaboration between both institutions has opened up new perspectives for future work.
We would also like to extend our thanks to the members of the advisory committee whose assistance and valuable suggestions have enriched this project, and to the authors who have contributed to the catalogue with their scientific expertise.

1 *werk, bauen + wohnen*, »Platz und Park«, 5/2003, mit Beiträgen von Ulrich Maximilian Schumann, Udo Weilacher, Christophe Girot u.a.

1 *werk, bauen + wohnen*, »Platz und Park«, 5/2003, with contributions by Ulrich Maximilian Schumann, Udo Weilacher, and Christophe Girot among others.

Datsche in der Siedlung Rennbahn, Berlin-Weißensee (Pankow), Deutschland, 2008 [Country cottage in the Rennbahn housing estate, Berlin-Weißensee (Pankow), Germany, 2008

VERFREMDETES LAND [DISTURBED TERRAIN

Marc Treib

In gewisser Hinsicht zahlen wir heute den Preis für die Sünden unserer Vorgänger. Ihre Hinterlassenschaft: enorme Rückstände nach eineinhalb Jahrhunderten aktiver industrieller Produktion und Krieg in Form von tausenden, wenn nicht gar hunderttausenden Hektar bebauter Brachfläche. Doch auch wenn das mechanische Zeitalter städtische und außerstädtische Gebiete maßlos verunstaltet hat, ist die Präsenz der Überreste dieser Zerstörungen eine Herausforderung an unsere Kreativität. Wie können wir diese Gebiete sanieren und sie für neue, in der Regel öffentliche Nutzungen umgestalten? Wie können braune Wüsten in grüne Paradiesgärten umgewandelt werden?

In den vergangenen zwei Jahrzehnten sind viele Industriebrachen zum Gegenstand bedeutender Landschaftsarchitekturprojekte geworden. Den Wendepunkt markierte der Landschaftspark Duisburg-Nord im deutschen Ruhrgebiet. Obwohl der Wettbewerb bereits 1989 im Zusammenhang mit der IBA Emscherpark stattfand, vergingen zehn Jahre bis zur Realisierung.[1] Der 220 Hektar große Park erstreckt sich auf einem Gelände, das einst der Kohlen- und Eisenproduktion diente, und ist Teil einer ambitionierten Initiative, die verfallene Industriebrachen des Ruhrgebiets über eine Strecke von beinahe 100 Kilometern von Westen nach Osten in eine nachhaltige Kulturlandschaft verwandeln will. Bei der Erarbeitung des Entwurfs stellte das Landschaftsarchitekturbüro Latz + Partner sich dem zerstörten Gelände und dem brutalen Erscheinungsbild der Industrieanlagen, indem es ihm durch Boden- und Wassersanierungen bzw. durch extensive Bepflanzungen Herr zu werden suchte. Anstatt die monumentalen Bauten abzureißen, machte das Entwurfsteam sie neuen Nutzungen zugänglich, in Form von Kletterwänden, als Tauchsportzentrum, Garten-

In some ways we are paying today for the sins of those who have gone before us. That legacy: the vast remains of a century and a half of active industrial production and war which have left us with thousands, if not hundreds of thousands, of hectares of constructed wastelands. But if these remains of the Mechanical Age have despoiled urban and ex-urban terrain in unmatched quantity, their very existence also challenges our creativity. How can we decontaminate and convert these lands to new, often public, uses? How can we fashion green Edens from brown deserts?

A number, perhaps a majority, of significant landscape architecture projects from the last two decades involve these industrial wastelands. The watershed project was the Landschaftspark Duisburg-Nord (Germany) realised over a decade after an invited competition held in 1989 as part of the Internationale Bauaustellung.[1] The 220 hectare park, built on land that once supported coke and steel production, was a part of an ambitious project to convert the derelict industrial sites of the Ruhrgebiet into a heritage cultural landscape that spanned almost 100 kilometres from west to east. In formulating the design, Latz + Partner accepted the brutality of the existing structures and engaged them through soil remediation, water purification, and extensive areas of planting. Rather than removing these gigantic structures, the design team recast them as walls for climbing, tanks for diving, enclosures for gardens, and water for education and recreation. The design strategy was essentially one of reduction, reinterpretation, and overlay. Volunteer plants and trees accompanied purposeful seedings, and over time much of the site has been covered by vines,

Thorbjörn Andersson/Sweco FFNS, Daniapark, Malmö, Schweden, 2001 [Thorbjörn Andersson/Sweco FFNS, Daniapark, Malmö, Sweden, 2001

umschließungen und als Wasserflächen für Information und Erholung. Die Entwurfsstrategie basierte prinzipiell auf Reduktion, Umdeutung und Überlagerung. Wildwüchsige Pflanzen und Bäume gesellten sich zu den vom Architekten gestalteten Neupflanzungen, und im Laufe der Jahre haben Ranken, Blumen, Gräser und eine Vielfalt von Bäumen, hauptsächlich Birken, einen Großteil des Geländes überwuchert. Die Ästhetik dieses Ansatzes liegt im Austausch zwischen industrieller Vergangenheit und ökologischer Gegenwart – ähnlich Carlo Scarpas Gegenüberstellung neuer Anbauten und historischer Gebäude für seine Museumsentwürfe in den 1950er Jahren.[2]

Als konzeptionelles Vorbild für Duisburg-Nord und seine Nachfolger diente allerdings weniger Scarpas detailbesessene Akribie als die Bau- und Verfallsprozesse sichtbar machende Vision des amerikanischen Künstlers Robert Smithson. Bereits in den 1960er Jahren hatte Smithson eine Neuuntersuchung unserer Alltagsumwelt gefordert – oftmals eine städtische Umgebung, der wir mit Verachtung gegenüberstehen. In seinem Essay »Fahrt zu den Monumenten von Passaic, New Jersey« wies Smithson auf das Verseuchte, Verrostete und Verlassene hin und identifizierte diese Elemente als Objekte, die Aufmerksamkeit verdienen und die es neu zu bewerten gilt. Er schlug so gewissermaßen eine neue – wenn auch vergiftete – malerische Idylle vor.[3] Es sollten jedoch noch mehrere Jahrzehnte vergehen, bevor seine Ideen von bedeutenden Landschaftsprojekten aufgegriffen wurden.

Duisburg-Nord war nicht der erste Park, in dem den Industrieruinen das Grün der Natur gegenübergestellt wurde. Diese Auszeichnung gebührt vermutlich Richard Haags Gas Works Park in Seattle, Washington.

flowers, and grasses and a succession of trees, primarily birches. The beauty of the scheme lay in the exchange between the industrial past with an ecological present – as Carlo Scarpa had counterpoised new additions to historical architecture in his museum designs from the 1950s.[2]

But it was less the precious detailing of Scarpa than the recast vision of the American artist Robert Smithson that provided a conceptual model for Duisburg-Nord and its children. As early as the 1960s Smithson had called for a reinvestigation of the quotidian world around us, often an urban world that we normally regard only with scorn. In his essay »A Tour of the Monuments of Passaic, New Jersey«, Smithson pointed to the polluted, the rusted, and the abandoned as subjects meriting our attention and re-evaluation, in some ways suggesting a new – if toxic – picturesque.[3] However, several decades were to pass before his ideas found form in major projects of landscape architecture.

Duisburg-Nord was not the first landscape park to confront industrial ruins with greenery. That honour probably goes to Richard Haag's Gas Works Park in Seattle, Washington; but there the industrial remnants were left as minor features of a reclamation project more concerned with land fill and grading than with the re-use of the coal-converting equipment that remained on site.[4] The task was not to build a park that showcased industrial archeology; as Peter Latz later reminded us, in reference to Duisburg-Nord: »This is to become an historical park, but the history starts now and goes forward as well as backwards.«[5]

Peter Latz + Partner, Landschaftspark Duisburg-Nord, Deutschland, 1991–2002 [Peter Latz + Partner, Duisburg-Nord Landscape Park, Germany, 1991–2002

Allerdings wurden dort die industriellen Überreste als sekundäre Merkmale einer Sanierung erhalten, deren Schwerpunkt eher auf der Geländeauffüllung und -modellierung lag als in der Umnutzung der nicht abgerissenen Kohleaufbereitungsanlagen.[4] Im Falle von Duisburg-Nord bestand die Aufgabe gerade nicht darin, einen Park als eine Art archäologischen Schauplatz der Industrie zu gestalten. Wie uns Peter Latz später so treffend ins Gedächtnis rief, sollte »dies ein historischer Park werden; aber die Geschichte beginnt heute und erstreckt sich von der Gegenwart sowohl vorwärts in die Zukunft als auch rückwärts in die Vergangenheit«.[5]
In vieler Hinsicht haben Latz und sein Team – sowie der Landschaftspark Duisburg-Nord selbst – ein Vorbild für zahlreiche Arbeiten geliefert, obwohl es sowohl in den Entwurfsansätzen als auch in den daraus resultierenden Gestaltungsformen große Unterschiede gibt. Die konkreten, von der Bauaufgabe und von Klima und Ort bestimmten Anforderungen prägen natürlich die Art und Weise des Entwerfens. Dennoch lassen sich bei vielen Werken, die in den letzten Jahren realisiert wurden, gewisse Gemeinsamkeiten entdecken bezüglich der Akzeptanz – man könnte sogar sagen Aneignung – des vorhandenen Baubestands und dessen industriellem Charakter.

Ort

Die postindustriellen Brachen liegen meist jenseits der Stadt auf Terrains, die der Produktion dienten und nicht dem Wohnen. Dennoch lagen die Arbeitersiedlungen in der Regel nahebei, da es sich meist um Wohnanlagen aus dem 19. Jahrhundert handelte. Viele dieser Quartiere bestehen immer noch als Gemeinden an der Peripherie und sie haben spürbar von der Aufwertung ihrer Standorte profitiert. Ein hervorragendes Beispiel einer Intervention mit einem Happy End ist der Parc Central in Nou Barris am nordöstlichen Rand von Barcelona. In ihrem Entwurf für den Park knüpften Arriola & Fiol ein Patchwork aus zuvor ganz unterschiedlich genutzten Geländestücken und gestalteten diese unzusammenhängenden Flächen, Fragmente historischer Bauten und

In many respects Latz and his team – and Duisburg-Nord itself – provided the model for many of the works that have followed, although considerable differences mark both the approaches to these designs and their resulting forms. Obviously, the particular demands of programme, climate, and site shape the manner of design, but in their acceptance – even embrace – of the existing structures and their pre-existing industrial character, there are certain commonalities among many recent works.

Location

A majority of these post-industrial sites lie beyond city limits, on land assigned to production rather than habitation. On the other hand, given the nineteenth-century origins of these facilities, workers' housing was normally near at hand. Neighbourhoods and districts from that time have endured as communities on the urban edge and have benefitted appreciably from the retrieval of these sites. A prime example of an urban story with a happy ending is the Parc Central in Nou Barris on the northeast edge of Barcelona. In their design for the park Arriola & Fiol stitched together a patchwork of lands with many prior uses, reforming the park's terrain as a cohesive whole from splinters of land, fragments of historical buildings, and the mixed social fabrics of the neighbourhoods that surround the park. In this case, the creation of landscape architecture coincided with the practice of urban design: resolving not only challenging differences in land elevations, through- and dead-end street segments, the integration of existing buildings, but also conflicts between traffic and social activities.
On the other hand, some sites once on the edge of the city have been engulfed by urban development over the centuries and have now become central. The redevelopment of the shipyards and factories on the Île de Nantes (France) by Alexandre Chemetoff extended from 2002 – 2009, and today the resulting district extends almost three kilometres along the Loire riverfront. The island on which the project is located forms the lynchpin between the two sides of the city, now

Arriola & Fiol, Parc Central, Barcelona, Spanien, 2003 [Arriola & Fiol, Parc Central, Barcelona, Spain, 2003

das gemischte Sozialgefüge der den Park umgebenden Quartiere in ein kohärentes Ganzes um. Die schöpferische Arbeit der Landschaftsarchitektur fiel hier mit der Praxis der Stadtplanung zusammen: Auf diese Weise wurden nicht nur die durch Höhenunterschiede, Durchfahrtsstraßen, Sackgassen und Baubestand bestehenden Schwierigkeiten gelöst, sondern auch die Konflikte zwischen Straßenverkehr und sozialen Aktivitäten entschärft.
Umgekehrt sind in manchen Fällen ehemals peripher situierte Flächen im Laufe des Jahrhunderts von der Stadtentwicklung eingeholt worden und liegen nun in zentraler Lage. Alexandre Chemetoffs Neugestaltung der Werften und Fabriken auf der Île de Nantes in Frankreich wurde von 2000 bis 2009 realisiert. Das Areal erstreckt sich heute beinahe über drei Kilometer entlang der Loire. Die Insel – Standort des Projekts – fungiert als Bindeglied zwischen den Stadthälften: Vorher eine wahre *terra incognita*, ist das Gelände heute ein beliebter öffentlicher Raum, auf dem unzählige Bäume die verschiedenen Areale miteinander verknüpfen. Die Umgestaltung dieses Industriegeländes in Parkanlagen, eine Uferpromenade, Plätze für Veranstaltungen, einen Badestrand und zahlreiche Freizeitzonen, die für Gruppen- und Einzelaktivitäten aller Art Raum bieten, hat den Bewohnern von Nantes eine neue Grünanlage verschafft, die dem New Yorker Central Park nicht nachsteht.

converted from an exclusive *terra incognita* to a welcome public amenity in which scores of trees articulate the varied areas of the project. The conversion of these industrial premises into parks, a riverfront promenade, event areas, beach, and numerous specialised activity zones – accommodating activities in all sizes from large groups to solitary individuals – has produced nothing less than a new Central Park for the citizens of Nantes.

Character

Most recent green urban conversions have accepted the industrial quality of what has gone before. No doubt, there are several reasons for this approach. One intention is to retain and showcase the history of the site rather than erase all evidence of what has gone before. Thus, designs must be selective in what they demolish and what they retain. New additions to the landscape such as walkways, stairs, and paving tend to adopt the roughness of prior uses so that the new public landscape possesses an industrial character, at least to some degree. One can read this in a second, more critical manner, however: positioning this treatment of industrial remains firmly within the picturesque tradition. In English landscape gardens of the eighteenth century, temples and other follies were intended as signifiers connecting their

Alexandre Chemetoff, Parc des Chantiers, Nantes, Frankreich, 2005 [Alexandre Chemetoff, Parc des Chantiers, Nantes, France, 2005

Charakter

Die meisten Konversionsprojekte jüngerer Zeit, in deren Mittelpunkt die Schaffung neuer Grünflächen stand, haben den industriellen Charakter des umzuwandelnden Geländes integriert. Einer der zweifellos vielfältigen Gründe für diese Entwicklung ist der Wunsch, die Geschichte des Ortes zu bewahren und sie Besuchern zu zeigen, anstatt alle Spuren des historischen Geschehens zu entfernen. Entwürfe müssen daher eine sorgfältige Wahl treffen zwischen Abbruch und Erhalt. Neue Landschaftselemente wie Fußwege, Stufen und Pflaster werden oft dem rauen Charakter der ehemaligen Nutzung angepasst, so dass die neue öffentliche Landschaft bis zu einem gewissen Grad auch einen industriellen Charakter hat. Hier eröffnet sich aber auch eine zweite, kritischere Interpretation, die diese Art der Handhabung industrieller Restbestände als tief in der *picturesque tradition* (malerischen Tradition) Englands verankert sieht. In englischen Landschaftsparks des 18. Jahrhunderts wurden Tempelchen und andere Schmuckbauten als Signifikanten eingesetzt, die als Bindeglied zwischen den Landschaftsarchitekten und einer mythologisierten, italienisch beeinflussten Vergangenheit dienten. Diese in Frankreich *fabriques* genannten Elemente wurden oft sogar absichtlich als Ruinen konstruiert, um Vergangenheit zu simulieren.[6] So tragen (industrielle) Restbestände und Ruinen – ob authentisch oder künstlich – wiederum die »Last der Erinnerung« und vermitteln dem regenerierten Ort und seiner neuen Landschaft ein Gefühl von Geschichte und Geltung. Zukünftigen Generationen wird unser heutiges Schaffen wohl als das Ergebnis einer etwas romantischen Perspektive auf unser industrielles Erbe bzw. dessen Interpretation erscheinen, wobei zu diesem Zeitpunkt einiges möglicherweise völlig ausgelöscht sein wird.[7] Wie auch immer man dazu stehen mag, »Umnutzung der Industriebrachen« ist das Motto, das den Stil unserer Zeit prägt.

makers with a mythologised Italianate past. To add a sense of time these *fabriques*, as they were known in France, might even be constructed to appear as ruins.[6] Thus, industrial remains and ruins – real or constructed – again carry the burden of memory, gracing the converted site and its new landscape with a sense of history and worth. Future ages may look upon our work today as a somewhat romantic view of our industrial heritage or its interpretation, some of which might possibly have been erased completely.[7] »Industrial re-use«, for better or worse, is the prevailing style.

Vegetation

Historically, the park *was* vegetation, or better stated, vegetation paired with shaped water and modelled terrain. Of course, as a basis for many designs this description remains true today. Trees still provide shade, and sound, and colour in autumn and spring; shrubs still define spaces and soften hard surfaces, equipment, and building walls. And no one has found a true substitute for grass and lawns. But given the nature of paved surfaces, polluted soil and water, and the rusting hulks of factories and sheds, far more is now demanded of vegetation. Not the least of these is soil and water remediation. Certain species support the cleansing of contaminated soil; planting beds keep rainfall pure or filter and oxygenate tainted water as it flows through them. Green roofs reduce the effects of the urban heat island, while porous ground covers allow rainfall to re-enter essential aquifers. Thus, in recent landscapes, vegetation serves the purposes of both art and science.
In recent landscape design vegetation appears in three ways. First, and most traditionally, landscape architects use trees, shrubs, flowers, and ground covers to create and beautify spaces or to make them more comfortable and engaging. At other times they purposefully mix

Burckhardt + Partner/Raderschall Partner Landschaftsarchitekten, MFO-Park, Zürich, Schweiz, 2004 [Burckhardt + Partner/Raderschall Partner Landschaftsarchitekten, MFO-Park, Zurich, Switzerland, 2004

Thorbjörn Andersson/Sweco FFNS, Daniapark, Malmö, Schweden, 2001 [Thorbjörn Andersson/Sweco FFNS, Daniapark, Malmö, Sweden, 2001

Vegetation

Historisch gesehen war Park stets gleichbedeutend mit Vegetation oder, genauer gesagt, Vegetation in Verbindung mit gestalteten Wasser- und Bodenflächen. Diese Beschreibung ist natürlich für viele Entwürfe nach wie vor zutreffend. Bäume spenden immer noch Schatten, rauschen im Wind und zeigen sich in Herbst und Frühjahr in unterschiedlichen Farben; Hecken und Büsche definieren immer noch offene Räume und mildern die Konturen von harten Oberflächen, technischen Anlagen und Mauern. Und bisher hat niemand eine wirkliche Alternative für Gras und Rasen gefunden. Doch angesichts gepflasterter Oberflächen, verseuchter Böden und Gewässer und den verrosteten Skeletten ehemaliger Fabrik- und Lagerhallen sind die Ansprüche, die heutzutage an die Vegetation gestellt werden, deutlich gestiegen. Eine vorrangige Aufgabe ist die Boden- und Gewässersanierung. Bestimmte Pflanzenarten tragen zur Reinigung verseuchter Erde bei; Pflanzenbeete halten Regenwasser rein, filtern Abwässer und reichern sie mit Sauerstoff an. Begrünte Dächer reduzieren die Klimaeffekte städtischer Wärmeinseln, während durchlässige Bodenbedeckungen Regenwasser in unentbehrliche Grundwasserreservoire zurückfließen lassen. So dient die Vegetation in Landschaftsprojekten heutzutage sowohl künstlerischen als auch wissenschaftlichen Zwecken.

Die Vegetation kommt dabei auf drei verschiedene Weisen zum Einsatz. Zum einen verwenden Landschaftsarchitekten ganz traditionell Bäume, Sträucher, Blumen und Bodendecker, um die verschiedenen Räume eines Geländes zu gestalten und zu verschönern oder um sie angenehmer und einladender zu machen. In anderen Fällen werden bewusst Mischpflanzungen angelegt, im Interesse der Artenvielfalt oder um Monokulturen zu vermeiden. Hier handelt es sich in aller Regel um eine kontrollierte Auswahl mit vorhersehbaren Resultaten. Zweitens lassen Landschaftsar-

plantings to vary species or to avoid creating monocultures. This is controlled selection with predictable results. Second, landscape architects allow native species and volunteer vegetation to enter the site and grow and spread according to their genetic makeup. Lastly – and perhaps the most intriguing – we find »scripted volunteers«, that is a carefully considered selection of vegetation that will continue to propagate and thrive – but within the limits and patterns established by the landscape architect and thereafter by park management.[8] By these three means, planting today characterises green space reclaimed from disturbed sites.

Economy of Recycling

We have gradually learned that there is often an economy to recycling structures in addition to appreciating their value as markers of our history. Certainly the colossal industrial structures that survive in many countries would require enormous economic resources to remove them completely. Instead, perhaps with some romantic leanings, these have become part and parcel of the new landscapes, most commonly they have been converted to commercial zones and performance spaces.

Plaguing every design, therefore, is the question of what to keep and what to destroy. There is a certain economy to be gained by keeping existing materials on site, although not necessarily as standing structures. Sadly, in today's world the renovation and refitting of neglected structures often costs more than razing them completely and replacing them with new construction. That certain sense of history is lost in the process and there is no known way for assessing the economical value of such loss. As a result of these considerations most of our new green projects balance retention with demolition, and

Gilles Clément, Patrick Berger et al., Parc André-Citroën, Paris, Frankreich, 1993 [Gilles Clément, Patrick Berger et al., Parc André-Citroën, Paris, France, 1993
Michel Desvigne, Patrick Blanc, Square Vinet, Bordeaux, Frankreich, 2006 [Michel Desvigne, Patrick Blanc, Square Vinet, Bordeaux, France, 2006

chitekten heimische Arten wie auch eingewanderte Spezies in das Gelände eindringen und dort ihren genetischen Anlagen entsprechend gedeihen und wuchern. Die dritte und möglicherweise interessanteste Variante ist der sogenannte »kontrollierte Wildwuchs«, das heißt eine wohldurchdachte Selektion von Pflanzen, die sich weiterhin vermehren dürfen, jedoch innerhalb der vom Landschaftsarchitekten aufgestellten Grenzen und Pflanzmuster, auf deren Einhaltung wiederum die Parkverwaltung achtet.[8] Diese drei Methoden definieren im Wesentlichen die Gestaltung neuer Grünflächen auf industriellen Brachgeländen durch die zeitgenössische Landschaftsarchitektur.

Die Ökonomie des Recycling

Die Wiederverwertung von nicht mehr genutzten Industrieanlagen hat sich, abgesehen von ihrer Wertschätzung als geschichtliche Landmarken, oft auch wirtschaftlich als vorteilhaft erwiesen. In vielen Ländern müssten enorme ökonomische Ressourcen mobilisiert werden, um die zum Teil gigantischen Industrieruinen völlig entfernen zu können. Stattdessen sind diese – vermutlich auch aufgrund von romantischen Motiven – fester Bestandteil der neuen Landschaften geworden, meist umgenutzt für Gewerbe oder die darstellenden Künste.
Jeder Entwurf wird daher vor die Qual der Wahl gestellt, was erhalten und was zerstört werden soll. Die Nutzung von am Ort bereits vorhandenen Materialien ist wirtschaftlich häufig vorteilhaft, obwohl das nicht unbedingt auf die Gebäude zutrifft. Leider ist es heutzutage oft teurer, vernachlässigte Bauten zu renovieren und mit neuen technischen Anlagen auszustatten, als sie abzureißen und durch Neubauten zu ersetzen. Dabei geht allerdings geschichtliche Substanz verloren, und für die Ermittlung des damit verbundenen ökonomischen Wertverlusts fehlt uns bis heute eine Methode. Infolgedessen zielt die Mehrzahl der »grünen« Projekte unserer Zeit auf eine Balance zwischen Erhaltung und Abriss und zwischen Vegetation und Architektur. Hier gibt es keine eindeutige Lösung, keine einfache Formel, die sich allgemein anwenden ließe.

Finanzierung und Realisierung

Ein unbestreitbarer Vorteil der Umgestaltung industrieller Brachlandschaften in Grünräume besteht darin, dass dadurch ehemaliges Privat-

vegetation with architecture. There is no single solution, no simple formula that may be broadly applied.

Funding and Realisation

One of the unquestionable benefits of the conversion of disturbed landscapes to green open space is to place into the public domain land once private. This is no small matter in an era when more and more neighbourhoods have disappeared behind gates and fences, when more and more »public« landscapes are in fact private landscapes that allow but control public access – often with their own security forces. With the opening of new parks such as André-Citroën and the Cour du Maroc in Paris, and the Jardin Botanique and other sites on the east bank of the Garonne in Bordeaux, privately-owned industrial areas have become a vital part of the public realm. But if there are positive results there are also responsibilities: new green areas must be maintained and kept secure.
How are these projects realised and maintained? Both activities require dedication and money. The dedication often begins with citizens' groups who initiate a campaign for the amelioration of neglected or dangerous landscapes, emphasising the need for benefi-

Georges Descombes, Michel & Claire Corajoud/ADR, Parc de la Cour du Maroc, Paris, Frankreich, 2007 [Georges Descombes, Michel & Claire Corajoud/ADR, Parc de la Cour du Maroc, Paris, France, 2007

land der Öffentlichkeit zugänglich gemacht wird. In einem Zeitalter, in dem sich Wohnviertel zunehmend hinter Toren und Mauern verbarrikadieren, in dem sogenannte öffentliche Parkanlagen in Wirklichkeit doch Privatland sind, zu dem die Öffentlichkeit nur unter den Augen von (oftmals privatem) Sicherheitspersonal Zugang hat, ist dieser Umstand von nicht geringzuschätzender Bedeutung. Dort, wo im Zuge der Eröffnung neuer Parks, wie zum Beispiel dem Parc André-Citroën und dem Cour du Maroc in Paris oder dem Botanischen Garten und anderen Grünanlagen am Ostufer der Garonne in Bordeaux, in Privatbesitz befindliche Industriegebiete zu einem wichtigen Bestandteil des öffentlichen Raumes geworden sind, bringen diese positiven Veränderungen auch neue Verantwortung mit sich: Die neuen Grünanlagen müssen gepflegt und beaufsichtigt werden.

Wie werden derartige Projekte realisiert und anschließend unterhalten? Beide Aufgaben erfordern Engagement und Geld. Das Engagement beginnt oft mit Bürgergruppen, die Initiativen zur Sanierung vernachlässigter oder verseuchter Landschaften anstoßen und in diesem Zusammenhang auch den Bedarf an zusätzlichen Grünflächen für ihre Gemeinden anmelden. Solche Initiativen finden dann oft Resonanz bei den Führungskräften der Stadt; in so manchem Fall haben Gouverneure oder

cial green spaces in their communities. Often these efforts find a response in the power structure of the city, and in more than one instance governors or mayors have made conversion projects a central element of their administrative programmes. That the creation of parklands may span several administrations makes the process far from easy. All too often a project is stopped short of completion only because it was favoured by the previous administration – an unfortunate ranking of personal interest over public welfare.

The funding expended on these projects is suitably enormous and someone has to pay for them. In the past, and with growing frequency, rebuilt landscapes have demanded a partnership of public and private entities. Given prevailing attitudes toward taxation, the uses of public money, and the restrictions on governmental spending, private sponsors are a necessity. At times these non-governmental organisations altruistically assume sponsorship primarily for the public good; at other times it may begin solely to acquire favourable publicity for the corporation. But in the end, everyone profits from this partnership to create livable places.

In times of abundance, when tax revenues and investments are both high, green conversions are more easily accomplished. In times like

Georges Descombes, Michel & Claire Corajoud/ADR, Parc de la Cour du Maroc, Paris, Frankreich, 2007 [Georges Descombes, Michel & Claire Corajoud/ADR, Parc de la Cour du Maroc, Paris, France, 2007

Bürgermeister die Initiative zur Konversion einer Industriebrache zu einem zentralen Projekt ihrer Amtszeit gemacht. Der Umstand, dass die Realisierung einer Parklandschaft sich manchmal über mehrere Wahlperioden erstreckt, schafft meist zusätzliche Komplikationen. Allzu oft wird ein Projekt aus dem einfachen Grund abgebrochen, dass es vom vorhergehenden Amtsinhaber gefördert wurde – mit dem Ergebnis, dass persönliche Interessen über das Gemeinwohl gestellt werden.
Der große finanzielle Aufwand für die Umwandlung von Industriebrachen hat in der Vergangenheit häufig dazu geführt, dass Projekte im Rahmen einer öffentlich-privaten Partnerschaft realisiert wurden, eine gegenwärtig zunehmende Tendenz. Private Sponsoren sind angesichts knapper öffentlicher Kassen unerlässlich. Nichtregierungsorganisationen übernehmen manchmal uneigennützig die Schirmherrschaft zum Wohl der Allgemeinheit; bei privaten Firmen ist oft eine vorteilhafte Öffentlichkeitswerbung für das Unternehmen die einzige Motivation. Alle diese Partnerschaften tragen dazu bei, neue Parks und Landschaftsgärten zu schaffen und so die Lebensqualität urbaner Zonen zu verbessern.
In Phasen wirtschaftlicher Prosperität, wenn sowohl Steuereinnahmen als auch private Investitionen fließen, lässt sich die Umwandlung ehemaliger Industrieflächen einfacher bewerkstelligen. In den heutigen, eher mageren Zeiten ist es dennoch wichtig, dass Regierungen visionär handeln und für eine Zukunft planen, in der wirtschaftliche Ressourcen wieder in größerem Umfang verfügbar sein werden. Obwohl die für Konversionsprojekte zu investierenden Summen erheblich sind, ist der Nutzen für heutige und künftige Generationen unermesslich.

these, however, governments must possess a vision to see beyond the current moment and to plan now for a future when economic resources have returned. While the sums of money needed are significant, the return on the investment in these projects – for current and future generations – is inestimable.

Catherine Mosbach, Botanischer Garten, Bordeaux, Frankreich, 2002 [Catherine Mosbach, Botanical Garden, Bordeaux, France, 2002

1 Zur Umwandlung des Ruhrprojekts und zum Landschaftspark Duisburg-Nord gibt es zahlreiche Publikationen, unter anderem: Internationale Bauausstellung Emscher Park (Hrsg.), *Katalog der Projekte 1999*, Internationale Bauausstellung Emscher Park, keine Stadtangabe, 1999; Brenda Brown, »Reconstructing the Ruhrgebiet«, *Landscape Architecture*, 4/2001; Matt Steinglass, »The Machine in the Garden«, *Metropolis*, Oktober 2000; Udo Weilacher, *Zwischen Landschaftsarchitektur und Land Art*, Basel, Berlin, Boston: Birkhäuser, 1996, S. 121–136; »Duisburg North Landscape Park«, *Anthos*, März 1992, S. 27–32; Peter Latz, »Landscape Park Duisburg-Nord: The Metamorphosis of an Industrial Site«, in Niall Kirkwood (Hrsg.), *Manufactured Sites: Rethinking the Post-Industrial Landscape*, London: Spon Press, 2001, S. 150–161; Udo Weilacher, *Syntax der Landschaft: Die Landschaftsarchitektur von Peter Latz + Partner*, Basel, Berlin, Boston: Birkhäuser, 2007, S. 102–133; zur Vegetation: Stadt Duisburg (Hrsg.), *Industrienatur im Landschaftspark Duisburg-Nord*, Duisburg: Kommunalverband Ruhr, 1999; zum Kunstprogramm für den Emscher Park: Bernhard Mensch und Peter Pachnicke (Hrsg.), *Routenführer Landmarken-Kunst*, Oberhausen: IBA Emscher Park, 1999.

2 In seinen Bauten der 1950er Jahre – vor allem in seinen Museumsprojekten wie dem Castelvecchio in Verona und der Gipsoteca Canoviana, Possagno – führt Carlo Scarpa neue Ergänzungen und historischen Bestand in einen Dialog miteinander. Ziel war dabei nicht, das Alte zu zerstören oder mit einer neuen Hülle zu kaschieren, sondern den Kontrast, der vom Nebeneinander von Alt und Neu ausgeht, wirken zu lassen. Siehe Francesco dal Co und Giuseppe Mazzariol, *Carlo Scarpa: The Complete Works*, New York: Rizzoli, 1985; und Orietta Lanzarini, *Carlo Scarpa: L'architetto e le arti*, Venedig: Marsilo, 2003.

3 Robert Smithson, »Fahrt zu den Monumenten von Passaic, New Jersey« (1967), siehe Eva Schmidt und Kai Vöckler (Hrsg.), *Robert Smithson: Gesammelte Schriften*, übersetzt von Gaby Hartel und Christoph Hollender, Köln: König, 2000, S. 97–102.

4 Für weitere Informationen zu Richard Haag und dem Gas Works Park siehe Jory Johnson und Felice Frankel, *Modern Landscape Architecture: Redefining the Garden*, New York: Abbeville Press, 1991, S. 199–208; William Saunders (Hrsg.), *Richard Haag: Bloedel Reserve and Gas Works Park*, New York: Princeton Architectural Press, 1998, besonders S. 61–72; und »It Was a Real Gas«, *Progressive Architecture*, November 1978, S. 96–99.

5 Peter Latz, »›Design‹ by Handling the Existing«, in Martin Knuijt, Hans Ophuis, Peter van Saane (Hrsg.), *Modern Park Design: Recent Trends*, Bussum, Niederlande: Thoth Publishers, 1995, S. 91.

6 Siehe John Macarthur, *The Picturesque: Architecture, Disgust, and Other Irregularities*, London: Routledge, 2007.

7 Siehe Marc Treib, »Remembering Ruins, Ruins Remembering«, in Marc Treib (Hrsg.), *Spatial Recall: Memory in Architecture and Landscape*, London: Routledge, 2009, S. 194–217.

8 Der wohl interessanteste Teil des Parks ist der vom Landschaftsdesigner *Le Jardin en mouvement* (Der Garten in Bewegung) genannte Abschnitt. Diese Zone wurde mit einer Vielfalt von Blumen und Sträuchern in der Absicht bepflanzt, den Veränderungsprozessen freien Lauf zu lassen, gemäß Darwins Prinzip der natürlichen Auslese. Nach mehreren Jahren haben Gras und grüne Sträucher die Oberhand gewonnen. Siehe Gilles Clément, *Le Jardin en mouvement: de la vallée au Parc André-Citroën*, Paris: Sens & Tonka, 1994.

1 Among the numerous publications on the Ruhr project as a whole and the Landschaftspark Duisburg-Nord in particular are: Internationale Bauausstellung Emscher Park (Ed.), *Katalog der Projekte 1999*, Internationale Bauausstellung Emscher Park, no city given, 1999; Brenda Brown, »Reconstructing the Ruhrgebiet«, *Landscape Architecture, 4*, 2001; Matt Steinglass, »The Machine in the Garden«, *Metropolis*, Oct. 2000; Udo Weilacher, *Between Landscape Architecture and Art*, Basel: Birkhäuser, 1999, pp. 121–136; »Duisburg North Landscape Park«, *Anthos*, March 1992, pp. 27–32; Peter Latz, »Landscape Park Duisburg-Nord: The Metamorphosis of an Industrial Site«, in Niall Kirkwood (Ed.), *Manufactured Sites: Rethinking the Post-Industrial Landscape*, London: Spon Press, 2001, pp. 150–161; Udo Weilacher, *Syntax of Landscape: The Landscape Architecture of Peter Latz + Partners*, Basel: Birkhäuser, 2008, pp. 102–133; on its vegetation: *Industriernatur im Landschaftspark Duisburg-Nord*, Duisburg: Landschaftspark Duisburg-Nord, 1999; on the art programme for the Emscher Park: Bernhard Mensch and Peter Pachnicke (Eds.), *Routenführer Landmarken-Kunst*, Oberhausen: IBA Emscher Park, 1999.

2 In his architecture from the 1950s – especially in his work for museums such as the Castelvecchio in Verona and the Canova Plaster Casts Museum in Possagno – Carlo Scarpa engaged the old fabric in dialogue with the new construction. It was not a case of resurfacing or destroying the old but benefiting from the simultaneous contrast between old and new construction. See Francesco dal Co and Giuseppe Mazzariol, *Carlo Scarpa: The Complete Works*, New York: Rizzoli, 1985; and Orietta Lanzarini, *Carlo Scarpa: L'architetto e le arti*, Venice: Marsilo, 2003.

3 Robert Smithson, »A Tour of the Monuments of Passaic, New Jersey«, (1967), reprinted in Jack Flam (Ed.), *Robert Smithson: The Collected Writings*, Berkeley: University of California Press, 1996, pp. 68–74.

4 For background information on Richard Haag and the Gas Works Park see Jory Johnson and Felice Frankel, *Modern Landscape Architecture: Redefining the Garden*, New York: Abbeville Press, 1991, pp. 199–208; William Saunders (Ed.), *Richard Haag: Bloedel Reserve and Gas Works Park*, New York: Princeton Architectural Press, 1998, especially pp. 61–72; and »It Was a Real Gas«, Progressive Architecture, November 1978, pp. 96–99.

5 Peter Latz, »›Design‹ by Handling the Existing«, in Martin Knuijt, Hans Ophuis, Peter van Saane (Eds.), *Modern Park Design: Recent Trends*, Bussum, Netherlands: Thoth Publishers, 1995, p. 91.

6 See John Macarthur, *The Picturesque: Architecture, Disgust, and other Irregularities*, London: Routledge, 2007.

7 See Marc Treib, »Remembering Ruins, Ruins Remembering«, in Marc Treib (Ed.), *Spatial Recall: Memory in Architecture and Landscape*, London: Routledge, 2009, pp. 194–217.

8 Perhaps the most interesting part of the park is the area termed by its designer *Le Jardin en mouvement* (The Garden in Movement). Here a variety of flowers and shrubs were planted with the understanding that through a Darwinian process the zone would always be changing. After several years, however, grass and green shrubs have prevailed. See Gilles Clément, *Le Jardin en mouvement: de la vallée au Parc André-Citroën*, Paris: Sens & Tonka, 1994.

Staunend berührt ein Passant die weichen Moospolster und streicht über Farnwedel und Seggen, die sich ihm aus dem grünen Mauerbewuchs entgegenstrecken. Er lässt den Blick nach oben gleiten, wo sich blühende Buddleja und Hortensien, Cotoneaster und Wacholder gegen den Himmel abzeichnen. Plötzlich lacht der Mann: »Ein Pflanzenteppich ist das, ein üppig grünender Garten Eden – hochkant gestellt.« Verlegen schaut er sich um. Andere Passanten bestaunen ebenfalls die unverhoffte Naturbegegnung mitten in Madrid. Seit 2008 belebt der vertikale Garten von Patrick Blanc jenen Platz am Paseo del Prado, an dem die Architekten Herzog & de Meuron mit dem Caixa Forum für zeitgenössische Kunst einen neuen städtebaulichen Akzent in der spanischen Metropole schufen.

A passer-by touches the soft mossy cushions in wonderment, letting his fingers brush the fern fronds and sedges that protrude out of the green wall of vegetation. He glances upwards where flowering buddleia and hydrangea, cotoneaster and juniper stand out against the sky. Suddenly the man laughs: »It's a carpet of plants, a lush green garden of Eden turned on its side.« Slightly embarrassed he looks around. Other passers-by are likewise marvelling at the unexpected confrontation with nature in the heart of Madrid. Since 2008, Patrick Blanc's vertical garden enlivens one face of a square on the Paseo del Prado next to the Caixa Forum for Contemporary Art designed by the architects Herzog & de Meuron, which has set a new urban accent in the Spanish capital city.

Herzog & de Meuron und Patrick Blanc, Caixa Forum, Madrid, Spanien, 2007 – Detailansicht [Herzog & de Meuron and Patrick Blanc, Caixa Forum, Madrid, Spain, 2007 – Detail

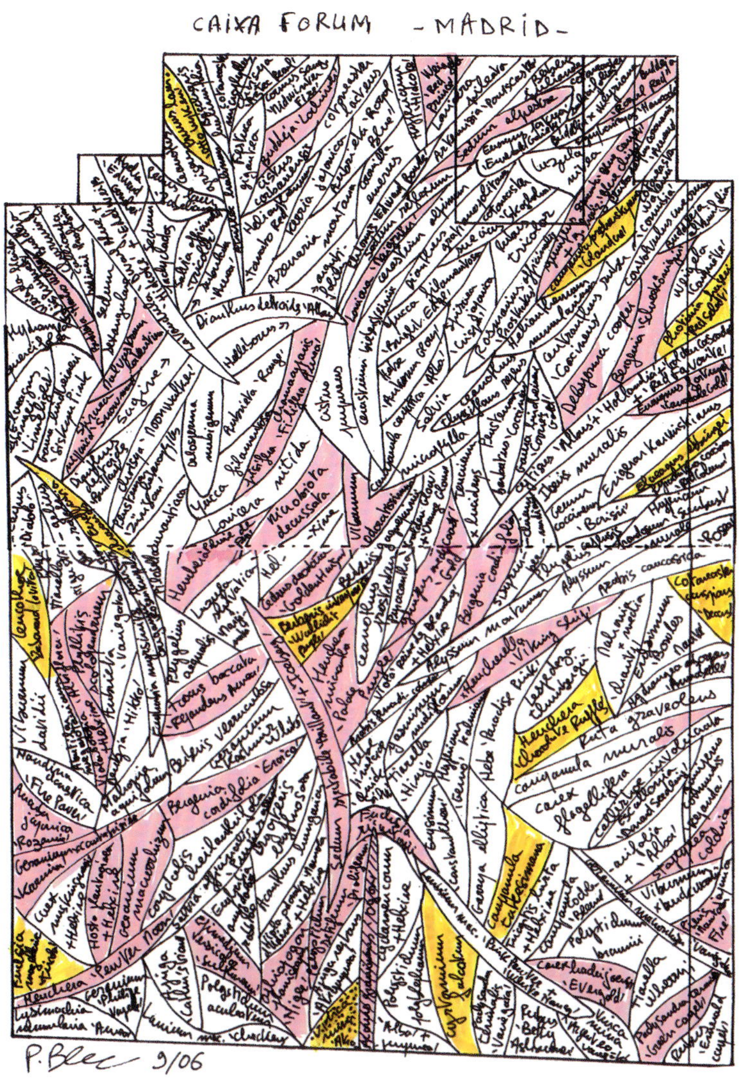

Patrick Blanc, Caixa Forum, Madrid, Spanien, 2007 – Gesamtansicht des vertikalen Gartens [Patrick Blanc, Caixa Forum, Madrid, Spain, 2007 – General view of the vertical garden
Bepflanzungsplan, Skizze [Planting plan, sketch
Detailansicht [Detail view

Die Idee Blancs ist so verblüffend wie einfach: Gärten, die keinen Grund und Boden beanspruchen, sondern die Wand hochgehen. Dicht bepflanzte Flächen also, in denen Stauden und Kleingehölze kaskadenartig übereinander wachsen und zu artenreichen lebenden Kunstwerken werden. »Murs végétaux«, Pflanzen-Mauern nennt Blanc seine floralen Kreationen, mit denen er zum international gefragten Star einer neuartigen Begrünung urbaner Milieus avancierte. Laut Jean Nouvel wurde der Sprache der Architektur damit »ein neuer Begriff geboren«.[1] Weil ihm die Technik dieser »geheimnisvollen Wände« völlig neue Möglichkeiten für seine Bauvorhaben eröffnet, kooperiert der französische Architekt, wie andere renommierte Baumeister auch, immer wieder mit Blanc.[2] Der Gartenschöpfer ist indes kein Landschaftsarchitekt, sondern ein Botaniker mit dem Ruf, eine lebende Pflanzenenzyklopädie zu sein. Deshalb wohl auch sind seine Pflanzen-Gemälde so einzigartig in ihrer Vielfalt an Gewächsen in allen denkbaren Grüntönen, Blatt- und Blütenformen.

Seit früher Kindheit experimentierte Blanc mit Pflanzen, Wasser und Licht und damit, dass viele Arten ganz ohne Erde gedeihen – wie auf seinen vegetabilen Kompositionen. Schon 1988 ließ er sein System patentieren. Als Wissenschaftler am Forschungsinstitut CNRS (Centre national de la recherche scientifique) in Paris hat sich Blanc auf die Flora im Unterholz der Tropen spezialisiert. Über sie hat er auch seine Habilitation verfasst.[3] Bei Studienreisen auf allen Kontinenten inspiziert er stets auch die natürlichen Vorbilder seiner raumsparenden Grünoasen: Höhlen, Klippen, Inselberge, Karsthänge oder Geröllhalden, auf denen Pflanzen unter extremsten Bedingungen gedeihen.

In Madrid flankiert die von Blanc begrünte, 600 Quadratmeter große Brandmauer eines Wohnhauses wie ein riesiger Schmetterlingsflügel den Kunstpalast, den Herzog & de Meuron im Auftrag der »Fundació la Caixa«, der Stiftung von Spaniens größter Sparkasse, errichteten. Dabei entkernten die Schweizer Architekten das denkmalgeschützte Gebäude eines ehemaligen Elektrizitätswerks, verwandelten dessen Sockelzone in eine offene Passage, zogen zwei Tiefgeschosse ein und stockten den Altbau um zwei metallverkleidete Etagen auf. Wo früher eine Tankstelle die noble Lage verpestete, öffnet sich nun vor dem Ensemble eine anmutige Plaza mit Sichtachse hinüber zum Prado-Museum und Botanischen Garten. Blancs 25 Meter hohe »Mur végétal« wirkt da wie eine verheißungsvolle vertikale Spiegelung des traditionellen Lehrpfads durch die Botanik. Dem Klima Madrids entsprechend hat er sie mit ca. 2500 Pflanzen bestückt, die 250 Arten angehören, darunter Zwergkoniferen und viele mediterrane Pflanzen sowie Gewächse aus Südafrika und Kalifornien. Mit dem graugetönten Blattwerk von Zistrosen, Salbei, Lavendel und Kreuzkraut lässt er ein sternförmiges Zeichen aus dem artenreichen Dschungel wachsen – eine Anspielung auf das einst von Joan Miró gestaltete Signet der Caixa-Bank.

Das Prinzip von Blancs moderner Version der mythischen Hängenden Gärten Babylons beschreibt der Tropenbotaniker in seinem unlängst auch auf Englisch und Deutsch erschienenen Buch[4] ausführlich, wobei er auch

Blanc's idea is as startling as it is simple: gardens that do not need ground or soil but ascend vertical surfaces. Densely planted surfaces in which shrubs and small wooded plants cascade over one another to form living artworks made of numerous and diverse species. »Murs végétaux«, or plant walls is what Blanc calls his floral creations with which he has rapidly advanced to become an internationally sought-after star of new approaches to greening urban environments. According to Jean Nouvel, »a new element has been added to the architectural lexicon«.[1] For the French architect, as well as for many of his colleagues, the technique behind these »mysterious walls« has opened up entirely new possibilities for his projects and has resulted in repeated collaborations with Blanc.[2] The creator of these gardens is not, however, a landscape architect but a botanist who has the reputation of having an encyclopaedic knowledge of plants. Small wonder, then, that his plant murals exhibit such a uniquely diverse range of plants in all conceivable tones of green, shapes of foliage and forms of blossoms.

Blanc has experimented with plants, water and light since early childhood and soon realised that many species can thrive without soil – just like his plant compositions. He patented his system as far back as 1988. As a scientist at the CNRS Research Institute (Centre national de la recherche scientifique) in Paris, Blanc specialised in the flora of tropical undergrowth, writing his second doctorate on the topic.[3] On study trips to the continents of the world, he makes a point of inspecting naturally-occurring models for his space-saving green oases: caves, cliffs, inselbergs and karst or scree slopes – environments in which plants flourish under extreme conditions.

In Madrid, Blanc's vertical garden adorns the 600 m² large end wall of a residential building like a giant butterfly wing and flanks the art gallery built by Herzog & de Meuron for the »Fundació la Caixa«, a foundation set up by Spain's largest savings bank. The Swiss architects gutted the core of the former electricity works, a listed building, transforming the ground level into an open arcade, and added two levels below ground and two metal-clad floors on top of the roof of the old building. Where a petrol station once polluted the noble locality, a charming plaza now graces the space in front of the ensemble and offers a view over to the Prado Museum and Botanical Gardens. Blanc's 25 metre high »Mur végétal« stands like an inspiring vertical reflection of the traditional botanical nature trail. The wall is planted with approximately 2500 plants from 250 different species that thrive in Madrid's climate, among them dwarf conifers and many Mediterranean plants as well as vegetation from southern Africa and California. Blanc uses the grey colouration of the foliage of rockrose, sage, lavender and ragwort to paint a star-shaped symbol that stands out of the multi-coloured jungle of undergrowth – a reference to the Caixa-Bank's signet originally designed by Miró.

The principle of Blanc's modern version of the mythical hanging gardens of Babylon is described at length by the tropical botanist in

Herzog & de Meuron und Patrick Blanc, Caixa Forum, Madrid, Spanien, 2007 – Ansicht bei Abenddämmerung [Herzog & de Meuron and Patrick Blanc, Caixa Forum, Madrid, Spain, 2007 – view at dusk

die Einwände mancher Kritiker thematisiert. Sie beklagen, dass Blancs Anlagen nicht ökologisch seien, da er statt recycelbarer Naturalia schnöde Kunststoffe benutze. Ganz im Gegenteil, hält ihnen der Botaniker entgegen, während Holzpaneelen und echter Filz binnen kurzem faulten und zu erneuern seien, böten PVC und Kunstfilz eine dauerhafte, also nachhaltige Trägerkonstruktion für seinen vertikalen Dschungel. Als Basis verwendet er ein Metallgerüst, das einige Zentimeter vor die zu kaschierende Mauer montiert wird, um die Luftzirkulation zu garantieren. Zugleich schützt dieses Luftpolster das Bauwerk gegen Kälte und Hitze, ein Plus, so Blanc, in puncto sparsamem Energieverbrauch. Auf die Stellage werden ein Zentimeter dicke, unverrottbare PVC-Platten appliziert. Als Trägersubstanz für die Pflanzen nutzt Blanc – statt Erde – ein drei Millimeter dünnes, doppelt gelegtes Vlies aus restrukturierten Recyclingfasern. Dieses künstliche Gewebe, in dem sich die Pflanzen problemlos einwurzeln, ist für den Gartenkünstler nicht nur wegen des geringen Gewichts im Hinblick auf die Statik seiner Grünen Wände ein optimales Substrat. Im Gegensatz zu Filz und Baumwolle, mit denen er anfangs experimentiert habe, sei das synthetische Vlies unverrottbar, auch bei extremen Temperaturen und Witterungen.

Die Pflanzen werden in kleine, ins Gewebe eingeschnittene Taschen gesetzt. Was wo hinkommt, gibt der Botaniker exakt vor. Schon seine handgezeichneten Skizzen voller Artennamen lassen jene künstlerische Ästhetik und Dynamik erahnen, die Blancs Horte der Biodiversität von den »grünen« Wänden anderer Fassadenbegrüner unterscheiden. Über perforierte Röhren schließlich wird das Pflanzen-Ensemble mit Wasser und Mineralien versorgt. Dass Kritiker nicht nur seine Kunststoff-Materialien, sondern auch eine Verschwendung von Trinkwasser monieren, ist Blanc zufolge unsinnig: Welche Grünanlage, welche Kübelpflanze in Haus und Hof käme ohne Wasser aus, das in der Regel Trinkwasser ist? Und wer Pflanzen zur Verbesserung der Luft wie als Heimstatt für Vögel und Schmetterlinge in grauen Städten ansiedele, der werde sie immer auch pflegen müssen. Dass die Madrider »grüne« Wand im ersten Sommer kurzfristig eine etwas traurige Figur machte, lag laut Blanc daran, dass wegen eines Rohrbruchs im Caixa Forum gedankenlos gleich auch die Wasserzufuhr für den vertikalen Garten gekappt worden sei.

In Paris und Genua, Berlin und Barcelona, Bangkok und Kuwait hat der Gartenkünstler in den vergangenen 20 Jahren Pflanzenwände im Innen- und Außenbereich geschaffen. Das Spektrum der mehr als 130 Orte reicht vom Regionalparlament in Brüssel bis zur französischen Botschaft in Neu Delhi, von der Concert Hall in Taipeh zum Mito Art Museum in Tokio, von der Trussardi-Stiftung in Mailand bis zur Universität in São Paulo, einem Bürohochhaus in Katar oder den Schauräumen der Fluglinie Qantas in Sydney und Melbourne. Restaurants und Hotels, Malls und Designer-Boutiquen, Geschäfts- und Privathäuser tragen ebenfalls die Handschrift des Pioniers senkrechter Gärten. Für den leidenschaftlichen Tropen-Botaniker, der mit seinem immensen Pflanzenwissen oft auch Fachkollegen verblüfft, bedeutet dies, ein Stück lebendiger, vielgestaltiger und vor allem sinnlich erlebbarer Biodiversität in die Städte zurückzubringen. *Beate Taudte-Repp*

his book, also available in English and German,[4] where the author also addresses the comments of some of his critics. They disapprove of his use of non-ecological plastics instead of recyclable natural materials. The botanist argues that, on the contrary, PVC and artificial felt provide a durable and therefore sustainable supporting structure for his vertical jungle while wood panels and natural felt would rot and need replacing within a short space of time. The basis for his vertical gardens is a metal scaffold that is mounted a few centimetres in front of the wall to be concealed to ensure air circulation. This layer of air also insulates the building against the cold and heat, which contributes, according to Blanc, to minimising energy consumption. A one centimetre layer of rotproof PVC panels are then applied to the metal scaffold. For the plants, Blanc uses – in place of soil – a three millimetre double layer of artificial felt, a non-woven fabric made of restructured recycled fibres. For the garden artist, this synthetic textile, in which the plants can take root easily, is not only an ideal substrate in structural terms due to its light weight, but unlike natural felt and cotton wool, which he initially experimented with, does not degrade even under extreme temperatures and weather conditions.

The plants are planted in small pockets cut into the textile. Which plants are to be planted where is detailed precisely by the botanist. His hand-sketched plans, filled with the names of different species, already give an indication of the aesthetics and dynamism of Blanc's tapestries of biodiversity, which set them apart from the »green« walls of other facade greening systems. Perforated pipes are used to supply the entire wall of plants with water and minerals. That his critics, in addition to objecting to his use of artificial materials, also argue that his system is wasteful of drinking water is in Blanc's view nonsensical: no greenery or potted plant in homes or courtyards can survive without water, and in most cases that is drinking water. Similarly, all urban planting designed to improve the atmosphere and serve as a habitat for birds and butterflies needs to be tended. That the »green« wall in Madrid looked somewhat forlorn in the first summer of its existence could be traced, according to Blanc, to the fact that the water supply to the vertical garden was mistakenly switched off due to a burst pipe elsewhere in the Caixa Forum.

Over the last 20 years, the garden artist has created plant walls both indoors and outdoors in Paris and Genoa, Berlin and Barcelona, Bangkok and Kuwait. The spectrum of more than 130 projects ranges from the regional parliament in Brussels to the French embassy in New Delhi, from the Taipei Concert Hall to the Mito Art Museum in Tokyo, from the Tussardi Foundation in Milan to the University of São Paulo, an office high-rise in Qatar, or the Qantas airport lounges in Sydney and Melbourne. Numerous restaurants and hotels, malls and designer boutiques, business premises and private houses now bear the signature of the pioneer of vertical gardens. For the passionate tropical botanist, whose vast knowledge of plants never ceases to amaze even his professional colleagues, his vertical gardens are a means of reintroducing living, complex and above all stimulating biodiversity back into the cities. *Beate Taudte-Repp*

1 Jean Nouvel, »Vorwort«, in Patrick Blanc, *Vertikale Gärten: Die Natur in der Stadt*, Stuttgart: Eugen Ulmer, 2009, S. 5.

2 Ebenda; Beispiele der Kooperation finden sich z.B. in der Fondation Cartier, Paris (1998), in Seoul (2003) und beim Musée du Quai Branly, Paris (2006).

3 Eine überarbeitete und erweiterte Fassung findet sich in: Patrick Blanc, *Être plante à l'ombre des forêts tropicales*, Paris: Éditions Nathan/VUEF, 2002.

4 Siehe Fußnote 1.

1 Jean Nouvel, »Preface«, in Patrick Blanc, *Vertical Gardens: From Nature to the City*, New York: WW Norton, 2008, p. 5.

2 Ibid.; examples of collaborations include the Fondation Cartier, Paris (1998), a house in Seoul (2003), and the Musée du Quai Branly, Paris (2006).

3 A revised and expanded edition can be found in: Patrick Blanc, *Être plante à l'ombre des forêts tropicales*, Paris: Éditions Nathan/VUEF, 2002.

4 See footnote 1 in the English and German texts.

Patrick Blanc, Vertikaler Garten, Rue d'Alsace, Paris, Frankreich, 2008 [Patrick Blanc, Vertical Garden, Rue d'Alsace, Paris, France, 2008

MFO-PARK, ZÜRICH, SCHWEIZ [MFO-PARK, ZURICH, SWITZERLAND

Planergemeinschaft MFO-Park burkhardtpartner/raderschall; Burckhardt + Partner AG Architekten/Raderschall Landschaftsarchitekten AG, Schweiz
[Consortium MFO-Park burkhardtpartner/raderschall; Burckhardt + Partner AG Architekten/Raderschall Landschaftsarchitekten AG, Switzerland

Flächige, lineare und punktförmige Freiraum- und Grünraumelemente gliedern und gestalten das Planungsgebiet Zentrum Zürich Nord und zeichnen die neuen Wohn-, Arbeits-, Freizeit- und Verkehrsräume aus. Die flächigen Grünräume – Oerliker Park, MFO-Park, Louis-Häfliger-Park, Friedrich-Traugott-Wahlen-Park und Gustav-Ammann-Park – sind baulich gefasste Parkanlagen mit unterschiedlichen Charakteren. Sie reagieren maßstäblich und inhaltlich auf die angrenzende Bebauung und deren Nutzungsstrukturen.

Der MFO-Park, das große »Park-Haus«, ist eine doppelwandige, von einer Rankhilfebene überzogene Konstruktion, eine nach drei Seiten offene Treillage in alter gartenkünstlerischer Manier, die von üppig wuchernden Pflanzen eingehüllt wird. Der großzügige Hallenraum wird im hinteren Teil von vier Drahtkelchen unterbrochen, ein Hain im Kletterpflanzenwald. Ein Wasserbecken auf einer abgesenkten Fläche reflektiert das einfallende Licht. Die Zwischenräume der Doppelwände sind durchzogen von Treppenläufen, Wandelgängen und auskragenden Loggien. Zuoberst

Planar, linear and point-shaped outdoor and green elements structure and delineate the Zentrum Zurich Nord planning area and characterise the new residential, office, recreation and traffic zones. The larger green areas – the Oerliker Park, the MFO-Park, the Louis-Häfliger-Park, Friedrich-Traugott-Wahlen-Park and Gustav-Ammann-Park – represent a series of enclosed urban parks with different characters. They respond in scale and design to the adjoining buildings and their respective patterns of use.

The MFO-Park is occupied by a large »Park-Haus«, a twin-walled enclosure for supporting climbing plants, an open trellis framework on three sides reminiscent of traditional garden constructions and covered with lush proliferous greenery. The spacious hall-like space is punctuated towards the rear by four funnel-shaped wire trellises, creating a grove within the forest of climbers. A water basin that stands in a recessed section of the floor reflects the incident light. The space between the twin skins of the enclosure holds a series of stairs,

Blick in den Park [View from within the park

Programm/Bauaufgabe [**Programme** Öffentlicher Stadtpark in transformiertem Industriegebiet [Public urban park in a revitalised industrial area

Landschaftsarchitektur [**Landscape design** Burckhardt+Partner AG, Neumarkt 28, 8022 Zürich [www.burckhardtpartner.ch

Raderschall Partner AG Landschaftsarchitekten BSLA SIA, Burgstrasse 69, CH-8706 Meilen [www.raderschall.ch

Standort des Projekts [**Project location** James-Joyce-Strasse, Zürich

Auftraggeber [**Client** Grün Stadt Zürich [Grün Stadt Zürich

Fertigstellung [**Completion** 2002

Fläche [**Area** ca. 6 300m² (1. Etappe) [ca. 6 300 m² (phase 1)

Material und Vegetation [**Materials and vegetation**

Stahlbau auf Flachfundamenten, Rankhilfen aus gekreuzten Edelstahldrahtseilen, Grundfläche aus Mergel, Glassplittfläche; Hecken gebildet aus Taxus baccata und Fagus sylvatica, diverse Kletterpflanzen. [Steel construction on a shallow foundation, stainless-steel cable lattice for climbers and creepers, flooring of marl with surfaces of glass chipping; yew and beech hedges (Taxus baccata and Fagus sylvatica), various climbing plants and creepers.

▶ **Pflanzliste** [**List of plants**

ZONE A (bis [up to 6 m) ▶ Clematis in Sorten [different sorts of *Clematis alpina »Francis Rivis«, Clematis terniflora »Robusta«, Clematis fargesioides, Clematis orientalis, Humulus lupulus; Lonicera japonica* in Sorten [different sorts of *Lonicera japonica »Hall's Prolific«, Rosa »Albertine«, Rosa »New Dawn«*

ZONE B (bis [up to 10 m) ▶ *Campsis radicans, Celastrus orbiculatus, Clematis montana* in Sorten [different sorts of *Clematis montana »Wilsonii«, Lonicera periclymenum, Polygonum baldschuanicum, Rosa »Paul's Himalayan Musk«*

ZONE C (über [above 10 m) ▶ *Clematis vitalba, Hedera helix »Atropurpurea«, Hydrangea petiolaris, Parthenocissus quinquefolia, Polygonum baldschuanicum, Rosa filipes »Kiftsgate«, Vitis coignetiae, Vitis aestivalis, Wisteria sinensis »Prolific«*

Kosten [**Cost** ca. 1 000 000 EUR

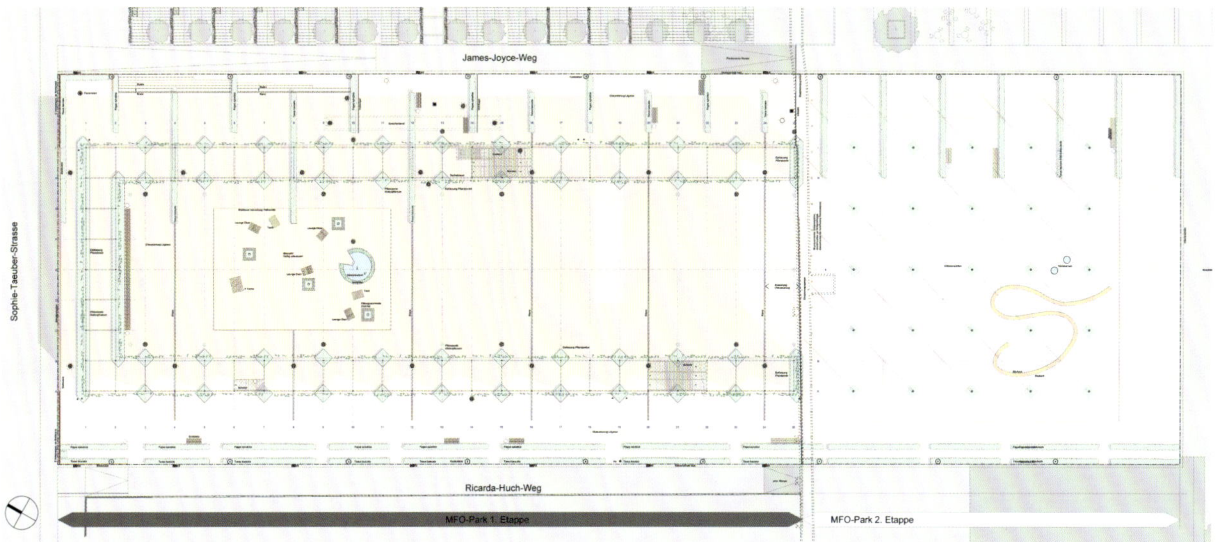

Grundriss [Floor plan

Ansicht von Norden [View from the north

auf dem Dach liegt das Sonnendeck: Es entsteht ein hochpräziser architektonischer Körper, gebildet von filigranem Blattwerk, erfüllt von grünem Lichtspiel und flüchtigen Düften, frei von Zwecken und allen Sinnen offenstehend. Die Stadt-Gartenlaube wird in der zweiten Etappe durch einen großen Platz ergänzt, der die Volumetrie der Halle mit hohen, biegsamen Rankstelen weiterbildet.
Das Grundstück des geplanten Parks wurde während rund 100 Jahren durch die Maschinenfabrik Oerlikon (MFO) genutzt. Mit dem nahen Oerliker Park entsteht ein großer »Baum-Raum«, der aus den zahllosen Stämmen und Kronen der Eschen gebildet wird. Der MFO-Park reagiert darauf mit einer komplementären Haltung, dem »Park-Haus«, einer großen, offenen Halle, die von Hunderten blühenden und duftenden Kletterpflanzen überwuchert ist. Oerlikon Nord wurde in der Vergangenheit von riesigen industriellen Gebäudevolumen geprägt. Das »Park-Haus« verweist mit seiner transluzenten Halle in einer völlig neuen poetischen Art und Weise auf diese Tradition. Analog der neuen großen Gebäude der näheren Umgebung geschieht dies mit zeitgemäßem (garten)architektonischen Ausdruck. Die Planung Zentrum Zürich Nord sieht rings um den MFO-Park Wohnungs- und Dienstleistungsbauten mit einem feingliedrigen Netz von Freiräumen vor. Der MFO-Park ergänzt dieses nutzungsgebundene Freiraumsystem mit einem nutzungsoffenen »Park-Raum«, der allen Personenkreisen und vielfältigen Aktivitäten und Anlässen offen steht. Die erste Bauetappe wurde im Juli 2002 fertiggestellt. Die Ausführung der zweiten Etappe ist in einer späteren Phase vorgesehen.
Die grüne Halle ist grundsätzlich nutzungsoffen. Die große Fläche lässt individuelle Betätigungen, Sport und Spiele zu, wie jede andere Parkanlage auch. Kollektive Anlässe, Turniere, Open-Air-Kino, Theater, Konzerte, Variété etc. sind möglich, verwiesen sei hier auf die barocken Parktheater mit ihren Heckenkulissen. In den Zwischenräumen entstehen kleine, stille Gartenzimmer mit Ausblick in die Halle, wie Opernlogen zum Lesen, Lieben, Träumen. Das Sonnendeck hoch oben auf dem Dach bietet Aussicht über die neue Stadt. Es lädt zum Sonnenbad über dem riesigen Teppich aus ineinander verschlungenen Kletterpflanzen.
Das »Lattenwerk der Treillage« ist als Stahlbau auf Flachfundamenten erstellt. Die minimierten Standard-Stahlprofile bilden eine orthogonale Konstruktion mit Ausfachungen. Den »Wänden« und dem »Dach« sind Rankhilfen aus gekreuzten Edelstahldrahtseilen vorgelagert. Die gesamte Parkgrundfläche ist mit einem hellen, bindigen Mergel chaussiert. Im

galleries and cantilevered platforms. A sun deck rests on top of the steel framework of the roof. The result is a precisely delineated architectural volume formed of delicate foliage and filled with filtered light and fleeting fragrances, a folly without purpose but open to all the senses. In a second phase, this urban arbour will be augmented by a large square containing tall, swaying columns of climbers that together extend the geometry of the green hall outwards.
The site of the park was previously occupied for almost 100 years by the Maschinenfabrik Oerlikon (MFO). The nearby Oerliker Park forms a large wooded area, a »Baum-Raum« made up of the countless trunks and crowns of its many ash trees. The MFO-Park responds to this with a complementary »Park-Haus«, a large open hall overgrown with hundreds of flowering and fragrant climbing plants. In the past Oerlikon Nord was home to vast industrial manufacturing works. The »Park-Haus«, with its translucent hall, represents an entirely new, poetic interpretation of this tradition, emulating the volumes of the new large buildings in the surroundings but with a contemporary (landscape) architectural expression. The urban master plan for Zentrum Zurich Nord designates the area around the MFO-Park for residential and service sector buildings with a finely differentiated network of open spaces. The MFO-Park complements this system of open spaces, each of which has a specific function, with a functionally neutral »Park-Raum« that is open to all groups of people and diverse activities and functions. The first stage was completed in July 2002. The completion of the second stage is planned for a later phase.
The green hall has no specific function. Its large interior can be used for private exercise, for sport and games, just like in any other park. Communal festivities such as tournaments, open-air cinema, theatre, concerts and variety theatre are possible and recall baroque park theatres with their backdrop of hedges. The spaces within the framework function as small and peaceful garden rooms with a view into the hall, much like opera boxes but for reading, affectionate moments and dreaming. The sun deck high up on the roof offers a view over the new city and a place to sunbathe, afloat on a carpet of green, interwoven climbing plants.
The latticework of the trellis is a steel construction resting on a shallow foundation. The slender steel profiles form an orthogonal framework construction. The »walls« and the »roof« are clad with a criss-cross arrangement of stainless steel wires that support the climbing plants.

Bewachsene Stahlkonstruktion [Overgrown steel construction
Stützendetail [Column detail

Inneren der Halle liegt eine leicht abgesenkte Fläche aus Glassplitt. Die Hecken sind Eiben und Buchen (*Taxus baccata, Fagus sylvatica*) im Wechsel.
Das Regenwasser wird gesammelt und den Wurzelgruben zugeführt. Überschüssiges Wasser fließt durch Sickerleitungen zu einem unterirdischen Speicherkanal. Während Trockenperioden kann das hier gesammelte Wasser über das Bewässerungssystem den Pflanzen zugeführt werden. Die Kletterpflanzen sind auf mehreren Ebenen gepflanzt: im gewachsenen Boden und für die hohen Etagen und das Dach in bewässerten Pflanztrögen. Es sind stark wachsende, die Architektur bildende Pflanzen wie *Wisteria*, *Vitis*, *Ampelopsis* und *Parthenocissus* verwendet worden und weiter all die anderen Arten wie *Lonicera japonica »Halliana«*, *»Halls Prolific«*, *Actinidia arguta*, *Clematis maximowicziana*, *Aristolochia durior*, und viele andere mehr, die Duft, Formen und Farben in die Gänge, Loggien und Balkone bringen.
Der Park durchläuft ausdrucksstarke jahreszeitliche Phasen: Im Winter tritt die gebaute Konstruktion zu Tage, die dann im Verlauf der Vegetationsperiode unter grünen Schichten verschwindet. Im Herbst schließlich leuchtet der Park im Rot des Wilden Weins. Licht und Schattenspiel tauchen die Räume im Inneren in immer neue Stimmungen. Die sommerliche Hitze wird angenehm gefiltert. Bei Nacht werden die Konstruktionen von Platz und Halle von innen beleuchtet: Der Raum erscheint als plastisches Objekt, eine Vielfalt von sinnlichen Erlebnissen bietend: Prasselnder Regen durchtränkt den Raum, Schatten tanzen auf dem kiesigen Boden, Vögel zwitschern in den Laubengängen, die Scheinarchitektur ist voller Betriebsamkeit, Besucher spazieren durch duftende grüne Treppenhäuser, verbringen eine Sommernacht in der »Opernloge«. *Roland Raderschall*

The entire floor of the park is coated with a cohesive cover material of light-coloured marl. A slightly recessed area within the hall is laid with glass chippings. The hedges alternate between yew and beech (*Taxus baccata, Fagus sylvatica*).
Rainwater retention is used to water the root troughs. Excess water flows via seepage pipes into a subterranean retention canal. During dry spells the water collected here can be fed via the watering system to water the plants.
The creepers and climbing plants are planted at several different levels: in the soil on the ground floor and in watered planting troughs on the upper levels and roof. Climbers such as Wisteria, Vitis, Ampelopsis and Parthenocissus have been chosen for their rapid growth and foliage that underline the architecture. Further species include *Lonicera japonica »Halliana«*, *»Halls Prolific«*, *Actinidia arguta*, *Clematis maximowicziana*, *Aristolochia durior* and many others that add fragrance, form and colour to the galleries, platforms and balconies.
The park changes character markedly with the changing seasons: in winter the built structure is more visible but disappears gradually behind layers of foliage during the vegetation period. In autumn the park glows with the red of the wild vine. The play of light and shadow lends the interior ever changing moods and in summer, the heat is filtered pleasantly by the foliage. At night the construction – both the enclosure and the park – is illuminated from within. The »Park-Haus« is a sculptural object that engages the senses in a multitude of ways: when it rains, the building is steeped in the patter of rain, and when it shines shadows dance along the gravely floor, birds chirp in the galleries, filling the diaphanous architecture with bustling activity, and on summer evenings, visitors climb the fragrant, green stairs to spend the night in one of the »opera boxes«. *Roland Raderschall*

»Opernloge« [»Opera box«

Blick in die Halle [View into the interior

GROSSSTADTGRÜN – EIN KURZPSYCHOGRAMM [A SHORT PSYCHOGRAM OF URBAN GREEN

Ulrich Maximilian Schumann

Wenn der Frage nach dem Grün in der Stadt die Konsequenz und die Verbindlichkeit ihrer eigenen Vergangenheit abhanden gekommen sind, dann könnte der Grund vorderhand darin zu suchen sein, dass dahinter keine unmittelbare oder sogar existenzielle Dringlichkeit mehr empfunden wird. Am Beginn der Moderne, der sich ja nicht zuletzt über den Umgang mit der Natur entscheidet, wurde gerade über den sozialen, gesundheitlichen und ästhetischen Gewinn einer Durchgrünung der Stadt vielstimmig geforscht, debattiert und polemisiert. In der aktuellen Diskussion bleiben diese Aspekte weitgehend im Hintergrund.
Doch auch wo es nicht eigens formuliert wird, muss doch ein Bedürfnis nach grünen Stadträumen selbst vorhanden und – über eine klar umrissene Nutzung hinaus – vermutlich immer gewesen sein, wenn diese nun wieder selbstverständlicher als Teil des städtischen Lebensumfeldes und seiner Aufwertung behandelt werden. Angesichts des offensichtlichen Erfolges und verschwimmender Grenzen ist es nur konsequent, wenn Landschaftsarchitekten und -planer Ansprüche auf den städtischen Maßstab anmelden und ihr Metier als »Freiraumplanung« verstanden und benannt haben wollen. Doch bedeutet, sich auf die stadtplanerische Logik einzulassen, nicht auch, das Selbstverständnis einer Profession zu verändern und vielleicht sogar ein Stück weit aufzugeben, die sich traditionell mit dem Phänomen der Natur als Material und als Bild auseinandersetzt? Es muss legitim sein, hiernach zu fragen. Wie zur Bestätigung äußern sich ja gleichzeitig noch immer entschiedene Ansätze zur Wiedergewinnung von »authentischer« Naturerfahrung im Stadtraum, getragen von einer ökologischen und ästhetischen Agenda.

If the issue of green space in the city is no longer regarded with the same degree of commitment and obligation as it once was in the past, the reason may lie in the fact that at present there no longer seems to be the same sense of immediate or even existential urgency. At the beginning of modernism, which after all had significant implications for our conception of nature, there was much research, debate and polemic about the social, health and aesthetic advantages of greening the city. In current discourse these aspects have largely taken a back seat.
But even where not expressly formulated, there must still be a need for green urban spaces, and – over and above where these had a specific purpose – probably always has been, now that these are once again seen as a natural part of urban living environments and their revitalisation. Given the obvious success and blurred boundaries, it is only logical that landscape architects and planners have shown renewed interest in the urban scale and see themselves, and wish to be recognised, as planners of public open spaces. But doesn't coming to terms with the logic of urban processes also bring with it the need to reconsider one's own comprehension of one's profession, perhaps even to sacrifice that part of it which traditionally deals with the phenomenon of nature as a material and as an image? Surely, this is a legitimate question. Almost by way of confirmation, new approaches are simultaneously emerging, driven by an ecological and aesthetic agenda, that posit the need for an »authentic« experience of nature in cities.

Max Laeuger, Jubiläums-Gartenbauausstellung Mannheim, Deutschland, 1907 – Blick aus der Vorhalle des Badhauses [Max Laeuger, Jubilee Horticultural Exhibition in Mannheim, Germany, 1907 – view from the entrance of the bath house

Sanitäres und dekoratives Grün

Vergessen scheint, dass vor dem Hintergrund solcher Ortsbestimmungen eine Unterscheidung abläuft, die so gut wie ehedem als erster und universaler Spannungsprüfer taugt: der Gedanke, dass das Grün in der Stadt entweder »dekorativ« oder »sanitär« sein, zur Verschönerung des öffentlichen Raumes oder zur aktiven Aneignung, Nutzung und Erholung beitragen kann und dass sich das Verhältnis zwischen beiden Polen bestimmen lässt. Niemand würde behaupten wollen, dass dieser Spannung ihr Gegenstand und ihre Gültigkeit abhanden gekommen wären – angesichts eines Aufgabenspektrums, das zwischen ornamentalen Gartenkunststücken und weitläufigen Jogger-Bahnen oszilliert.
Das »sanitäre Grün« und das »dekorative Grün«: Diese Gegenüberstellung steht am Anfang der modernen Freiflächentheorie, als sich der Zugang zu naturnahen Stadträumen auf demokratische und wissenschaftliche Basis stellte – und Martin Wagner 1915 seine Dissertation vorlegte. Er war der spätere Stadtbaurat Berlins, unter dessen Leitung die dortigen Großsiedlungen und Großparks entstanden, wie 1925–1933 die Hufeisensiedlung Britz mit der Architektur von Bruno Taut und der Grünplanung von Leberecht Migge, dem kämpferischsten Sozialreformer unter den Landschaftsarchitekten, oder 1926–1929 der Volkspark Rehberge nach Plänen Erwin Barths. Ist es also bereits der Geist der rationalistischen Moderne, wenn sich der Titel auf »Das sanitäre Grün der Städte« verengt? Tatsächlich sieht er eine notwendige Entwicklung hin zu solchen »Grünflächen und Grünanlagen, die auf die Gesundheit des Menschen fördernden Einfluß haben«[1], die er im großen Rahmen betrachtet und entlang von zahlreichen Statistiken analysiert. Das »dekorative Grün« spart er aus seiner wissenschaftlichen Zielsetzung aus. Doch dass die Grenzen nie so scharf und eindeutig zu ziehen sind, weiß Wagner schon allein aus der Geschichte der städtischen Grünräume.

Großstadtmelancholiker, Ozonschlürfer

Vor allem aber bezieht er sich ausgerechnet auf den Wiener Architekten Camillo Sitte, den man doch als den Erfinder des malerischen, »dekorativen« Städtebaus zu kennen glaubt. Spätestens seit der laufenden systematischen Edition seiner Schriften weiß man freilich, dass man es hier mit keinem Lehrer Lämpel à la Wilhelm Busch zu tun hat, sondern

Sanitary and Decorative Greenery

It seems that we have forgotten that in the context of such localisations, a differentiation is receding that for many years has served as a first and universal indicator: the notion that greenery within the city has to be either »decorative« or »sanitary«, i.e. that it either beautifies the public realm or serves active appropriation, use and recreation and that one can differentiate between both these poles. Few would disagree that this distinction has lost none of its objectivity and validity given the spectrum of commissions that oscillates between ornamental artistic gardens on the one hand and extensive jogging tracks on the other.
»Sanitary greenery« and »decorative greenery«: this classification marks the beginning of modernist urban space planning as access to semi-natural urban spaces was put on a democratic and scientific footing around the time of the completion of Martin Wagner's dissertation in 1915. Wagner was later to become head of planning for the City of Berlin, during which period several large housing settlements and parks were built, including the horseshoe-shaped Britz Estate designed by Bruno Taut with green planning by the pugnacious social reformer Leberecht Migge, or the Volkspark Rehberge realised between 1926 and 1929 to plans by Erwin Barth. Given the title of his dissertation »The Sanitary Green of Cities« one can perhaps already detect a leaning towards the rationalist tendencies of modernism? Wagner does indeed see a necessary development towards such »green areas and facilities that have a positive effect on the health of the people«[1] which he then examines in great detail, analysing them with the help of numerous statistics. In fact, »decorative green« does not feature at all in his scientific proposals. However, Wagner knew only too well from the history of urban green that the boundaries are rarely drawn so clearly and unequivocally.

Melancholic City Dwellers and Ozone Inhalers

Interestingly, Wagner refers, of all people, to the Viennese architect Camillo Sitte, who is most well-known as the inventor of a picturesque, »decorative« approach to urban design. Sitte, however, is not a pontificating teacher but an intelligent academic, as is immediately

mit einem geistreichen Wissenschaftsautoren. Nicht direkt in seinem Hauptwerk »Der Städtebau nach seinen künstlerischen Grundsätzen«, wohl aber in der kurzen Abhandlung zum »Großstadtgrün«, die er diesem ab 1900 anhängte, findet sich die Unterscheidung zwischen einem »dekorativen Grün«, das an die zentralen öffentlichen Punkte der Stadt gehört, um von allen gesehen zu werden, und einem »sanitären Grün«, das sich zuallererst vom Lärm und Verkehr absondern müsse, um sich für eine wirkliche Inbesitznahme durch den Nutzer anzubieten.[2]
In jedem Fall aber ist es das unmittelbare Bedürfnis nach dem Grün in der Stadt, dessen Nutzung und Erleben, was ihn hierzu führt – und damit gegen alles Unnütze und Unsinnige, darunter das allgegenwärtige Phänomen, welches für viele den ersten und unmittelbaren Kontakt mit städtischer Grünplanung ausmacht, nämlich das unmotivierte und verlegene Aufstellen von »Baum- und Strauchgruppen« – insbesondere »auf den sogenannten Rettungsinseln, besonders der Sternplätze«.[3] Ganze, gerade erst neugestaltete Ortseingangslösungen müssten verschwinden, wenn hiermit ernst gemacht würde! Nein, Sinn ergibt Stadtgrün nur in einem und demselben Zusammenhang mit seinem gebauten Umfeld, also dort, wo es gebraucht wird und wo es seine Wirkung entfalten kann.
Je konkreter er wird, umso stärker fordert Sitte unsere eingefahrene Vorstellung von Grünplanung heraus; seiner Logik kann man sich nicht entziehen: Ein Garten ist keiner, wenn er nicht geschlossen ist. Nur so kann er seinem Zweck gerecht werden und inmitten hektischer Betriebsamkeit Schutz vor Lärm und Witterung bieten. Der »sanitäre« Nutzen ist hier primär, der »dekorative« erstaunlich sekundär. Anders als das Modell »Garten« findet das Prinzip »Allee« kaum einen sinnvollen Platz in der Stadt. In den Häuserschluchten jedenfalls verkümmern die so beliebten Baumreihen zum rein »dekorativen« Element und dies obendrein auch ganz wörtlich. Sittes unerhörter Rat: Wenn schon, dann nur auf einer, der nördlichen Seite pflanzen, wo sie ausreichend Sonne erhalten und ihrerseits Schatten spenden.[4] So legt sich eine Kartographie grüner Vernunft in die gebauten Stadträume – in enger Beziehung zu diesen und doch verschoben, weil von einer eigenen Logik aus Bewegung, Aneignung und Erhaltung geleitet. Auch die Grünräume

evident from the systematic studies in his publications. In an appendix to his most famous work »City Planning According to Artistic Principles« (1889) entitled »Greenery within the City« which he added in 1900, he draws a distinction between »decorative greenery« which should be located at major points of circulation and is primarily for public appreciation and »sanitary greenery« which, more than anything else, must be set apart from noise and traffic so that it can be properly enjoyed by the user.[2]
In either case, it is a direct need for greenery in the city, for spaces to use or experience which causes him to reach this conclusion – and with it to condemn pointless and absurd greenery such as the omnipresent phenomenon of unmotivated and arbitrary »groups of trees and bushes«, for many an all too familiar face of urban green planning that is particularly prevalent »on traffic islands, and especially in star-shaped plazas«.[3] Imagine how many recently-designed entrances to towns and villages would have to be scrapped if Sitte's principles were to be adopted! For Sitte, urban green only makes sense in the context of its built environment, that is where it can be used and where it has most effect.
The more explicit Sitte is in his writings, the more he challenges our ingrained notions of green planning with his inescapable logic: a garden is not a garden if it is not enclosed. Only then can it do justice to its purpose and provide refuge from noise and weather in the midst of the frenzied bustle of the city. Here the »sanitary« aspect is of primary benefit, the »decorative« astonishingly secondary. Unlike the model of the »garden«, he sees almost no useful purpose for the principle of the »tree-lined avenue« in the city. In the narrow urban streets of modern cities, the so popular rows of trees degenerate to mere »decorative« elements, both aesthetically as well as physically. Sitte's argument, although seldom heeded, was that if trees are to be planted at all, then on the north side only where they receive sufficient sunlight and can also provide shade.[4] The result is a cartography of rational green spaces in the built environment – closely intertwined with it and yet independent, driven by its own logic of movement, usage and survival. Green spaces also contribute to an understanding

Max Laeuger, Jubiläums-Gartenbauausstellung Mannheim, Deutschland, 1907 – Sphinxbrunnen mit Relief von Cipri Adolf Bermann [Max Laeuger, Jubilee Horticultural Exhibition in Mannheim, Germany, 1907 – sphinx fountain with relief by Cipri Adolf Bermann

leisten ihren Beitrag zum Verständnis der Stadt und zur Orientierung. Ihr Wert erschöpft sich nicht im Dekorativen, aber offenbart sich bereits beim Hinsehen.

Das Bedürfnis nach Grün in der Stadt, wie es Sitte wahrnimmt, ist nicht nur physischer, sondern genauso psychischer Natur. Den Opfern der »Kohlensäurepanik« gibt er Namen wie Spitzweg seinen Spießbürgern an der Schwelle zur Moderne: statt dem »Kaktusliebhaber« und dem »Bücherwurm« nun eben der »Sauerstoffgourmand«, der aus seinen Zimmerpflanzen das reine O_2 inhaliert, oder der »Ozonschlürfer«, der seinen Bedarf an O_3 in der freien Natur deckt.[5] Nur: Hinter der Furcht vor der Kohlendioxidbelastung und der Sauerstoffnot entdeckt er die Symptome einer aktuellen und weiterreichenden Verstörung und Orientierungslosigkeit und nimmt sie ernst.

Sitte spricht von einem modernen Menschenbild, nicht von »Waldmenschen«, sondern »Häuserblockmenschen«.[6] Sein »Großstadtmelancholiker«[7] steht nicht weit abseits von Woody Allens »Stadtneurotiker«. Den bekennenden Manhattanite führt es in den Central Park und mit einiger Überredung auch an den Strand; krank wird er erst in Los Angeles, wo er die Stadt vor lauter Bäumen nicht mehr sieht. Wenn Sittes Patient allein schon durch »den Anblick des Grünen« geheilt werden kann, »von grünem Laubwerk, wenn auch nur eines einzelnen Baumes, der über eine Gartenmauer mit mächtigem Astwerk überhängt und eine ganze Gasse belebt, oder der mächtigen Linde in einer abgeschiedenen lauschigen Platzecke, etwa bei einem plätschernden Brunnen, oder eines vertieften Rasen- und Blumenfeldes vor den verkehrslosen Seitenflügeln eines hochragenden Monumentalbaues«[8], dann weil das städtische Grün eine distanzierte Funktion als Metapher des Lebens erfüllt.

»Vergeßt mir den Garten nicht!«

Deshalb auch versetzt die Literatur den Menschen immer wieder in Kreaturen, die ihres natürlichen Lebensraumes beraubt wurden. Ob es Rainer Maria Rilkes »Panther« ist, der sich im Pariser Jardin des Plantes »im allerkleinsten Kreise dreht«, oder Stefan Georges »weiße Ara«, die »hinterm gitter wo sie wohnen [...] breiten niemals ihre schwingen«: Alle schiere Kraft und alles Flügelschlagen hälfen ohnehin nicht. Die

of the city and to orientation. Their value is not solely decorative but is nevertheless immediately apparent from just looking at it.

The need for green in the city, as Sitte saw it, is not just physical but also psychological. He gave names to his victims of »carbon-dioxide panic« much in the same way as Carl Spitzweg portrayed his bourgeois figures at the onset of the modern age: instead of Spitzweg's »cactus friend« and »bookworm«, Sitte characterises the »oxygen gourmand« who spends hours breathing O_2 from his potted plants, or the »ozone inhaler« who replenishes his fill of O_3 in the great outdoors.[5] But behind the fear of carbon dioxide exposure and oxygen shortage he reveals the symptoms of a more widespread, still current sense of affliction and disorientation which he takes most seriously.

Sitte's citizens are modern people, not »forest dwellers« but »apartment-house dwellers«.[6] His »melancholic city dweller«[7] is not all that far from Woody Allen's city-dwelling neurotic in »Annie Hall«. Allen's self-confessed Manhattanite can just about handle Central Park, with some protestation the beach too, but in Los Angeles, where he can no longer see the city for the trees, he falls ill. Sitte's patients, by contrast, can be cured by »the mere sight of green foliage, [...] even if it be only a single tree reaching over a garden wall with its spreading branches and enlivening the whole alley, or a mighty linden in the secluded and peaceful corner of a plaza, perhaps beside a bubbling fountain, or a sunken area of grass and flowers in front of the quiet wings of a tall monumental building«[8] – here urban green serves a remote function as a metaphor for life itself.

»Pray, don't forget the garden!«

It is for this reason, too, that literature likes to portray people as creatures who have been robbed of their natural habitat. Whether it is Rainer Maria Rilke's »Panther«, which »turns about the very smallest circle« in the Jardin des Plantes in Paris, or Stefan George's »white macaws« who »behind the bars where they lived [...] could never spread their wings«, neither sheer strength nor the beating of wings can free them. Modernism has been paid for dearly with the loss of nature. What becomes increasingly clear is the gradual estrangement

Max Laeuger, Wettbewerbsentwurf für den Stadtpark Hamburg, Deutschland, 1908 – Insel im See [Max Laeuger, Competition design for the Stadtpark in Hamburg, Germany, 1908 – island in the lake

Moderne ist mit dem Verlust an Natur erkauft. Was sich hier Luft verschafft, ist die Erkenntnis der Entfremdung des Menschen in einer industrialisierten Welt bis hinein in die bürgerlichen Salons, wo die Natur nur noch in Form von Makart-Sträußen und Trockengestecken überlebt.

Einer wenigstens war unerschrocken genug, solcher »untoten« Kultur einen radikalen Lebensentwurf gegenüberzustellen und den Menschen an seine Natur zu erinnern, so roh und brutal diese auch sein mag. Friedrich Nietzsche ließ seinen Zarathustra, den Propheten dieser rauen Welt, in entsprechender Wildnis auf hohen Bergen fernab der Menschen leben und lehren. Doch wo es wie in »Jenseits von Gut und Böse« in die urbane Zivilisation geht, muss es ein Garten sein, für ihn wie für den Zeitgenossen Sitte die Verdichtung von Natur – und damit auch der menschlichen: »Und vergeßt mir den Garten nicht, den Garten mit goldnem Gitterwerk! Und habt Menschen um euch, die wie ein Garten sind [...] – wählt die *gute* Einsamkeit, die freie mutwillige leichte Einsamkeit, welche euch auch ein Recht gibt, selbst in irgendeinem Sinne noch gut zu bleiben!«[9] Der »Zarathustra« ist nur eine Fabel; abseits derer wusste der enttäuschte Humanist Nietzsche, dass wir weder aus der Natur noch aus der Kultur ausbrechen können. In der zivilisierten Welt liegt dazwischen kein Gegensatz, sondern eine Bewegung und Dynamik. Denn das eine steckt immer bereits im anderen.

Einerseits bleibt die Natur ein Phantasma, andererseits lässt sie sich formen; in diesem Paradoxon liegt das Wesen allen städtischen Grüns. Es findet, nachdem sich das Bedürfnis dahinter durch die Zeiten hindurch nur unmerklich wandelt, immer wieder neu zu einer Balance. Wie fein sie sich selbst justiert, wird vor allem dort sichtbar, wo das Verhältnis von Natur und Kultur emblematisch vorgeführt werden soll. Dann nähern sich städtische und natürliche Räume nur noch stärker einander an, bis sich gebaute Plätze und grüne Gärten überlagern, ja zu »Hybriden« verschmelzen. Dies beginnt bereits in den Villengärten der Renaissance über die französischen Königsplätze und die britischen Squares und Malls bis hin zu den grünen Mitten der Siedlungen und Stadterweiterungen und findet im Volkspark des 20. Jahrhunderts eine letzte große Synthese. Der Volkspark in seiner betont städtischen Ausprägung, wie ihn am klarsten Max Laeuger erfand, mag von oben betrachtet wie ein monu-

of modern man in the industrialised world, right down to the drawing rooms of the bourgeoisie where nature only survives in the form of elaborate arrangements of dried flowers.

One person, at least, was courageous enough to proffer a radical alternative to this »undead« culture and to remind people of their very nature, however vulgar and brutal this at times may be. Friedrich Nietzsche placed his Zarathustra, his prophet of this harsh world, in the wilderness where he lived and taught high up in the mountains far away from the people. But in his writings on urban civilisation in »Beyond Good and Evil«, Nietzsche, like his contemporary Sitte, saw the need for a garden as an expression of nature in condensed form – and with it of human nature: »And pray, don't forget the garden, the garden with golden trellis-work! And have people around you who are as a garden [...] – Choose the good solitude, the free, wanton, lightsome solitude, which also gives you the right still to remain good in any sense whatsoever!«[9] But Zarathustra is just a fable, outside of which the by then disillusioned humanist Nietzsche knew that we can neither break free of nature nor of culture. In the civilised world, however, there is no contradiction between the two, just movement and dynamism – there is, after all, always an element of one in the other.

Nature remains on the one hand a phantasm, an illusory likeness, while on the other it can be pressed into shape. It is this paradox that characterises the essence of urban green. Although the need for green in the city has changed only imperceptibly over the ages, it has always been able to find a new balance. Just how well it is able to adjust is most clearly visible where the relationship between nature and culture is most emblematic. Here urban and natural spaces approach one another to such a degree that built squares and green gardens overlap, even meld into »hybrid spaces«. This can be found in the historical grounds of Renaissance villas, in the French places royales and British squares and malls, in the green centres of housing estates and new neighbourhoods and, in an ultimate synthesis, in the public parks of the twentieth century.

The public park in its demonstratively urban form, as created most clearly by Max Laeuger, may look from above like a monumental »decorative« ornament. At ground level it underscores the appropria-

Max Laeuger, Jubiläums-Gartenbauausstellung Mannheim, Deutschland, 1907 – Haupteingang [Max Laeuger, Jubilee Horticultural Exhibition in Mannheim, Germany, 1907 – main entrance

mentales, »dekoratives« Ornament erscheinen. Auf Augenhöhe zeichnet es die Inbesitznahme des Grünraumes nach, aktiv oder in Gedanken, kollektiv wie individuell. Und es erlaubt jenes paradoxe Nebeneinander von Offenheit und Weite einerseits und Abgeschlossenheit und Konzentration andererseits, nach dem ein wirklich städtisches, »sanitäres« Grün verlangt. Denn es bietet nicht nur Orte für Begegnung und Selbstdarstellung, sondern ebenso für das Alleinsein. Unzeitgemäß erscheint dies auch schon, als Nietzsche ein Gegengewicht zur vordergründigen Zerstreuung oder Selbstdarstellung seiner eigenen Zeit setzt und begründet, warum es denn eigentlich der Mentalität eines Gartens bedürfe: »Geht lieber beiseite! Flieht ins Verborgene!«[10]

tion of green space, both actively as well as mentally, collectively or individually. And it affords that paradoxical simultaneity of openness and expanse on the one hand and seclusion and concentration on the other that a truly urban »sanitary« green space should provide – places that are not solely for meeting and public display but also for solitude. This, it seems, was already outmoded when Nietzsche criticised the superficial diversions and posturing of his time, arguing why we need the mentality of a garden: »Rather go out of the way! Flee into concealment!«[10]

1 Martin Wagner, *Das sanitäre Grün der Städte. Ein Beitrag zur Freiflächentheorie*, Dissertation, Berlin 1915, S. 1.
2 Camillo Sitte, *Der Städtebau nach seinen künstlerischen Grundsätzen, vermehrt um »Großstadtgrün«*, Reprint der 4. Auflage von 1909, Braunschweig 1983, S. 208.
3 Ebenda S. 198.
4 Ebenda S. 200–202.
5 Ebenda S. 191.
6 Ebenda S. 187.
7 Ebenda S. 193.
8 Ebenda S. 193.
9 Friedrich Nietzsche, *Jenseits von Gut und Böse. Vorspiel einer Philosophie der Zukunft*, Leipzig 1886, Zweites Hauptstück »Der freie Geist«, § 25.
10 Ebenda.

1 Martin Wagner, *Das sanitäre Grün der Städte. Ein Beitrag zur Freiflächentheorie*, dissertation, Berlin 1915, p. 1.
2 Camillo Sitte, *City Planning According to Artistic Principles with Appendix "Greenery within the City"*, translated by G. R. Collins and C. C. Collins, London: Phaidon Press, 1965, p. 183.
3 Ibid. p. 175.
4 Ibid. pp. 176–179.
5 Ibid. p. 170.
6 Ibid. p. 167.
7 Ibid. p. 171.
8 Ibid. p. 172.
9 Friedrich Nietzsche, Beyond Good and Evil. Prelude to a Philosophy of the Future, translated by Helen Zimmern, New York: Macmillan, 1907; Part Two: The Free Spirit, § 25.
10 ibid.

Max Laeuger, Jubiläums-Gartenbauausstellung Mannheim, Deutschland, 1907 – Sommerbadgarten [Max Laeuger, Jubilee Horticultural Exhibition in Mannheim, Germany, 1907 – summer bathing garden

PROMENADE PLANTÉE UND VIADUC DES ARTS, PARIS, FRANKREICH [PROMENADE PLANTÉE AND VIADUC DES ARTS, PARIS, FRANCE

Philippe Mathieu, Jacques Vergely, Patrick Berger, Paris, Frankreich [Philippe Mathieu, Jacques Vergely, Patrick Berger, Paris, France

Dass sich die Spuren des Eisenbahnzeitalters nicht so ohne weiteres aus dem Stadtkörper entfernen lassen, das mussten auch die selbst in den 1970er Jahren noch der *tabula rasa* zugeneigten Pariser Planungsbehörden einsehen. Die Bahnstrecke Paris-Varenne, die über 100 Jahre lang in die östlichen Vorstädte führte, wurde 1969 im Zuge der Inbetriebnahme des neuen RER-Nahverkehrsnetzes stillgelegt. Während die ehemalige Gare de la Bastille 1984 einem von Mitterands »Grands Projets«, der Opéra National de la Bastille, Platz machen musste, war über viele Jahre unklar, was aus dem Viadukt werden sollte, über welches einst Dampf- und Diesellokomotiven hinwegschnaubten. Um die angrenzenden Wohnbebauungen nicht vollends ihres räumlichen Bezugspunktes zu berauben, entschied man sich gegen einen Abriss und setzte auf eine Umnutzung des historischen Bestandes: Während die über 60 aus Backstein gemauerten Viaduktbögen nach einem Entwurf von Patrick Berger restauriert und zu Ladengeschäften und -ateliers für Kunsthandwerker umfunktioniert wurden, transformierten Jacques Vergely und

That the traces of the railway era cannot easily be erased from the fabric of the city is a fact that even the *tabula rasa*-inclined planning authorities of 1970s Paris had to concede. The railway route Paris-Varenne that ran through the eastern suburbs of the city for over 100 years was closed down with the inauguration of the RER transit system in 1969. While the former Gare de la Bastille had to make way for one of Mitterand's »Grands Projets«, the Opéra National de la Bastille, the fate of the neighbouring viaduct that had once borne both steam and diesel locomotives remained undecided for many years. So as not to rob the local neighbourhood of more of its characteristic reference points, the decision was made not to demolish it and instead to convert the historical construction: while the brick arches, more than 60 in number, were renovated and converted into shops and ateliers for craftsmen and artisans according to a design by Patrick Berger, the landscape architects Jacques Vergely and Philippe Mathieu transformed the elevated railway lines, nine metres above street level,

Wasserbecken auf der Promenade Plantée [Water basin on the Promenade Plantée

Promenade Plantée

Programm/Bauaufgabe [**Programme** Umgestaltung der Terrasse eines brachen Eisenbahnviaduktes [Redesign of the terrace of a disused railway viaduct

Landschaftsarchitektur [**Landscape design** Philippe Mathieu, architecte DPLG.APUR;

Jacques Vergely, paysagiste DPLG, Agence Française du Paysage

Standort des Projekts [**Project location** Paris, 12. Arrondissement [Paris, 12th arrondissement

Auftraggeber [**Client** Stadt Paris [City of Paris

Entwurf [**Design** 1985

Fertigstellung [**Completion** 1991

Fläche [**Area** 6 ha

▸ **Pflanzliste (Auswahl)** [**List of plants (selection)**

Immergrüne Sträucher [*Evergreen shrubs* ▸ *Berberis darwinii, Berberis stenophylla, Choisya ternata, Cotoneaster franchetti, Eleagnus x ebbingei, Lavandula officinalis, Lonicera nitida, Prunus laurocerasus caucasica, Prunus lauro. »Otto Luyken«, Pyracantha x »Dart's red«, Viburnum tinus*

Formgehölze [*Pruned plant species* ▸ *Eleagnus x ebbingei, Carpinus betulus, Ligustrum ovalifolium, Lonicera nitida*

Laubsträucher [*Deciduous shrubs* ▸ *Chaenomeles japonica, Corylus avellana, Deutzia scabra, Forsythia x »Lynwood Gold«, Hypericum x »Hidcote«, Kerria japonica, Laverata olbia, Philadelphus coronarius, Ribes sanguineum, Sambucus nigra, Spirea x »van Houttei«, Symphoricarpus »mother of pearl«, Viburnum opulus, Viburnum fragrantissima*

Bodendecker [*Groundcover plants* ▸ *Cotoneaster dammeri »Skogold«, Hedera helix, Hypericum calycinum, Lamium galeobdolon, Lonicera x »Maigrün«, Rubus tricolor x »Betty Ashburner«, Symphoricarpus x »Hancock«, Vinca major*

Kosten [**Cost** 2 100 000 EUR

Viaduc des Arts

Programm/Bauaufgabe [**Programme** Restaurierung eines Eisenbahnviadukts [Restoration of a railway viaduct

Landschaftsarchitektur [**Landscape design** Patrick Berger, architecte DPLG, 49 rue des Cascades 75020 Paris [www.patrickberger.fr

Standort des Projekts [**Project location** Avenue Daumesnil, 12. Arrondissement [12th arrondissement, Paris

Auftraggeber [**Client** SEMAEST

Fertigstellung [**Completion** 1996

Fläche [**Area** 59 000 000 EUR netto [**net**

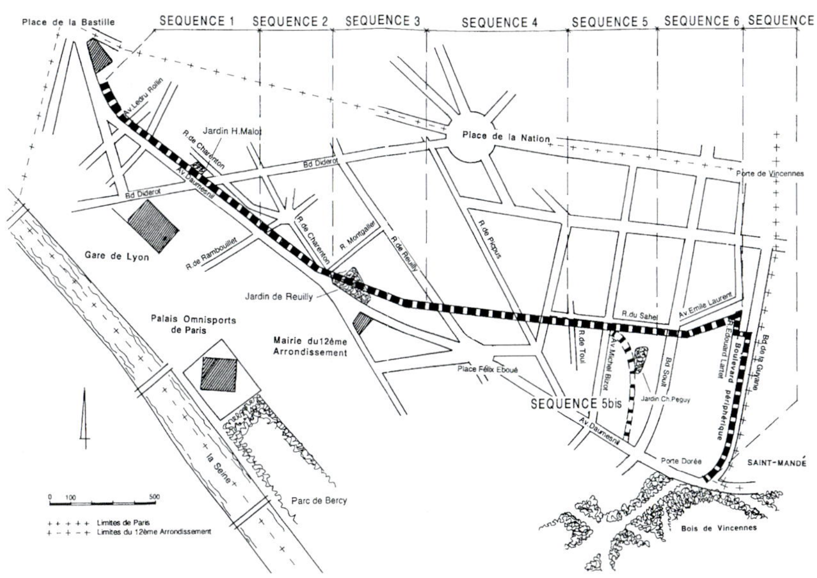

Gesamtplan [Overall plan

Plan des Abschnitts Bastille-Reuilly [Plan of the Bastille-Reuilly section

Philippe Mathieu die in neun Meter Höhe darüber hinweg geführte Hochtrasse zur Hochpromenade um. Bei dem insgesamt 61 Millionen Euro teuren Unternehmen konnte auf eine konstruktive Ertüchtigung des Viaduktes verzichtet werden, lediglich die Drainage musste erneuert und mit weiteren Isolationsschichten samt einem Mutterboden-Finish versehen werden. Dabei wurde an das alte Viadukt ein neuer Appendix gefügt; zwei ehemalige Bahnhofsareale, die im Zuge der Planungen durchgrünten ZAC-Wohnvierteln Platz machten, wurden großräumig integriert. Schließlich verlängern unter Straßenniveau verlaufende Abschnitte das Projekt zu einer durchgehenden, ober- und unterirdischen Grünpromenade: 4,7 Kilometer, von der Hinterpforte der Bastille-Oper bis wenige Schritte vor die zirkuläre Stadtautobahn Boulevard Périphérique.

Die größte Herausforderung des Projektes stellte gewiss das Viadukt der ehemaligen Bahnstrecke dar: Der acht Meter breite, 1,4 Kilometer lange, schmale Grat durch den Stadtkörper des 12. Arrondissements konnte nur wenig Raum für eine großzügige Freiraumplanung bieten. Wie bei den Promenaden des 17. Jahrhunderts, bei denen überkommene Festungsanlagen zu öffentlichen Flanierräumen umgewandelt wurden, behalf man sich mit einer Alleelösung: Einem 2,5 Meter schmalen, mittig geführten Asphaltweg wurden in regelmäßigen Abständen Lindenbäume zur Seite gestellt, die den Raum kontinuierlich durchmessen. Dabei weitet und schließt sich der Weg immer wieder zu symmetrischen, in der Größe differierenden Platzanlagen, die durch grüne, gusseiserne Spaliere, Lauben und Pavillons sowie eine sich auf Schritt und Tritt verändernde Vegetation – von Rosengärten über Gräserbeete bis hin zu einem Bambushain – vielfältig thematisiert werden. Wiederkehrende Heckenformationen aus heimischen Haselnuss-, Rhododendren- oder Zierobststräuchern kanalisieren die Sicht zusätzlich zu den Seiten, so dass die Promenade tatsächlich als ein in sich geschlossener Grünraum wahrnehmbar wird. Allerdings durchaus mit seinen Perforierungen: Sowohl an Straßenüberführungen, als auch von unbepflanzten Nischenpunkten aus ergeben sich unerwartete Durchblicke auf nahe Hinterhöfe und in entfernte Boulevards. Dieser latent »poröse«, räumliche Charakter, der

into a raised promenade. Costing a total of 61 million Euros, the project avoided the need for structural reinforcements to the viaduct, replacing only the drains and finishing it with additional sealing layers and topsoil. The old viaduct also received a new appendix: two former railway sites that were cleared as part of the works on the neighbouring ZAC residential quarter were integrated into the project. Further sections beneath street level extend the project to a continuous, green promenade that runs 4.7 kilometres above and below ground level from the back entrance of the Opéra de la Bastille all the way to shortly before the ring motorway, the Boulevard Périphérique.

The greatest challenge of the project was without doubt the viaduct that once bore the railway lines: the eight metre wide, 1.4 kilometre long, narrow strip through the depths of the 12th arrondissement left little room for grand urban planning gestures. Adopting a solution inspired by the seventeenth-century public promenades along the former sites of the city fortifications, the designers adopted the idea of a boulevard: a 2.5 metre wide asphalt path down the centre of the viaduct is bordered by lime trees at regular intervals that mark one's progression through space. The path widens and narrows repeatedly to form symmetrical open spaces of different sizes, which through the use of green, cast-iron trellises, pergolas and pavilions as well as continually changing vegetation – ranging from rose gardens to beds of sedges to a bamboo grove – have been given different themes.

Repeating hedge formations of native hazelnut, rhododendron or ornamental fruit bushes additionally contain the view on both sides so that the promenade is perceived as a self-contained green space. The route is nevertheless perforated at intervals, for example where the viaduct crosses a road or at open niches between the planting allowing unexpected views over nearby backyards and distant boulevards. This latent »porosity«, a spatial character that lies somewhere between green and urban space, correlates with numerous different means of access: at almost every road crossing, a public stair located within the viaduct ascends to the upper level. And although it is a public space with regulated opening times, there are private entrances and lifts

Die Hochstraße vor der Renovierung [The elevated railway line before renovation
Die Bögen des Viaduc des Arts vor der Renovierung [The arches of the Viaduc des Arts before renovation

Blick auf die Promenade Plantée [View onto the Promenade Plantée
Die Bögen des Viaduc des Arts nach der Renovierung [The arches of the Viaduc des Arts after renovation
Auf der Promenade Plantée, ein Park mitten in der Stadt [On the Promenade Plantée, a park admidst the city

sich im Dazwischen von Grün- und urbanem Raum verortet, korreliert mit einer Vielzahl von Zugangsmöglichkeiten: Nahezu an jeder größeren Straßenüberführung liegen innen disponierte öffentliche Treppenzugänge. Auch wenn es sich um eine öffentliche Anlage mit regulierten Öffnungszeiten handelt, bestehen mitunter gar private Zugänge und Aufzüge von Anrainer-Gebäuden – tatsächlich hat die *coulée verte* (»grüner Strom«), wie der Volksmund die Promenade gerne nennt, die Mieten des einst ärmlichen Pariser Ostens in kurzer Zeit um mehr als zehn Prozent ansteigen lassen.

Jenseits der Rue Rambouillet, der Peripherie nicht mehr ganz fern, d.h. dort, wo der homogene Stadtkörper des 19. Jahrhunderts brüchiger wird und sich die ersten Wohnhochhausburgen der 1960er Jahre von den Parzellen erheben, weitet sich der neue Wurmfortsatz des alten Viaduktes bis auf eine Breite von 30 Metern. Der hier nun in Mäandern verlaufende Weg wird durch lange Wasserbassins aufgelockert, aber auch verspielt zwischen Bauten der ZAC-Wohnanlage Jardin de Reuilly hindurchgeführt. Nahezu naturbelassen geben sich dagegen die beiden folgenden Streckenkilometer, die, von abschöttigen Bahndämmen umfriedet, bis zu sieben Meter unter Straßenniveau verlaufen. Durch das stillgelegte Strecken-Biotop führen zwei separierte Fußgänger- und Radfahrspuren. Auch wenn der dichte, von wildem Efeu umrankte Baumbestand die Natur in ihr Recht versetzt, erzeugt doch das punktuell eingefügte Ausstattungsmobiliar eine starke visuelle Kontinuität mit den anderen Abschnitten.

Zehn Jahre nach ihrer Übergabe an die Öffentlichkeit stellt sich die Promenade Plantée, die erst jüngst einen ehrgeizigen Nachahmer in der zum »Greenway« transformierten New Yorker Highline gefunden hat, als ein gelungenes, von der lokalen Bevölkerung auf breiter Ebene angenommenes Projekt dar. Gerade in der immer noch stark versteinerten Pariser City, wo das Grün wohl in den großen Parks, aber kaum in den Straßen und den verdichteten Hinterhöfen zuhause ist, ist die Promenade das Musterbeispiel einer verbindenden Grünplanung, die dem brachen Altbestand eine neue nachhaltige Vision verleiht und dabei zugleich höchst identitätsstiftend auf ein neuartig »zusammengekittetes« Viertel wirkt. *Paul Andreas*

from neighbouring buildings – in fact the *coulée verte* or »green band« as the promenade is colloquially known, has caused the rent prices in what was one of the poorest areas of east Paris to rise by more than ten percent within a short space of time.

On the other side of the Rue Rambouillet, not all that far from the suburbs where the nineteenth-century urban fabric begins to disintegrate and the first 1960s tower blocks rise out of the ground, the new appendix to the old viaduct broadens to a width of 30 metres. The path, which from here on begins to meander, is interspersed with pools of water or threaded artfully between buildings in the ZAC-residential district of Jardin de Reuilly. A couple of kilometres further on, the path has been left in a near-natural state, bounded on both sides by the slopes of the railway cutting which lies in parts up to seven metres below street level. Two separate paths for pedestrians and cyclists lead through the strip of natural habitat. Although the dense, ivy-entwined stock of trees underlines nature's claim to the territory, items of street furniture placed at intervals along the path maintain a visual continuity with the other sections of the route.

Ten years after officially being opened to the public, the Promenade Plantée, which recently spawned a similarly ambitious project – the »Greenway« along New York's Highline – is regarded as a successful project that has been embraced by a broad cross-section of the local public. In the city of Paris especially, where stone predominates and greenery is restricted mostly to the large parks and is not generally found in street spaces or the enclosed courtyards of housing blocks, the promenade serves as a model example of how green planning has the capacity to connect, transforming obsolete structures into a new and sustainable vision, while simultaneously lending disparate new and old quarters a strong sense of identity. *Paul Andreas*

Unterführung der Promenade Plantée an der Rue de Picpus [Underpass of the Promenade Plantée at Rue de Picpus

Ansichten der Promenade Plantée [Views of the Promenade Plantée

QUAI DE SAÔNE, LYON, FRANKREICH [QUAI DE SAÔNE, LYON, FRANCE

Michel Desvigne Paysagiste, Paris, Frankreich [Michel Desvigne Paysagiste, Paris, France

Prototyp Quai de Saône

Das Projekt Quai de Saône, das 1999 realisiert wurde, bildet die erste Phase einer weiterhin andauernden urbanen Transformation, der Erneuerung des Stadtgebiets Lyon Confluence, die in der gegenwärtigen Phase von Michel Desvigne in Kooperation mit Herzog & de Meuron geplant wird.

Lyon Confluence bezeichnet ein 150 Hektar großes Gelände, das sich vom Bahnhof Perrache in südlicher Richtung zwischen der Rhône und der Saône erstreckt und von Eisenbahngleisen, einem multimodalen Verkehrsknotenpunkt, einer Stadtautobahn, einem Großmarkt und diversen Industrieanlagen umschlossen ist, die sämtlich beseitigt werden sollen. Die Neugestaltung der Fläche im Zentrum der Stadt faszinierte bereits mehrere Generationen von Stadtoberen und Architekten. Alle Planungen zur Neubebauung mussten die Einschränkung hinnehmen, dass bis zum Freiwerden der bebauten Flächen und der

Quai de Saône Prototype

The Quai de Saône project realised in 1999 constitutes the first stage of a process of urban transformation. It is part of the ongoing renewal of the Lyon Confluence, the latest part of which is currently being developed by Michel Desvigne in collaboration with Herzog & de Meuron.

The Lyon Confluence is a 150 hectare site stretching south of the Perrache train station, between the Rhône and Saône rivers; pushed between a railroad siding is a multimodal interchange, a highway, a wholesale market, and a whole series of industrial plants that are destined to disappear. This site, in the centre of the city, has fascinated generations of elected officials and architects. In order for the site plan to be realised, it was in fact necessary to wait several decades for all the land to be freed up, for the industrial sites to be transformed. Thus it was necessary to think of a »ruse«, a way to take control of this site, despite these difficulties, and to begin its transformation.

Blick auf die Saône vom Ufer aus [View of the Saône from the banks of the river

Programm/Bauaufgabe [**Programme** Temporärer Garten [Temporary garden

Landschaftsarchitektur [**Landscape design** Michel Desvigne Paysagiste [www.micheldesvigne.com

Standort des Projekts [**Project location** Quai de Saône, Lyon

Auftraggeber [**Client** SEM Lyon-Confluence

Entwurf [**Design** 1999

Fertigstellung [**Completion** 2000

Fläche [**Area** 2 ha

▸ **Pflanzliste** [**List of plants**

▸ *Achillea filipendulina (Schafgarbe/achillea), Achillea ptarmica »The Pearl« (Schafgarbe/achillea), Astilbe »Mont Blanc«, Carex buchananii (Gras/grass), Carex flagellifera (Gras/grass), Carex grayi (Gras/grass), Carex pendula (Gras/grass), Coreopsis »Baby Gold«, Coreopsis verticillata, Deschampsia »Goldschleier«, (Gras/grass), Deschampsia cespitosa (Gras/grass), Festuca amethystina (Gras/grass), Festuca mairei (Gras/grass), Leucanthemum vulgare (Margerite/daisy), Liatris spicata »Alba«, Lotus corniculatus (Hornklee/lotus), Luzula sylvatica (Gras/grass), Oenothera (oenothera, Sorte mit gelber Blüte/species with yellow flower), Panicum virgatum (Gras/grass), Prunella grandiflora (Braunelle/prunella)*

Kosten [**Cost** 1 400 000 EUR (netto/net)

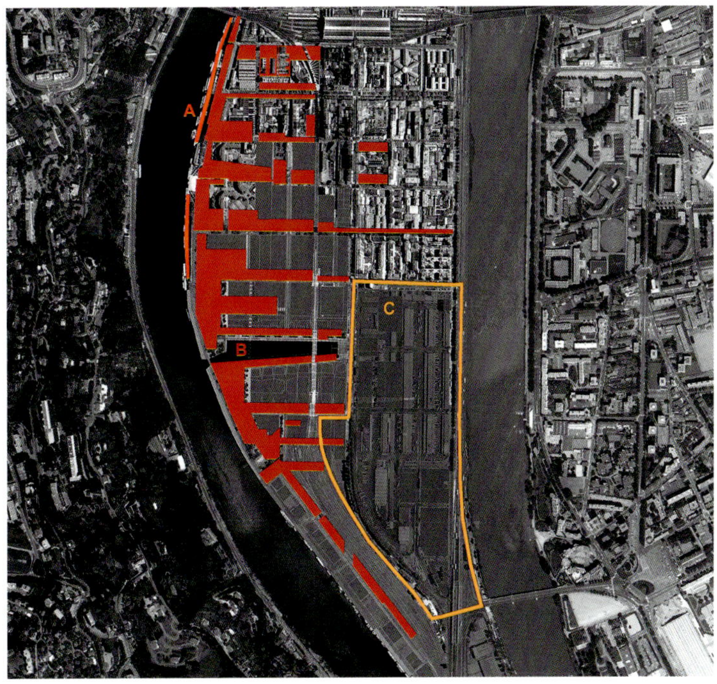

Luftbild vor der Umgestaltung [Aerial view before renovation

Die verschiedenen Renovierungsphasen. A: Quai de Saône; B: noch in Arbeit; C: Projekt von Desvigne und Herzog & de Meuron [The different renovation phases. A: Quai de Saône B: in progress; C: Projects by Desvigne and Herzog & de Meuron

Radweg [Cycle path

Aussiedlung der Industriebetriebe mehrere Jahrzehnte vergehen würden. Deshalb musste man sich einer »List« bedienen, um trotz dieser Schwierigkeit Kontrolle über das Gelände übernehmen und mit der Umgestaltung beginnen zu können.

Die ideale Stadt, wie sie ursprünglich entworfen wurde, entspricht in keiner Weise der gebauten Wirklichkeit. Die Gefahr liegt darin, die Zukunft unserer Städte und Landschaften durch die Bebauungspläne der Gegenwart festzuschreiben. Niemand kann vorhersagen, was für Städte der Mensch in dreißig Jahren bauen wird.

Bei der Annahme der Pläne durch die städtischen und staatlichen Behörden stand der Faktor Zeit daher als zentrales Element des Entwurfs im Vordergrund. Der Vorschlag, eine »intermediate nature«, eine ihren eigenen Wandel berücksichtigende Landschaft, anzulegen, konnte sich durchsetzen; Teil des Konzepts war die Errichtung eines erlebbaren Prototyps in Form einer 2,5 Kilometer langen Promenade entlang der Saône im Jahr 1999.

Unser Büro erarbeitete einen Plan mit den zu erwartenden Veränderungen und den potenziell freiwerdenden öffentlichen Flächen. Dabei entstand die Einsicht in die Notwendigkeit, das ursprünglich anvisierte Gesamtprojekt durch eine Planung zu ersetzen, die eine Abfolge von Schritten vorsah und sich daraus ergebende Veränderungen berücksichtigte. Auf diese Weise konnte dem betroffenen Gelände unmittelbar der Status einer gestalteten Landschaft verliehen werden. Diese Strategie einer infiltrierenden, sich sukzessive verzweigenden Vorgehensweise erlaubt es, das Gelände als Ganzes und einzelne Parzellen bereits im Zuge der allmählichen Freiwerdung so zu gestalten, dass die neu hinzugefügte Landschaft die zukünftigen Stadtviertel und deren Gebäude in geeigneter Weise integrieren kann.

Das Konzept einer den Zeitfaktor dynamisch integrierenden Umgestaltung ermöglicht die Entwicklung urbaner Formen, die einem Standort nicht einfach übergestülpt werden, sondern deren Substanz gerade in der Inkorporierung der Veränderungen liegt. Eine solche organische Vorgehensweise, die enge wechselseitige Beziehungen zwischen öffentlichem Raum und gebauten Komponenten herstellt, eröffnet alternative Formen der Stadtplanung.

Lyon Confluence in der Transformation: Kontrapunkt von Stadtgebiet und Landschaft

Das Beispiel Lyons veranschaulicht, wie ein auf mehr als zehn Jahre angelegtes Engagement es ermöglicht, die Gestaltung eines Geländes im kollektiven Zusammenspiel zu steuern. Für die Dauer solcher Transformationen, unabhängig davon, ob es sich um große Landschaften oder Teile von Städten handelt, liegen empirische Werte vor. Erfahrungsgemäß nimmt das Entstehen eines Stadtviertels 30 Jahre und mehr in Anspruch; ferner unterliegen diese langfristigen Prozesse ständigen Korrekturen und Anpassungen. Der Ausgangsentwurf sollte daher auch in der Lage sein, auf Risiken der wirtschaftlichen Entwicklung und auf veränderte Anforderungen flexibel zu reagieren. Daraus ergibt sich die Notwendig-

The ideal city, as it had been proposed, does not correspond in any way to the reality of a built city. The danger lies in solidifying in a site plan the future of our cities and our landscapes. Of course, it is impossible to predict what type of city will be built thirty years from now.

This is how the concept of time – the focal point for the project design – was present when the authorities adopted the plan. The idea of implementing an »intermediate nature«, including a visible prototype in the form of a 2.5 kilometre promenade along the Saône River in 1999, gained support.

We prepared a map of probable changes and of the possible release of public lands. Thus we understood why it was necessary to replace a unitary project, as initially conceived, with a project that progressed by successive steps and changes, for this could give the area concerned an immediate landscaped quality. This strategy of infiltration and ramifications gives a status to the site and positive qualities to each of the parcels as they are gradually freed up, so that the landscape added there will accommodate the future neighbourhoods and their buildings.

The idea of transformation over time thus leads one to imagine urban forms that are not superposed on the site but that draw their substance from these changes. By proceeding in an organic way, forging relationships between the public space and the built components, it is possible to consider other ways of making the city.

Urban Transformations of Lyon Confluence and Landscapes in Counterpoint

This case of Lyon shows a more than ten-year commitment that makes possible the collective mastery of our land. We know empirically the duration of these transformations, whether they involve large landscapes or bits of the cities. We know from experience that thirty or so years are needed to form a neighbourhood, and that, in addition, these relatively long processes undergo permanent corrections. The initial vision should also be able to adapt to the hazards of the economy and to changing requirements. Hence the need to design tools and methods that make it possible to integrate this idea of duration in the way sites are transformed.

The transformation of landscapes must be considered case by case. What authorises the play with these successive states is the project material itself, which is the product of practical work. To acquire the land, change the nature of the soil, give this area positive attributes, plant trees, control the development, and change the density: this is a set of physical practices applied to a reality.

If the landscape is a structural frame, it also offers the possibility of temporarily occupying some parts of the city undergoing transformation, in which many unknowns remain. While waiting for construction, these »intermediate natures« immediately provide positive attributes to the sites. It cannot be a question of producing the negative of a site plan, but rather of giving the land an immediate status, maintaining it,

keit, Instrumente zu schaffen und Methoden einzusetzen, die die langfristige zeitliche Perspektive in den Prozess der Transformation integrieren.

Die Transformation von Landschaften muss von Fall zu Fall geplant werden. Es ist das Material des Projektes selbst, das als Ergebnis der praktischen Arbeit entsteht, welches das Spiel mit der Veränderlichkeit rechtfertigt. Der Erwerb von Grund und Boden, die Umgestaltung des Erdreichs, die Ausstattung des Geländes mit aufwertenden Elementen, das Pflanzen von Bäumen und das Monitoring der Entwicklung, alles das sind physische Vorgänge, die auf reale Gegebenheiten einwirken.

Fasst man Landschaft als strukturellen Rahmen auf, so bietet sich damit auch die Möglichkeit, vorübergehend bestimmte Stadtgebiete zu vereinnahmen, die einer Erneuerung – mit notwendigerweise vielen Unbekannten – unterworfen sind. Derartige zwischenzeitliche Landschaftsgestaltungen, die die Wartezeit bis zur Neubebauung überbrücken, verleihen den betreffenden Standorten unmittelbar positive Qualitäten. Es kann nicht darum gehen, das Negativ eines Bebauungsplans abzubilden, sondern das Ziel muss sein, dem vorhandenen Gelände unmittelbar einen positiven Status zuzubilligen, es zu unterhalten und die zukünftige Umgestaltung anzunehmen. Damit kommen Kategorien wie Management, Unterhalt und Respekt ins Spiel, auch wenn die Qualitäten und Nutzungen nur vorübergehend sind.

Fallstudien wie das Projekt Quai de Saône ermöglichen es, die Schwierigkeiten, die auf einem zu gestaltenden Gelände entstehen können, nahezu vollständig in die Planung einzubeziehen. Sie bieten Gelegenheit, ein spezifisches Vokabular, Materialien und Modalitäten zu entwickeln und diese Elemente anhand von Prototypen zu testen, die dann die Funktion regulativer Instanzen übernehmen. Der ideale Gestaltungsplan ist daher einer experimentellen Vorgehensweise, wie sie in der Wissenschaft anwendet wird, nicht unähnlich: Aus einer Ausgangssituation heraus wird das Szenario einer möglichen Umgestaltung entwickelt, das dann in die Realität umgesetzt wird. Die sich bewährenden Elemente werden zu regulativen Vorgaben weiterentwickelt, die dann auf größere Maßstäbe und Zeiträume zu übertragen sind.

Auszug aus: *Intermediate Natures. The Landscapes of Michel Desvigne*
Basel, Boston, Berlin: Birkhäuser, 2008.

and accepting its transformation. This falls in the category of management, maintenance, and respect, even though the qualities and uses are only temporary.

Thus, case studies like the Quai de Saône project make it possible to have an almost exhaustive vision of the problems that could arise in an area. They provide the opportunity to design a vocabulary, materials, and modalities, possibly verified by prototypes that can reach the level of regulatory statutes. Thus the ideal plan would resemble an experimental method, such as scientists use. From a given situation comes the sense of a possible transformation, transposed into the real. The elements that are corroborated become regulations that can be applied on a large scale and over time.

Extracts from: *Intermediate Natures. The Landscapes of Michel Desvigne*
Basel, Boston, Berlin: Birkhäuser, 2008.

Das Ufer mit Blick auf die Eisenbahnbrücke »Viaduc de la Quarantaine« [The riverside with view of the railway bridge »Viaduc de la Quarantaine«
Entlang der Saône [Along the Saône

NATUR-PARK SCHÖNEBERGER SÜDGELÄNDE, BERLIN, DEUTSCHLAND [SCHÖNEBERGER SÜDGELÄNDE NATURE PARK, BERLIN, GERMANY

Planland/Büro ÖkoCon, Künstlergruppe Odious, Berlin, Deutschland [Planland/Büro ÖkoCon, Odious Art Group, Berlin, Germany

Der Blick vom Wasserturm inmitten des Rangierbahnhofs Tempelhof ist überwältigend. Eine kahle Schotterwüste, Gleis neben Gleis, 60 an der Zahl, Drehscheibe, Ablaufberg, Kohlebunker, Wasserkräne, Lokomotivhallen, dazu hunderte von Güter- und Personenwagen, der Lärm der Werkstätten, der Lokomotiven und der Brandgeruch dringen herauf. Über stählerne Adern wird die Großstadt versorgt, der Pulsschlag ist deutlich zu spüren.

80 Jahre später. Der Wasserturm steht noch immer, wie eine rostige Riesenkeule – mitten im Grünen. Ein Birkenwald ist noch immer zu sehen. Ein Dampfross, Baureihe 50, steht vergessen im Wald, die Drehscheibe von 1879 (die älteste Deutschlands) ist noch zu erkennen, leichte Spuren im Grün lassen hier und da den Verlauf der Schienen erahnen. Eine der drei Lokomotivhallen von 1910 steht noch, sichtlich gealtert. »Vor Einfahrt halt!« ist über dem Tor zu lesen. Nebenan ein

The view from the water tower in the centre of Tempelhof Switching Yard is breathtaking. A wide expanse of gravel, railway lines as far as the eye can see, 60 in all, a locomotive turntable, hump, coal bunker, water crane, locomotive hall, hundreds of goods and passenger carriages, the noise of workshops and locomotives ringing in one's ears and the smell of burning in the air. The steel arteries supply the needs of the city, the pulse is palpable.

80 years later. The water tower still stands like a giant rusty club – now surrounded by greenery. A beech wood still exists, a Series 50 locomotive standing forgotten amidst the trees. The turntable from 1879 (the oldest in Germany) can still be made out, and lines here and there in the greenery reveal where the rail tracks still lie. One of the three locomotive halls from 1910 still stands, visibly aged, and a sign above the entrance reads »Halt before entering!« Next to it stands the

Gleise und Birkenaufwuchs [Birch growth between the railway tracks

Programm/Bauaufgabe [**Programme** Erschließung und Gestaltung einer Bahnbrache für Erholungs-, Naturschutz-, Forschungs- und Bildungszwecke [Design and provision of access to a disused railway interchange as a place for recreation, nature conservation, research and education.

Landschaftsarchitektur [**Landscape design** ARGE Planland/Büro ÖkoCon, Künstlergruppe Odious; Planland, Pohlstr. 58, 10785 Berlin [Consortium Planland/ Büro ÖkoCon, Odious Art Group; Planland, Pohlstr. 58, 10785 Berlin

Standort des Projekts [**Project location** Prellerweg 47–49, Berlin

Auftraggeber [**Client** Land Berlin, vertreten durch die Grün Berlin Park und Garten GmbH und unterstützt von der Allianz Umweltstiftung [Land Berlin, represented by Grün Berlin Plan und Garten GmbH with support from the Allianz Foundation for Sustainability

Fertigstellung [**Completion** 1996 – 1999, dezentrales Projekt der EXPO 2000 [1996 – 1999, EXPO 2000 external project

Fläche [**Area** 18 ha, davon 12,8 ha Landschaftsschutzgebiet und 3,9 ha Naturschutzgebiet [18 ha, 12.8 ha thereof are a landscape conservation area and 3.9 ha are a nature reserve

Material und Vegetation [**Materials and vegetation** Wegeführung überwiegend im Lauf alter Schienenwege (wassergebundene Decke/Steg als »begehbare Skulptur« aus Metall); Begrünung des während der Nutzung als Bahngelände vollkommen vegetationslosen Areals durch natürliche Sukzession. [Pathways are primarily laid between the remaining tracks (water-bound surface/walkways as »usable sculptures« made of metal); greening of the formerly vegetation-free railway site through a process of natural succession.

▸ **Pflanzliste** [**List of plants**

Gehölze [*Woody plants* ▸ *Acer campestre, Acer pseudoplatanus, Betula pendula, Clematis vitalba, Corylus avellana, Euonymus europaea, Populus tremula, Parthenocissus quinquefolia, Prunus padus, Robinia pseudoacacia, Rosa glauca, Rubus caesius, Sorbus intermedia, Sambucus nigra, Tilia cordata*

Gräser und Stauden [*Grasses and perennials* ▸ *Calamagrostis epigeios, Centaurea stoebe, Epilobium angustifolium, Falcaria vulgaris, Oenothera biennis*

Kosten [**Cost** 3 500 000 DM

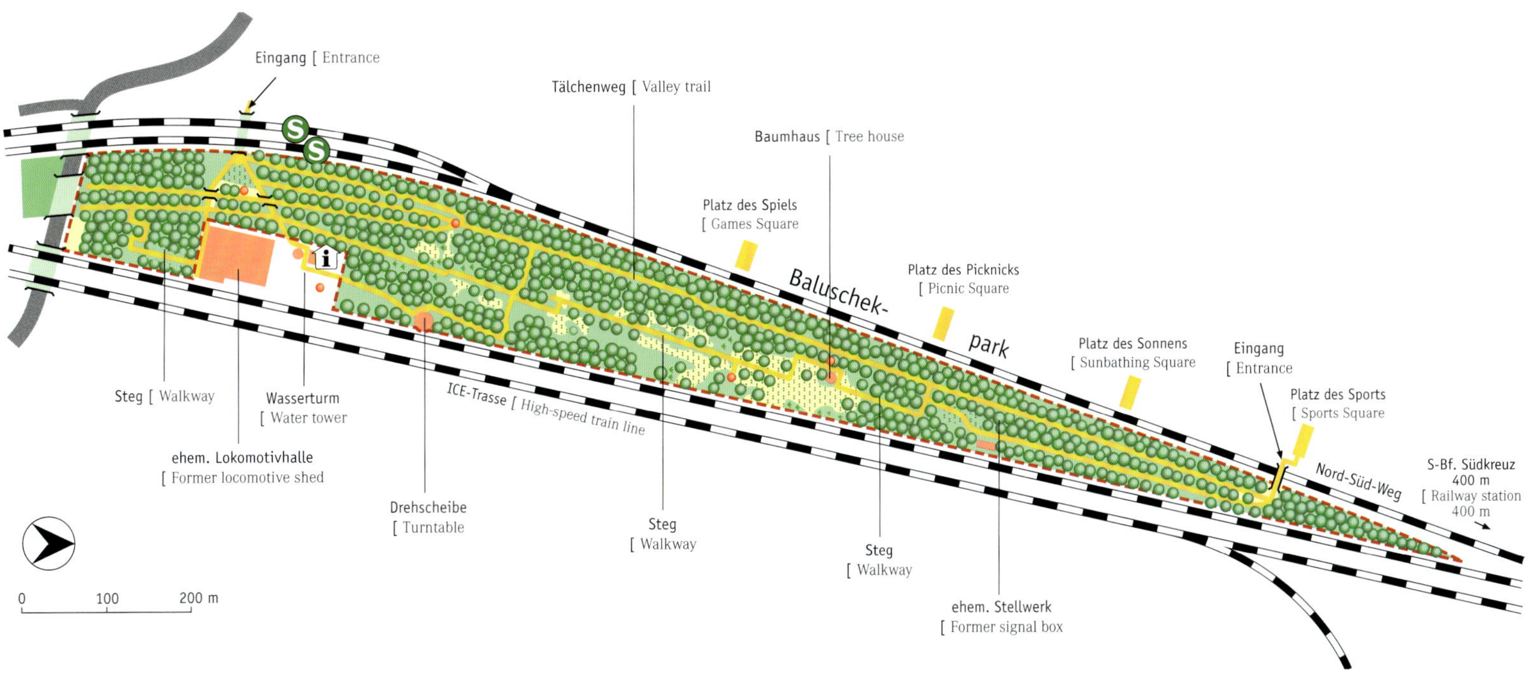

Gesamtplan [General plan
»Giardino Segreto« mit Blick auf den Wasserturm [»Giardino Segreto« with a view of the water tower
Der Steg durch den Wald [The walkway through the woods

zweistöckiges Backsteingebäude, die »Brückenmeisterei«, auch sie mit dem denkmalverdächtigen Charme der Dampflok-Ära. Gelegentlich tönen die Lautsprecherdurchsagen vom benachbarten S-Bahnhof Priesterweg herüber oder fährt ein ICE vorbei.
1952 hatte die DDR-Reichsbahn den Rangierbetrieb eingestellt. Danach ist das zwei Kilometer lange und bis zu 170 Meter breite Areal zwischen der einstigen Dresdner und der Anhaltinischen Bahn in den Dornröschenschlaf verfallen, wie viele Bahngelände in West-Berlin, die nach dem Viermächteabkommen nach dem Krieg in der Verwaltung der Reichsbahn verblieben und nicht mehr genutzt wurden. Seitdem hat sich die Natur das Land zurückgeholt, jahrzehntelang unbehelligt von Baulöwen, Grünplanern und Schrebergärtnern.
Inzwischen wurde die heutige Wildnis 2.0 zum Programm, wird geschützt und betreut, dient den Berlinern zur Erholung und der Stadtluft zur Auffrischung. Doch der »Natur-Park Schöneberger Südgelände« musste erkämpft werden, denn Ende der 1970er Jahre sollte auf dem Areal der Südgüterbahnhof gebaut werden. Intern plante der Senat, unter dem Vorwand der Munitionsberäumung das in drei Jahrzehnten gewachsene Biotop kurzerhand zu roden. Aber die Presse hatte das mitbekommen, mehrere Jahre Protestbewegung und Planungswirrwarr folgten, bis der Senat 1989 schließlich davon Abstand nahm. Nach der Wende gelang es, das 18 Hektar große Bahngelände als Ausgleichsflächen für den Neubau der ICE-Strecke nach Süden zu deklarieren und in die Obhut des Senats zu bekommen.
Bilderbuchmäßig hat Ruderalvegetation im Lauf der Zeit die Bahnanlagen besiedelt, anfangs mit anspruchslosen Pionierpflanzen wie dem Weißen Gänsefuß. Stattliche Sandbirken wachsen direkt aus den Schwellen, in deren Ritzen sich einst die Samen festsetzten. Doch schon werden die Birken durch andere Populationen verdrängt, durch Robinien,

»Brückenmeisterei« (Bridge Maintenance Authority), a two-storey brick building that likewise exudes the heritage-worthy charm of the steam age. Every now and then the loudspeaker announcements from Priesterweg S-Bahn station nearby waft over on the breeze or an InterCity Express train speeds past.
In 1952 the East Germany Railway had closed down shunting operations. Henceforth, the two kilometre long, at its widest point 170 metre wide stretch of land between the former Berlin-Dresden and Berlin-Anhalt railway lines fell into a long slumber, like many other railway sites in West Berlin after the war that had been left to the East German Railway authorities by the Four-Power Agreement and could no longer be used. Since then, nature has laid claim to the land and for decades has been able to flourish unhindered by investors, planners of urban green space and allotment gardeners.
In the meantime, the natural condition of the site has since been promoted to ›Wilderness 2.0‹, its natural environment now protected and cared for as a recreational area for Berliners and source of fresh air. Nevertheless, many battles had to be fought before the Schöneberger Südgelände Nature Park could be founded. At the end of the 1970s the site was to be designated as building land for the South Freight Station. The Senate of Berlin, the city's executive body, made plans to clear the natural habitat that had developed on the site over a period of three decades on the pretext of an ammunitions clearing operation. The press got wind of it and several years of protests and planning chaos ensued until the Senate withdrew the plan in 1989. After the reunification of Germany, the site was reclaimed as land in compensation for the planned InterCity Express railway route to be cut through the southern parts of the city, and thus the precious biotope was passed into Senate administration.

Blick durch die Röhre zum Wasserturm [View through the pipes to the water tower
Kunstwerk auf den Schienen [Work of art on the railway tracks

»Giardino segreto« [»Giardino segreto«
Naturschutzgebiet [Nature reserve

durch Spitzahorn und Esche, durch Zitterpappel und Buche. Teile der Wildnis sind »aus zweiter Hand«, denn die Obstgehölze werden wohl von den Bahnarbeitern mit ihrem Frühstück eingetragen worden sein, andere Pflanzen kamen als blinde Passagiere mit den Güterwagen, im Fell von Schlachttieren oder im Packstroh. Die Weideröschen sind vermutlich mit Weihnachtsbaumlieferungen aufs Gelände gelangt. Auch Tiere kamen von weither. So vermutet man, dass die in Deutschland einzigartige Höhlenspinne mit Waffentransporten der Wehrmacht aus südfranzösischen Höhlen eingewandert ist.

Die Waldsukzession ist inzwischen so weit fortgeschritten, dass die Trockenwiesen im mittleren Bereich zu verwalden drohen. Hier nun greifen die Parkpfleger behutsam ein und halten die Lichtungen offen, denn man möchte die wertvolle Fauna erhalten, die hinsichtlich Artenzahl und -vielfalt deutschlandweit einmalig ist. Dreizehn Heuschreckenarten, 57 Spinnenarten und 95 Wildbienenarten wurden gezählt, darunter viele gefährdete Spezies. Ähnliches gilt für den Vogelbestand, der ebenfalls als einmalig bezeichnet wird. 1999 schließlich wurde das Gelände unter Landschaftsschutz, der Kernbereich gar unter Naturschutz gestellt. Die landeseigene Grün Berlin Park und Garten GmbH hat keinen eigenen Etat für den Park. Wer heute den Park besucht, ist gehalten, am Eingang einen Euro Eintritt zu entrichten, was die Hälfte der jährlich 50 000 Besucher pflichtbewusst tut. Für Beschnitt, Verkehrssicherung und dergleichen werden Fachfirmen benötigt, doch soweit möglich wird der Betrieb dürftig mit ABM-Kräften und Personal vom Jobcenter bewältigt. Die Gefahr einer künstlich hochgepäppelten »Wildnis auf Intensivstation« besteht also nicht.

Dafür hat die Künstlergruppe Odious, die ihre Werkstatt im Lokschuppen betreibt, im Park ihre Spuren hinterlassen, hat Wegweiser aufgestellt, 60 Zentimeter hohe Stege auf die Schienen gebaut (im Naturschutzgebiet sollen die Wege nicht verlassen werden) und einen Skulpturenpark, den »Giardino Segreto« angelegt. Klaus Duschat und Klaus Hartmann arbeiten hauptsächlich mit rohem Stahl und verbinden auf narrative Weise den technikhistorischen Ort, die Natur und die Kunst miteinander. 18 Hektar (nahezu) unberührte Natur mitten in der Großstadt und Eisenbahnnostalgie zugleich, wo könnte man derlei sonst noch erleben?
Falk Jaeger

The railway site is a perfect example of how disused ground is colonised by ruderal vegetation, at first by pioneer species such as white goosefoot (Chenopodium album). Sizeable silver birch trees grow directly out of the sleepers where the seeds had fallen into their cracks. However, the birches are already being displaced by other species such as robinia, Norway maple and ash or aspen and beech. Parts of the wilderness are so to speak »second hand«: the fruit trees may well have derived from the railway workers' breakfasts, other plants were brought in inadvertently as »stowaways« on goods wagons in the hide or fur of animals destined for slaughter or in packaging straw. The willowherb probably arrived with deliveries of Christmas trees. Animals also came from far away: the scaffold web spiders, not seen elsewhere in Germany, are suspected to have made their way here in consignments of weapons transported by the German Wehrmacht from stores in caves in southern France.

Woodland succession has since progressed to such a degree that the woods threaten to encroach on the dry grassland in the central area. The park's maintenance team has since undertaken discreet interventions to protect the clearings so that the valuable fauna can continue to flourish. The number and diversity of species is unique in Germany: thirteen types of grasshoppers, 57 species of spiders and 95 types of wild bees have been counted, among them many endangered species. Likewise the diversity of the bird population is considered to be unmatched. In 1999 the site was declared a landscape conservation area, and the core area was given the status of a nature reserve. The state-owned Grün Berlin Park and Garten GmbH has no allocated budget for the park and visitors are asked to make a one Euro contribution at the entrance. Around half of the 50 000 people that visit the park each year do contribute. Trimming, safety measures and the like are undertaken by professional firms while the remaining tasks are covered as best as possible by workers from community programmes and job-creation schemes. There is therefore no danger of the wilderness being artificially nursed back to order.

The Odious Art Group on the other hand, whose workshop is based in the locomotive works, has left traces throughout the park, putting up signs, building walkways mounted on railway track raised 60 centimetres above ground (in the nature conservation area visitors must remain on the paths) and a sculpture park known as the »Giardino Segreto«. Klaus Duschat and Klaus Hartmann work primarily with raw steel and weave a narrative that mediates between art, the technical heritage of the site and the natural surroundings. 18 hectares of (virtually) unspoilt nature in the centre of the city together with the nostalgia of steam railways – where else can one experience such a combination? *Falk Jaeger*

Die alte Lokomotive mit Blick auf den Wasserturm [The old locomotive with view of the water tower

Steganlagen [Walkways

MAINUFER-PROMENADE, FRANKFURT AM MAIN, DEUTSCHLAND [MAIN RIVERSIDE, FRANKFURT AM MAIN, GERMANY

Magistrat der Stadt Frankfurt am Main, Deutschland, Grünflächenamt in Zusammenarbeit mit dem Stadtplanungsamt [Frankfurt am Main City Council, Germany, City of Frankfurt Parks Department and City Planning Office

Auf Liegestühlen und Picknickdecken genießen auf dem Sachsenhäuser Tiefkai Tausende Frankfurter den Blick auf die gegenüberliegende, dezent beleuchtete Uferpromenade. Die Frankfurter haben ihre Mainufer wieder entdeckt, und das in Scharen, oft bis spät in die Nacht, jeder laufende Meter hinzugewonnener Uferpromenade wird entsprechend prompt in Anspruch genommen. Die Wiederentdeckung der Uferstreifen lässt fast vergessen, dass dieser urbane Raum zuvor lange vernachlässigt worden war. Jetzt ist er wieder erlebbar.

Bereits im Jahr 1860 begannen erste Schritte, um den alten Umschlagplatz der Handelsmetropole in eine öffentliche Grünanlage umzugestalten. Damals gelang es Frankfurts erstem Stadtgärtner Sebastian Rinz, die Stadtväter von der Notwendigkeit zu überzeugen, den Bürgern nicht nur

Lounging in deckchairs and on picnic blankets along the Sachsenhäuser Tiefkai, thousands of residents in Frankfurt regularly enjoy the view of the gently-illuminated riverside promenade on the opposite bank of the river. Since its reclamation, Frankfurt's citizens have rediscovered the potential of the Main riversides, and in summer throngs of people now occupy every last metre, often until late into the night. Since the newfound popularity of the riverside, it is easy to forget that this urban space was previously long neglected. Now one can experience it again.

The first steps towards converting the former quays and trading centre of the commercial capital into a green space were undertaken as long ago as 1860. Back then Frankfurt's first city gardener Sebastian Rinz

Nördliches Mainufer mit Blick auf die Frankfurter Skyline [North bank of the River Main with a view of Frankfurt's skyline

Programm/Bauaufgabe [**Programme** Sanierung und Erweiterung des Frankfurter Mainufers, Gesamtkonzeption und Vorentwurf [Upgrading and extension of the Main Riverside Promenade, overall concept and initial design

Landschaftsarchitektur [**Landscape design** Magistrat der Stadt Frankfurt am Main, Grünflächenamt in Zusammenarbeit mit dem Stadtplanungsamt [City Council, City of Frankfurt am Main Parks Department and City Planning Office Mörfelder Landstraße 6, 60598 Frankfurt am Main [www.gruenflaechenamt.stadt-frankfurt.de

Standort des Projekts [**Project location** Mainufer der Stadt Frankfurt [Main Riverside, Frankfurt

Auftraggeber [**Client** Grünflächenamt Frankfurt am Main [Frankfurt am Main Parks Department

Entwürfe Einzelabschnitte [**Design of the individual sections**

Deutschherrnufer [Deutschherrnufer Riverside Promenade (Grünflächenamt der Stadt Frankfurt am Main); Weseler Werft und Mainwasen [Weseler Werft river port, Mainwasen (Schneider – Planungsgruppe Schneider, Neu-Isenburg); Hafenpromenade am Westhafen [Westhafen harbour promenade (Gast Leyser Landschaftsarchitekten, Frankfurt am Main); Tiefufer Theodor-Stern-Kai [Tiefufer Theodor-Stern-Kai lower banks (Sommerlad Haase Kuhli Landschaftsarchitekten, Gießen); Untermainkai, Rollschuhbahn, Nizza und Mainkai [Untermainkai, roller-skating section, Nizza, Mainkai (Ipach und Dreisbusch Landschaftsarchitekten, Neu-Isenburg); Museumsufer [Museumsufer Riverside Promenade (Götte Landschaftsarchitekten, Frankfurt am Main)

Fertigstellung [**Completion** 2006

Fläche [**Area** 7 Kilometer Promenade [7 kilometre long promenade

Material [**Materials** *Wege* Asphalt, Basalt-Kopfsteinpflaster, Granitkleinsteinpflaster; *Ausstattung* Bänke, Papierkörbe, Leuchten, Mainsandstein; *Metallbau* Geländer, Rabattengeländer, Schranken, Beschilderungen [*Paths* asphalt, basalt cobblestones, small granite cobblestones; *Street furniture* benches, litter bins, lighting, Main sandstone; *Metalwork* balustrades, border railings, barriers, signage

▸ **Pflanzliste (Auswahl)** [**List of plants (selection)**

▸ *Platanus acerifolia, Prunus padus, Prunus avium »Plena«, Acer campestre, Quercus robur fastigata »Koster«, Fraxinus angustifolia »Raywood«,* Ruderalflora der Schwemmsandbereiche [ruderal vegetation typical for alluvial soils

Kosten [**Cost** 12 000 000 EUR

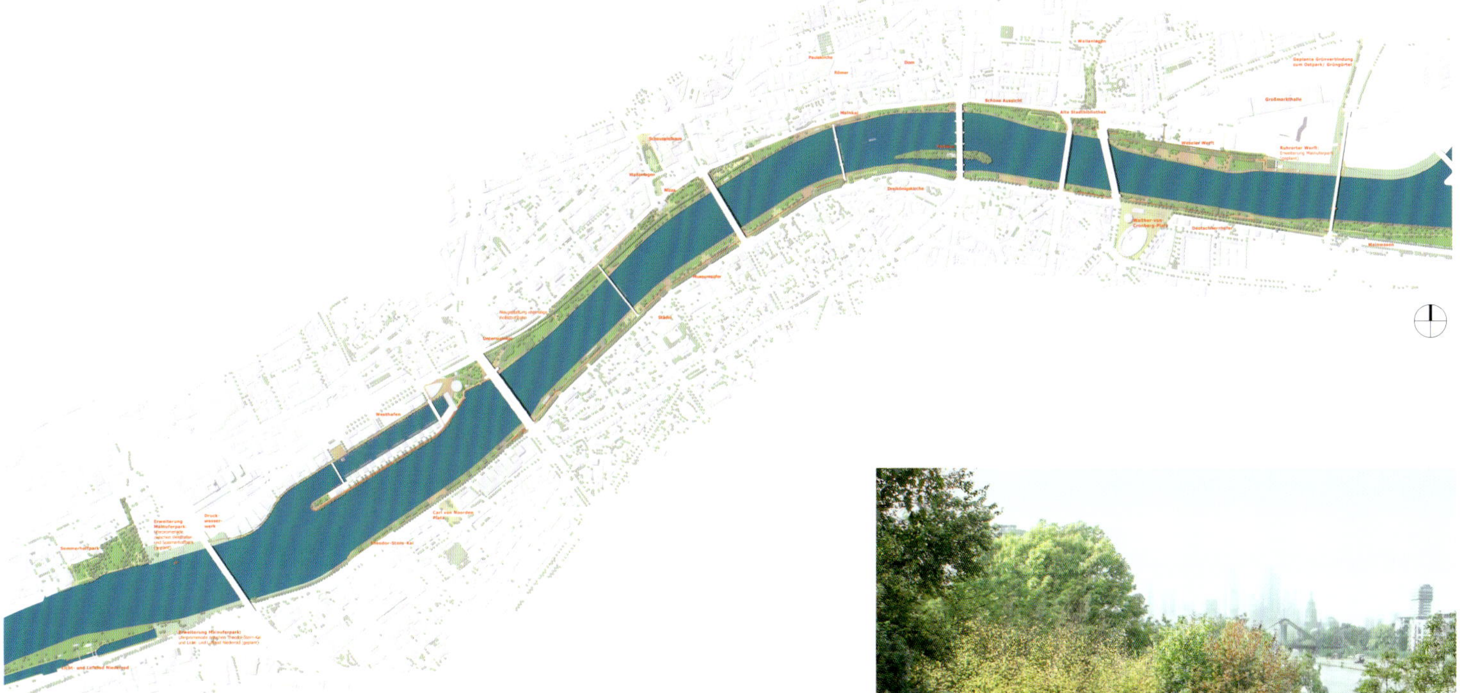

Gesamtplanung Mainufer 2015 [Main Riverside master plan 2015

Blick auf die Mainufer-Promenade mit der Flößerbrücke im Hintergrund [View of the Main Riverside Promenade with the Flößerbrücke in the background

in den Wallanlagen, sondern auch am Fluss Flaniermöglichkeiten in einer parkartigen, gestalteten Umgebung zu ermöglichen. Dort am Frankfurter Nizza, wo heute wieder Bananenstauden, Feigen und Palmen mediterranes Flair vermitteln, liegt sozusagen die Keimzelle der grünen Mainufergestaltung.

Drei Entwicklungen mussten zusammenkommen, dass heute vom Wohlfühlfaktor Main gesprochen wird, und dass sich die Frankfurter ihren Stadtstrand mit Macht zurückerobert haben: die Rückgewinnung von Gewerbebrachen für urbane Quartiere am Fluss, der damit verbundene Zuwachs grüner Uferpromenaden und die grundhafte Erneuerung des bereits bestehenden Grünsystems am Main. Das große Entwicklungspotenzial der Ufer wurde bereits in den frühen 1980er Jahren erkannt – allerdings lag der Schwerpunkt anfangs nicht auf den öffentlichen Grünanlagen, sondern auf der Kultur mit der luxuriösen Museumsmeile, deren Bauten sich konsequent zum Fluss ausrichteten.

1991 berief der Magistrat das »Consilium Stadtraum Main« ein, eine Arbeitsgruppe planender Ämter, die Konzepte für einen Stadtumbau am Fluss entwickeln sollte. Vier Jahre später begann der Umbau: Aufgrund sich rasant verändernder Strukturen von Industrie und Handel wurden

managed to convince the city fathers of the need to be able to promenade not just around the path of the former walls but also along the river in attractive, park-like surroundings. Today, Frankfurt's »Nizza«, where banana plants, figs and palm trees radiate Mediterranean flair, represents the germ cell, so-to-speak, of the greening of the Main Riverside.

Three key developments were necessary for the Main Riverside to be adopted and embraced by the people of Frankfurt as a place of relaxation and recreation: the reclamation of derelict industrial sites for use as riverside urban housing, the accompanying extension of greened riverside promenades and the fundamental renewal of the existing green systems along the Main. The full scale of the development potential of the riverside was first recognised in the early 1980s, although at that time the focus was not on public green space but on culture in the form of a luxurious series of museum developments whose buildings face onto the river.

In 1991 the city council appointed the »Main River Urban Redevelopment Committee«, a task group with members from various planning departments charged with developing a concept for the urban conver-

Das »Nizza«, der mediterrane Garten der Mainufer-Promenade [»Nizza«, the mediterranean garden on the riverside promenade
Detailansicht des üppige Pflanzenwuchses im »Nizza« [Detail of the lush vegetation in the »Nizza«

Museumsufer [Museumsufer Riverside Promenade
Restaurierter Kran an der Weseler Werft [Restored crane at the Weseler Werft former shipyard
Neue Wohnbebauung am Hafenpark Weseler Werft [New residential buildings at the Weseler Werft harbour park

große Gewerbebrachen frei für urbane Quartiere. Den Anfang machte das Deutschherrnviertel auf dem ehemaligen Schlachthofgelände, bald folgte gegenüber die Weseler Werft, ein nicht mehr benötigter Flusshafen für Schüttgüterumschlag. Schließlich gab die Stadt flussabwärts den Westhafen auf, wo in kurzer Zeit Bürogebäude in markanter Architektur und Hunderte hochwertiger Wohnungen entstanden sind. Es galt die Maxime »öffentliche Zugänglichkeit«: Nicht nur die neuen Flächen, auch die bestehenden grünen Uferstreifen, wie sie sich seit den 1950er Jahren mit 3,5 km Länge beidseits des Eisernen Stegs erstreckten, mussten von vielen störenden Nutzungen, etwa wild parkenden Autos, befreit werden.

Vor der Neugestaltung musste genau erfasst werden, welche Infrastrukturen für welche Nutzer erforderlich sind. Großveranstaltungen wie Mainufer- und Museumsuferfest überstrapazierten letztlich die Grünanlagen. Es mussten also Lösungen gefunden werden, um die Uferpromenaden nach Events möglichst schnell wieder in einen für die Allgemeinheit ansehnlichen, d. h. repräsentativen Zustand zu versetzen. Direkt am Eisernen Steg, wo der Nutzungsdruck am größten ist, wurde eine Kaifläche wieder flächig mit Großpflastersteinen aus Basalt befestigt. Vor Großveranstaltungen können Bänke und Rasenschutzgitter nun demontiert werden. Die Rasenflächen regenerieren sich im Sommer schneller wieder durch eine Unterflurberegnung mit Brauchwasser. Die Schiffsliegeplätze erhielten eine Infrastruktur für Strom, Wasser und Entsorgung, die Zufahrt zu den Kais ist nur noch zur Andienung von Schiffen gestattet.

Auf den Erweiterungsflächen ging es allerdings in erster Linie darum, den Gestaltungstypus eines englischen Landschaftsparks, wie er sich im Bestand zeigte, weiterzuführen, um mit einer einheitlichen Formensprache eine zusammengehörige Uferlinie zu schaffen. Noch sichtbare Spuren früherer Nutzungen sollten in die Neuanlagen integriert werden. Als 1999 nach den schmerzlichen Erfahrungen der Haushaltskonsolidierungen zaghaft, aber erfolgreich, wieder um die erste Million DM für das Mainufergrün gekämpft wurde, dachte noch niemand an die Erfolgsgeschichte, die das Projekt acht Jahre später nehmen würde: Allein für rein landschaftsgärtnerische Arbeiten wurden bis heute 12 Millionen Euro investiert, etwa die Hälfte davon finanziert über Projektentwicklungsgesellschaften, die den ufernahen Stadtumbau bearbeiteten.

Stephan Heldmann

sion of the riverside. Four years later work began: rapidly changing structures in trade and industry had rendered many industrial sites obsolete, making them available for development as urban quarters. The first of these was the Deutschherrn district on the site of the former abattoir, followed shortly after by the Weseler Werft, a former river port for bulk handling. The last of the sites to become available was the Westhafen, another harbour further downstream which has now been converted into architecturally striking office buildings and hundreds of high-quality residences. »Public accessibility« was a central principle, not only for the new developments but also for the existing greened flanks of the riverside which since the 1950s extend some three and a half kilometres on both sides of the Eiserne Steg footbridge. To achieve this, many incompatible uses, such as unofficial parking, had to be removed.

Before the redesign it was necessary to identify exactly which infrastructure would be needed for which groups of users. For example, large-scale events such as the Mainuferfest and Museumsuferfest cause excessive damage to the green areas. Solutions therefore needed to be found that make it possible to quickly restore the riverside areas to a generally presentable, i.e. representative state once such events are over. Directly adjacent to the Eiserne Steg where the public areas are subject to more intensive use, a quayside area has been extensively repaved with large basalt cobblestones. Benches and protective fences can now be removed in advance of large events. The lawns recover quickly in summer due to a subsurface irrigation system with process water. The berths for ships were equipped with utilities such as electricity, water and waste disposal, and access to the quays is permitted only for servicing the ships.

The main focus of the new sections of riverside promenade was, however, to extend and continue the existing typology of an English landscape garden to create a uniform formal language for the entire stretch of the riverside. Visible traces of former uses were to be integrated into the new design. In 1999, when the first million Deutsch Marks were finally tentatively but successfully secured for the greening of the Main Riverside after a painful period of budget consolidation, no-one quite imagined how successful the project would turn out to be eight years on: more than 12 million Euros have been invested for the landscaping and gardening works alone, almost half of which were financed by project developers who have undertaken projects in the immediate vicinity of the riverside. *Stephan Heldmann*

Der Theodor-Stern-Kai am südlichen Mainufer [The Theodor-Stern-Kai on the south bank of the River Main
Südliches Mainufer mit Blick auf den Westhafen [South bank of the River Main with a view of the Westhafen

MADRID RÍO, MADRID, SPANIEN [MADRID RÍO, MADRID, SPAIN

West8 Urban Design & Landscape Architecture, Rotterdam, Niederlande, und MRIO Arquitectos Asociados SL, Madrid, Spanien
[West8 Urban Design & Landscape Architecture, Rotterdam, The Netherlands, and MRIO Arquitectos Asociados SL, Madrid, Spain

Die Ambitionen des Bürgermeisters von Madrid, Alberto Ruiz-Gallardón, die Ringautobahn M30 im Bereich des unmittelbaren Zentrums der Altstadt als Tunnelkonstruktion unter die Erde zu bringen, wurden innerhalb nur einer Regierungsperiode realisiert. Die Stadt führte Infrastrukturmaßnahmen aus, in einer Gesamtlänge von 43 Kilometern, davon verlaufen sechs Kilometer entlang des Flusses Manzanares, und mit einem Gesamtbudget von sechs Milliarden Euro. West8, zusammen mit seinem Partner MRIO, entwarf den Masterplan für die wieder gewonnenen Flussufer und das neue städtische Gebiet.
Die Umsetzung der Infrastrukturmaßnahmen im Kontext der Stadtautobahn wurde durch die acht größten Bauunternehmer Spaniens in einer Arbeitsgemeinschaft realisiert. Die Stadt Madrid entschied sich, das Projekt nicht in Phasen zu realisieren, was in der Folge zu einer Baugrube von 120 Hektar führte. Entstanden ist ein komplexer Eingriff,

The ambitious plan by Madrid's mayor Alberto Ruiz-Gallardón to submerge a section of the M30 ring motorway immediately adjacent to the old city centre within a tunnel was realised within a single term of office. The city undertook infrastructure measures over a total length of 43 kilometres, six of them along the banks of the River Manzanares, at a total cost of six billion Euro. West8 together with the local partner MRIO designed the master plan for the new urban area along the reclaimed banks of the river.
The infrastructure works associated with the urban motorway were undertaken by a consortium of contractors consisting of Spain's eight largest construction firms. The Municipality of Madrid decided against realising the project in phases, which resulted in excavation works over a total of 120 hectares. The complex intervention required the construction of temporary bridges and roadways and the implementa-

Programm/Bauaufgabe [**Programme** Masterplan für die wiedergewonnenen Flussufer und neuen städtischen Flächen über den unter die Erde verlegten Tunnels; Erstellung von Entwicklungsplänen für 47 Teilprojekte; wichtigste Bereiche: Salón de Pinos, Avenida de Portugal, Huerta de la Partida, Jardines de Puente de Toledo, Parque de la Arganzuela, Puente Cáscara [Master plan for the reclaimed riverbanks and the new urban area above the subterranean traffic tunnels; development plans were then prepared for 47 individual components; major sections: Salón de Pinos, Avenida de Portugal, Huerta de la Partida, Jardines de Puente de Toledo, Parque de la Arganzuela, Puente Cáscara

Landschaftsarchitektur [**Landscape design** West8 urban design & landscape architecture, Schiehaven 13m, 3024 EC Rotterdam; MRIO Arquitectos Asociados SL, Calle Angel Muñoz, 22; 28043 Madrid

Standort des Projekts [**Project location** Zentrum von Madrid [Madrid city centre

Auftraggeber [**Client** Stadtverwaltung Madrid [Municipality of Madrid

Fertigstellung [**Completion** 2011

Fläche [**Area** 80 ha

Material und Vegetation [**Materials and vegetation**

Avenida de Portugal portugiesisches Pflaster, erhöhte Grasflächen mit Betoneinfassungen als Sitzgelegenheit, Beleuchtung von Olivio Systems, 700 Kirschbäume, 500 Platanen; *Salón de Pinos* 8 000 Kiefern, Spielplätze aus Holz, unversiegelte Kiesflächen, Granit, Asphalt, Bepflanzung der Hänge mit Rosmarin; *Huerta de la Partida*: acht verschiedene Obstbaumsorten, Springbrunnen und Grotte aus Granitblöcke, Bepflanzung des Bachbettes mit 30 000 Gräsern; *Parque de la Arganzuela* 15 000 Bäume (verschiedene Arten), Wasserelemente aus Naturstein, Bepflanzung des trockenen Flussbettes mit Bambus und Japanischen Ahornbäumen, erhöhte Grasflächen entlang des Hauptweges, kleiner Strand am Flussufer, 100 kleinere Brücken; *Flussgarten an der historischen Toledo-Brücke*: Heckengarten, aus drei verschiedenen Spezies bestehend, Kirschbäume, Magnolien, Holzbänke, Granitwege zwischen kiesgebundenen Flächen; *Puente Cáscara* Beton, Aluminium [*Avenida de Portugal* Portuguese pavement, grass in planting cushions, concrete benches, Olivio Systems lighting, 700 cherry trees, 500 plane trees; *Salón de Pinos* 8 000 pine trees, wooden playgrounds, unsealed gravel surface, granite, asphalt, slopes planted with rosemary; *Huerta de la Partida* eight different fruit trees, fountain and grotto made from granite boulders, creek planted with 30 000 grass plants; *Parque de la Arganzuela* 15 000 trees of different species, natural stone water features, dry riverbed planted with bamboo and Japanese maple, raised grass areas along the main path, small riverside beach, 100 little bridges; *River gardens at the historic Toledo bridge* hedge garden, three different species, cherry trees, magnolias, wooden benches, granite paths between gravel bound surfaces; *Puente Cáscara* concrete, aluminium

▸ **Pflanzliste** [**List of plants**

Avenida de Portugal subtropisches, wenig wasserbedürftiges Gras [subtropical, low water consuming grass ▸ Paspalum notatum, Prunus padus »Watereri«, Prunus avium, Prunus avium »Plena«, Prunus yedoensis, Platanus hispanica

Salón de Pinos ▸ *Pinus pinea, Pinus halepensis, Rosmarinum officinalis »Prostratus«*

Huerta de la Partida ▸ *Ficus carica, Punica granatum, Malus domestica, Prunus dulcis, Pyrus communis, Olea europaea, Morus alba, Prunus domestica;*

Flussgarten an der historischen Toledo-Brücke [River gardens at the historic Toledo bridge ▸ *Laurus nobilis, Buxus sempervirens, Ligustrum japonicum, Prunus* und [and ▸ *Magnolia* in Sorten [different sorts of magnolia

Kosten [**Cost** 280 000 000 EUR

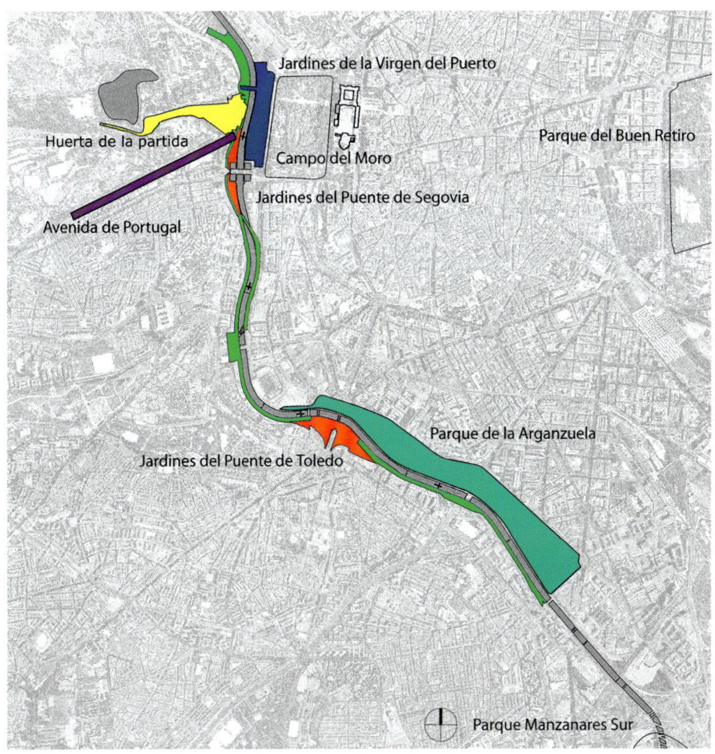

Sitzbänke auf der Avenida de Portugal [Benches on the Avenida de Portugal
Gesamtplan [General plan

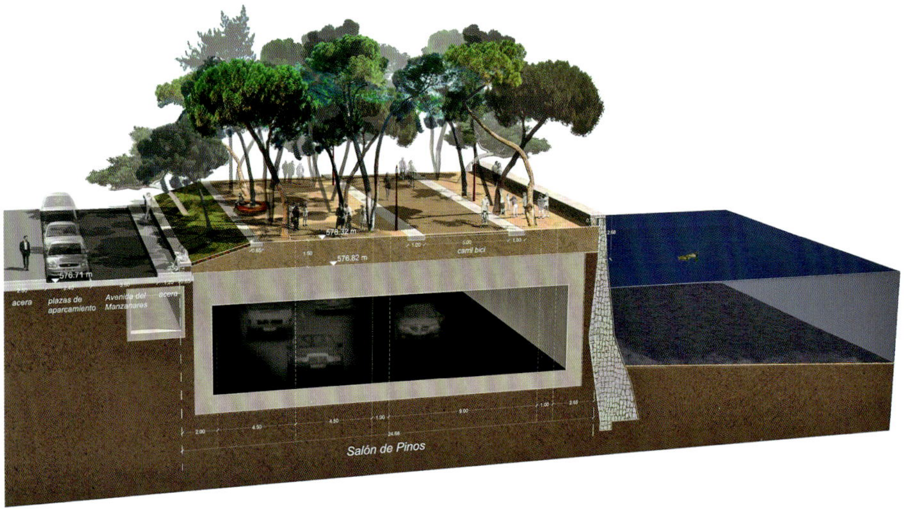

welcher temporäre Brücken, temporäre Straßen, Umleitungen und Sperrungen notwendig machte, um den Verkehrsfluss in diesem Zeitraum weiterhin zu ermöglichen.
Im Jahre 2005 wurde ein beschränkter internationaler Wettbewerb ausgelobt. Der Wettbewerbsentwurf von West8 und MRIO für die Gestaltung der neu gewonnenen Flächen oberhalb der Tunnel schlägt im Gegensatz zu seinen Konkurrenten eine Lösung der städtebaulichen Aufgabe gänzlich mit Mitteln der Landschaftsarchitektur vor. Der Entwurf basiert auf der Idee 3+30 – einem Konzept, dass davon ausgeht, in einer städtebaulichen Entwicklung von 80 Hektar eine Trilogie von initialen Schwerpunkt-Projekten zu entwickeln, die eine Grundstruktur gewährleistet und in der Folge ein solides Fundament für eine Anzahl von Projekten bietet, welche zum Teil von Seiten der Stadt, aber auch von privaten Investoren und Anliegern initiiert werden können.
Eine Gesamtanzahl von 47 Teilprojekten mit einem Ausführungsbudget von 280 Millionen Euro wurde in der Folge ausgearbeitet, darunter die wichtigsten Bereiche: Salón de Pinos, Avenida de Portugal, Huerta de la Partida, Jardines de Puente de Segovia, Jardines de Puente de Toledo, Jardines de la Virgen del Puerto und Parque de la Arganzuela. Neben den verschiedenen Plätzen, Boulevards und Parkanlagen wird eine Familie von Brücken realisiert, die die Verbindung der Stadtteile entlang des Flusses verbessert. Erste Teilprojekte wurden im Frühjahr 2007 realisiert.

Salón de Pinos (Schwerpunktprojekt, Fertigstellung 2010):
Der Salón de Pinos wird als linearer Grünraum gestaltet, welcher entlang des Flusses Manzanares die bestehenden und neu konzipierten städtischen Freiräume miteinander verbinden wird. Fast gänzlich über dem Körper des Autobahntunnels gelegen, wurde die Referenz zur Flora der Bergwelt am Rande Madrids gewählt. Die Pinie als resistenter Baum, welcher es vermag, auf dem kargen Felsen zu überleben, ist das Leitgehölz und wird über 8 000 Mal verwendet. Eine »Choreographie« der Baumpflanzung mit einem Repertoire von Schnitt, Auswahl charakteristisch gewachsener Gehölze, kombinierter und schräger Pflanzung führt zu einem natürlichen und skulpturalen Charakter, der den Raum zu einem botanischen Monument werden lässt. Eine Vielzahl von Tests, sorgsame Auswahl der Gehölze und Materialien, der Entwurf einer Baumstütze mit Referenz an die Stierhörner und die technischen Lösungsansätze des

tion of diversions and closures to ensure uninterrupted traffic flow during the construction period.
In 2005, an invited international competition was announced. The proposal submitted by West8 and MRIO for the design of the reclaimed area above the tunnel was the only submission to resolve the urban situation exclusively by means of landscape architecture. The design is founded on the idea »3+30« – a concept which proposes dividing the 80 hectare urban development into a trilogy of initial strategic projects that establish a basic structure which then serves as a solid foundation for a number of further projects, initiated in part by the municipality as well as by private investors and residents.
A total of 47 subprojects with a combined total budget of 280 million Euros have since been developed, the most important of which include: the Salón de Pinos, Avenida de Portugal, Huerta de la Partida, Jardines de Puente de Segovia, Jardines de Puente de Toledo, Jardines de la Virgen del Puerto and the Parque de la Arganzuela. In addition to the various squares, boulevards and parks, a family of bridges were realised that improve connections between the urban districts along the river. The first subprojects were realised in spring 2007.

Salón de Pinos (strategic project, completion in 2010)
The Salón de Pinos is designed as a linear green space that connects the existing and the proposed urban spaces along the River Manzanares. Almost entirely situated on top of the motorway tunnel, the park makes reference to the mountain flora found in Madrid's hinterland. Pine trees, which can survive in barren, stony landscapes, were chosen as the principal tree for the park for their resilience and have been used over 8000 times. A »choreographic« planting concept, employing a repertoire of pruning techniques and a selection of characteristic native species planted asymmetrically and in groups, lends the park a simultaneously natural and sculptural character so that with time it will become a botanical monument. Extensive testing, the careful selection of plants and materials, the design of a tree support that plays on the iconography of a bull's horns and the technical solutions employed for the substrate over the tunnel constructions testify to the complex task of realising this urban park.

Salón de Pinos, Rendering [Salón de Pinos, rendering

Ansichten der Avenida de Portugal [Views of the Avenida de Portugal
Plan der Avenida de Portugal und Umgebung [Plan of the Avenida de Portugal and surroundings

Aufbaus der Substrate auf dem Tunnel dokumentieren den komplexen Charakter dieser Parkanlage in der Stadt.

Avenida de Portugal (Fertigstellung Mai 2007)

Die Avenida als eine der wichtigsten Einfallsstraßen ins Zentrum von Madrid ist geprägt durch beeindruckende Randbedingungen. Die an der Schnittstelle zwischen einer der am dichtesten besiedelten Wohngegenden und dem Landschaftsgebiet Casa de Campo – den ehemaligen Jagdgründen der spanischen Könige – gelegene Autobahn bot schon von großem Abstand eine beeindruckende Sicht auf das historische Zentrum am Ufer des Manzanares. Durch die Verlegung der Straße in einen Tunnel, kombiniert mit einem unterirdischen Parkplatz für 1 000 Autos, entstand die Chance, den Raum zum Garten umzugestalten. Die Analyse zeigte, dass der innenstadtferne Ort vor allem den Anliegern als öffentlicher Raum dienen wird.

Die Gestaltung hat die Reise nach Portugal als Thema – die Verlängerung der Avenida de Portugal führt nach Lissabon und kreuzt dabei ein Tal, welches berühmt ist für seine Kirschblüte in dem ansonsten extrem kargen und unwirtlichen Klima der Estremadura. Die Abstraktion der Kirschblüte als Form für die Gestaltungselemente des Parks, die Pflanzung verschiedener Kirschsorten zur Verlängerung des Blühzeitraumes, die Neuinterpretation des portugiesischen Pflasters und die Anbindung des Raumes an seine Umgebung haben einen viel besuchten Freiraum entstehen lassen.

Huerta de la Partida (erste Phase Fertigstellung 2007, zweite Phase 2009)

In der Planung des Königs, welcher das Stadtschloss erbaute, sollte das Ensemble perfekt sein – die Oper vor seiner Tür, die Stadt in unmittelbarer Nähe, vom Park aus eine kleine Brücke in seinen Obst-, Gemüse- und Kräutergarten und im Anschluss daran die weiten Jagdgründe. Durch die Infrastrukturmaßnahmen der 1950er Jahre verwandelte sich der Obstgarten in einen Verkehrsknotenpunkt und stellte sich nach dem

Avenida de Portugal (completed in May 2007)

The Avenida is one of the most important roads into the centre of Madrid and is characterised by its impressive environs. The motorway lies at the boundary between one of the most densely-built residential quarters and the Casa de Campo – formerly the Spanish king's hunting grounds – and from far away formerly offered an impressive view of the historic city centre on the banks of the Manzanares. By relocating the road in a tunnel and providing underground parking for 1000 vehicles, it was possible to convert the space into a garden. An analysis showed that the space can then serve as a public space outside of the city centre, benefitting the local residents in particular.

The design takes a journey to Portugal as its theme – the extension of the Avenida de Portugal leads towards Lisbon, in the process crossing a valley famous for its cherry blossoms in the otherwise extremely barren and inhospitable climate of the Estremadura. The abstraction of the cherry blossom as a design element of the park, the planting of different kinds of cherry trees to extend the period in which they flower, the reinterpretation of the Portuguese paving and the connection of the space to its surroundings has led to the creation of a popular public space in the city.

Huerta de la Partida (phase one completed in 2007, phase two in 2009)

In the eyes of the King who built the Palacio Real, the ensemble had to be perfect – the opera on the doorstep, the city close by and a small bridge from the park into his orchard, vegetable and herb garden, with the hunting grounds beyond. With the functionalist infrastructure implemented in the 1950s the orchard was changed into a traffic junction. Since its renewed conversion in 2003 – 2006, the space has been entirely vacant. In contrast to the initial impulse to create a historical reconstruction, the Huerta now represents a contemporary interpretation of an orchard. The motif of a *hortus conclusus* – an enclosed garden – has been created using a wide variety of fruit trees

Blick in Huerta de la Partida während der Aufbauphase mit dem Stadtschloss im Hintergrund [View of the Huerta de la Partida during the planting phase with the Palacio Real in the background

Pflanzplan Bäume, Huerta de la Partida [Tree planting plan for the Huerta de la Partida

Umbau der Jahre 2003–2006 als völlig offene Fläche dar. Entgegen der anfänglichen Tendenz, eine historische Rekonstruktion zu realisieren, stellt sich die Huerta nunmehr als zeitgemäße Interpretation des Obstgartens dar. Das Motiv des *hortus conclusus* ist mit einer großen Variation von Obstgehölzen in Gruppen, geformt aus verspringenden Reihen, gebildet worden. Feigen- und Mandelbäume, Granatapfel und mehr symbolisieren die paradiesische Fülle solcher Pflanzungen in früheren Zeiten. Ein in den vergangenen Jahrzehnten kanalisierter Bach wird mäandernd durch den Raum geleitet und seine Quelle und die Mündung werden besonders gestaltet. Von der Grotte, welche den Endpunkt des Wasserlaufs in Szene setzt, bietet sich dem Betrachter das wieder intakte Bild des Ensembles – die Verbindung der barocken Elemente des Stadtschlosses.

Parque de Arganzuela (Schwerpunktprojekt, Fertigstellung 2011)
Das Leitmotiv des flächenmäßig größten Teils des Projektes (40 Hektar) ist das Wasser. Der kanalisierte und gedämmte Fluss Manzanares liegt vertieft in einem architektonischen Bett. Der Park spielt mit den verschiedenen Emotionen und Landschaftsbildern im Kontext des Wassers und macht somit dieses Element in Reichweite des Besuchers spürbar und erlebbar. Ein System von »Strömen« durchfließt den Park und bildet in seinen Überschneidungen und mittels der Topografie Räume und Motive. Die einzelnen Flüsse haben verschiedene Charaktere. Der »Río seco« zum Beispiel ist eine Interpretation der ausgetrockneten Flüsse aus der spanischen Landschaft, in welcher man die Präsenz des Wassers in jeder Jahreszeit spürt, aber den Verlauf des trockengefallenen Bachlaufs nur durch die grünen Ufer und die Kieselsteine am Grund erfährt. Eine botanische Vielfalt vermag die künstlichen Auen in Räume zu gliedern und eine Vielfalt an Stimmungen zu erwecken. Die im Wettbewerb mit klingenden Titeln wie »River of moonlight« getauften Ströme werden durch eine intensive Auseinandersetzung mit kulturhistorischen Motiven wie der maurischen Vergangenheit und der botanischen Welt von Zentralspanien zum Leben erweckt. *Christian Dobrick*

arranged in groups of offset rows of trees. Fig and almond trees, pomegranate and others symbolise the paradisiacal abundance of such plants in earlier times. A creek, previously channelled underground, flows in a meander through the site, its entry and exit points are accorded special treatment in the design. From the grotto that marks the end of the water channel one has a view of the entire reinstated ensemble – the connection between the baroque elements of the Palacio Real.

Parque de Arganzuela (strategic project, completion in 2011)
The central motif of the greater part of the project (40 hectares) is water. The channelled and dammed River Manzanares lies embedded in a recess in the architectural environs. The park plays on the different emotions and notions of landscapes associated with water, thereby allowing the visitor to perceive and experience this element more directly. A system of »waterways« flows through the park forming spaces and motifs at their points of intersection and through the topography. The individual waterways have different characters. The »Río seco«, for example, is an interpretation of the dried up rivers in the Spanish landscape in which one senses the presence of water in every season, although the course of the dried-up river can only be made out from its pebbly base and green banks. Botanic diversity is used to lend structure to the artificial flood pastures and awaken a variety of atmospheres. The waterways, which in the competition submission have been given emotive titles such as the »River of moonlight«, are the product of an intensive study of historical and cultural themes, such as the Moorish past and the botanic landscape in central Spain, with a view to anchoring these in everyday consciousness. *Christian Dobrick*

Pflanzschema Bäume, Parque de Arganzuela [Tree planting scheme for the Parque de Arganzuela

PFLANZEN ALS (HERAUS)FORDERUNG! [THE CHALLENGE OF PLANTS!

Cassian Schmidt

Pflanzen zählen unzweifelhaft zum ursprünglichsten Baustoff in der Landschaftsarchitektur und damit zu den wesentlichen Entwurfselementen städtischer Freiräume. Jeder Planer beruft sich wie selbstverständlich auf seine Pflanzenkenntnisse. Aber werden Landschaftsarchitekten dem hohen Anspruch des versierten Umgangs mit Pflanzen auch tatsächlich gerecht? Grenzen sie sich mit dem Alleinstellungsmerkmal der Pflanzenverwendung zu ihren Kollegen, den Hochbauarchitekten, genügend ab? Oder überwiegt doch eher die vornehme Zurückhaltung gegenüber dem widerspenstigen, unkalkulierbaren Baustoff Pflanze?
Robert Schäfer bringt das Dilemma der zunehmenden Pflanzenabstinenz in der Landschaftsarchitektur in einem Editorial zum Thema »Gestalten mit Pflanzen« auf den Punkt: »Pflanzen sind Lebewesen mit besonderem Habitus und speziellem Charakter, vielseitig form- und verwendbar. Ja, sie verhalten sich zum Teil so anarchisch, dass sich Architekten vor ihnen fürchten. [...] Überhaupt: wenn Biomasse, dann wohlgeordnet, berechenbar, geometrisch. Und schon wäre das Feindbild perfekt. Denn manche Pflanzen wachsen noch, wenn das Haus bereits zerfallen ist. Landschaftsarchitekten sollten weniger Berührungsängste haben, entstammt doch ihr Beruf aus dem des Gärtners, der in langjähriger Praxis die Sprache der Pflanzen zu verstehen gelernt hat.«[1]
Sind Landschaftsarchitekten heute tatsächlich zu wenig Gärtner? Liegt im fehlenden gärtnerischen Selbstverständnis der Profession vielleicht der Ursprung ihrer Pflanzenphobie? Traditionell waren Landschaftsgestalter jedenfalls auch meist gute Gärtner, die ihr Pflanzenmaterial und dessen Ansprüche an Standort und adäquate Pflege genau kannten.

Plants are without doubt the most elementary materials used in landscape architecture and as such one of the most fundamental design elements of urban open spaces. Every planner draws quite naturally on their knowledge of plants. But are landscape architects actually realising the full potential of the cultivated use of plants? Do they, through their expertise in the use of plants, differentiate themselves sufficiently from their architectural colleagues in the built environment? Or has a certain polite restraint in the use of such unruly and unpredictable vegetative material begun to prevail?
Robert Schäfer puts his finger on the increasingly reluctant use of plants in landscape architecture in an editorial entitled »Gestalten mit Pflanzen« (Designing with plants): »Plants are living organisms with a particular habitus and special character. They can be formed and used in a wide variety of ways. But they are also sometimes so anarchic that architects are afraid to use them. [...] The upshot is that when plant material is used, it is made to be orderly, predictable, geometric. And here we have the dilemma: some plants continue to grow even once the building has disintegrated. Landscape architects need to overcome their reluctance, after all their profession derives from that of the gardener who over many years has learnt to understand the language of plants.«[1]
So are today's landscape architects too far removed from the gardener? Can this perceived phobia of plants be attributed to a reluctance to identify with those aspects of their profession that pertain to gardening? Traditionally, landscape designers were almost always well-versed

Piet Oudolf, Royal Horticultural Society Garden, Wisley, England – naturalistische und doch gestalterisch geordnete Pflanzung [Piet Oudolf, Royal Horticultural Society Garden, Wisley, England – a naturalistic and yet designed planting arrangement

Heute gilt in der Landschaftsarchitektur alles Gärtnerische als verpönt und geradezu altmodisch. Dieses Klischee begegnet einem schon in der Hochschulausbildung. Aber wie will man als Gestalter das vielfältige Pflanzenmaterial, welches heute in Gärtnereien zur Verfügung steht, richtig einsetzen, wenn man gärtnerisches Fachwissen ignoriert?
Die Auswirkungen sind bekannt: Die Konsequenz ist eine erschreckende Einfallslosigkeit. Das grüne Repertoire beschränkt sich allzu oft auf wenige Modepflanzen wie Buchs, Bambus und Birken. Von krautiger Vegetation aus Stauden lässt der avantgardistische Landschaftsarchitekt aus Furcht vor zu viel unbeherrschbarer Dynamik oder schlicht aufgrund fehlender Kompetenz lieber die Finger. Regelmäßig geschnittene und dadurch im Wuchsverhalten kalkulierbare, durch Gärtnerhand – oder die Schere des ordnungsbewussten Hausmeisters – gezähmte Grünelemente dominieren besonders die hochwertigeren Außenanlagen. Der dafür erforderliche enorme quantitative Pflegeaufwand wird stillschweigend hingenommen. Spezielle Pflanzenkenntnisse eines ausgebildeten Gärtners werden für den Unterhalt nicht mehr unbedingt benötigt. Geht es dagegen um differenzierte, dynamische Pflanzkonzepte, müssen sich Planer und Pflegekräfte mit den natürlichen Prozessen wie Wachstum, biologischen Zyklen und Veränderungen auseinandersetzen. Mit diesen hohen Anforderungen sind sie allerdings häufig überfordert.
Es ist eine Illusion zu glauben, komplexes Pflanzenwissen lasse sich in ein, zwei Semestern an Hochschulen adäquat vermitteln und aneignen. Nur durch stetige Neugier, durch Probieren und sensibles Beobachten, durch Erfahrungen, was funktioniert und was nicht, lässt sich das

gardeners who knew their plants, the respective environments that suit them along with their tending requirements. Today anything to do with gardening seems to be frowned upon in landscape architecture circles as being old-fashioned. This cliché already begins in university education. But as a designer, how can one expect to properly use the variety of plant material available in garden nurseries when one ignores the associated gardening knowledge?
The consequences are well-known and result in designs that exhibit a shocking lack of imagination. The repertoire of greenery is all too often reduced to a handful of fashionable favourites such as box, bamboo and birch. Herbaceous perennials, on the other hand, are given a wide berth by avant-garde landscape architects for fear of excessive uncontrollable dynamism, or simply due to a lack of familiarity with them. As a result regularly trimmed green elements prevail, their form and growth made predictable and tamed by the hand of the gardener – or the shears of an orderly caretaker – in particular in high-profile outdoor spaces. The vast amount of tending this necessitates is tacitly accepted. The special plant knowledge of the trained gardener is no longer necessarily needed. But where dynamic and varied planting concepts are to be realised, planners and gardening personnel need to deal with natural processes of growth, biological cycles and change. Unfortunately, these high requirements are for many too great a challenge.
It is an illusion to believe that complex plant knowledge can be adequately communicated and acquired in a couple of semesters of

Tom Stuart Smith, Royal Horticultural Society Garden, Wisley, England – ästhetisch-naturalistische Pflanzenverwendung, abstrahierte, gesteigerte Natur [Tom Stuart Smith, Royal Horticultural Society Garden, Wisley, England – aesthetic-naturalistic planting, an abstracted, heightened representation of nature
Tom Stuart Smith, Royal Horticultural Society Garden, Wisley, England – prärieinspirierte Pflanzung [Tom Stuart Smith, Royal Horticultural Society Garden, Wisley, England – prairie-inspired planting

Pflanzenmaterial zu stimmigen Kompositionen fügen. Der dynamische Wesenszug der Pflanzen – insbesondere der Stauden – erinnert Planer und Gärtner immer wieder daran, die ursprüngliche Planungsidee zu korrigieren und lenkend einzugreifen.

Offensichtlich ist der differenzierte Umgang mit Pflanzen derart komplex, dass sich nur versierte Spezialisten an die Verwendung herantrauen. Die wenigen herausragenden, international tätigen Pflanzenverwender wie Piet Oudolf (Niederlande), Wolfgang Oehme (USA) oder Dan Pearson (England) haben selbstverständlich auch einen profunden gärtnerischen Background. Damit sei auch das gerne von Architekten angeführte Vorurteil widerlegt, gute Gärtner könnten keine guten Gestalter sein. Inzwischen formiert sich eine zwar noch leise, aber unübersehbare Gegenbewegung unter den Landschaftsarchitekten, die zu den eigentlichen Wurzeln ihrer Zunft – dem Pflanzenwissen und dem Gärtnerischen – zurückkehren. Sie stellen die Pflanze wieder in den Mittelpunkt ihres kreativen Schaffens. In großzügigen Gesten werden mit wenigen aspektbildenden und charakterstarken Pflanzenarten landschaftsprägende Vegetationstypen abstrahiert und in ihrer Wirkung gesteigert. Die Reduktion auf das Wesentliche erzeugt ungemein spannungsvolle, prägnante Pflanzenbilder. Die subtile Farbwirkung, die sich durch differenzierte Zwischentöne ergibt, wird durch kontrastreiche Texturen ergänzt und gesteigert. Stabile winterliche Strukturen sind wichtige zusätzliche Pflanzeneigenschaften, die gestalterisch genutzt

university education. Only through constant inquisitiveness, through trial and sensitive observation, through own experience of what works and what doesn't is it possible to create harmonious compositions of plants. The dynamic characteristics of plants – and of shrubs in particular – is a constant reminder to planners and gardeners to re-examine the original design idea and to intervene and guide development.

It seems that a more varied approach to working with plants is apparently so complex that only experienced specialists feel able to take up the challenge. It is no surprise that the few outstanding, internationally active planting designers, such as Piet Oudolf (Netherlands), Wolfgang Oehme (USA) or Dan Pearson (England), all have a profound background in gardening. This disproves the assertion commonly made by architects that good gardeners cannot be good designers. Meanwhile a small but gradually unmistakable counter-movement is forming among landscape architects that posits a return to the actual roots of their craft – a knowledge of plants and of gardening. Here plants are the focus of their creative endeavours. Using a few characteristic and distinct species of plants in broad gestures, types of vegetation typical to a landscape are abstracted and intensified in their presence. Through this reduction to the essence it is possible to create incredibly stimulating and striking plant compositions. Subtle colourations resulting from differentiated shades are

Henk Gerritsen, Waltham Place, England – formaler Rahmen, informelle Pflanzung [Henk Gerritsen, Waltham Place, England – formal arrangement, informal planting

Petra Pelz, Neue Landschaft Ronneburg, Bundesgartenschau Gera, Deutschland, 2007 – die Ästhetik des Vergehenden als Gestaltungselement [Petra Pelz, new landscaping in Ronneburg, BUGA national garden show in Gera, Germany, 2007 – the aesthetic of fading glory as a design element

werden. Erfahrene Pflanzenverwender werden mit ihrem Spezialwissen inzwischen sogar für renommierte Projekte hinzugezogen und als gleichberechtigte Partner akzeptiert. Nicht nur die Designer, die es verstehen, mit ihrem lebendigen Material virtuos umzugehen, sondern auch die verwendeten Pflanzen selbst avancieren plötzlich zu allgemein bewunderten Stars. So einen Pflanzenkult auf höchstem Niveau hat es lange nicht gegeben.

Die Pflanzenverwendung in städtischen Freiräumen steht heute im Spannungsfeld zwischen Ökologie, Ästhetik und Pflege. Stress- und störungstolerante Graslandschaften wie die nordamerikanische Prärie oder die osteuropäische Steppe dienen mit ihrer unglaublichen Fülle an robusten, winterharten, lang blühenden Wildstauden und Gräsern als gestalterische Vorbilder und vegetationsökologische Referenzmodelle für neue, pflegereduzierte Pflanzkonzepte. Die Präriepflanzenmode in Europa, ausgehend von den ersten Pflanzungen ab Mitte der 1990er Jahre in Deutschland (Westfalenpark Dortmund; Berggarten Hannover; Hermannshof, Weinheim), hat sehr rasch auch England, die Benelux-Staaten und Frankreich ergriffen. Der Terminus »Präriepflanzung« steht mittlerweile – unkorrekterweise – sogar als Synonym für jeden gräserreichen, naturalistischen Verwendungsstil.[2]

Die neuen Entwicklungen im Stadtgrün haben keinesfalls die wilde, vom Menschen unangetastete Natur zum Ziel, sondern stellen die Erlebnisqualität und sinnliche Naturerfahrungen in den Vordergrund. Ungewöhnliche

complemented and heightened by contrasting textures. Stable winter structures are a further important quality of plants that can be exploited for design purposes. Experienced planting designers are beginning to be brought in as consultants for their specialist knowledge and are accepted as equal partners in the teams of highly prestigious landscaping projects. Not just the designers who expertly use the living material they work with, but the material itself, the plants, are suddenly advancing to new-found stardom. A plant cult of such high profile has not been seen for a long time.

The use of plants in urban open spaces today is dictated largely by ecological, aesthetic and maintenance concerns. Stress-tolerant and resilient grass landscapes, such as those of the American prairies or Eastern European steppes with their incredible abundance of robust, winter-resistant, long-flowering herbaceous plants and grasses, serve as design inspiration and as an ecological reference model for new, low-maintenance planting concepts. The prairie planting fashion in Europe, which first begun in Germany in the mid-1990s (Dortmund's Westfalenpark; Hanover's Berggarten; Hermannshof, Weinheim) very quickly spread to England, the Benelux states and France. The term »prairie planting« is now used – incorrectly – as a synonym for any kind of naturalistic planting dominated by grasses.[2]

These new developments in urban green do not, of course, aim to create wild, unspoilt nature but rather to emphasise the exciting

Schau- und Sichtungsgarten Hermannshof, Weinheim, Deutschland – naturalistische, wiesenartige Pflanzung [Hermannshof Botanical Garden, Weinheim, Germany – naturalistic, meadow-like planting

Cassian Schmidt, Schau- und Sichtungsgarten Hermannshof, Weinheim, Deutschland – Prärie-Mischpflanzung [Cassian Schmidt, Hermannshof Botanical Garden, Weinheim, Germany – prairie-mix planting

Pflanzenkompositionen erzeugen Aufmerksamkeit beim Freiraumnutzer. Durch Planer- und Gärtnerhand sichtbar gestaltete, aber gleichzeitig an natürliche Vorbilder erinnernde Pflanzenbilder sind der neue Trend. Zusätzlich gewinnen Aspekte der Pflegeextensivierung an Bedeutung.[3] Seit Anfang der 1980er Jahre, maßgeblich beeinflusst durch Professor Richard Hansen, gilt die Pflanzensoziologie als Grundlage standortgerechter Pflanzenverwendung in Deutschland. Pflanzungen nach Lebensbereichen und Geselligkeitsstufen[4] sind allerdings kompliziert und nur mit fundiertem Pflanzenwissen und qualifizierter Pflege zu realisieren. Vor dem Hintergrund der leeren öffentlichen Kassen und der über Jahre vernachlässigten Hochschulausbildung im Fach Pflanzenverwendung haben sich in den letzten 25 Jahren komplexere Pflanzungen des »Hansentypus« kaum in öffentlichen Freiräumen durchsetzen können. Eine zentrale Frage ist deshalb, ob die fehlende Kompetenz beim Umgang mit der Pflanze überhaupt in absehbarer Zeit kompensiert werden kann. Von versierten Pflanzenexperten konzipierte modulartige Staudenmischungen, die dem unerfahrenen Planer zermürbende Gedanken um die richtige Pflanzenkombination ersparen sollen, kommen da gerade recht. Diese von wissenschaftlichen Institutionen optimierten »Staudenmischpflanzungen« oder »Integrierten Pflanzsysteme« werden seit 2001 zunehmend im Stadtgrün realisiert. Von Kiel bis München schmückt nun eine bunte Vielfalt stresstoleranter Staudenvegetation die zahlreichen Kreisel und Verkehrsrestflächen. Das gab es in dieser Größenordnung nie zuvor.

sensory experience of nature. Unusual planting compositions are stimulating and interesting for visitors. Planting creations that while clearly designed by planners and gardeners, simultaneously remind us of natural environments are the new trend. Additionally, ways of reducing plant maintenance are also gaining importance.[3]
Since the beginning of the 1980s, due largely to the influence of Professor Richard Hansen, phytosociology has advanced to become a basis for determining the site-specific suitability of planting in Germany. However, planting according to habitat and index of sociability[4] is complicated and requires detailed knowledge of plants and qualified tending practice. Given public spending constraints and the long-term neglect of plant use studies in university education, over the last 25 years more complex plantings using Professor Hansen's methods have only rarely been implemented in public open spaces. A key question is, therefore, whether the lack of such competency in the use of plants can at all be compensated for in the foreseeable future. More recently, mixtures of herbaceous perennials have been put together by experienced plant experts according to a modular system and are designed to help inexperienced planners in the search for appropriate planting combinations. Since 2001, »mixed perennials seed planting« or »integrated planting systems«, optimized through research done at scientific institutions, have been used increasingly for urban green vegetation. From Kiel to Munich, a colourful mixture of stress-tolerant herbaceous vegetation can now be found adorning

Landschaftspark München-Riem, Deutschland – Gesamtplanung: Latitude Nord Paysagistes, Paris; Wiesenansaaten und Staudenpflanzungen: LUZ Landschaftsarchitekten, München [Riem Landscape Park, Munich, Germany – overall planning: Latitude Nord Paysagistes, Paris; planting of meadows and herbaceous perennials: LUZ Landschaftsarchitekten, Munich.

900 m² Staudenmischpflanzung »Silbersommer« im Mannheimer Stadtgrün, Deutschland [900 m² of »Silbersommer«, a herbaceous perennials mixture in Mannheim's urban greenery, Germany

Die Planungsstrategie solcher ökologisch, strukturell und farblich bis ins Detail abgestimmten Pflanzungstypen basiert ebenfalls auf der Pflanzensoziologie. Die Stauden können ohne konventionellen Pflanzplan per Zufallsverteilung auf der Fläche angeordnet werden. Ziel dieser Methode ist es, dem Planer in Zukunft pflegeextensive, getestete und reproduzierbare »Pflanzmodule« mit Rezeptcharakter vor allem für Problemstandorte im öffentlichen Grün zur Verfügung zu stellen. Die Zusammensetzung aus überwiegend stresstoleranten Arten[5] – angepasst an strahlungsreiche Standorte und Trockenperioden – garantiert das Überleben der Pflanzung auch ohne zusätzliche Bewässerung. Kennzeichnend in allen Varianten sind die exakte Orientierung am Standort und eine ausgeprägte jahreszeitliche sowie langfristige Entwicklungsdynamik. Werden gut geschulte, motivierte Gärtner eingesetzt, ist der Pflegebedarf von Staudenmischpflanzungen mit 3 – 7 Minuten/m²/Jahr relativ gering – verglichen mit konventionellen Pflanzungen, die jährlich mindestens 20 Minuten und mehr pro Quadratmeter benötigen.
Kann die Zukunft der Pflanzenverwendung wirklich in der Standardisierung der Pflanzkonzepte liegen? Leicht anwendbare Rezepte könnten auch als willkommene Gelegenheit missverstanden werden, sich zukünftig noch weniger mit Pflanzen beschäftigen zu müssen. Ungeachtet der zukunftsweisenden Entwicklungen darf die Pflanzenverwendung jedenfalls nicht auf diesem Niveau verharren. Es sei noch einmal betont: Erlebniswirksame Pflanzungen sind in städtischen Freiräumen nicht zum Nulltarif zu haben. Sie lassen sich nur dann dauerhaft etablieren, wenn

numerous roundabouts and roadside verges. Never before has this been practiced at such a large scale.
The planning strategy of such carefully developed ecological, structural and colour compositions of planting types draws likewise on phytosociology. The herbaceous perennials can be distributed randomly across the site without the need for a conventional planting plan. The aim of these methods is to provide planners with tried and tested, low-maintenance, reproducible »planting modules« which, rather like a recipe, can be used for problematic sites in public green areas. The selection of stress-tolerant species[5] – specifically chosen for sunny locations and dry periods – in the respective compositions guarantees the survival of the plants even without additional watering. Characteristic for all the variants is that compositions are tailored to specific locations and exhibit a marked seasonal and long-term dynamic. With well-schooled and motivated gardeners, the amount of tending required for such areas of herbaceous perennials is relatively low – around 3 – 7 minutes/m²/year – compared with conventional planting that requires 20 minutes or more per square metre each year.
But does the future of plant use really lie in the standardisation of planting concepts? There is a danger that easy-to-implement recipes may be misunderstood as a welcome opportunity to deal even less with the specifics of plants. Notwithstanding such pioneering developments it is essential that the creative use of plants does not remain stuck at this level. To reiterate my earlier point: interesting and stimulating

Natürliche Pflanzengemeinschaften als Vorbild für die Pflanzenverwendung, Prärie in Illinois, USA [Natural planting communities as a model for planting, prairie in Illinois, USA
Piet Oudolf, Lurie Garden, Millennium Park, Chicago, USA – Präriepflanzung [Piet Oudolf, Lurie Garden, Millennium Park, Chicago, USA – prairie planting

kompetente Planung, fundiertes Pflanzenwissen und maßgeschneiderte Pflegekonzepte von vornherein miteinander verknüpft werden. Pflanzen sollten zukünftig nicht mehr zur bloßen Staffage degradiert, sondern als wesentliche Entwurfselemente der Landschaftsarchitektur begriffen werden. Es ist an der Zeit, sich den neuen Herausforderungen der Pflanzenverwendung zu stellen und das potenziell verfügbare Pflanzenrepertoire virtuos einzusetzen.

planting compositions in urban green spaces are not to be had for nothing. They can only be of lasting value when competent planning, a sound knowledge of plants and tailor-made maintenance concepts go hand in glove from the outset. Plants should in future no longer serve merely as urban decoration but be understood as an essential design element of landscape architecture. It is time to take up the new challenges of planting and to skilfully and creatively exploit the potentially available repertoire of plants in the urban realm.

Beth Chatto, Kiesgarten, Elmstead Market, Colchester, England – stresstolerante Pflanzungstypen in Zeiten des Klimawandels [Beth Chatto, gravel garden, Elmstead Market, Colchester, England – resilient planting species for changing climatic conditions

Stauden als ästhetische Aufwertung des Verkehrsbegleitgrüns [Shrubs as a means of improving roadside green verges

1 Robert Schäfer, Editorial zum Thema »Mit Pflanzen gestalten«, *Topos*, 37/2001.

2 Der allgemein auch als »New German Style« bezeichnete, ästhetisch-naturalistische, pflanzensoziologisch beeinflusste Verwendungsstil ist in ähnlicher Ausprägung gleichzeitig auch in Holland und England zu beobachten und dort unter dem Begriff »New Wave Planting« bekannt geworden. Siehe Stephen Lacy, »The New German Style«, *Horticulture Magazine*, 10/2002.

3 Vor dem Hintergrund knapper öffentlicher Budgets und den Folgen des Klimawandels werden darüber hinaus die Nachhaltigkeit, der sparsame Umgang mit Ressourcen und die Reduktion der Anlage- und Unterhaltskosten bei der Installation erlebnisreicher Stadtvegetation zum bestimmenden Faktor.

4 Richard Hansen, Friedrich Stahl, *Die Stauden und ihre Lebensbereiche in Gärten und Grünanlagen*, Stuttgart: Eugen Ulmer, 1981.

5 Siehe hierzu ausführlich J. Philip Grime, *Plant Strategies, Vegetation Processes and Ecosystem Properties*, 2. Auflage, Chichester: J. Wiley & Sons, 2001.

1 Robert Schäfer, editorial article on the topic of designing with plants: »Mit Pflanzen gestalten«, *Topos*, 37/2001.

2 The aesthetic-naturalistic, phytosociologically-influenced approach generally known as the »New German Style« is also to be found in a similar form in Holland and England where it has become known as »New Wave Planting«. See Stephan Lacy, »The New German Style«, *Horticulture Magazine*, 10/2002.

3 Given the general constraints on public spending and consequences of climate change, further factors such as sustainability, the sparing use of resources and minimisation of construction and maintenance costs have also contributed towards the installation of aesthetically interesting and stimulating urban vegetation.

4 Richard Hansen, Friedrich Stahl, *Die Stauden und ihre Lebensbereiche in Gärten und Grünanlagen*, Stuttgart: Eugen Ulmer, 1981.

5 For detailed information see J. Philip Grime, *Plant Strategies, Vegetation Processes and Ecosystem Properties*, 2nd edition, Chichester: J. Wiley & Sons, 2001.

Tom Stuart Smith, Trentham, England – Steppenstauden in formalem Kontext [Tom Stuart Smith, Trentham, England – prairie perennials in a formal context

LES GRANDS ATELIERS DE L'ÎSLE D'ABEAU, VILLEFONTAINE, FRANKREICH [LES GRANDS ATELIERS DE L'ÎSLE D'ABEAU, VILLEFONTAINE, FRANCE

Atelier Girot Landscape Architecture; Gockhausen, Schweiz [Atelier Girot Landscape Architecture; Gockhausen, Switzerland

Die Grands Ateliers de l'Îsle d'Abeau liegen zwischen Grenoble und Lyon und sind eine Einrichtung, die sich mit der experimentellen Erforschung neuer Konstruktionstechniken und Materialien beschäftigt und den Architektur- und Ingenieurschulen der Region Rhône-Alpes zuarbeitet. Die gesamte Anlage schneidet tief in den Hang eines Hügels und schafft so im äußeren Bereich die Voraussetzung für ein Amphitheater und einen ebenen Ausstellungsbereich. Da in dieser Institution experimentelle Forschung betreiben wird, werden Konstruktionsbeispiele oftmals im Maßstab 1:1 getestet; die außenliegende Esplanade vor der großen Halle erfüllt daher eine doppelte Funktion als Arbeitsbereich und Ausstellungsgelände.
Die Landschaftsgestaltung soll zunächst der Erosion auf der tief eingeschnitten Hügelseite durch Bepflanzung und Abdeckung mit Jutematten Einhalt gebieten. Ferner wurden Stützstufen mit Kanten aus Cortenstahl angelegt, die abstufend einen ebenen Platz freihalten. Die Vegetation auf den steilen Hängen besteht unter anderem aus Zistrosen,

Les Grands Ateliers at L'Îsle d'Abeau is located between the city of Grenoble and Lyon, and is a place for research and experimentation in techniques of construction and materials for schools of architecture and engineering of the Rhône-Alpes Region. The built project cuts deeply into a hillside and creates the opportunity for an outdoor amphitheatre and level exhibition space. The Grands Ateliers is a place of experimentation, where materials and construction techniques are tested at a one-to-one scale. The outdoor esplanade facing the large hall serves the double purpose of a workspace and exhibition space.
The initial objective of the landscape design is to control the erosion of the deeply cut slopes with vegetation and jute tarp, and to make a graded level site possible using Corten steel retention steps. The mixed vegetation planted on the steep slopes is composed amongst others of *Cistus*, *Rosemary* and *Polygonum*. The rest of the landscape is planted with lawn and a few shade trees such as *Koelreuteria paniculata* and *Robinia pseudoacacia* which blend in to the surrounding pastoral

Blick auf den Garten der Grands Ateliers vom Boulevard de Villefontaine [View of the Grands Ateliers Gardens from the Boulevard de Villefontaine

Programm/Bauaufgabe [**Programme** Anlage eines Freiluft-Ausstellungsbereiches und eines Amphitheaters [Creation of an outdoor exhibition space and an amphitheatre

Landschaftsarchitektur [**Landscape design** Christophe Girot, Atelier Girot GmbH, Binzen Strasse 1, CH-8044 Gockhausen [www.girot.ch

Architekten des Ateliergebäudes [**Architects of the workshop building** Lipsky + Rollet Architectes, 18 Rue de la perle, 75003 Paris [www.lipsky-rollet.com

Standort des Projekts [**Project location** Les Grands Ateliers de l'Îsle d'Abeau, Villefontaine

Auftraggeber [**Client** EPIDA (Établissement Public de l'Îsle d'Abeau), Ministerium für Kultur, Abteilung für Architektur und nationales Kulturerbe, DRAC Rhône-Alpes [EPIDA (Etablissement Public de l'Isle d'Abeau), Minister of Culture, Direction of Architecture and Heritage, DRAC Rhône-Alpes

Wettbewerb [**Competition** 2000

Fertigstellung [**Completion** 2002

Fläche [**Area** 4 ha

Material und Vegetation [**Materials and vegetation** Stützstufen mit Kanten aus Cortenstahl, kombiniert mit dichter Bepflanzung auf den steilen Hanglagen; Pflanzung von Schattenbäumen auf der Esplanade; Integrierung des bestehenden bukolischen Parkgeländes auf der Rückseite des Gebäudes. [Corten steel retention steps combined with dense planting on the steep hillside slopes; shady trees on the esplanade; integration of the existing bucolic park at the back of the building.

▶ **Pflanzliste** [**List of plants**

Pflanzen auf dem Hügel [*Plants on the hill* ▶ *Polygonum aubertii, Artemisia vulgaris, Cistus sp., Rosmarinus officinalis; Bäume* [*Trees* ▶ *Gleditsia inermis »Shademaster«, Sophora japonica, Quercus cerris, Quercus coccinea, Quercis castaneifolia, Quercus macrocarpa, Quercus petraea, Quercus rubra; Bäume an der Straße* [*Roadside trees* ▶ *Pyrus calleryana*

Kosten [**Cost** 1 000 000 EUR

Gesamtplan [General plan
Cortenstahlwand am Parkplatz [Corten steel walls in the parking area

Rosmarin und Vogelknöterich. Die restlichen Flächen wurden mit Gras bedeckt und mit einigen wenigen Schattenbäumen bepflanzt, wie Blasenbäume *(Koelreuteria paniculata)* und Robinien *(Robinia pseudoacacia)*, Baumarten, die sich gut in die pastorale Umgebung von Villefontaine einfügen. Die besondere Herausforderung der Landschaftsgestaltung besteht in der Transformation der umgebenden bukolischen und ländlichen Flächen in eine hochmoderne, der Bildung und Forschung dienende Anlage, zumal diese unterhalb des bestehenden Dorfes liegt. Die Zugänglichkeit und Einsehbarkeit des Geländes von der darüberliegenden Straße aus war für die Gesamtgestaltung ein wichtiger Faktor. Die Außenbereiche bleiben für die umliegenden Siedlungen über eine großzügige Rampe und einen gestuften Weg zugänglich, der in gemächlicher Neigung und von bepflanzten Hängen umgeben vom oberen Straßenniveau zur geschützten Ausstellungsterrasse führt. Diese Art der Landschaftsarchitektur ist auf ein »Heilen« der Umwelt ausgerichtet, indem sie das Bild der Natur an einem Ort, der durch Aushub und die Errichtung von Gebäuden erheblich beeinträchtigt wurde, wiederherstellt. *Atelier Girot*

setting of Villefontaine. The difficulty of the landscape project resides precisely in the transformation of an outdoor space that was essentially bucolic and rural, into a civic area nested deep below grade in relation to the existing village. Circulation and visibility from the upper street level into the site was an important factor in the overall landscape composition. The outdoor space remains accessible to the neighbourhood via a generous ramp and a gradual stepped path that leads one gently from the level of the street down to the level of a protected exhibition space surrounded by vegetated slopes. This is an example of landscape architecture working towards a form of environmental healing, restoring an image of nature in a location profoundly disturbed by significant excavation and construction. *Atelier Girot*

Zugangstreppen zu der öffentlichen Esplanade [Access stair to the public esplanade

Blick auf die öffentliche Esplanade [View of the public esplanade
Detailansicht der Cortenstahltreppe [Detail view of the Corten steel stairs

BOTANISCHER GARTEN, BORDEAUX, FRANKREICH [BOTANICAL GARDEN, BORDEAUX, FRANCE

Mosbach Paysagistes, Paris, Frankreich [Mosbach Paysagistes, Paris, France

Der neue Botanische Garten von Bordeaux erstreckt sich auf den unmittelbar an der Garonne liegenden Uferterrassen, die in der Vergangenheit ursprünglich als Gemüseanbauflächen genutzt, später mit Schuppen und Lagerhäusern von Handwerksbetrieben bebaut wurden.

Nach der Altlastensanierung wurden – entsprechend den geplanten Nutzungen des botanischen Gartens – verschiedene Anlagen geschaffen: pädagogische Einrichtungen (ausgerichtet auf die Sensibilisierung für Biodiversität und nachhaltige Entwicklung), Gewächshaus, Versuchs- und Stadtteilgarten. Die Konzeption sollte die folgenden Bereiche abdecken: die natürliche Umgebung des aquitanischen Beckens und ihre Ökologie, die großflächige Landwirtschaft der Region und ihr Bezug zur Ethnobotanik (das heißt zum Studium der Pflanzen in Bezug auf ihre Verwendung

The Bordeaux Botanical Garden is set on the first terraces of the Garonne River, formerly occupied first by market gardening, then by artisan warehouses.

Starting with the decontaminated soil, it was necessary to create the special functions of a botanical garden: an education centre (with the challenges of biodiversity and sustainable development), conservatory, laboratory and community garden. The programme aims to show the natural environment of the large Aquitaine Basin in relation to ecology, large-scale farming in relation to ethnobotany (that is, people's relationship to plants through pharmaceutics, industry, medicine and so on), an aquatic environment and exotic environments inside a greenhouse.

»Champ de cultures« (Kulturpflanzenfeld) [»Champ de cultures« (Field of Crops)

Programm/Bauaufgabe [**Programme** Botanischer Garten mit pädagogischer Funktion, einem Stadtteilgarten und einer Forschungseinrichtung [A botanical garden with an educational function, a community garden, and a research resource

Landschaftsarchitektur [**Landscape design** Mosbach Paysagistes; Jourda Architectes (Gebäude); Catherine Mosbach, Pascal Convert (Gartentor) [Mosbach Paysagistes; Jourda Architectes (building); Catherine Mosbach, Pascal Convert (gate)

Standort des Projekts [**Project location** Bordeaux, rechtes Ufer, Stadtteil La Bastide [Bordeaux, right bank, La Bastide neighbourhood

Auftraggeber [**Client** Stadt Bordeaux [City of Bordeaux

Fertigstellung [**Completion** Phase 1, Garten: 2002; Phase 2, Museum und Gewächshäuser: 2004 [Phase 1, garden: 2002; Phase 2, museum and greenhouses: 2004

Fläche [**Area** 4,7 ha [4.7 ha

▶ **Pflanzliste des »Arboretums« (Auszug)** [**List of »Arboretum« plants (selection)**

Bäume mit Mikrophyllen [*Trees with microphyll leaves* (bis 1 mm [up to 1 cm) Überwiegend in der südlichen Hemisphäre [mainly in the southern hemisphere ▶ *Genista aetnensis, Fokienia hodginsii, Erica arborea, Erica lusitanica, Callistemon citrinus, Dacrydium cupressinum, Saxegothaea conspicua,*

Kleinblättrige Bäume [*Trees with small leaves* (1 bis [to 3 cm) ▶ *Azara microphylla, Azara lanceolata, Nothofagus dombeyi, Nothofagus antarctica, Ulmus parvifolia, Hoheria sexstylosa, Maytenus boaria, Eucalyptus parvifolia, Eucalyptus nicholii, Luma apiculata, Myrica cerifera*

Bäume mit spitzovalen Blättern [*Trees with pointed oval leaves* ▶ *Carpinus viminea, Tilia henryana, Tilia heterophylla, Meliosma parviflora*

Bäume mit mehrfach gefiederten Blättern [*Trees with compound leaves* ▶ *Gymnocladus dioicus, Toona sinensis, Pterocarya stenoptera, Carya ovata, Aralia ovata, Sophora tetraptera*

Bäume mit kleinen gelappten Blättern [*Trees with small lobed leaves* (5 bis [to 10 cm) ▶ *Lindera obtusiloba, Sassafras albidum, Eleutherococcus senticosus, Alangium platanifolium, Dendropanax trifidus*

Bäume mit handförmigen oder großen runden Blättern [*Trees with palmate leaves or large orbicular leaves* (10 bis [to 20 cm) ▶ *Firmiana simplex, Mallotus japonicus, Idesia polycarpa, Kalopanax pictus, Populus lasiocarpa, Paulownia fargesii, Aesculus turbinata*

Riesenblättrige Bäume [*Trees with truly gigantic leaves* (20 bis [to 80 cm) ▶ *Magnolia macrophylla, Magnolia officinalis biloba, Magnolia tripetala, Emmenopterys henryi*

Kosten [**Cost** 7 800 000 EUR (netto [net)

Lageplan [Site plan

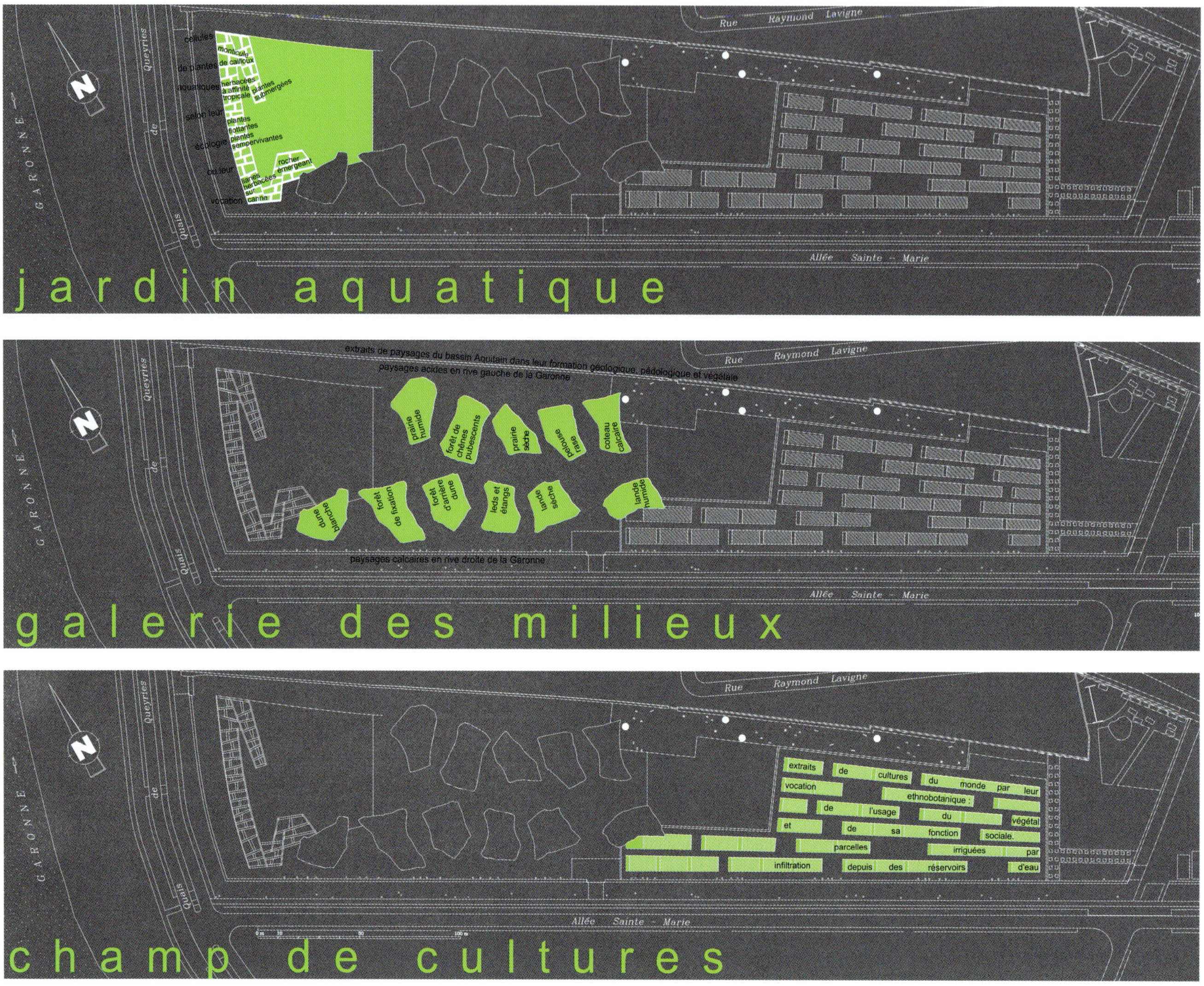

durch den Menschen in Pharmazie, Industrie, Medizin etc.), einen Wassergarten sowie exotische Naturräume in einem Gewächshaus.
Die »Galerie des milieux« (Galerie der Naturlandschaften) präsentiert dem Besucher zwei Naturräume, eine Kalkstein-Landschaft auf der einen und eine sandige Landschaft auf der anderen Seite. Im Mittelpunkt dieser Teilanlage stehen angeschnittene Erdhügel, anhand derer aufgezeigt wird, in welchem Ausmaß die in den unteren Erdschichten stattfindenden Abläufe das Pflanzenwachstum und die Entwicklung der präsentierten Naturräume steuern.
Das »Champ de cultures« (Kulturpflanzenfeld) besteht aus 44 Parzellen und Rabattenpflanzungen, die mit Hilfe von Infiltration bewässert werden, einer uralten Technik, die in ärmeren Ländern angewandt wird, um spärlich verfügbare Wassermengen optimal zu nutzen. Ein Wassergarten und ein Zierteich bestimmen die Struktur des Gartens am Ufer der Garonne, der exotische Ausblicke auf die vorbeifahrenden großen Schiffe bietet. Das in Zusammenarbeit mit dem Künstler Pascal Convert geschaffene Tor markiert die Schwelle zum Garten mit einem Design, welches das Wachstum der Pflanzenwelt thematisiert. *Catherine Mosbach*

The »Galerie des milieux« (Environment Gallery) features two natural environments, with limestone landscapes on one side and sandy landscapes on the other. Here the concept of a cross-sectioned clump of soil is used to show what goes on underground in the substrate layers that nourish the plants and the natural environments developing in them.
The »Champ de cultures« (Field of Crops) relies on 44 parcels and ridge planting with irrigation by infiltration, a traditional technique used in poor countries to make optimum use of the scarce availability of water. A water garden, as well as an ornamental pool, it structures the garden on the Garonne River, opening onto the exotic sight of large boats. Finally, the gate, created in collaboration with the artist Pascal Convert, marks the thresholds of the garden through a design that interprets the growth of the vegetal world. *Catherine Mosbach*

Pläne der drei Hauptteile des botanischen Gartens [Plans of the three main sections of the botanical garden

»Champ de cultures« (Kulturpflanzenfeld) [»Champ de cultures« (Field of Crops)
»Galerie des milieux« (Galerie der Naturlandschaften) [»Galerie des milieux« (Environment Gallery)
Detail Wassergarten [Detail aquatic garden
Gesamtansicht Wassergarten [General view of the aquatic garden
Weiße Düne, Galerie der Naturlandschaften [White dune, Environment Gallery

»GREEN IS COOL« – NEUE GARTENSTÄDTE FÜR DAS 21. JAHRHUNDERT? [»GREEN IS COOL« – NEW GARDEN CITIES FOR THE 21ST CENTURY?

Udo Weilacher

Je mehr sich die globale Umweltkrise zuspitzt und je häufiger das ungebremste Wachstum der Megacities weltweit als eine der Hauptursachen für diese Krise identifiziert wird, desto nachdrücklicher rückt die verheißungsvolle Vision von der »Stadt als Garten« in den Mittelpunkt des Interesses der Fachwelt und der Öffentlichkeit.[1] Dies nährt die Hoffnung vieler Landschaftsarchitektinnen und Landschaftsarchitekten auf die aus ihrer Sicht längst überfällige radikale Durchgrünung der modernen steinernen Metropole, welche der Psychoanalytiker Alexander Mitscherlich bereits 1965 als »unwirtliche Stadt«[2] geißelte. Neu war aber die Kritik am ungezügelten Stadtwachstum und die Hoffnung auf die heilende Wirkung des Stadtgrüns auch schon zu Mitscherlichs Zeiten längst nicht mehr.

Spätestens seit dem explosionsartigen Wuchern der Industriestädte im 19. Jahrhundert geriet das Gleichgewicht zwischen Stadt und Land augenfällig aus der Balance. Das führte zur Entwicklung unterschiedlichster Stadtentwicklungstheorien, bei denen es jedoch im Vergleich zu gegenwärtigen Debatten noch nicht derart eindringlich um die globale Umweltproblematik ging, sondern vielmehr um die Schaffung gesunder, städtischer Lebensverhältnisse durch eine möglichst sinnfällige Neuordnung der Funktionen Wohnen, Arbeiten, Erholung und Verkehr. Dem städtischen Grün wurde dabei immer eine mehr oder minder wichtige

As the global environmental crisis deepens and the unimpeded growth of megacities around the world continues to be identified as one of its main causes, the greater the professional and public interest in the promising vision of the »city as a garden«.[1] For many landscape architects, this has stirred their hope for what is in their view a long-overdue radical greening of the hard and austere modern metropolitan city, the »inhospitable city«[2] as the German psychoanalyst Alexander Mitscherlich had scathingly termed it already in 1965. Even at that time, however, the criticism of unrestrained urban growth and the hope attributed to the healing effect of urban green was by no means new.

Ever since the explosive expansion of industrial cities in the nineteenth century, the imbalance between the city and the country has become plainly apparent. This prompted the development of a variety of different urban development theories which, unlike contemporary discourse, were driven less by the urgent need to remedy global environmental problems than a desire to create healthy, urban living conditions through the best possible reconfiguration of the urban functions of living, work, recreation and transport. Urban green spaces were always accorded a more or less important role, and each urban organism was considered individually and only rarely as part of a global network.

Detroit, USA: Die Natur erobert sich die Stadt zurück: vielleicht ein ästhetischer Genuss für Freunde malerischer Ruinenromantik, aber ein Horrorszenario für die Bewohner.
[Detroit, USA: Nature reclaims the city: an aesthetic pleasure for those who appreciate the romanticism of ruins but a horrific scenario for the city's residents.

Rolle zugeschrieben, und jeder Stadtorganismus wurde zunächst nur isoliert für sich und seltener als Teil eines globalen Netzes betrachtet. Um aus aktueller Sicht die Frage zu klären, ob die Stadt als Garten tatsächlich eine richtungsweisende Vision oder vielleicht doch nur eine tradierte stadtfeindliche Klischeevorstellung ist, darf keinesfalls aus den Augen verloren werden, dass heute rund die Hälfte der Weltbevölkerung – Tendenz steigend – und fast 80 % aller Menschen in Europa in Städten und Ballungsräumen leben. Die Zukunft der Menschheit wird also eine urbane sein, und die Frage nach dem zukünftigen Wesen der Stadt bekommt schlagartig eine global bedeutsame Dimension. Auch in Deutschland ist dieser erweiterte Betrachtungshorizont unbedingt zu beachten, wenn man keine verantwortungslose und stadtfeindliche Kirchturmpolitik riskieren will.

Einer der innovativsten Stadtplaner der Gegenwart, der brasilianische Architekt Jaime Lerner ist der Ansicht: »Die Stadt ist nicht das Problem. Die Stadt ist die Lösung.«[3] Lerner war viele Jahre lang Bürgermeister der brasilianischen Millionenstadt Curitiba, die heute weltweit als richtungsweisendes Vorbild betrachtet wird, und er widmete sich vordringlich der Entwicklung eines leistungsfähigen öffentlichen Transportsystems – aus gutem Grund: Der Individualverkehr ist nicht nur für den globalen Anstieg des CO_2-Ausstoßes mitverantwortlich, sondern er ist auch die

From our current perspective, when considering the question as to whether the city as a garden indeed offers a promising vision for the future or is perhaps just an anti-urban cliché handed down over the years, it is important to remember that today around half of the world's population – a tendency that continues to rise – and almost 80 % of people in Europe now live in cities and urban conurbations. Mankind's future will therefore be urban and as a consequence the future nature of the city is suddenly of global importance. In Germany too, this extended horizon has to be taken into account if we are to avoid irresponsible, short-sighted and damaging urban politics.

One of the most innovative contemporary urban planners, the Brazilian architect Jaime Lerner, argues that »the city is not a problem; the city is a solution.«[3] Lerner was for many years the mayor of the Brazilian city of Curitiba, which numbers over a million inhabitants and is today widely regarded as a model for future cities. He gave central priority to the development of an efficient public transport system – and with good reason: private vehicular transport not only contributes to rising CO_2 emissions but is also the primary cause of rising energy and land consumption in the cities. After all, some 70 % of energy consumption in cities is dictated solely by how cities are planned, particularly with regard to their infrastructure. It is therefore impossible to address the

Detroit, USA: Das enorme Schrumpfen der Stadt in den vergangenen Jahrzehnten erzeugt ein Überangebot an Brachflächen, das mit gärtnerischen Strategien nicht zu bewältigen ist. [Detroit, USA: The tremendous shrinkage of the city of Detroit over the past decades has resulted in an excess of derelict land too extensive to be compensated for with greening strategies.

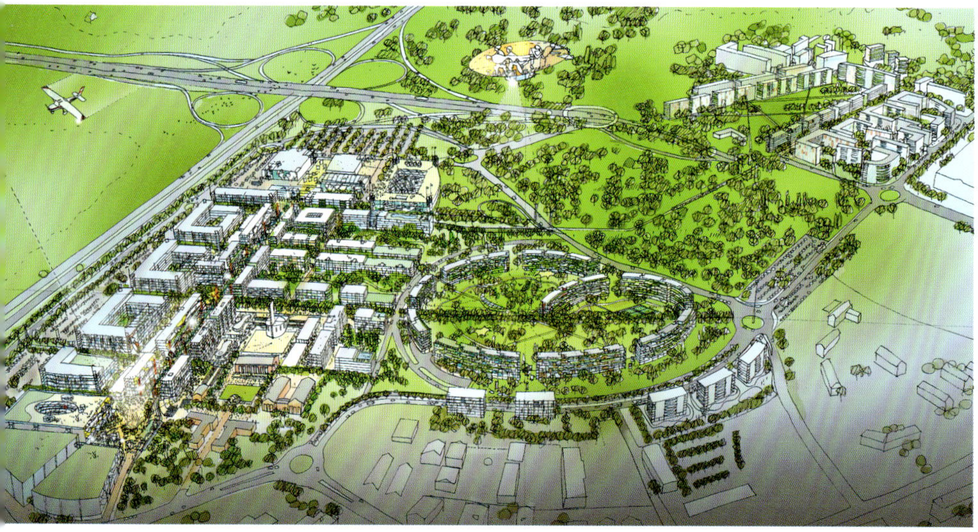

Ursache für den steigenden Energie- und Flächenverbrauch der Städte. Immerhin 70 % des Energieverbrauchs wird allein dadurch bestimmt, wie Städte insbesondere im Zusammenhang mit Infrastruktur geplant werden. Die Frage nach der zukünftigen Nachhaltigkeit von Städten kann daher unmöglich auf Basis sektoraler Betrachtungen beantwortet werden, die beispielsweise nur das Grün betreffen.

Ein bekanntes Beispiel für die geradezu fatale Verknüpfung zwischen urbaner Dichte und Energieverbrauch ist die Stadt Detroit, wegen ihrer einstmals florierenden Automobilindustrie auch als »Motor City« bekannt. Detroit war noch 1950 mit 1,85 Millionen Einwohnern die viertgrößte Stadt der USA. Die großen drei Automobilkonzerne Ford, Chrysler und General Motors verursachten ein enormes Stadtwachstum in der ersten Hälfte des 20. Jahrhunderts. 1955 ließ General Motors in der Stadt die Straßenbahnen demontieren, denn in Motor City sollten die Arbeiter selbstverständlich mit dem eigenen Pkw zur Arbeit kommen. Das führte zu einer enormen Ausdehnung der Stadt in der Fläche und zu einer rapiden Abnahme ihrer physischen Dichte, denn jeder stolze Autobesitzer realisierte sich den Traum vom Eigenheim im Grünen, das er bequem mit dem eigenen Straßenkreuzer erreichen konnte.

Der Strukturwandel in der Automobilindustrie führte schließlich zum Desaster. Die Autobauer verließen die Stadt wegen günstigerer Produktionsbedingungen an anderen Standorten, und die Zahl der Stadtbewohner schrumpfte dramatisch. Etwa 900 000 Menschen leben derzeit noch in Motor City und sind überwiegend auf den Individualverkehr angewiesen, denn seit den 1950er Jahren existiert in der Stadt kein funktionierendes öffentliches Verkehrssystem mehr. Was radikales und vollkommen ungeplantes Schrumpfen bedeutet, lässt sich nicht nur an der stark

future sustainability of cities solely in terms of sectoral considerations that concern individual aspects such as urban green.

A well-known example for the near fatal link between urban density and energy consumption is the city of Detroit, also known as »Motor City« for its once flourishing automobile industry. In 1950, Detroit numbered some 1.85 million inhabitants and was the fourth largest city in the USA. In the first half of the twentieth century, the three largest automobile manufacturers, Ford, Chrysler and General Motors brought about enormous urban growth. In 1955 General Motors effected the removal of the streetcar system in the city – in Motor City the workers should naturally travel to work by car. As a consequence, the city expanded enormously while its physical density decreased rapidly as every proud car owner realised their dream of a private home in the country which they could now reach with their own limousine.

Structural changes in the automobile industry led ultimately to disaster. The car manufacturers left the city and relocated to places offering cheaper production conditions, and the population shrank dramatically as a result. Approximately 900 000 people now live in Motor City and are almost exclusively dependent on private means of transport as no proper public transport system has existed since the 1950s. The effect of radical and wholly unplanned shrinkage is evident not only in the heavily perforated structure of the city. The entire infrastructure from the sewage drains to cultural facilities are affected by the falling numbers of users and by maintenance costs that are increasingly difficult to cover. Nature rapidly began to reclaim empty buildings and wasteland, but no-one in Detroit views this as a romantic notion of a bygone industrial era – on the contrary: in the eyes of the inhabitants

Mailand, Italien: Die ideale Stadt »Milano Santa Giulia« entsteht derzeit nach Plänen von Foster + Partners auf 120 Hektar ehemaliger Industriefläche am südöstlichen Rand der norditalienischen Metropole. [Milan, Italy: The ideal city of »Milano Santa Giulia« is being constructed to the plans of Foster + Partners on 120 hectares of former industrial land on the southeast edge of the north Italian metropolitan city.

Mailand, Italien: Mit viel Grün und einer dichten Bebauung für 70 000 bis 80 000 Einwohner und Besucher sucht man im neuen Stadtquartier nach einer glücklichen Verbindung zwischen Stadt und Grün. [Milan, Italy: With abundant green spaces and a dense urban structure for 70 000 to 80 000 inhabitants and visitors, the new urban quarter attempts to create a positive link between the city and its green spaces.

Mailand, Italien: Herzstück von »Milano Santa Giulia« ist der Central Park, geplant von West8, der gestalterisch altbekannten Vorbildern folgt, aber im dichten urbanen Kontext für gute Lebensqualität sorgen soll. [Milan, Italy: The heart of »Milano Santa Giulia« is the Central Park planned by West8, whose design follows established patterns and is intended to create a good quality of life within the dense urban context.

Mailand, Italien: »Kompakt-Urban-Grün« ist ein Konzept, das man nicht nur in Mailand verfolgt, sondern auch in der am dichtesten besiedelten Stadt Deutschlands, in München mit seinen derzeit etwa 4 274 Einwohnern pro Quadratkilometer. [Milan, Italy: »Compact urban green« is a concept pursued not only in Milan but also in Munich, one of the most densely built cities in Germany with some 4 274 inhabitants per square kilometre.

perforierten Stadtstruktur ablesen. Überdies gerät die gesamte Infrastruktur, von den Abwasserkanälen bis zu den Kultureinrichtungen durch mangelnde Auslastung und kaum noch zu bewältigende Unterhaltskosten in Gefahr. Die Natur erobert leerstehende Gebäude und Brachflächen rasch zurück, aber als romantische Industrienatur betrachtet das in Detroit niemand – im Gegenteil: Die Rückkehr der Natur ist in den Augen der Menschen ein deutliches Zeichen für den Verfall der Kultur und den Verlust ihrer Lebensqualität. Wegen der zu erwartenden Bau- und Pflegekosten ist es völlig undenkbar, alle Brachflächen konsequent in gepflegte städtische Gärten und Parks zu verwandeln. Die Stadt als Garten ist für Detroit also ein vollkommen absurdes Modell.

Dennoch hat sich in Motor City eine für amerikanische Städte erstaunliche Nutzgartenkultur entwickelt, die keine gartenarchitektonische Inszenierung braucht. Engagierte Stadtbewohner haben das Selbstversorgerprinzip wieder entdeckt und bauen mittlerweile auf vielen städtischen Brachflächen Obst, Gemüse und Getreide an. Mit solchen Maßnahmen holt man keine Einwohner in die Stadt zurück, und das Problem der unausgelasteten Infrastrukturen bleibt bestehen, aber immerhin kann so die Abwärtsspirale gefühlt verlangsamt werden. Ein gravierender Teil des Problems ist und bleibt aber die mangelnde urbane Dichte, und hier wird im Vergleich zu mitteleuropäischen Städten ein wichtiger Zusammenhang sichtbar. Detroit verbraucht etwa zehn Mal so viel Energie wie eine Stadt, die eine doppelt so hohe bauliche Dichte aufweist. Kopenhagen mit etwa 5970 Einwohnern pro Quadratkilometer ist so eine Stadt mit doppelt so hoher Einwohnerdichte wie Detroit (2537 Einwohner pro Quadratkilometer), verbraucht aber nur ein Zehntel der Energiemenge, die Motor City benötigt.[4]

»Der ökologische Imperativ lautet: Die Städte dürfen flächenmäßig nicht mehr wachsen«, forderte der Schriftsteller und Stadtplaner Dieter Hoffmann-Axthelm bereits 1993,[5] doch viele Kräfte wirken der Verdichtung der Stadt entgegen, nicht nur der beharrliche Ruf nach mehr Stadtgrün. Seit 1965 ist laut Statistischem Bundesamt die durchschnittliche Pro-Kopf-Wohnfläche in Deutschland von etwa 22 Quadratmeter auf 42,9 Quadratmeter im Jahr 2006 angestiegen.[6] Weltweit gesehen, belegen die USA mit 68,1 Quadratmeter Wohnfläche pro Kopf den Spitzenplatz, und andere Länder ziehen kräftig nach. In China steigerte sich der durchschnittliche Wert von 8 Quadratmetern im Jahr 1980 auf mittlerweile 28 Quadratmeter Pro-Kopf-Wohnfläche. Der Flächenver-

the renewed presence of nature in the city is a clear sign of the decline of culture and a loss of quality of life. The projected cost of converting and maintaining such derelict areas entirely rules out their conversion into urban gardens and parks. For Detroit, the model of the city as a garden is absolutely absurd.

Despite this difficult urban situation, an exceptionally vibrant vegetable garden culture has emerged in the Motor City that requires no formal interpretation in terms of landscape architecture. Committed residents rediscovered the principle of self-sufficiency and began planting fruit, vegetables and crops on derelict sites. While this cannot bring residents back into the city nor resolve the problem of infrastructure over-capacity, it does manage to slow significantly the spiral of decay. A major part of the problem remains the lack of urban density, and this reveals a key relationship when compared to European cities. Detroit consumes almost ten times as much energy compared with a city with twice the urban density. Copenhagen has a density of 5 970 inhabitants per square kilometre, about twice as much as Detroit (2 537 inhabitants per square kilometre), but consumes just a tenth of the energy that the Motor City needs.[4]

More than 15 years ago, in 1993, the writer and urban planner Dieter Hoffmann-Axthelm wrote that »it is an ecological imperative that the city must not be allowed to expand to consume more land«[5]; however there are many forces that resist increasing the density of cities aside from the persistent call for more urban green. Since 1965 the German Federal Statistical Office has recorded a rise in the living space per head from 22 m^2 to 42.9 m^2 in 2006.[6] The mean living space per person is highest in the USA at 68.1 m^2 per person with other countries following close behind. In China the average value has risen from just 8 m^2 per person in 1980 to 28 m^2 per head. The rate of land consumption in Germany currently lies at 113 hectares of land per day. A large proportion of this is for detached and semi-detached family homes on the outskirts of cities, which for many remains the ideal location for a home of one's own in green surroundings.

For more than 100 years we have known that the garden city is anything but a sustainable vision for the city. Even Ebenezer Howard, the inventor of the garden city in 1898,[7] had to concede during his lifetime that his model could not cope with the expansion of the industrial cities. The density of the garden cities proved to be much too

brauch liegt in Deutschland aktuell bei etwa 113 Hektar Land pro Tag. Ein großer Teil davon wird verursacht durch den Bau von Ein- und Zweifamilienhäusern in der Stadtperipherie, wo sich für viele der Traum vom Wohnen im Grünen erfüllen soll.
Seit mehr als 100 Jahren ist bekannt, dass die Gartenstadt alles andere als eine nachhaltige, zukunftsfähige Vision von Stadt ist. Selbst Ebenezer Howard, der Erfinder der Gartenstadt von 1898,[7] musste zu Lebzeiten einsehen, dass sein Modell dem Wachstumsdruck der Industriestädte nicht standhalten konnte. Die Dichte der Gartenstädte erwies sich als viel zu gering und die Folgeprobleme, insbesondere was den Verkehr und die infrastrukturelle Versorgung anbelangte, als zu gravierend. Die Utopie der Gartenstadt scheiterte im großen Maßstab an der Realität des globalen Stadtwachstums. Doch das verführerische Klischeebild vom Wohnen im Grünen, von der Stadt als Garten existiert weiterhin hartnäckig in vielen Köpfen. Dieser Interpretation von Gartenstadt, die zum Verlust innerstädtischer Dichte und damit zum ungehemmten Verbrauch der Ressource Boden im Umland führt, muss dringend Einhalt geboten werden, wenn nicht der globale Umweltkollaps noch mehr beschleunigt werden soll.

low and the ensuing problems, particularly with regard to traffic and infrastructure, as too serious. The utopia of the garden city was unable to cater at a large scale for the reality of global urban growth. Nevertheless, the seductive cliché of living in green surroundings, of the city as a garden, continues to persist in many people's minds. This interpretation of the garden city that leads to a loss of inner-city density and to a concomitant unrestrained consumption of land resources in the periphery must be put to a stop if we are not to further accelerate global environmental collapse.
But green can still be cool. The British architect Norman Foster for one is convinced of this and for years has dedicated himself to a programme he calls »The Green Agenda«. In 2007 in Munich he declared that »the green agenda is probably the most important agenda and issue of the day«[8] and identified two key issues: will mankind be able to develop environmentally-friendly transport concepts that consume very little energy? And, will society accept technological advances – with all its Orwellian consequences – in which computer technology will permeate all aspects of everyday life? Looking at Foster + Partners' optimistic visions for the future it becomes clear what an important role energy

»Food City«, ein Szenario des Landschaftsarchitekten Richard Weller, stützt sich auf die urbanen Utopien von Frank Lloyd Wright und will Landwirtschaft, Wohnen und Industrie neu verknüpfen. [»Food City«, a scenario by the landscape architect Richard Weller, builds on the utopian visions of Frank Lloyd Wright and aims to create a new link between agriculture, housing and industry.

Trotzdem kann Grün cool sein. Davon ist jedenfalls der britische Architekt Norman Foster überzeugt und widmet sich seit Jahren einem Programm, das er »The Green Agenda« nennt. »The green agenda is probably the most important agenda and issue of the day«, stellte er 2007 in München[8] fest und identifizierte zwei Kernfragen: Wird es der Menschheit gelingen, ein umweltschonendes Mobilitätskonzept zu entwickeln, das auf niedrigem Energieverbrauch beruht? Wird die Gesellschaft einen technischen Fortschritt akzeptieren – mit samt seinen Orwell'schen Folgen – bei dem zukünftig insbesondere die Computertechnologie alle Lebensbereiche erfassen wird? Bei der Betrachtung der optimistischen Zukunftsvisionen von Foster + Partners wird deutlich, welche wichtige Rolle die Themen Energieeffizienz, Umweltschutz und Mobilität im zukünftigen Städtebau spielen werden. Doch wie wird aus diesen Einzelideen eine Stadt mit ansprechenden Stadträumen, und wie radikal neu sind die dabei entstehenden Grünräume?
Das derzeit größte urbane Entwicklungsgebiet in Europa liegt am Rande der Stadt Mailand auf dem Gelände eines ehemaligen, 120 Hektar umfassenden Industriebetriebes. Dort planen Foster + Partners »Milano Santa Giulia«, eine ideale Stadt in der Stadt für 70 000 bis 80 000 Einwohner und Besucher. Das Projekt soll im Sinne der oben genannten Punkte, insbesondere hinsichtlich der Nachhaltigkeit, neue Maßstäbe setzen. Das zentrale Element im Masterplan der Idealstadt ist die Anlage eines ausgedehnten grünen Freiraums mit dem etwa 30 Hektar großen Central Park, nach Norman Foster die »grüne Lunge« der Stadt. Einerseits will man durch hoch verdichtetes Bauen die Ressource Boden schonen und andererseits soll durch die ausgedehnten Grünflächen eine hervorragende Lebensqualität innerhalb des neuen Stadtquartiers erreicht werden.
In gewisser Hinsicht wird hier genau wie vor über 100 Jahren – man erinnere sich an Ebenezer Howards Gartenstadt-Idee – nach der idealen Verbindung von Stadt und Landschaft gesucht. Dabei wird deutlich, dass sich die Außenräume in ihrer äußerlichen Erscheinung von den Grünflächen des 19. Jahrhunderts nicht wesentlich unterscheiden. Der wesentliche Unterschied zu damals besteht aber darin, dass man sich scheinbar endlich darüber klar geworden ist, dass die Stadt kein Garten ist, sondern ein dichter sozialer Prozess. Die Stadt als Garten kann nur dann als Vision hilfreich sein, wenn die Stadt nicht als Problem, sondern als Lösung akzeptiert und der Garten nicht als universelle Lösungsformel verkauft wird.

efficiency, environmental protection and mobility will play in the future design of cities. But how can these individual ideas be turned into a city with appealing urban spaces, and how radically new will the resulting green spaces be?
The largest current urban development area in Europe lies on the outskirts of the city of Milan on a 120 hectare large former industrial site. Here Foster + Partners are planning »Milano Santa Giulia«, an ideal city within the city designed for 70 000 to 80 000 inhabitants and visitors. Taking into account the aforementioned aspects, the project aims to set new standards, particularly with regard to sustainability. The central element of the master plan of the ideal city is the creation of an extensive urban green space, a 30 hectare large Central Park that Foster terms the city's »green lung«. The project aims on the one hand to reduce land use through high-density building while on the other providing extensive green areas to create an excellent living environment in the new urban quarter.
To a certain extent this project, like its predecessor 100 years earlier – Ebenezer Howard's Garden City Movement – seeks to find an ideal connection between the city and landscape. The comparison shows that the appearance of the project's outdoor spaces differs only marginally from those of its nineteenth-century counterparts. The primary difference to then is that we have, so it seems, finally realised that the city is not a garden but rather a dense social process. The city as a garden can only present a useful vision when we stop seeing the city itself as a problem and accept it as the solution and when the garden is not hailed as a universal formula.

1 Vgl. z.B. das EXPO 2000-Projekt »Stadt als Garten« in Hannover.
2 Vgl. Alexander Mitscherlich, *Die Unwirtlichkeit unserer Städte. Anstiftung zum Unfrieden*, Frankfurt am Main: Suhrkamp, 1965.
3 Jaime Lerner: »Cidade não é problema; cidade é solucão«, in: »Curitiba it's possible«, ein Film von Jörg Pibal und Paul Romauch, 2008.
4 Vgl. auch Peter Newman, Jeffrey Kenworthy, *Cities and automobile dependence: An International Sourcebook*, Aldershot, UK: Gower Publishing, 1989.
5 Dieter Hoffmann-Axthelm, *Die dritte Stadt. Bausteine eines neuen Gründungsvertrages*. Frankfurt am Main: Suhrkamp, 1993, S. 141.
6 Statistisches Bundesamt, Wiesbaden: *Bautätigkeit und Wohnungen*. Fachserie 5, Heft 1, Wiesbaden 2008.
7 Vgl. Ebenezer Howard, *To-Morrow. A Peaceful Path to Social Reform*, London: Swann Sonnenschein, 1898.
8 Digitalkonferenz DLD 2007 in München.

1 See e.g. the EXPO 2000 project »Stadt als Garten« (The city as garden) in Hanover.
2 See Alexander Mitscherlich, *Die Unwirtlichkeit unserer Städte. Anstiftung zum Unfrieden*, Frankfurt am Main: Suhrkamp, 1965.
3 Jaime Lerner: »Cidade não é problema; cidade é solucão«, in: »Curitiba it's possible«, a film by Jörg Pibal and Paul Romauch, 2008.
4 See also Peter Newman, Jeffrey Kenworthy, *Cities and automobile dependence: An International Sourcebook*, Aldershot, UK: Gower Publishing, 1989.
5 Dieter Hoffmann-Axthelm, *Die dritte Stadt. Bausteine eines neuen Gründungsvertrages*. Frankfurt am Main: Suhrkamp, 1993, p. 141.
6 Statistisches Bundesamt (German Federal Statistical Office), Wiesbaden: *Bautätigkeit und Wohnungen*, Fachserie/Series 5, Heft/Vol. 1, Wiesbaden 2008.
7 See Ebenezer Howard, To-Morrow. *A Peaceful Path to Social Reform*, London: Swann Sonnenschein, 1898.
8 DLD Digital Life Design Conference 2007 in Munich.

GardenCity: Auch wenn das Bild reizvoll erscheint, stellt sich auch heute noch die Frage, ob neuen modernen Gartenstädten tatsächlich eine bessere Zukunft beschieden sein wird als dem altenglischen Original. [GardenCity: While the image of the garden city may be attractive, the question remains as to whether modern versions of this kind of urban planning will be able to provide a better future than their original English counterparts.

GardenCity: Die alte Vision der »Gartenstadt« von 1898 wird auch in diesem Szenario für die Stadtentwicklung von Perth in Australien wieder einmal neu aufgelegt. 32 000 Einwohner soll jede der kleinen Städte beherbergen. [GardenCity: The old vision of the garden city from 1898 has been reinterpreted in this scenario for the urban development of Perth in Australia. Each of the small towns shall house 32 000 inhabitants.

PRIVATGARTEN, BERLIN, DEUTSCHLAND [PRIVATE GARDEN, BERLIN, GERMANY

Gabriella Pape, Berlin, Deutschland [Gabriella Pape, Berlin, Germany

Als die Gestaltung dieses Gartens 1998 begonnen wurde, war das Grundstück eine nackte Steppe aus Moosrasen und besigem, ungepflegten Winterjasmin, wie er auf so vielen ungeliebten Grundstücken vor sich hinvegetiert. Die Besitzerin wollte bis auf den Baumbestand – der ohnehin zu erhalten war – keine der vorhandenen Pflanzen behalten. Eine sehr wichtige Gegebenheit dieses Gartens war auch, dass sich fast alle großen Bäume – bis auf zwei riesige Säulenpappeln – im hintersten Teil des Gartens befanden und dadurch sehr gute Lichtverhältnisse herrschten, besonders, weil er nach Norden ausgerichtet war. Es ergab sich dadurch die Möglichkeit, einen natürlichen Schattengarten zu gestalten.

Der Vorgarten sollte, nach guter alter Sitte, hauptsächlich als froh stimmende Gartenflur konzipiert werden. Die Gestaltung sah darin auch noch einen festen Sitzplatz vor, da hier während der Mittagszeit die

When the redesign of this garden first began in 1998, the plot was an empty steppe of mossy grass and untidy tangles of winter jasmine as is often allowed to proliferate in untended gardens. With the exception of the mature trees – which were to be preserved – the owner did not want to retain any of the existing plants. A very important aspect of the garden is that almost all the large trees – except for two large Lombardy poplars – are congregated in the rearward section of the garden resulting in very good lighting conditions, especially as this section faces north. This provided an opportunity to create a naturally shaded garden.

The front garden is conceived, as is customary, primarily as a welcoming entrance area. Its design incorporates a fixed place to sit as this part of the garden receives the best of the midday sun. Although the front garden is not where one would usually expect to while away

Blick auf das Haus vom Garten aus [View of the house from the garden

Programm/Bauaufgabe [**Programme** Umgestaltung eines Privatgartens; Anforderungen des Bauherren: Beibehaltung der großzügigen Offenheit des Gartens, ausreichend Platz für Kinder, Baumhaus [Redesign of a private garden; client brief: keep the spacious, open garden, sufficient space for the children to play, treehouse

Landschaftsarchitektur [**Landscape design** Königliche Gartenakademie, Gabriella Pape, Altensteinstr. 15a, 14195 Berlin [www.koenigliche-gartenakademie.de

Standort des Projekts [**Project location** Berlin

Auftraggeber [**Client** privat [private

Fertigstellung [**Completion** 2002

Fläche [**Area** 1 260 m²

▶ **Pflanzliste** [**List of plants**

Staudenbeete [*Herbaceous borders* ▶ *Aconitum arendsii, Alchemilla mollis, Allium »Purple Sensation«, Anemone »Honorine Jobert«, Aquilegia »Kristall«, Campanula lactiflora »Prichards's Variety«, Campanula persicifolia, Digitalis lutea, Doronicum orientale, Eremurus ruiter*-Hybriden [hybrids, *Geranium magnificum, Helianthus »Lemon Queen«, Hemerocallis lilioasphodelus, Iris sibirica, Lupinus »Kronleuchter«, Molinia x arundinacea »Windspiel«, Nepeta »Six Hills Giant«, Papaver »Beauty of Livermere«, Rosa »Constance Spry«, Rosa »Albertine«, Rosa »Félicité Perpétue«, Rosa glauca, Rudbeckia »Goldsturm«, Tulipa »Queen of the Night«, Tulipa »White Triumphator«, Veronicastrum virginicum »Lavendelturm«*

Schattengarten [*Shaded garden* ▶ *Taxus sp., Aruncus dioicus, Deschampsia cespitosa »Goldschleier«, Geranium macrorrhizum, Helleborus orientalis, Hosta plantaginea, Hosta sieboldiana »Elegans«, Hydrangea paniculata »Unique«, Kirengeshoma palmata, Molinia x arundinacea »Karl Foerster«, Philadelphus coronarius, Thalictrum aquilegifolium*

Realisierung [**Contractor** Garten- und Landschaftsbau Winklhofer, Berlin

Kosten [**Cost** keine Angabe [No details provided

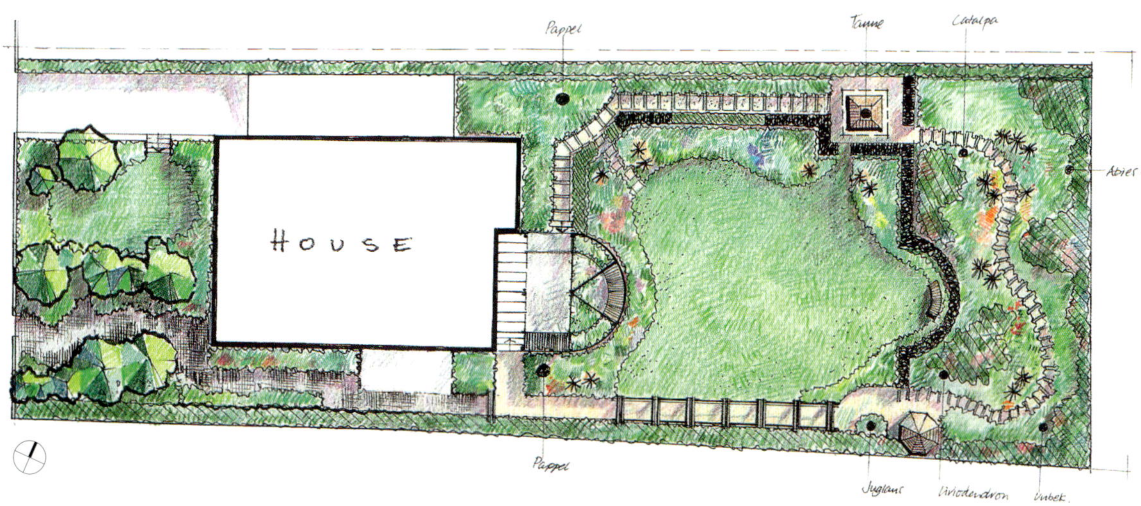

Vor der Umgestaltung [The garden prior to the redesign
Skizze Gesamtplan [Sketch of the general plan

meiste Sonne einfiel. Auch wenn man eigentlich gar nicht vor hat, im Vorgarten länger zu verweilen, sollte man diesen Gedanken noch nicht gleich verwerfen, denn auch ein ungenutzter Platz hat seine Aufgabe.
Das Bepflanzungskonzept sah zahlreiche Rosen vor, die an so lichter Stelle auch gut gedeihen. Ansonsten wurden die vorhandenen Rhododendren erhalten, beschnitten und hier und da neu gepflanzt, um ein wenig mehr Privatsphäre zu schaffen.
Wie in fast allen Familien waren auch hier die Bedürfnisse der verschiedenen Generationen und Geschlechter sehr unterschiedlich. Es galt, möglichst viele der Wunschelemente in die Gestaltung zu integrieren, ohne die englische Grundregel »ein Garten besteht aus immer wiederkehrenden Erwartungen und Überraschungen« zu vernachlässigen. Zuerst wurde eine erhöhte, großzügige und von einer Stahlpergola umrahmte Terrasse direkt bei der Küche konzipiert. Dies war wichtig für das tägliche Leben der Familie im Sommer, die Terrasse fungiert unter anderem als gute Aussichtsplattform für die Eltern, die von dort aus die Kinder im Blick haben können, deren Spielbereiche etwas versteckter geplant wurden. Da Doppelschaukeln durch ihre Größe einen Garten stark dominieren, ist es ratsam, diese zwar nicht in die letzte Ecke des Gartens zu verbannen, aber doch einen Großteil hinter einer Hecke oder Sträuchern etwas zu verstecken.
An einem an der Grundstücksgrenze stehenden riesigen Tannenbaum mit einem kahlen Stamm, der einen hohen Sichtschutz bot, wurde ein Baumhaus für die Familie geplant. Das Baumhaus ermöglicht den Kindern hoch oben ein eigenes Refugium.
Um den Wünschen der Eltern nachzukommen, wurde eine große, organisch geformte Rasenfläche mit großzügiger Staudenumrandung kreiert. Sie ist von einer Eibenhecke eingefasst, die im Sommer vollständig hinter Stauden verschwindet und im Winter dem Garten die Struktur verleiht. Wichtig ist, zu verstehen, dass die Hecke nicht die abschließende Einfassung zu den Nachbarn ist, sie ist nur eine innere Trennung von einem dahinterliegenden versteckten Weg zum Baumhaus und zum hinteren Schattenstaudengarten.
Um dem Genius Loci Rechnung zu tragen, wurde im hinteren Drittel des Gartens, in dem die vielen Bäume standen, nicht nur der Schuppen versteckt, sondern darüber hinaus ein Kleinod von Schattenstauden kreiert, das mit besonders vielen Hostas und weißblühenden Stauden bepflanzt ist. *Gabriella Pape*

much time, one should not discard the thought too hastily – after all, an unused space also has its purpose.
The planting concept envisaged the liberal use of roses which thrive in such well lit conditions. Otherwise, the existing rhododendrons were kept, pruned and augmented here and there with new plants to create a little more privacy.
As in almost all families the needs and wishes of the different generations and sexes differed considerably. The design aimed to incorporate as many of the desired elements as possible but without neglecting the English maxim that »a garden consists of ever recurring expectations and surprises«. To begin with, a spacious raised terrace was created adjacent to the kitchen, framed by a steel pergola. This serves as an important space for family life in summer and doubles as an elevated platform from which the parents can keep an eye on their children whose play area was planned slightly tucked away. As the size of a pair of swings can dominate a garden, it is advisable to conceal them, while not necessarily at the end of the garden at least behind a hedge or shrubs.
A giant fir tree with a bare trunk located at the edge of the garden forms a high screen and provides a home for a treehouse for the family. Here the children have a raised refugium of their own.
To accommodate the wishes of the parents, a large, organically-shaped lawn was created with a lush herbaceous border. This is enclosed by a yew hedge which in summer is entirely concealed by the shrubbery but in winter lends the garden structure. It is important to realise that the hedge does not represent the boundary to the neighbours but is in fact an internal division behind which a hidden path leads to the treehouse and the rearward shaded shrub garden.
To do justice to the genius loci of the garden the rear third, in which most of the trees stand, not only houses the shed but has also been turned into a magical shaded garden bejewelled with herbaceous shrubs including many hostas and other white-blossoming herbaceous plants. *Gabriella Pape*

Pergolaweg und neue Gartenterrasse [Pergola path and new garden terrace

Sitzplatz im Vorgarten mit Rosen und Rhododendren [Seating in the front garden with roses and rhododendrons
Blick auf die neue Terrasse und ihre Pergola von der Küche aus [View from the kitchen of the new terrace and pergola
Der Geräteschuppen, von Sommerjasmin eingewachsen [The tool shed beneath the summer jasmine

SWISS RE CENTRE FOR GLOBAL DIALOGUE, RÜSCHLIKON, SCHWEIZ [SWISS RE CENTRE FOR GLOBAL DIALOGUE, RÜSCHLIKON, SWITZERLAND

Vogt Landschaftsarchitekten, Zürich, Schweiz [Vogt Landschaftsarchitekten, Zurich, Switzerland

Die Villa Bodmer wurde in den 1920er Jahren oberhalb des Zürichsees erbaut. Dieser begünstigten Lage verdankt das heutige Seminarzentrum der Schweizer Rück in Rüschlikon die reizvollen Ausblicke in die nahe Landschaft und eine erhabene Fernsicht auf die Glarner Alpen.
Der Garten der Villa Bodmer ist von Adolf Vivell als typisch großbürgerlicher Park der damaligen Zeit entworfen worden. Die zwei wesentlichen Gartenkonzeptionen, der geometrische und der landschaftliche Typus, wurden zur gleichen Zeit nebeneinander angelegt. Ein kostbarer Baumbestand, gepflanzt in den Entstehungsjahren der Parkanlage, schafft in Zusammenhang mit den Gebäuden und den großformatigen Neupflanzungen das räumliche Gerüst der Anlage. Die Wechselbeziehungen von Architektur und Garten sind schon im historischen Konzept angelegt. Im Rahmen der Neugestaltung und der Integration des Neubaus in den Kontext des Gartens wurden diese Wechselbeziehungen neu interpretiert.
Die feine, exakte Abstimmung führt zu einer ästhetischen Durchdringung von Innen- und Außenraum, einem Wechselspiel von Engagement und Distanzierung. Grundsätzlich schreibt die Neugestaltung der Parkanlage die reizvolle Gegenüberstellung der zwei kontrastierenden Gartentypologien fort: den zentral gelegenen geometrisch-architektonischen Teil umgibt ein landschaftlich frei gestalteter Rahmen. Obwohl die Grenzen zwischen den Gartenteilen klar erkennbar sind, lassen Sichtbezüge beide in eine spannungsreiche Beziehung zueinander treten. Durch die Gleichzeitigkeit der Wahrnehmung steigern sich die eigenständigen Identitäten gegenseitig in ihrer Wirkung.

The Villa Bodmer was built in the 1920s overlooking Lake Zurich. The villa's exceptional location – it is now used as a seminar centre by Swiss Re in Rüschlikon – affords a spectacular panoramic view over the surrounding landscape and a sublime view of the Glarus Alps in the distance.
The garden of the Villa Bodmer was designed by Adolf Vivell as a typical upper-class park of the time. Both of the garden's two primary typologies, one geometric the other naturalistic, were created at the same time alongside one another. A rich stock of mature trees, planted in the first years of the garden's creation, together with the buildings and large-scale new planting form the spatial framework of the complex. The interrelationship between the architecture and greenery was already an aspect of the historical concept and has been interpreted anew as part of the redesign along with the integration of a new building into the context of the garden.
Through precise and considered refinements, an aesthetic interpenetration of indoor and outdoor space has been created, an interplay between connection and detachment. In principle, the redesign of the park gardens carries forward the attractive juxtaposition of the two contrasting garden typologies: a central geometric-architectural section encircled by naturalistic free-flowing surroundings. Although the boundary between the two parts of the garden is clearly visible, views from one to the other allow the two to enter into a stimulating dialogue. The ability to see both parts simultaneously strengthens the respective identity of the other.

Gartenansicht der Villa Bodmer [View from the garden of the Villa Bodmer

Programm/Bauaufgabe [**Programme** Außenraumgestaltung für das Schulungszentrum der Swiss Re. Einbindung des Neubaus in die Struktur des bestehenden, historischen Gartens mit Villa unter Berücksichtigung des wertvollen alten Baumbestandes. Pflegeplanung zur Erhaltung der grundlegenden Außenraumstrukturen auf längere Sicht. [Design of the gardens of the Swiss Re training centre. Integration of the new building into the structure of the existing, historic garden with villa, taking into account the valuable stock of mature trees. Planning concept for the long-term conservation of the basic structure of the grounds.

Landschaftsarchitektur [**Landscape design** Kienast Vogt Partner; Vogt Landschaftsarchitekten AG, Stampfenbachstrasse 57, 8006 Zürich [www.vogt-la.com

Architektur [**Architect** Marcel Meili, Markus Peter Architekten AG, Zürich

Standort des Projekts [**Project location** Swiss Re Centre for Global Dialogue, Gheistrasse 37, CH-8803 Rüschlikon

Auftraggeber [**Client** Schweizerische Rückversicherungsgesellschaft

Entwurf und Realisierung [**Design and realisation** bis 2000: Kienast Vogt Partner; ab: 2000 Vogt Landschaftsarchitekten [Until 2000: Kienast Vogt Partner; since 2000: Vogt Landschaftsarchitekten AG

Fertigstellung [**Completion** Gesamter Projektierungszeitraum 1996 – 2000, seither kontinuierliche Betreuung. [Project duration 1996–2000, since then ongoing development.

Fläche [**Area** 27 000 m²

▸ **Pflanzliste (Auswahl)** [**List of plants (selection)**

▸ *Acer (Acer buergeranium, Acer campestre, Acer capillipes, Acer davidii, Acer palmatum, Acer palmatum »Osakazuki«, Acer pensylvanicum, Acer pseudoplatanus, Acer platanoides, Acer platanoides »Crimson King«, Acer rufinerve, Acer truncatum), Aesculus hippocastanum, Betula pendula, Buxus sempervirens, Calocedrus decurrens, Carpinus betulus, Cedrus atlantica, Cercidiphyllum japonicum, Chamaecyparis (Chamaecyparis lawsoniana, Chamaecyparis nootkatensis, Chamaecyparis pisifera »Pendula«* und [and *»Filifera Nana«), Cornus nuttallii, Ilex aquifolium, Juniperus chinensis, Liriodendron tulipifera, Magnolia (Magnolia kobus, Magnolia stellata), Metasequoia glyptostroboides, Pinus (Pinus nigra, Pinus sylvestris), Populus nigra »Italica«, Prunus (Prunus »Accolade«, Prunus cerasifera »Nigra«, Prunus incisa, Prunus speciosa, Prunus subhirtella »Autumnalis«), Quercus (Quercus coccinea, Quercus cerris), Salix caprea, Sequoiadendron giganteum, Taxodium distichum, Taxus (Taxus baccata, Taxus baccata »Pyramidalis«), Tilia (Tilia cordata, Tilia oliveri, Tilia X euchlora), Thuja (Thuja occidentalis, Thuja plicata)*

Kosten [**Cost** keine Angabe [No details provided

Baumgruppen [Tree groups
1 Lindenallee [Linden avenue
1a Kieferngruppe Einfahrt Villa [Pine group, villa entrance
2 Nadelhölzkulisse Ehrenhof [Screen of conifers, court of honour
3 Eichen-Buchen-Haine [Oak and beech grove
4 Nadelgehölzkulisse Baptistenkirche [Screen of conifers, Baptist Church
5 Kiefernhügel [Pine tree hill
6 Birkenhain [Birch grove
7 Kastanien-Reihen [Chestnut rows
8 Ahornhain [Maple grove
9 Kultivierte Wildnis [Cultivated wilderness

Gesamtplan mit Baumgruppen [General plan showing grouping of trees

Der geometrische Gartenteil zeichnet sich durch präzise, kräftige Flächen, Volumen und Proportionen im monochromen Spiel changierender Grünnuancen aus. Ein Rasen-Viereck schafft im Zentrum der Gesamtanlage wohltuende Leere. Das Einfügen feiner Unstimmigkeiten in die ehemalige Konzeption – die Symmetrien und Axialitäten – sorgt unterschwellig für Irritationen. Zwar bleibt der ursprüngliche Umriss der beiden Buchsparterre erhalten, die Füllung mit Blumenschmuck aber wandelt sich in grüne Blatttexturen – Rahmen und Füllung werden eins. Die Blüten werden neu in der angrenzenden Rasenfläche als üppige, aber flüchtige Frühlingsepisode inszeniert. Überraschende Ein- und Ausblicke leiten über in die angrenzenden Parkteile.

Der landschaftlich gestaltete äußere Gartenteil bettet die Anlage in die Umgebung. Dieser Gartenteil setzt sich aus verschiedenen Einzelbildern zusammen: Das zentrale Thema – Vielfalt, Kontrast und Überraschung – wird in Variationen umgesetzt. Raumbildende Kulissen und kontinuierliche Raumfolgen in unterschiedlicher Dichte und Transparenz suggerieren eine begehbare exakte Landschaft: Sanfte Erdmodellierungen in Verbindung mit in diesem Zusammenhang fremd wirkenden Baumcharakteren überhöhen die Natur, inszenieren die Architektur. Großgewachsene Zwergkoniferen ergänzen baumartige Nadelgehölze zu einer waldsaumartig ansteigenden Kulisse aus feinen Abstufungen von Blattfarben und -texturen.

Die Ansammlung von besonderen, gärtnerischen Zuchtformen in natürlich wirkenden Bereichen betont die ästhetische Kippfigur der kultivierten Wildnis. Gewohntes mischt sich mit Überraschendem zu widersprüchli-

The geometric section of the garden is characterised by strong, precisely delineated areas, volumes, and proportions that form a monochrome play of alternating nuances of green. A square green in the centre of the complex creates an area of soothing emptiness. The introduction of slight inconsistencies to the original conception – the symmetries and axial alignments – injects a note of subliminal irritation. Although the original outlines of both box parterres are maintained, the traditional filling of decorative flowers has been replaced with textured greenery – frame and filling merge. The blooms reappear instead in the adjoining lawns as lush but fleeting flashes of spring. Unexpected views into and out over the surroundings establish a connection with the adjoining park.

The naturalistic outer areas of the garden embed the complex in its surroundings. This part of the garden consists of a series of different visual impressions: the central theme – variety, contrast and surprise – is presented in different variations. Backdrops that enclose space together with a succession of spaces of differing density and transparency create the impression of a precise and accessible landscape: gently modelled landscaping in combination with trees that in this context seem out of place exaggerate the sense of nature and dramatise the architecture. Large dwarf pines supplement tree-like conifers to form a perennial herbaceous border-like backdrop of finely graduated leaf colours and textures.

The agglomeration of specific horticultural cultivations within otherwise naturalistic surroundings heightens the aesthetic ambiguity

Die Terrasse und ihre besondere geometrische Gestaltung [The terrace and its particularly geometric design

Detailansicht einer Buchsparterre [Detail view of the box parterres
Blick in den Garten mit einer der beiden Buchsparterre im Vordergrund [View of the garden with one of the two box parterres in the foreground

chen Bildern: Schlangenhaut-Ahorne, von üppigen Kletterrosen und Clematis durchdrungen, mutieren zu vegetativen Hybriden, bei den Parterres wird die Randbepflanzung zur Füllung, die Blütenpracht wird in Form von Zwiebelpflanzen zeitlich konzentriert und in den Rasen verschoben. Ein abgestimmtes Spiel von Blüten-, Blatt- und Herbstfärbungen, von Düften und Früchten, Blatttexturen und Rindenstrukturen, der Wirkung von Licht und Schatten ruft im Verlauf der Jahreszeiten wechselnde Stimmungen hervor.

Die räumlichen und gestalterischen Spannungen des Gartens lassen sich von keinem Standort in ihrer Gesamtheit erleben, vielmehr muss die Anlage dazu begangen werden. Damit lädt der Park seine Besucher zum Lustwandeln ein – wie zur Zeit seiner Entstehung.

Gerade in diesem historischen Garten mit seinem alten Baumbestand ist mit stetigen Veränderungen zu rechnen. Nicht Konservierung des heutigen Zustandes, sondern stetige Weiterentwicklung im Sinne des Gesamtkonzeptes ist daher Ziel des langfristig ausgelegten Pflegeplanes. Die Pflege und Sanierung wertvoller alter Bäume, die Entfernung kranker oder absterbender Bäume, Ersatz- und Neupflanzungen von Bäumen, Sträuchern und Stauden müssen immer wieder aufs Neue durchdacht und am Konzept überprüft werden. Der Gesamteindruck bleibt erhalten, die konkrete gestalterische Ausformung ist, wie die Pflanzen selbst, kontinuierlicher Veränderung unterworfen.

Vogt Landschaftsarchitekten

of cultivated wilderness. The familiar and unexpected merge to form contradictory images: snakebark maple, enveloped in luxuriant climbing roses and clematis, mutate into vegetative hybrids, the edging of the parterres become the filling, the flowers, shifted onto the lawns, blossom within a short space of time in the form of bulbous plants. A carefully orchestrated interplay of blossom, leaf and autumnal colours, of scents and fruits, of leaf textures and bark structures, and the effect of light and shadow create changing atmospheres over the course of the year.

The stimulating spatial and aesthetic qualities of the garden cannot be experienced in their totality from any one point; instead the complex has to be actively experienced. Visitors are invited to take a stroll through the garden – just as they were at the time of its inception.

Here, in this historical garden with its stock of mature trees, the underlying concept is one of ongoing change. Rather than preserving its current state, the aim of the long-term plan is to continually develop the park according to the principles of the overall concept. The care of valuable mature trees, the removal of diseased or dying trees and their replacement with newly planted trees, shrubbery and bushes must be considered in each instance anew and assessed against the concept. The overall impression is maintained although its concrete aesthetic form, like the plants themselves, is subject to continual change.

Vogt Landschaftsarchitekten

Pfad auf dem Kiefernhügel neben dem Seminargebäude [Path on the pine slope near the seminar building

Ehrenhof [Court of honour
Kultivierte Wildnis im Osthang [Cultivated wilderness on the east slope

PRIVATGARTEN, BRÜGGE, BELGIEN [PRIVATE GARDEN, BRUGES, BELGIUM

Wirtz International Landscape Architecture, Schoten, Belgien [Wirtz International Landscape Architecture, Schoten, Belgium

Die Eigentümer des Anwesens hatten im historischen Zentrum von Brügge einen schönen Altbau erworben, den sie vollständig renovieren ließen. Als passionierte Sammler zeitgenössischer Kunst war ihnen daran gelegen, über einen Garten als Erweiterung der Wohnfläche des Hauses zu verfügen, um ihre Skulpturensammlung darin zeigen zu können.
Ein erhöhtes, von Buchsbaumhecken eingefasstes Reflexionsbecken wirft seinen Widerschein in den rechts gelegenen Wintergarten. Oberhalb des rechteckigen Teiches fließen Buchsbaumhecken um die alten Eiben des Gartens und vermitteln dem Grundstück so räumliche Tiefe. Durch die kurvige Gestaltung ergeben sich vielfältige Räume, in denen Kunstwerke aufgestellt werden können. Die eher zeitgenössischen Gestaltungsformen verbinden sich mit dem rechteckigen Gartengrundstück zu einer inspirierenden, beziehungsreichen Symbiose. Selbst im Winter, wenn der Himmel grau ist, wirkt der Garten von Helligkeit erfüllt – dank des grünen Scheins der Hecken und der spiegelnden Wasseroberfläche des Teiches.

In the old centre of Bruges, the owners bought a beautiful old house they totally renovated. As enthusiastic contemporary art collectors they wished to have a city garden as an extension of the house to be able to show their outdoor art collection.
A raised reflecting pond, surrounded by a boxwood hedge, reflects water into the greenhouse on the right-hand side. From this rectilinear-shaped pond, flowing boxwood hedges moving around existing yew trees give depth to the garden. These curving geometries create spaces for the works of art. This more contemporary form in combination with the rectangular shape of the garden provides an inspiring symbiosis of shapes characterized by complex relations between various elements. Even in winter, when the sky is grey, the light green of the hedges and the reflecting water of the pond, make the garden look bright.
The variety of plants is very simple. All the hedges are done in boxwood of different heights. Above this structural planting, canopies of different trees create a variety of silhouettes that characterize the

Blick aus dem Garten auf das Haus [View from the garden to the house

Programm / Bauaufgabe [**Programme** Neugestaltung eines alten, nicht gepflegten Stadtgartens [Redesign of an old, unkept inner-city garden

Landschaftsarchitektur [**Landscape design** Wirtz International nv, Botermelkdijk 464, B-2900 Schoten [www.wirtznv.be

Architektur [**Architect** Marcel Meili, Markus Peter Architekten AG, Zürich

Standort des Projekts [**Project location** Brügge

Auftraggeber [**Client** Privatperson (anonym) [Private owner (anonymous)

Fertigstellung [**Completion** 2003

Fläche [**Surface area** 500 m²

Pflanzliste (Auswahl) [**List of plants (selection)**

- *Buxus sempervirens, Carpus betulus fastigiata, Acer rubrum, Cercidiphyllum japonicum, Malus toringo, Cladrastis kentukea, Cornus nuttalii, Acer palmatum*

Kosten [**Cost** 170 000 EUR

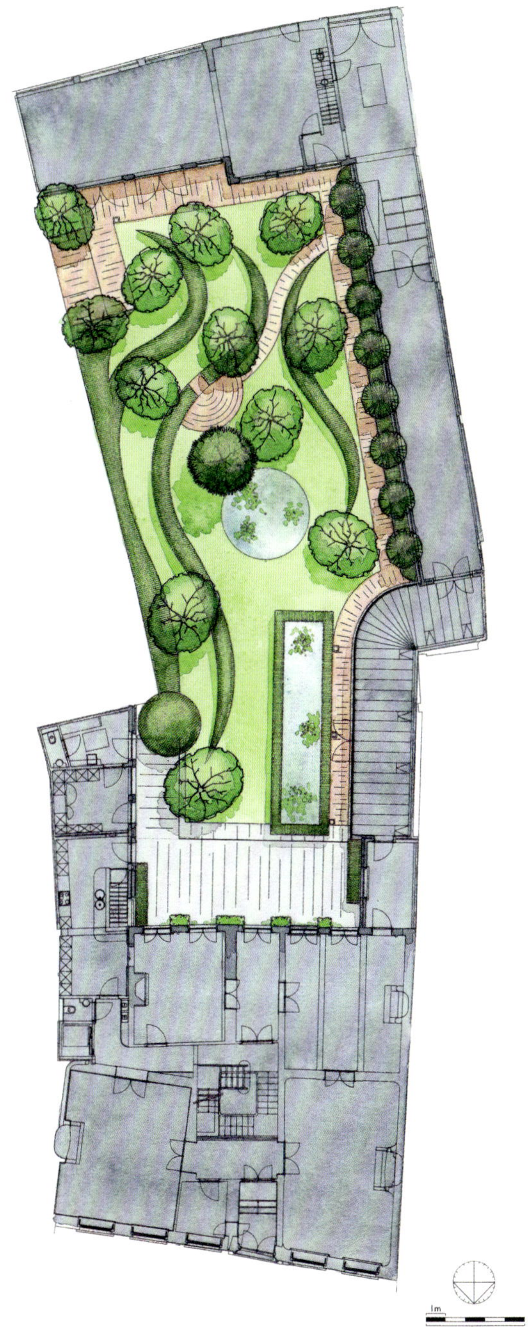

Cladrastis kentukea [Cladrastis kentukea

Gesamtplan [General plan

Gesamtansicht [General view

Die Pflanzenauswahl ist sehr einfach. Sämtliche Hecken bestehen aus Buchsbaum in unterschiedlicher Höhe. Oberhalb dieser strukturierenden Ebene bestimmen die Baldachine verschiedener Bäume mit ihren Silhouetten den Anblick des Gartens. Darunter sind zum einen »raumdefinierende« Bäume, wie zum Beispiel die pyramidenförmige Hainbuche, die bewusst die Nachbargebäude verdecken soll. Darüber hinaus wird der Garten von einer ungewöhnlichen Mischung von Bäumen bevölkert, die zu verschiedenen Jahreszeiten blühen und sich durch ihre vielfältigen Herbstfarben auszeichnen, darunter Rot- und Fächer-Ahorn, Kuchen-, Holzapfel-, und Gelbholzbaum, Hartriegel, und andere.
Die Kombination einer bewusst stilisierten, immergrünen Bepflanzung mit Bäumen, die ihrer natürlichen Entwicklung folgend wachsen, verleiht diesem eleganten innerstädtischen Garten effektvolle und zugleich ausgewogene Proportionen.

garden. On one hand, there are »structural« trees such as the pyramidal hornbeam to block the views of the neighbouring house. On the other hand, an interesting variety of trees, flowering in different seasons, lend the garden nice autumn colours, such as the red maple, Katsura tree, crabapple, yellowwood, dogwood, Japanese maple, etc.
The combination of a very defined evergreen structure and natural growing trees gives an effective and balanced proportion to this elegant city garden.

Reflexionsbecken [Reflecting pond

Hainbuchen als Sichtschutz zum Nachbargebäude [Hornbeams screen the neighbouring building
Kurvige Gestaltung der Buchsbaumhecken [Flowing design of the boxwood hedges

GARTEN DER KIRCHE SANTA CROCE IN GERUSALEMME, ROM, ITALIEN [GARDEN OF THE BASILICA DI SANTA CROCE IN GERUSALEMME, ROME, ITALY

Paolo Pejrone, Revello, Italien [Paolo Pejrone, Revello, Italy

Auf den übersichtlich angelegten Hauptwegen des Gartens spenden die hohen schlichten Pergolen dem Besucher und vor allem dem Gärtner Schatten. Denn ein Garten verlangt Arbeit und Hingebung: Er ist ein Ort der Kreativität und ständigen Veränderungen; Monotonie gibt es hier nie. Alle Pflanzen müssen in regelmäßigen, aber unterschiedlichen Abständen gepflegt werden. Nichts ist wandelbarer und vielfältiger in einem gelungenen Garten.

Die Pergolen sind dicht und durchgehend von Weinreben und Rosen bewachsen und führen fast in voller Länge entlang den Mauern des

All the main paths in the clearly arranged garden are covered by simple tall pergolas that provide shade for the visitors and more importantly for the gardener. A garden of this kind requires dedication and hard work: it is a place of creativity and constant change and never becomes monotonous. All the plants need to be tended to at regular but differing intervals. Few things are as changeable and varied as a flourishing garden.

The pergolas are draped with a dense weave of grape vines and roses and lead around almost the entire perimeter of the »Circus

Blick in den Garten der Kirche Santa Croce, mit San Giovanni in Laterano im Hintergrund [View of the garden of the Basilica di Santa Croce, with San Giovanni in Laterano in the background

Programm/Bauaufgabe [**Programme** Wiederherstellung des Gartens der Kirche Santa Croce in Gerusalemme, Schutz und Bewahrung der Geschichte des Ortes durch die Erhaltung der archäologischen Grabungsstätten, Schutz und Bewahrung der ursprünglichen Funktion des Gartens durch die Einplanung eines Gebetsweges. [Reconstruction of the garden of the Basilica di Santa Croce in Gerusalemme, conservation of the history of the place through the preservation of archaeological sites, and the protection and conservation of the original function of the garden through the planning of a path of prayer.

Landschaftsarchitektur [**Landscape design** Paolo Pejrone, Via San Leonardo 1, IT-12036 Revello

Standort des Projekts [**Project location** Piazza Santa Croce in Gerusalemme 12, 00185 Roma

Auftraggeber [**Client** Associazione Amici di Santa Croce in Gerusalemme

Entwurf [**Design** 2003

Fertigstellung [**Completion** 2004

Fläche [**Area** 3 500 m²

Material und Vegetation [**Materials and vegetation** Boden aus gestampfter Erde und Kies, Laubengänge aus Kastanienholz [Floor of compacted earth and gravel, pergolas made of chestnut wood

▸ **Pflanzliste** [**List of plants**

Nutzgartenpflanzen [*Kitchen garden plants* ▸ *Rosa »Albéric Barbier«, Rosa »New Dawn«, Hydrangea »Mme Emile Mouillère«, Iris, Rosmarinus officinalis, Citrus spp., Vitis vinifera, Fragaria spp*

Kosten [**Cost** Großteil der Pflanzen über Spenden finanziert [The majority of plants were financed through donations.

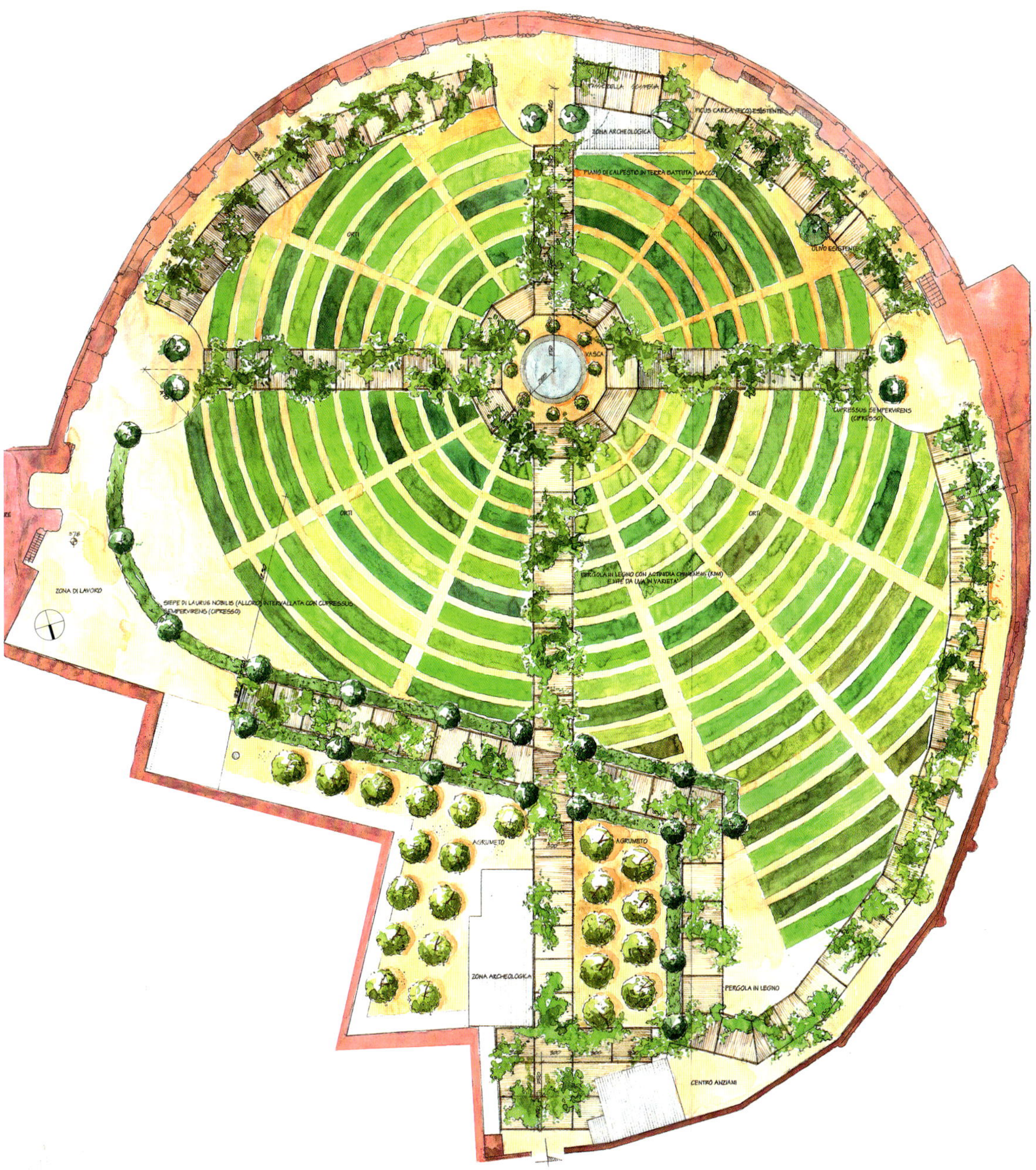

Zeichnung des Gesamtplans [Drawing of the general plan

»Circus Heliogabalus«. Sie bestehen aus geschältem Kastanienholz und haben Schilfrohr anstelle von Drähten, um die schwere Last der »römischen« Trauben tragen zu können. Eine Auflockerung bilden weißblühende *Iceberg*-Kletterrosen und die ebenfalls weißblühende *Albéric Barbier* mit wunderschön glänzendem und praktisch immergrünem Blattwerk, die von oben betrachtet wie helle, lebhafte Farbkleckse wirken.

Am Fuß der Pergolen bilden zahllose kleinfruchtige Erdbeeren, Märzveilchen, blaue Schmucklilien, Bergenien und Vittadinien das sich kontinuierlich wiederholende Leitmotiv. Wer den Garten vom großen von Jannis Kounellis geschnitzten und entworfenen Tor des Vorplatzes der Kirche Santa Croce in Gerusalemme betritt, wird unweigerlich zum Zentrum des Gartens geführt und gelenkt. Es besteht aus dem runden Flachbecken, welches im wahrsten Sinne das Auge des Gartens ist. Das Wasserbecken

Heliogabalus«. Made out of peeled chestnut branches, they are covered with canes rather than netting to support the heavy weight of the »Roman« grape vines. Interspersed between the vines are the white blossoms of *Iceberg* climbing roses and *Albéric Barbier*, which likewise have white blossoms and a wonderful glossy, practically evergreen foliage. Seen from above they create vibrant spots of light colour.

At the foot of the pergolas, numerous miniature strawberries, sweet violet, blue agapanthus, bergenia and vittadinia form an ever repeating motif. Visitors entering the garden through the large portal designed and carved by Jannis Kounellis, which opens onto the square in front of the Basilica di Santa Croce in Gerusalemme, are inevitably drawn and directed towards the centre of the garden. This place is marked by a low round water basin, literally the eye of the garden. The water

Die runde Pergola und das Wasserbecken im Zentrum des Gartens [The round pergola and water basin in the centre of the garden

Detailansicht des Pflanzenwuchses [Detail of plant growth
Pergola mit Kletterrosen [Pergola with climbing roses

hat die nützliche und wichtige Aufgabe der Rieselbewässerung des Gartens; die umsichtige und dynamische Nutzung seines Wassers unterbricht die Immobilität eines ansonsten ruhigen und friedlichen Bildes.
Die in der Antike übliche kreuzförmige Anlage des Gartens führt bequem zu den verschiedenen Gemüsebeeten mit ihren gerade und konzentrisch verlaufenden Beetumrandungen; die Gemüsesorten selbst sind nach einer besonderen ästhetischen Ordnung in Reihen angepflanzt, die die Form des historischen Theaters nachahmen. Die Sonne, die schützenden hohen Mauern und der Boden des seit Jahrhunderten bearbeiteten Gartens sorgen für ein besonderes Ergebnis.
Paolo Pejrone aus: »Gli orti felici«, I Libri di VilleGiardini, Mondadori 2009.

basin also serves the useful and essential function of irrigating the garden through infiltration; the prudent and dynamic use of water enlivens the immobility of an otherwise still and peaceful impression.
The cross-shaped arrangement, typical of gardens from antiquity, provides easy access to the different vegetable patches with their straight and concentric borders. The types of vegetables are planted in rows according to a special aesthetic order that retraces the form of the historic theatre. The sun, the high, protective enclosing walls and the floor of this centuries-old garden combine to create a most special place.
Paolo Pejrone from: »Gli orti felici«, I Libri di VilleGiardini, Mondadori 2009.

Das zentrale Wasserbecken mit Pergolen [The central water basin with pergola

Blick auf den Garten mit der Mauer des »Circus Heliogabalus« [View of the garden with the wall of the »Circus Heliogabalus«

GARTEN MAX LIEBERMANN, BERLIN, DEUTSCHLAND [MAX LIEBERMANN'S GARDEN, BERLIN, GERMANY

Reinald Eckert, Berlin, Deutschland [Reinald Eckert, Berlin, Germany

Vom Bahnhof Wannsee führt eine kopfsteingepflasterte Straße in vergangene Welten hoffähiger Herrschaften. Entlang gärtnerisch generös gestalteter Wassergrundstücke mit pompösen Gründerzeitvillen schlängelt sich die Route. Nach mehr als der Hälfte der Wegstrecke steht der Ankömmling vor einer schmalen Parzelle. Statt üblicher Vorfahrten im gepflegten Blumenambiente liegt hinter geschlossenem Zaun ein Nutzgarten mit Obstbäumen und Gemüsebeeten. Zum Innehalten animiert lediglich die mittelwegs angelegte Sichtachse. Direkt auf das Haupthaus zuführend, erlaubt sie bei geöffneten Innentüren den Blick

From Wannsee railway station, a cobblestone street leads into a world of the high society of a bygone era. The route leads past waterside properties with generously proportioned gardens and imposing turn-of-the-century villas before one arrives, a little over half way along, at a narrow plot. Instead of the customary driveway with meticulously tended flower beds, one finds a kitchen garden with fruit trees and vegetable patches fenced off from the road. A single axis down the centre is all that catches one's attention. Leading directly towards the main house, it offers a view, when the doors inside are

Blumenrabatten und Lindenhochhecke vor der Villa [Flower beds and elevated linden hedge in front of the villa

Programm/Bauaufgabe [**Programme** Denkmalgerechte Wiederherstellung eines Künstlergartens [Historic reconstruction of an artist's garden
Landschaftsarchitektur [**Landscape design** Dipl.-Ing. Reinald Eckert, Freischaffender Landschaftsarchitekt, Babelsberger Straße 51a, 10715 Berlin
Standort des Projekts [**Project location** Colomierstraße 3, 14191 Berlin
Auftraggeber [**Client** Max-Liebermann-Gesellschaft Berlin e.V., Colomierstraße 3, 14191 Berlin [www.liebermann-villa.de
Entwurf [**Design** *Villa* [*Villa* Paul Otto Baumgarten (1909)/*Garten* [*Garden* Max Liebermann/Alfred Lichtwark (1909/10)
Fertigstellung [**Completion** April 2006
Fläche [**Area** 6 700 m²
Material [**Materials** *Mauern und Treppen* [*Walls and steps* Postaer Sandstein [Posta Sandstone
▸ **Pflanzliste (Auswahl)** [**List of plants (selection)**

Obst- und Gemüsegarten (Vordergarten) [*Fruit and vegetable garden (front garden)* ▸ *Malus domestica, Prunus domestica, Ribes rubrum, Ribes uva-crispa, Vitis vinifera, Artemisia drancunculus sativa, Fragaria, Levisticum officinale, Melissa officinalis, Mentha piperita, Origanum vulgare, Rheum rhabarbarum, Salvia officinalis, Thymus citriodorus*

Blumenrabatten im Vordergarten – Stauden [*Herbaceous borders in the front garden – Herbaceous perennials* ▸ *Achillea ptarmica, Alchemilla mollis, Althaea officinalis »Plena Purpurea«, Aster amellus »Rudolph Goethe«, Bergenia cordifolia, Gaillardia x Burgunder, Hesperis matronalis; Sommerblumen und Knollen* [*Summer flowers and bulbous plants* ▸ *Ageratum houstonianum, Anthurium majus, Cleome spinosa, Cosmos bipinnatus, Dahlia x Thomas Alva Edison, Rudbeckia hirta, Salvia farinacea, Tagetes erecta, Tithonia rotundifolia, Zinnia elegans; Frühjahrsblumen und Knollen* [*Spring flowers and bulbous plants* ▸ *Bellis perennis, Cheiranthus cheiri, Fritillaria imperialis, Myosotis sylvatica, Tulipa* in Sorten [in different sorts, *Viola cornuta, Viola wittrockiana*

Denkmalpflegerische Betreuung [**Conservation consultancy** Dr. Ing. Klaus von Krosigk, Dipl.-Ing. Wolf-Borwin Wendlandt, Dipl.-Ing. Gesine Sturm, Landesdenkmalamt Berlin – Referat Gartendenkmalpflege, Dr. Angelika Kaltenbach, Untere Denkmalschutzbehörde Steglitz-Zehlendorf
Planung Gebäude [**Building planning** Nedelykov-Moreira Architekten, Dipl.-Ing. Nina Nedelykov, Dipl.-Ing. Pedro Moreira, Belziger Straße 25, 10823 Berlin
Kosten [**Cost** 750 000 EUR

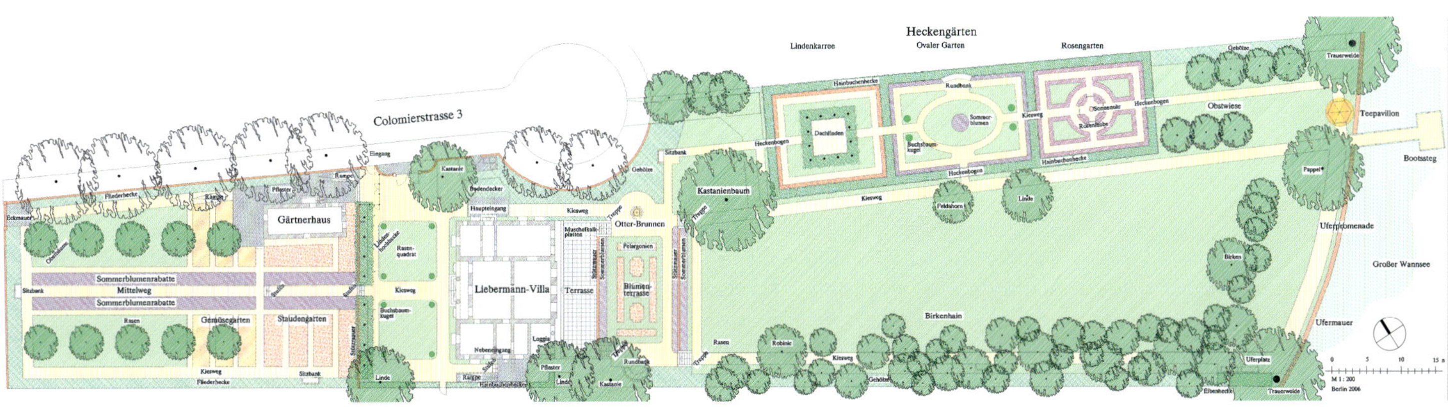

Blick über die Blumenterrasse zu den Heckengärten [View over the flower terrace to the hedge gardens
Gesamtplan [General plan

über den rückseitigen Garten auf den Wannsee. Von einer Lindenhochhecke teils verdeckt, teilt der weit zurückgesetzte, kubisch reduzierte Putzbau unter hohem Walmdach den über 200 Meter abfallenden Geländestreifen in zwei wohl proportionierte Segmente.
Das Sommeranwesen des bedeutenden Deutschen Impressionisten Max Liebermann legt in der vornehmen Gegend ostentativ ein Bekenntnis zur Einfachheit ab. So erfolgt der Zugang auch seitlich von der nördlichen Stichstraße. Unmittelbar hinter dem Torgitter steht der Eintretende auf einem großzügigen Parterre mit zwei Rasenteppichen. Straßenseitig schirmt das Gärtnerhaus nebst Lindenhochhecke ab, die zugleich satte Farbspiele des parallel angeordneten Staudengartens rahmt. Seewärts begrenzt die Hauswand den grandiosen Empfangssalon der Natur, ein beeindruckendes Entree im Freien! Automatisch fühlt man sich von der etagenübergreifend eingeschnittenen Loggia mit zwei mächtigen ionischen Steinsäulen angezogen. Sie scheint die Landschaft ebenso ins Haus zu saugen wie die weiten Fenstertüren. Die offiziellen Eingänge jedoch befinden sich an den Schmalseiten. Diese passierend, steht man sogleich auf der vegetationslosen Aufenthaltsterrasse. Das weite Panorama zum Wannsee ersetzt den nicht vorhandenen Pleasureground, bewirkt einen ungemeinen Tiefenzug, den die Aufweitung der Parzelle zum Wannsee deutlich unterstützt. Eine zweite, etwas weiter unten anberaumte Blumenterrasse setzt mit farbkräftigen Blumenrabatten unübersehbare Akzente, schmalseitig flankiert von August Gauls Fischotterbrunnen und einem Stibadium. Dies mildert den Sog ebenso wie seitliche Abpflanzungen der weiten Rasenfläche. Der linke Weg zum Wasser wird durch scheinbar willkürlich gesetzte Bäume eines Birkenhains seiner geraden Strenge beraubt. Beliebigkeit, ja jugendliche Unbekümmertheit strahlt diese Zone mit ihren weißen Stämmen, ihren hellgrünen, im Herbst hellgelben Blättern über sanftgrünem Rasen und

open, right through to the rearward garden and the lake beyond. Set back from the road and partially obscured by an elevated linden hedge, the restrained stuccoed rectangular form of the building with its high hipped roof divides the 200 metre deep sloping site into two well-proportioned sections.
Compared with its noble environs, the summer residence of the esteemed German impressionist Max Liebermann is almost demonstrative in its simplicity. The entrance is located to one side reached via a cul-de-sac on the north side. Immediately after passing through the trellised gate, the visitor stands on a spacious forecourt with two strips of lawn. The road is screened from the house by the gardener's cottage and the elevated linden hedge, which also frames the vibrant colour of the herbaceous garden parallel to the house. The facade of the house screens the lake and encloses this magnificent natural reception area, creating an impressive outdoor entrée. One is automatically drawn towards the recessed loggia with its two mighty ionic columns that extend the full height of the frontage. The loggia, along with the wide French windows, appears to draw the landscape into the house. The official entrances, however, are located on the narrow side of the building. Walking on past these, one finds oneself on a terrace entirely devoid of plants. Here the broad panorama of the Wannsee serves as a substitute for the usual pleasure ground of planting and exerts a tremendous pull down to the lakeside, an effect heightened by the widening of the site towards the lake. A second flower terrace, somewhat lower down is planted with colourful flower borders that set striking accents and is flanked on its narrow sides by August Gaul's Fish Otter Fountain and a stibadium. These, together with the vegetation along the boundaries of the expansive lawns, soften the pull of the water. The straight line of the left-hand path towards the water is

Der Rosengarten [The rose garden
Herbstfärbung im Birkenhain [Autumnal colours in the birch grove

Der Staudengarten vor dem Gärtnerhaus [The herbaceous perennial garden in front of the gardener's cottage
Blick in den Stauden- und Nutzgarten [View of the herb and vegetable garden

beigen Wegzonen aus. Kontrastierend streng hingegen ist das Gegenüber. An der nördlichen Langseite erhebt sich eine abschottende, akkurat geschnittene Heckenmauer. Mittig lockt ein Rundbogentor ebenso zum Erkunden des Dahinter wie wirkungsvoll über die Heckenlinie hinausragende Rosenbüsche und kantig geschnittene Linden. Von einer erhöht liegenden Bank auf der Blumenterrasse gestattet ein Weg durch die Mittelachse Einblick in die Flucht dreier rechteckiger Heckengärten. Die kantigen »Laubkammern« sind das Herz der Anlage. Am Beginn steht das Lindenkarree, dessen Dutzend im Quadrat gepflanzte Dachlinden zu einem kubisch gefassten Baumkranz geschnitten sind, die in der Höhe einen quadratischen Platz rahmen. Der mittlere, etwas gelängte Heckengarten besitzt eine ovale Rasenfläche mit rundem Blumenbeet samt Bank und Heckentor in der Querachse. Den Abschluss bildet ein Rosengarten mit kreuzförmiger, an Bauerngärten erinnernder Wegführung, mittig akzentuiert von einer Rosenlaube. Seewärts schließt sich eine Obstwiese mit reetgedecktem Teepavillon an, bei der sich der fehlende nördliche Grundstücksstreifen nicht mehr bemerkbar macht, der eine komplette Rekonstruktion der Heckengärten bislang verhinderte. Vom Ufer aus schweift der Blick auf das Treiben am See, umgekehrt hinauf auf den grobkörnig verputzten, leichtgrauen Kubus des auffallend simpel gehaltenen Herrenhauses.

Selbstredend gibt sich der Besucher Zugkräften hin, die ihn unaufdringlich in ein naturgebundenes System aus Clustern einbinden. Ohne exzessiven Prunk gelang es, über Sichtachsen, topografisch vorgegebene Höhenabstufungen sowie ambivalente Querungen sämtlicher Bereiche ein präzis austariertes System zu kreieren, das konträre Gegensätze von organisierter Form und wildem Wuchs verschmilzt.

Max Liebermann plante das Grundmuster seines Gartenreiches etappenweise in stringentem Dialog mit Alfred Lichtwark. Die geistigen Wurzeln des führenden Gartenreformers um 1900 liegen in Bezugnahmen auf uralte Kunstformen des Bauerngartens und dessen raumkünstlerischer Aspekte. Der seinerzeitig moderne Architekturgarten fokussiert Nützlichkeitsaspekte abseits vom Dogma idealisierter Naturlandschaften. Raumerlebnisse inklusive detailreicher Durchblicke fließen zusammen. Sie gründen in spannungsvollen Verknüpfungen von Räumlichkeiten, deren sensible Balance als qualitativer Gradmesser besteht. Der Besucher begibt sich in ein spezifisch ausgeformtes Maßwerk für Arbeit und Seele, das dem Künstler als Malerwerkstatt diente. Vor genau einhundert Jahren vollendet und jüngst rekonstruiert, bildeten ambivalente Wertigkeiten Inspirationsquellen für gefragte Sujets. Diese spiegeln wie der Garten das simple Verlangen nach Ordnung in klaren Verhältnissen. Deren Ausformung erzeugte einst den Rahmen für frische, aufblühende Lebensfreude im Vorfeld höfischer Kulturlandschaften.

Hans-Peter Schwanke

interrupted by the apparently random placement of the trees of a birch grove. This zone with its white tree trunks and light-green, in autumn pale yellow leaves set against lush green grass and beige pathways exudes an air of arbitrariness, of almost youthful carefreeness. The opposite side, by contrast, is painstakingly precise. The long side to the north is bounded by the wall of an accurately trimmed hedge. In its centre a round-arched entrance invites one to discover what lies behind as do the rose bushes and square-cut linden that appear from behind the hedge. From an elevated bench on the flower terrace, one has a view along the central axis of a succession of three rectangular hedged gardens. These »green chambers« are the centrepiece of the garden. The first section features a dozen linden trees planted in a square that have been rigorously pruned into a flattened cube of foliage, creating a green canopy over a square space. The middle slightly elongated hedge garden has an oval lawn around a central circular flower bed with a bench and opening in the hedge at either end of its transverse axis. The final section was designed as a rose garden with a cruciform path arrangement reminiscent of cottage gardens, accentuated at its centre by an arched rose trellis. A thatched tea pavilion and orchard mark the boundary towards the lake and camouflage a now separate strip of land on the northern edge of the site which to this day has hindered a full restoration of the hedge garden. From the shore, one's view wanders over the goings-on on the lake and back to the coarse stuccoed, light grey cubature of the plain and unassuming residence.

Visitors do, of course, allow themselves to be drawn discreetly into a naturally connected system of clusters. Eschewing excessive pomp, a combination of visual axes, carefully orchestrated topographic changes in level and ambivalent transitions between different spaces were used to create a precisely balanced system that fuses the contrary positions of organised form and wild growth.

Max Liebermann planned the basic arrangement of his garden in stages in extensive correspondence with Alfred Lichtwark. The intellectual roots of the well-known garden reformer from the early 1900s can be seen in the references to the vernacular art form of the cottage garden and its architectonic aspects. The architectural garden, which was modern for its time, placed greater focus on practical usefulness than the dogma of idealised natural landscapes. Spatial impressions and views rich in detail flow into one another, grounded in the stimulating connection of defined spaces whose delicate balance can be taken as a measure of its quality. The visitor sets foot in a framework specifically constructed for work and the soul that served the artist as both inspiration and as his workshop. Completed exactly 100 years ago and recently reconstructed, it was ambivalent values that served as a source of inspiration for his much sought-after motifs. Like the garden, these reflect a simple desire for order through clarity. Their elaboration once provided a setting for a new, flourishing joie de vivre in the midst of a noble cultural landscape. *Hans-Peter Schwanke*

Wilder Wein an der Fassade der Villa [Wild vine on the villa's facade

STADTGRÜN – GESCHICHTE UND ÖKOLOGIE [URBAN GREEN – HISTORICAL AND ECOLOGICAL PERSPECTIVES

Wolfgang Haber

Städte sind der Hauptlebensraum der modernen Menschen. In Städten können sie kulturell-zivilisatorische, soziale und ökonomisch-technische Entwicklungen in optimaler Weise zur Befriedigung immer neuer Bedürfnisse und Wünsche zusammenführen. Doch dafür nehmen die Städter einen gewichtigen Nachteil in Kauf: Der Lebensraum Stadt erfüllt ihre biologischen und ökologischen Bedürfnisse nur unzureichend – ja, er beeinträchtigt sogar ihr physisches wie geistiges Wohlbefinden und auch die hygienischen Bedingungen in vielfältiger Weise. Auf diese humanökologische Erkenntnis gründen sich die schon vor gut 100 Jahren einsetzenden Bemühungen, die städtische Umwelt für die Menschen biologisch verträglicher zu machen. Diesem Ziel dienen die Grün- und Freiraumplanung und ihr Berufsstand, der sich mit den Hoch- und Städtebauern die Bezeichnung »Architekt« teilt – aber im Unterschied zu ihnen mit lebenden Materialien, nämlich Pflanzen und Vegetation, plant, gestaltet und auch »baut« (daher auch der Name Garten- und Landschaftsbau).

Zur Abschätzung der Chancen und Erfolge solcher Bemühungen seien sie in den größeren ökologischen Zusammenhang gestellt. Als einzigartiges »Doppelwesen« – biologisch ein Säugetier, aber zusätzlich mit Intellekt und Gefühlen ausgestattet – folgt der Mensch nicht einfach den Antrieben des Über- und Weiterlebens, sondern vervollkommnet diese bewusst mit seinen geistigen Fähigkeiten, um die Gattung Mensch zur Vorherrschaft zu bringen. Das widersprüchliche Ziel ist Gewinnung von Überlegenheit über eine Natur, die aber letztlich unsere Existenz trägt. So sind wir einst vom relativ naturverträglichen Jäger-Sammler-Dasein zu Garten- und Ackerbau sowie Viehhaltung übergegangen, um mehr und sicherer Nahrung zu erzeugen. Und wir haben uns nicht, wie alle anderen

Cities are the primary habitat of modern man. It is in cities that people are most able to harness cultural, civic, social and economic-technical developments to satisfy ever new needs and desires. There is, however, a significant trade-off for living in the city: the urban habitat is not able to fully satisfy the biological and ecological needs of its inhabitants – indeed, it actually impairs their physical and mental well-being as well as the hygienic conditions in a variety of ways. This human-ecological realisation has been the motivation for attempts, which have been underway for some 100 years or so, to make the urban environment more biologically tolerable for humans. This is the primary aim of urban green planning in cities and of the profession of landscape architects who, although they share the same designation as their colleagues involved in the design of cities and buildings, plan, design and in a sense also »build« with living materials, i.e. with plants and vegetation.

To evaluate the chances and success of such efforts, they have to be seen within the larger ecological context. Humans, as mammals with intellect and emotions, are unique in that, unlike other animals, we are not solely driven by instinctual needs such as survival and sustenance but also enrich these through our mental faculties to ensure the ascendancy of the species. This has given rise to a contradictory aim: a desire to control our natural habitat which, however, is ultimately the basis for our existence. Over time we shifted from our once comparatively nature-friendly existence as hunter-gatherers to agriculture and livestock farming in order to secure a more regular and plentiful supply of food. And, unlike other living beings, we have not been content to make do with the energy of the sun but have supplemented

Lebewesen, mit der Energiequelle Sonne begnügt, sondern sie durch Nutzung von Feuer, Wind- und Wasserkraft ergänzt und in der Wirkung weit übertroffen. Diese »Erfindungen« wurden Ausgangspunkt unserer kulturell-zivilisatorisch-technischen Entwicklung und der Schaffung unserer eigenen Umwelt – mit schweren Eingriffen in die irdische Natur, deren Problematik uns erst heute bewusst wird.

In der künstlichen, nicht-biologischen, städtischen Umwelt lebt der moderne Mensch – angewiesen auf sichere Versorgung aus der Land- und Forstwirtschaft, die in den Industrieländern (aber nur dort) auch erreicht wurde – und entwickelt hier ein wachsendes Bewusstsein für ein Zurückfinden der aus der Stadt verdrängten »Natur« und zu einer neuen, bis zur Verklärung reichenden Begegnung mit ihr. Bewunderung der ländlichen Landschaft, Landesverschönerung, Landschaftspflege und Naturschutz sind alle städtischen Ursprungs. Darin wurzelt auch das Bestreben, die künstliche und belastende städtische Umwelt durch »mehr Natur« für die Menschen zuträglicher werden zu lassen und ihr Wohlbefinden auch ökologisch zu steigern.

Das Grundprinzip dafür ist Auflockerung der dichten Bebauung, wie sie die mittelalterliche und frühneuzeitliche Stadt mit ihren Festungsmauern, aber dann auch das explosive Städtewachstum im 19. Jahrhundert kennzeichnete, durch »Freiräume« oder »-flächen«, die statt mit Bauten durch Pflanzenwuchs verschiedener Ausprägung und Gestaltung – unter dem Sammelbegriff »Grün« – bedeckt wurden. Dies geschah zunächst aus ästhetischen Motiven einer bewussten Stadtgestaltung, dann aus sanitären Überlegungen einer Stadthygiene und schließlich, beides einbeziehend, aufgrund von ökologischen Erkenntnissen zur Verbesserung der städtischen Umweltsituation. Diese kann durch die von Herbert Sukopp begründete Stadtökologie mittels Messungen und Vergleichen unterschiedlicher Stadtbereiche genau beschrieben werden, und die Stadtökologie kann aufzeigen, wo die städtische Umwelt durch technische und wo durch planerisch-gestalterische Mittel zu verbessern ist.

Wesentlich dafür sind Klima, Luft- und Wasserhaushalt in den Städten. Große, verdichtete und hohe Gebäudeansammlungen absorbieren im Sommer viel solare Wärmestrahlung und machen Städte zu Wärmeinseln mit einer gegenüber dem Umland erhöhten Jahresmitteltemperatur von bis zu 1,2 °C, was das menschliche Wohlbefinden durch Hitze, Trocken-

it with fire, wind- and water energy multiplying its effect considerably. These »inventions« formed the basis of human cultural, civic and technical endeavours over the ages and have led to the emergence of a man-made environment – a result of major interventions in our natural habitat, the implications of which we are only beginning to realise today.

Today, modern man lives in an artificial, non-biological, urban environment and is correspondingly dependent on reliable supplies from agriculture and forestry, which in the industrialised countries at least is assured. With this comes a growing awareness of the need to regain the »nature« previously displaced from the city and to develop a new relationship to nature which in some cases borders on romanticisation. An admiration for the rural landscape, the beautification of the landscape, landscaping and nature conservation are all born out of the experience of living in cities. This is also the root of all endeavours to make the artificial and stressful urban environment more tolerable for people through the introduction of »more nature« and with it to improve their ecological well-being.

The main principle is to provide relief from the dense built environment of the city, as characterised by the contained fortified cities of the middle ages, and later by the period of explosive urban expansion in the nineteenth century, by introducing »free spaces« that instead of being occupied by buildings are covered with vegetation of different kinds and forms – what is collectively known as »urban green«. This began initially as a means of aesthetically improving the city, then later to relieve the hygienic situation and sanitation in cities and finally, incorporating both, for ecological reasons as a means of improving the urban environmental situation as a whole. With the help of methods for measuring urban ecology developed by Herbert Sukopp, it is possible to compare and describe different urban districts of the city precisely and to determine where these can be improved, either through technical means or through planning and design.

Of key importance are the climate, air- and water-supply in the cities. Large, dense urban conurbations absorb far more solar radiation in summer and turn cities into pockets of warmth with a mean annual temperature around 1.2 °C greater than the surroundings. This affects

heit und zu rasche Verdunstung beeinträchtigt, aber auch Gewitterbildung über den Städten verstärkt. Hohe, geschlossene Gebäudereihen wirken als Windhindernisse und verhindern neben dem Temperaturausgleich vor allem die Durchlüftung. Sie ist wegen der städtischen Anhäufung von Quellen meist schädlicher gas- und teilchenförmiger Emissionen zwingend nötig, zumal sich diese durch technische Maßnahmen nicht völlig reduzieren lassen, z. B. die Kohlenstoff- und Stickstoffoxid-Emissionen aus den im Verkehr, bei der Gebäudeheizung und in vielen industriellen Verfahren unvermeidlichen Verbrennungsprozessen. Bei bestimmten Wetterlagen kehrt sich die mit der Höhe steigende Temperaturabnahme um (Inversion) und verhindert den vertikalen Luftaustausch, so dass sich Emissionen anreichern, die Atemluft verschlechtern und bei Windstille gesundheitsschädlichen Smog verursachen. Unerwünscht ist aber auch eine düsenartige Verstärkung des Windes, wie sie durch lange, enge Straßenschluchten zwischen hohen Gebäudezeilen herbeigeführt wird. Die ausgedehnte Oberflächenversiegelung in den Städten schränkt das natürliche Einsickern von Niederschlägen in den Boden stark ein und erhöht den Oberflächenabfluss erheblich, so dass bei Stark- und Dauerregen, die von der Kanalisation nicht bewältigt werden, Überschwemmungsgefahr von Straßen und Kellern droht.

Viele dieser Nachteile und Belastungen können durch von Bebauung frei gehaltene und begrünte Flächen vermindert oder vermieden werden – wenn sie gemäß den ökologischen (und auch topographischen) Bedingungen richtig in die Stadtstruktur einbezogen und gestaltet werden. Die ersten Anstöße für die Schaffung von Stadtgrün in Form von großen Parks gingen von der in England im 18. Jahrhundert entstandenen Landschaftsarchitektur aus, die aber rein künstlerisch-ästhetische Ziele verfolgte und zunächst nur Schlossanlagen und ländliche Güter verschönern sollte. In Deutschland wurden sie von Adels- und Herrscherhäusern aufgegriffen, wie die Parks von Wörlitz und Muskau, der Englische Garten in München oder auch die Potsdamer Kulturlandschaft bezeugen. Aber deren Schöpfer, Peter Joseph Lenné, plante 1824 auch den ersten, einem kommunalen Auftrag entsprungenen, Stadtpark in Magdeburg. Einen bleibenden Maßstab für die Stadtparks setzte der 1854 durch Olmsted geschaffene Central Park in New York, der auch bereits Freizeit- und

our sense of well-being through heat, dryness and rapid evaporation as well as increasing the probability of thunder formation over cities. Tall, closely-spaced rows of buildings act as wind barriers and obstruct both the dispersal of high temperatures as well as the ventilation of urban areas. The latter is especially important due to the higher concentration of often toxic emissions in cities, both gaseous and in the form of particles, particularly where they cannot be entirely prevented with technical means, such as in the case of carbon- and nitrogen oxide emissions resulting from traffic, domestic heating systems and many industrial combustion processes. In unfavourable weather conditions the decreasing temperature gradient with altitude can reverse (so-called inversion) preventing an exchange of fresh air vertically and causing emissions to concentrate, polluting the air we breathe and, when the wind is calm, resulting in smog formation. Similarly undesirable is the channelling and acceleration of wind through long narrow canyons between tall buildings. The extensive sealing of road and other surfaces in the city decreases the ability of rainwater to soak into the ground and disperse naturally, in turn increasing the amount of water run-off considerably. After heavy or prolonged rainfall, sewers may then no longer be able to cope with the amount of water causing streets and cellars to be flooded.

Many of these disadvantages and encumbrances can be avoided or diminished through the adequate provision of open spaces and green spaces in the city – provided they are properly designed and integrated into the ecological (and topographical) conditions of the urban structure. The first initiatives for creating urban green spaces in the city took the form of large parks inspired by eighteenth century landscaped gardens in England. These were primarily motivated by artistic and aesthetic concerns and were at first limited to the grounds of castles and country manor houses. In Germany, this idea was taken up by the nobility and ruling dynasty as can be seen in the parks in Wörlitz and Muskau, the English Garden in Munich or the cultural park landscape in and around Potsdam. Their creator, Peter Joseph Lenné, was, however, also the first to plan a public park in the city in 1824, a communal project commissioned for Magdeburg. In 1854, Olmsted set a lasting standard for urban parks with his design for

Erholungsbetätigungen erlaubte. In Europa reagierte auf das rasante Städtewachstum der zweiten Hälfte des 19. Jahrhunderts mit seinen dicht gebauten, nur kleine Hinterhöfe frei lassenden »Mietskasernen« die dazu völlig gegensätzliche Gartenstadt-Bewegung von Howard (1898), von der in Deutschland die Anlagen in Dresden-Hellerau und Essen-Margaretenhöhe zeugen.

Ökologie als Grundlage für Stadtgrün-Planung und -Gestaltung war damals noch unbekannt und setzte sich erst ab etwa 1960 durch. Besondere Beachtung fand dabei die Rolle der langlebigen Bäume. Sie binden durch die Photosynthese Kohlendioxid und setzen dabei zugleich Sauerstoff frei, der die Luftqualität verbessert – daher die Bezeichnung »grüne Lunge«. Dafür verbrauchen die Bäume Sonnenenergie, tragen damit im Sommer zur Abkühlung bei, die noch durch die ebenfalls energieintensive Transpiration der Blätter (300 – 450 l Wasser/m² und Jahr, 6 – 8 °C Temperatursenkung) verstärkt wird. Auch ihr Schattenwurf wirkt kühlend und dämpft zu grelle Helligkeit bis um 50 %. Bäume mit dichtem Laubwerk und fester Blattstruktur (z. B. Eichen, Linden) dämpfen wirksam städtischen Lärm und filtern Aerosole (Staub- und Schmutzpartikel) aus der Luft, tragen damit zu reinerer und klarerer Stadtluft bei (baumlose Stadtstraßen sind drei- bis viermal staubreicher als Alleen) und vermindern die gerade im Sommer über den Städten lagernde Dunsthaube. Allerdings leiden Bäume auch selbst unter städtischer Luftverschmutzung, deren technische Minderung daher unentbehrlich ist; und die Baumbepflanzung von Stadtstraßen erfordert wegen der eingeschränkten Wachstumsbedingungen und Bodenverhältnisse sehr widerstandsfähige Arten wie z. B. Stieleichen, Kaiserlinden, Platanen, Ginkgo oder Robinien. Trotz der Wichtigkeit und Beliebtheit der Bäume im Stadtgrün sind sie nicht überall angebracht; herbstlicher Laubfall ist ebenso ein Faktor wie die Riegelwirkung von Baum- oder Waldstreifen in für das Stadtklima wichtigen, in das Umland führende Frischluftschneisen.

Das »Grün« in und auf den städtischen Freiflächen besteht aber nicht nur aus Bäumen und umfasst auch nicht nur öffentlich zugängliche Parks, Freizeit- und Aufenthaltsplätze, sondern auch die privaten Gärten aller Dimensionen. Viele der für die Bäume genannten ökologischen Leistungen (CO_2-Bindung, Sauerstoffproduktion, kühlende Transpiration,

Central Park in New York, which also provided space for relaxation and recreational activities. In Europe, a totally different approach arose in response to the rapid urban expansion of the second half of the nineteenth century where the only open space that remained were the courtyards of the tenement blocks: the Garden City Movement proposed by Howard (1898) in England, also inspired similar settlements in Germany, for example the garden cities in Dresden-Hellerau or Essen-Margaretenhöhe.

At that time, ecology as a basis for planning and designing urban green spaces was unknown and first became more widespread from the early 1960s onwards. Special consideration was given to the role of long-living trees. They are able to bind carbon dioxide through photosynthesis and simultaneously give off oxygen that improves the quality of the air – which explains the term »green lungs«. In turn, they absorb the energy of the sun and contribute to cooling in summer, an effect heightened by the energy-intensive process of transpiration through the leaves (300 – 450 l water/m² per year, 6 – 8 °C reduction in temperature). Similarly, the shade of tree canopies cools and reduces dazzling brightness by up to 50 %. Trees with dense foliage and strong leaf structures (such as oak or lime) are effective at muffling urban noise and filter airborne dust and dirt particles out of the air, contributing to a cleaner and clearer air quality (treeless urban streets are three to four times more dusty than avenues) that helps reduce the haze that gathers over cities in summer. However, trees in the city also suffer from atmospheric pollution, further underlining how vital it is to minimise pollution at source by technical means. Due to the constrained space and soil conditions in cities, the planting of streets requires particularly resilient species such as English oak, common lime, plane, ginkgo or robinia. Despite the importance and popularity of trees in the urban landscape, they are not suitable everywhere: autumn leaves are as much a factor as the barrier effect of strips of trees or woodland on fresh air corridors from the surrounding countryside that are vital for the urban climate.

The »green« elements of urban space are not limited to trees alone and do not consist solely of publicly accessible parks, open spaces and recreational areas. They also include private gardens of all sizes. Many

Filterwirkung) werden auch, freilich in geringerem Umfang, von Sträuchern, Gebüschen, Stauden, Gras- und Rasenfluren erbracht. Ökologisch sehr bedeutungsvoll ist aber, dass in allen Grünbereichen der Boden mit seinen unentbehrlichen Funktionen wie Humusbildung und CO_2-Speicherung, Niederschlagswasser-Versickerung und Grundwasserspeisung erhalten bleibt, also nicht der langfristig zerstörerischen Wirkung der Überbauung und Versiegelung zum Opfer fällt. Dies bezeichnet man ungenau und verharmlosend als »Flächenverbrauch«, denn die Fläche bleibt ja bei Überbauung erhalten; was aber verbraucht, ja am gewachsenen Standort für lange Zeit zerstört wird, ist der Naturkörper Boden, den man nicht ersetzen oder künstlich herstellen kann. Daher sollte bei der Ausweisung von Baugebieten genau angegeben werden, wie viel Bodenkörper von der Überbauung betroffen ist oder als Grünfläche erhalten und gestaltet werden kann. Alle städtischen Grünflächen, vor allem ihre Bäume, tragen auch zur aktuellen Bewältigung des Klimawandels bei, indem sie im Bodenhumus sowie im Holz der Bäume langfristig Kohlendioxid (CO_2) als Treibhausgas festlegen (es aber für die Photosynthese auch stets benötigen). Für die USA wurde eine CO_2-Bindung allen städtischen Grüns von fast 2,6 Milliarden Tonnen errechnet; allein in Leipzig hält das Stadtgrün rund 33,8 t CO_2 pro Hektar fest.

Schließlich ermöglicht das städtische Grün in jeder Form und Gestalt auch die Einbeziehung und Wiederherstellung natürlicher Vielfalt. Für zahlreiche Pflanzen-, Tier-, Pilz- und Mikrobenarten, deren Existenzmöglichkeiten in der freien Landschaft durch deren intensivierte Nutzung schwanden, bieten die städtischen Grünräume neue oder Ersatzlebensräume, wo sie sich entweder spontan einfinden, oder aber auch bewusst angelockt (z. B. durch Nistplätze, Fütterungen) oder angesiedelt werden. Zusammen mit den in den Städten seit jeher angepflanzten »exotischen« Zierpflanzen, -sträuchern und -bäumen (deren »Fremdartigkeit« aber hier keinen Anstoß erregt) schaffen sie einen Artenreichtum, der neben seiner Anziehungskraft und dem Naturerleben auch die sogenannten ökologischen Leistungen der Stadtnatur mit fördert.

Das Stadtgrün erhält seine Funktionen und auch seine Gestaltung erst durch die Stadt; unabhängig davon könnte es nicht existieren. Daher muss es bewusst in die städtebauliche Planung einbezogen werden und darf nicht auf Räume beschränkt werden, die diese »übrig lässt«. Ideal

of the positive ecological effects of trees (binding of CO_2, production of oxygen, the cooling effect of transpiration, filtering of airborne pollutants) are likewise provided, to a lesser extent, by bushes, shrubs, herbaceous plants, grass and lawns. Green spaces are also particularly valuable ecologically in that they prevent the ground from being built upon or sealed in the long term and thus ensure the ongoing presence of natural soil, and with it the essential functions it fulfils such as humus formation, CO_2 storage, dissipation of precipitation and enrichment of ground water. The rather loose term »land use« does not accurately reflect what it entails: the land itself still exists after it has been built on but what has been »used«, or in actual fact what has been destroyed for a long time to come, is the natural soil which one can neither replace nor manufacture artificially. When an area is being designated as building land, it is therefore important to declare how much of the soil mass may be affected by building works, or can be retained as green space and designed as such. All urban green areas, and trees in particular, contribute towards counteracting climate change by binding the greenhouse gas CO_2, which is needed for photosynthesis, for the long term in soil humus and in the wood of the trees. For the USA, it has been calculated that urban green areas bind almost 2.6 billion tonnes of CO_2; in Leipzig alone, the urban green binds around 33.8 tonnes CO_2 per hectare.

Finally, urban green spaces, whatever form they may take, make it possible to incorporate and restore natural diversity. For numerous types of plants, animals, fungi and microbes whose existence in the open landscape has dwindled as a result of intensive farming, urban green spaces offer new or alternative habitats which they may colonise of their own accord, be encouraged to settle in (through nesting opportunities or feeding), or be introduced to artificially. Together with the »exotic« ornamental plants, shrubs and trees that have always been planted in the cities (where there »foreignness« is not viewed as being amiss) they bring about a diversity of species that is not only attractive and a natural spectacle but also contributes to the ecological value of nature in the cities.

The function and form of urban green is a product of the city; it would not exist independently. For this reason it must be consciously

ist ein Grünsystem, d.h. ein planmäßiger Verbund von Grünanlagen und Freiflächen, auch mit Verbindungen zur Umgebung, wie es erstmals bereits 1892 in Boston (USA) geschaffen wurde. Obwohl es Menschenwerk ist, verkörpert das Stadtgrün für die Städter »Natur schlechthin« – als lebendigen, dynamischen Gegenpol zum leblosen, statischen Stein, Beton, Glas, Asphalt oder Plastik, welche die Stadt nun einmal beherrschen.

integrated into urban planning and may not be delegated to those residual spaces that are »left over«. Ideally, a system of green spaces must be developed, a planned series of interconnected green areas and open spaces that also connect to the surroundings, as was first created in Boston (USA) in 1892. Although man-made, for city dwellers urban green spaces represent »the very epitome of nature« – a living, dynamic counterpoint to the lifeless, static environment of stone, concrete, glass, asphalt and plastic that dominates the rest of the city.

ÖFFENTLICHER HOF, DORDRECHT, NIEDERLANDE [PUBLIC COURTYARD, DORDRECHT, THE NETHERLANDS

Michael van Gessel, Amsterdam, Niederlande [Michael van Gessel, Amsterdam, The Netherlands

Es muss wohl am flachen Land liegen: Ohne Berge als Baukulisse, sind holländische Klöster schon immer Bestandteil des städtischen Gefüges gewesen. 1275 wurde um den Kloostertuin (Klostergarten) ein Augustinerkloster gegründet, in dem 1572 auf der Dordrechter Ständeversammlung die protestantischen Provinzen ihre Unabhängigkeit von Spanien erklärten. Im gleichen Statenzaal (Prunkzimmer) wurde während einer Synode der zwei reformierten Kirchen der Entschluss gefasst, die Bibel zu übersetzen (1618–1619), und somit gleichzeitig die holländische Religion und die Sprache definiert. Einige dieser historischen Stätten bestehen heute noch. Im Verlauf der Jahre wurde aus einem Hof in der Mitte einer religiösen Anlage ein Hinterhof im Stadtzentrum. Schäbig geworden durch Überbeanspruchung und Vernachlässigung, war es an der Zeit, Leben in den Kloostertuin zu bringen, ihm ein neues Gesicht zu verleihen, das ihn mit seiner Umgebung verbinden und gleichzeitig von

It must be the flatness of the country: With no mountains to build on, Dutch monasteries were always part of the urban fabric. An Augustinian convent was founded in the Dordrecht of 1275 around the Kloostertuin (cloister garden). It was in this convent that the United Provinces declared independence in 1572. In the same Statenzaal (stateroom) a gathering of Protestant churches or General Synod decided to translate the Bible in 1618–1619, defining Dutch faith and language simultaneously. Some of these historical sites remain. Over the years a courtyard in the middle of a religious building complex became a backyard in the city centre. Dilapidated by overuse and neglect, the Kloostertuin deserved and was given a new life and character, to connect with and distinguish it from its surroundings. Typical for Dordrecht, public spaces are linked by archways, adding to the intimacy of the inner city.

Gesamtansicht [General view

Programm/Bauaufgabe [**Programme** Erschließung eines öffentlichen Hofes [Redevelopment of a public courtyard

Landschaftsarchitektur [**Landscape design** Michael van Gessel, Bloemgracht 40, 1015 TK Amsterdam [www.michaelvangessel.com

Standort des Projekts [**Project location** Kloostertuin, zwischen Hofstraat und Augustijnenkamp, Dordrecht [Kloostertuin, between Hofstraat and Augustijnenkamp, Dordrecht

Auftraggeber [**Client** Gemeinde Dordrecht [Municipality of Dordrecht

Fertigstellung [**Completion** 2008

Entwurf [**Design** 2006

Fläche [**Area** 4 100 m²

Material und Vegetation [**Materials and vegetation** Ziegel, Cortenstahl, Blaustein [Bricks, Corten steel, natural bluestone

▸ **Pflanzliste** [**List of plants**

Gras, Blumenzwiebeln, Sträucher sowie kleine Bäume, die am Rand des Klostergartens, der an die rückwärtigen Gärten der benachbarten Hauser angrenzt, gepflanzt wurden: [Grass, bulbs, shrubs and small trees planted along the edge of the cloister garden bordering the back gardens of the houses adjacent to the plan: ▸ *Ailanthus altissima, Amelanchier canadensis, Crataegus monogyna, Cornus kousa »Milky Way«, Magnolia soulangeana, Prunus sargentii »Charles Sargent«, Sophora japonica*

Kosten [**Cost** 1 900 000 EUR

Gestaltung der Steinbank [Design of the stone bench
Lageplan [Site plan

ihr unterscheiden sollte. Die für Dordrecht typischen Torbögen verbinden die öffentlichen Räume und tragen zum intimen Charakter der Innenstadt bei.

Richtungen
Die Umfassungen der erhöhten Grasfläche in der Mitte spiegeln zwei leicht auseinanderstrebende Winkel, die durch die umgebenden Gebäude entstehen, wider. Gerade Kanten aus Cortenstahl halten die Natur im Rahmen und beschützen das Grün gegen Mensch und Tier. Sie sind etwas zu hoch, um darauf spazieren zu gehen, doch gerade niedrig genug, so dass man dort, wo beide Richtungen sich treffen, Platz nehmen kann.

Bruchlinie
In zwei Hälften gerissen ist das kniehohe Graskarree ein Verweis auf Klostergärten im Mittelalter. Zwei monumentale Bäume, eine Platane und ein Ahornbaum, füllen die Spalte und spenden Schatten und Schutz. Der dazwischenlaufende Weg schließt an Gassen an beiden Seiten an. Die Ränder des Weges laden Besucher ein, sich hinzusetzen und ihre Umgebung zu betrachten.

Steinbank
Unbesetzt ist eine traditionelle Parkbank ein tristes Objekt. Hier laufen Steinplatten, die an die Form eines Blitzes erinnern, an der geteilten Grünfläche entlang und schaffen so unterschiedliche Blickwinkel. Am liebsten sitzt man nebeneinander oder gegenüber und hat zahlreiche Möglichkeiten, sich für eine angenehme Distanz zu entscheiden. Blumenzwiebeln bieten von den ersten Frühjahrstagen bis weit in den Sommer hinein einen farblichen Akzent.

Sträucher
Um den erhöhten Rasen herum verbindet ein Weg die Stadtgassen mit den Eingängen zu den Privatgärten. Sträucher bilden einen trennenden Paravent und bringen den Maßstab der Privatgärten in den öffentlichen Bereich. Denkmäler rufen historische Ereignisse in Dordrecht in Erinnerung. *Friso Broeksma*

Directions
Two slightly diverging angles defined by the surrounding buildings are reflected in the outlines of the raised grass platform in the middle. Straight edges of Corten steel hold nature in a firm grip and protect green against man and beast. Too high to walk on, low enough to sit upon where both directions meet.

Fault Line
Torn in half, the knee high grassy rectangle refers to cloister gardens of ancient times. Two monumental trees, a sycamore and a maple, fill the crack, providing shade and shelter. The path in between connects with existing alleys on both sides. Its edges send out an invitation to sit and contemplate.

Stone Bench
When empty, a traditional park bench is a forlorn object. Here, stone slabs in a lightning shape create different angles through the divided green. Sitting next or opposite to each other is the first choice, leaving multiple possibilities as to a comfortable distance. From early spring until well into summer, bulbs add colour to the view.

Bushes
Around the raised lawn a path connects the city alleyways with entrances to private gardens. Bushes form a separation screen and bring the scale of private gardens into the public realm. Historical monuments provide a reminder of historic moments in Dordrecht. *Friso Broeksma*

Steinbank und Liegewiese [Stone bench and lawns
Bruchlinie der halbschattigen Grünfläche [Break line in the semi-shaded green area

Blick auf die halbschattige Liegewiese [View of the semi-shaded lawns
Gesamtansicht [General view

WILDER GARTEN, PALAIS DE TOKYO, PARIS, FRANKREICH [THE WILD GARDEN, PALAIS DE TOKYO, PARIS, FRANCE
Atelier Le Balto, Berlin, Deutschland [Atelier Le Balto, Berlin, Germany

Der Auftrag: ein schwieriges Unterfangen
Die zu lösende Gestaltungsaufgabe zeichnete sich durch extrem schwierige Bedingungen aus: kaum Sonneneinstrahlung und wenig Tageslicht, kein vorhandener Mutterboden, kein Wasser – eine schmale, unterhalb des Erdgeschossniveaus gelegene und von vier Wänden umgebene Fläche, die zudem auf der Nordseite angesiedelt ist. Dieses Areal – »Wolfssprung« genannt – sollte in einen Garten, in eine lebendige Grünfläche verwandelt werden, die ihr Gesicht den Jahreszeiten und dem Lauf der Zeit anpassen würde.

Entwicklung der Vegetation
Im Januar 2002 wurden ungefähr 60 verschiedene Arten mehrjähriger Schattengewächse und breitblättriger Bäume gepflanzt, die bis heute dafür sorgen, dass der Garten im Sommer und Winter eine höchst

The Assignment: A Difficult Job
The job that was entrusted to us was to transform an area of extreme conditions: little sun but also little light, without soil, without water – a deep, narrow site facing north and squeezed between four walls. The site's toponym is »the leap of the wolf«. We wanted to turn it into a garden, that is, a living space that would evolve with the seasons and the years.

The Vegetation: Its Development
The sizable planting of shade perennials and broad-leaved trees (approximately 60 varieties) in January 2002 today still ensures extremely different atmospheres in winter and in summer: the perennials disappear underground in the winter period and reemerge each year bigger and more numerous; each year, autumn and spring

Am Ende des hölzernen Steges [At the end of the wooden walkway

Programm/Bauaufgabe [**Programme** Museumsgarten [A Museum Garden

Landschaftsarchitektur [**Landscape design** Atelier Le Balto, Auguststr. 69, 10117 Berlin

Standort des Projekts [**Project location** Palais de Tokyo, 13 Avenue du Président Wilson, 75116 Paris

Auftraggeber [**Client** Palais de Tokyo, im Rahmen eines öffentlichen Auftrags durch das Ministerium für Kultur und Kommunikation / Delegation für Bildende Kunst [Palais de Tokyo, within the framework of a national public commission from the Ministry of Culture and Communication/Plastic Arts Delegation

Entwurf [**Design** 2001–2002

Fertigstellung [**Completion** Juni [June 2002

Fläche [**Area** 800 m²

Material und Vegetation [**Materials and vegetation**

Material [*Materials* Kieferplanken; Gitter aus Schmiedeeisen; Stahlkabel; automatische Sprinkleranlage [pine decking; forged iron grille; steel cables; automatic sprinkler system; *Vegetation* [*Vegetation* 150 verschiedene Schattengewächse [150 types of shade plants

▸ **Pflanzliste** [**List of plants**

150 verschiedene Schattengewächse, darunter [150 types of shade plants, including ▸ *Hosta* (Funkien [hosta), *Petasites* (Pestwurz [butterbur), *Carex* (Seggen [sedge), *Impatiens glandulifera »impatiens«* (Drüsiges Springkraut [Himalayan balsam), *Hortensia petiolaris* (Hortensien [hortensia), *Polygonum sachalinensis, Polygonum aubertii* (Knöterich [polygonum), *Ailanthus altissima* (Götterbäume [ailanthus), *Trachycarpus fortunei* (Chinesische Hanfpalmen [Atlas palms), *Aralia elata* (Japanische Aralien [Japanese angelica tree), *Wisteria sinensis* (Chinesischer Blauregen [wisteria), *Parthenocissus* (Wilder Wein [creeper), *Vitis vinifera* (Weinreben [grape vine), *Rosa »Kiftsgate«* (Kletterrosen [creeping rose), *Humulus lupulus* (Hopfen [hops), *Ipomoea* (Prunkwinden [ipomoea)

Kosten [**Cost** 100 000 EUR

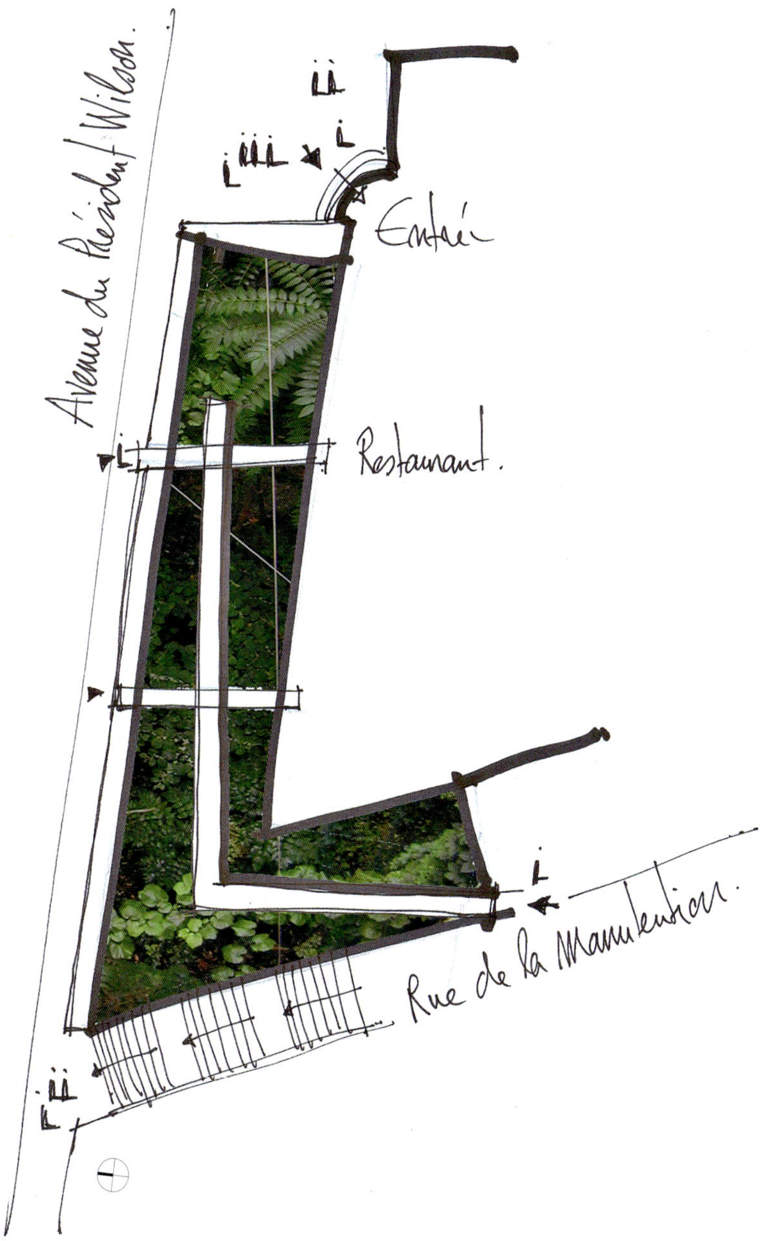

Vor der Neugestaltung [Situation prior to the redesign
Zeichnung des Gesamtplans [Drawing of the general plan

unterschiedliche Atmosphäre ausstrahlt: die Stauden überdauern den Winter im Mutterboden und wachsen jedes Jahr prächtiger und zahlreicher wieder heran. Jedes Jahr kann man im Herbst und Frühling das Schauspiel der sich wandelnden Natur beobachten. Manchmal gedeihen unerwartet neue Arten, während andere Arten völlig verschwinden. Im Jahr 2008 musste der Garten umfangreiche Tiefbauarbeiten an unterirdischen Versorgungsleitungen über sich ergehen lassen, was seitens des Büros als Anlass genommen wurde, den Eingangsbereich neu zu gestalten und einige neue Pflanzenarten einzuführen: Drüsiges Springkraut *(Impatiens glandulifera)*, ferner Schlingknöterich *(Polygonum aubertii)*, Hopfen *(Humulus lupulus)* und Prunkwinden *(Ipomoea)*, die an den Kabeln entlangklettern sollen, die an der Außenwand des Metrotunnels verlaufen.
Seitdem wurden an geeigneten Stellen Chinesische Hanfpalmen *(Trachycarpus fortunei)*, die einzige Palmenart, die auch im Winter ein frisches, lebendiges Aussehen bewahrt, hinzugefügt. Die Jungfernrebe *(Parthenocissus tricuspidata)*, die durch die Bauarbeiten stark beschädigt wurde, erholte sich wieder, wie auch der Blauregen *(Wisteria sinensis)*. Die Götterbäume recken sich immer höher; die Fußgängerbrücken, die ursprünglich der Anlass für das Gartenprojekt waren, haben sie bereits erreicht.

Lage: ein zuvor verstecktes Areal

Die Fußgängerbrücken wurden 2000 – 2001 von Lacaton & Vassal Architectes installiert, als das Gebäude im Zuge einer neuen Nutzung als Zentrum für zeitgenössische Kunst renoviert und hergerichtet wurde. Als direkter Zugang zum Restaurant des Palais de Tokyo angelegt, ermöglichten die Fußgängerbrücken den Blick auf die tieferliegende Fläche, in die Passanten zuvor keinen Einblick hatten. Der »Wolfssprung« stellte den Abstand her, der nötig war, um Besucher über den Höhenunterschied von der Straßenebene zur Seine, ungefähr 15 Meter, hinwegzutäuschen. Er bestand aus einem Trompe-l'oeil, das die Verbindung von der Plinthe des Gebäudes zur Ebene der eleganten Avenue du Président Wilson herstellte.
Unter dem Erdgeschoss befinden sich zwei weitere hohe Geschosse, bei denen auf die Außenverkleidung der Wände verzichtet wurde. Im »Wolfssprung« sind daher Backsteinwände sichtbar. Die technischen

offer displays of natural changes. Sometimes one variety appears and another disappears. In 2008, the garden was subject to substantial construction work for underground networks, which led us to remodel the space at the garden entrance and to reintroduce some new varieties: giant impatiens *(Impatiens glandulifera)*, then polygonum *(Polygonum aubertii)*, hops *(Humulus lupulus)*, and ipomoeas *(Ipomoea)*, to climb all along the cables installed in front of the walls of the Paris metro. Meanwhile, Chinese palms *(Trachycarpus fortunei)*, the only variety with a vibrant appearance in winter, were cozily added; the Japanese creeper *(Parthenocissus tricuspidata)*, which was quite damaged during the construction work, reasserted itself, as did the wisteria *(Wisteria sinensis)*. The ailanthus trees continue to stretch toward the sky, having already reached the footbridges that gave rise to the project.

The Location: An Area Previously Hidden from View

Indeed, these footbridges were installed in 2000 – 2001 by Lacaton & Vassal architects when the building was being renovated for its new function as a site for the creation of contemporary art. The footbridges, created to give direct access to the restaurant at the Palais de Tokyo, open the view onto an area that had formerly been hidden from passers-by. The »leap of the wolf« created the distance necessary to make people forget the difference in height between the level of the street and that of the Seine, approximately 15 metres. It consisted of a *trompe l'oeil*, linking the plinth of the building to the level of the very chic Avenue du Président Wilson.
Under this so-called ground floor, there are in fact two tall floors for which the stone facing was spared. Thus in the »leap of the wolf« bricks are visible; the technical components and air bricks were then installed in these »basements«.

The Garden Promenade

Today visitors forget the technical location upon entering the Wild Garden. They put one foot in front of another on the wooden decking, walking with care. They go from the fast pace of the street to the slower pace of a promenade in the undergrowth. They forget where they are going; they simply walk, raising their eyes toward the vines

Blick in den Wilden Garten [View into the wild garden

Komponenten und Luftziegel wurden in diesen Kellergeschossen installiert.

Garten-Promenade

Wenn Besucher heutzutage den Wilden Garten betreten, vergessen sie alle technischen Funktionen des Ortes. Sie setzen auf dem hölzernen Steg vorsichtig einen Fuß vor den anderen und verzichten auf den schnellen Schritt der Straße zugunsten einer gemächlichen Promenade durch das Dickicht des Gartens. Dabei vergessen sie, wo sie sind, heben den Blick zu den Spitzen der Götterbäume und haben das Gefühl, über Blumen und Büschen zu schweben.

Gartenpflege

Der Gärtner sorgt dafür, dass die Wildheit des Gartens nicht verloren geht. Nur wenige Leute bekommen ihn zu Gesicht, obwohl er regelmäßig vorbeikommt. In der Regel verbringt er mehrere Stunden, manchmal auch ganze Tage, im Garten, um sich neuer Pflanzen besonders anzunehmen oder andere in die Schranken zu weisen, die zu dominierend geworden sind. Seine Entscheidungen, was gestutzt, zurückgeschnitten, ausgemacht, gepflanzt, gedüngt, gewässert oder gemulcht werden muss, trifft er erst nach sorgfältiger Prüfung. Danach überlässt er die Gewächse wieder sich selbst.

2009 bemerkte der Gärtner beispielsweise, dass an einer Stelle Chinesischer Liguster zu wachsen begonnen hatte. Eine genauere Untersuchung ergab, dass die Pflanze vermutlich dem Beet entlang der Treppe zur Rue de la Manutention entstammte, einer Zone, die schwierig zu pflegen ist. Wahrscheinlich hatten Gärtner der Stadt Paris den Liguster dort vor langer Zeit gepflanzt, dann regelmäßig geschnitten, ihn schließlich aber einfach klettern lassen. Eines Tages hatte der Liguster geblüht und seinen Samen gestreut. Die Erde des Wilden Gartens erwies sich als geeigneter Nährboden. Der Gärtner entschied, den Liguster weiter wachsen zu lassen.

Auf diese Weise pflanzt sich die Vegetation im Garten fort; das ihrer Entwicklung innewohnende Ziel ist die komplette Bewaldung. Die Holzgewächse gedeihen natürlicherweise in allen Teilen des Areals, während die nicht verholzenden krautigen Schichten ums Überleben ringen. Sie kämpfen untereinander, verbünden sich manchmal aber auch, um gemeinsam den hölzernen Konkurrenten entgegenzutreten. Der Gärtner unterstützt sie alle und hilft den Pflanzen insbesondere, sich gegenseitig zur Geltung zu bringen.

Vom Wachstum der Pflanzen unbeeinträchtigt, ist der Holzsteg für Besucher ein angenehmer, ruhiger Ort, um umherzuwandern und sich beschaulicher Betrachtung hinzugeben. Zuweilen erspäht man den Gärtner etwas weiter unterhalb, inmitten des Blätterwerks. Die Aufgabe der Gartenpflege wird gegenwärtig von Marc Vatinel vom Atelier Le Balto wahrgenommen. Als Angestellter des Palais de Tokyo wacht er über den Wilden Garten seit seiner Entstehung. Körperliche und geistige Arbeit fließen in seiner Tätigkeit zusammen. *Atelier Le Balto*

and tops of the ailanthus trees, with a feeling of flying over the perennials.

The Gardening

The gardener keeps up this wild appearance. Few people see him, yet he goes by at regular intervals. He stays for several hours, sometimes whole days, to nurture some new plants or cool the enthusiasm of others that are too imposing. Only after he has made careful observations does he decide on his actions: to tone down, cut back, uproot, plant, fertilise, water, mulch, then leave it be... to see.

For example, in spring 2009, he saw the Chinese privets appear. Upon close examination, they probably came from the bed that runs along the staircase towards the Rue de la Manutention, an area that is quite difficult to maintain. Gardeners from the city of Paris probably planted them a long time ago, then cut them each year, then finally let them climb. Then one day they flowered and let their seeds fly. The soil of the Wild Garden received them and was conducive. The gardener of the Wild Garden let them take hold.

Thus the vegetation carries on here. In its development, it aims for its own climax, that of afforestation. The woody plants grow naturally all over the garden, and the non-woody ones, the herbaceous strata, struggle to survive. They fight among themselves but also, sometimes, work together to confront the strength of the woody plants. The gardener escorts them all, helping some to showcase others.

The wood path remains unperturbed by the movement of the plants, offering visitors a comfortable, calm place to observe and to wander. Sometimes they may catch sight of the gardener a bit below, engulfed in the foliage. This gardener is Marc Vatinel (Atelier Le Balto); hired by the Palais de Tokyo, he has watched over the garden since it was planted. The gardening is an integral part of the manual work and of the intellectual work. *Atelier Le Balto*

Wandbepflanzung [Wall planting
Auf dem hölzernen Steg, mitten im Pflanzenwuchs [On the wooden walkway in the midst of the plants

KULTURGARTEN, BERLIN, DEUTSCHLAND [KULTURGARTEN, BERLIN, GERMANY

Atelier Le Balto, Berlin, Deutschland [Atelier Le Balto, Berlin, Germany

Lage: ungünstig und vorteilhaft zugleich

Bei dem Gelände handelt es sich um einen alten Schulhof, der seit der Umwandlung der Schule in ein Kulturhaus als provisorischer Parkplatz benutzt wurde. Dank der Zurückstellung von Geldern für die Renovierung des Gebäudes 2006 – 2007 konnte unser Büro beauftragt werden, den halb öffentlichen Hof in einen Garten zu verwandeln. Einzige Vorgabe seitens des Bauherrn war eine »maximale Begrünung«, als ob ein ökologisches Kriterium einzig und allein für das Projekt bestimmend sein könnte. Es gibt da aber noch die umgebenden Gebäude, die aus dem späten 19. Jahrhundert stammen und dem Grundstück seinen Charakter verleihen: auf der einen Seite der Komplex des Sankt-Hedwig-Krankenhauses, bestehend aus Gebäuden für Patienten und für die Verwaltung, auf der anderen Seite die ehemalige Schule. Insgesamt grenzen sechs Backsteinbauten an – in unterschiedlichen farblichen Schattierungen und mit der für die damalige Epoche typischen Ornamentierung. Der Hof

The Location: Simultaneously Poor and Splendid

The site is an old schoolyard used as a brutal parking lot since the school was converted to a house of culture. Thanks to a sum of money set aside for the renovation of the building in 2006 – 2007, we were commissioned to transform this semi-public courtyard into a garden. The only goal stipulated by the client was »maximum greening«, as if this solely ecological criterion could govern the project. However, the buildings that encircle and define the area date from the late nineteenth century: on one side, the Saint Edwige hospital complex, with buildings for patients and buildings for administration, and on the other, the former school. In all, there are six buildings of varying shades of brick and ornamentation typical of the era. The courtyard space itself is contained within brick walls. It is accessed from the Auguststraße via a porch that is accessible to everyone. We therefore jumped at the chance to do more than a »greening« and to offer

Der frisch bepflanzte Hofgarten [The freshly planted courtyard garden

Programm/Bauaufgabe [**Programme** Urbaner Hofgarten [Urban courtyard garden

Landschaftsarchitektur [**Landscape design** Atelier Le Balto, Auguststraße 69, 10117 Berlin

Standort des Projekts [**Project location** Hof des Kulturhauses Berlin-Mitte [Courtyard of the Kulturhaus Berlin-Mitte, Germany

Auftraggeber [**Client** Bezirksamt Mitte von Berlin, Abt. Stadtentwicklung/Straßen- und Grünflächenamt, gefördert aus dem Programm »Städtebaulicher Denkmalschutz« [District Office Berlin-Mitte, Town Planning Department/Roads, Parks and Gardens Department, funded by the »Urban Conservation Programme«

Entwurf [**Design** 2006 – 2007

Fertigstellung [**Completion** Februar [February 2008

Fläche [**Area** 1 200 m²

Material [**Materials** Holzdeck aus Lärche, Kantholz (Traverse) aus Eiche, wassergebundene Wegedecken, Asphalt. [Larch timber decking, oak scantlings (cross beam), water-bound surface, asphalt.

▸ **Pflanzliste** [**List of plants**

Rasen [*Grass lawns* ▸ *Salix rosmarinifolia* (Rosmarin-Weide [rosemary-leaved willow), *Tamarix parviflora* (Frühlingstamariske [small-flowered tamarisk), *Rosa pimpinellifolia* (Dünen-Rose [Burnet rose), *Rosa hugonis, Rosa »Opalia«, Buddleia davidii*-Hybriden [Hybrids, *Perovskia atriplicifolia »Blue Spire«, Artemisia arborescens »Powis Castle«* oder [or *»Stelleriana«* (Silberwermut [hoary mugwort), *Lavendula angustifolia, Glechoma hederacea* (Efeu-Gundermann [ground ivy), *Galium odoratum, Duchesnea indica, Asarum europaeum, Vitis vinifera.*

Kosten [**Cost** 100 000 EUR

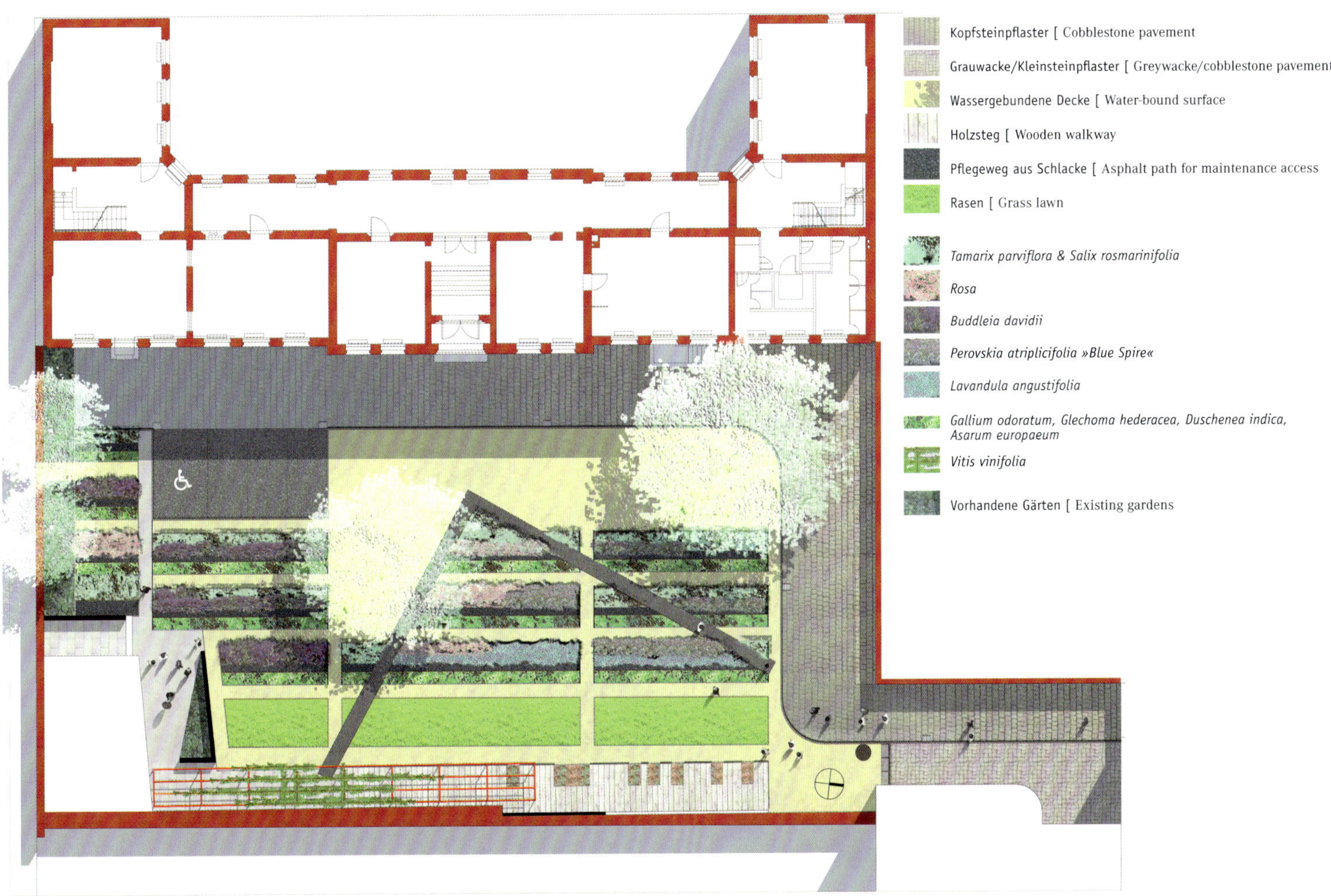

Gesamtplan [General plan

selbst ist von Backsteinwänden eingefasst. Der Eingang erfolgt von der Auguststraße aus über einen Holzsteg, der jedermann zugänglich ist. Wir ergriffen daher die Gelegenheit, mehr als eine »Begrünung« auszuführen und stattdessen heimischen Bewohnern wie zufälligen Besuchern eine Kür in zeitgenössischer Gartenkunst vorzuführen.

Entwurf und Ausführung

Ende November 2007 wurde der Boden des Hofes mittels dreier breiter »Einschnitte« auf der gesamten Länge geöffnet. Die für Berliner Schulhöfe typischen Betonplatten, die ihre blauen, gelben und rosafarbenen Pastelltöne weitgehend eingebüßt hatten, wurden vorsichtig entfernt. So konnten drei trogartige Vertiefungen (40 m lang x 3 m breit) geschaffen werden, in denen der angelieferte Mutterboden mit dem natürlichen sandigen Berliner Untergrund vermischt wurde.
Die gesamte Fläche des Hofes wurde leicht geneigt angelegt, so dass das Regenwasser alle drei Bepflanzungsstreifen wässern würde. Dabei bietet die wassergebundene Wegedecke einen weicheren Untergrund als Asphalt oder Pflaster.
Die parallele Struktur des Entwurfs wird von einem asphaltbedeckten Pfad durchbrochen, der es dem Besucher erlaubt, auf direkterem Wege zum Gebäudeeingang zu gelangen. Bei Nässe glänzt die glatte Oberfläche schwarz, im trockenen Zustand nimmt sie einen dunkelgrauen Farbton an, der einen idealen Kontrast zum Grün der Blätter und zu den dunklen Schattenzonen bildet.
Eine Wiese und eine Terrasse, die ebenfalls in Längsrichtung angelegt sind, betonen die streng parallele Ausrichtung. Hier und da sind einige Überreste des alten Schulhofs sichtbar: das Metallrohrgerüst, das früher ein Stahldach trug, wurde rot angestrichen; zwei emporrankende Weinreben sind dabei, es in eine Pergola zu verwandeln. Im hinteren Teil markiert eine Wand aus Betonstein den Eingang zur Kunstgalerie »Neues Problem«. Am Fuß der Wand und um die Galerie herum wurden der vorhandene Bodenbelag und die Bepflanzung beibehalten: Gussbeton, Betonplatten in Rosa, Blau und Gelb, Eiben *(Taxus baccata)* und Bergahorn *(Acer pseudoplatanus)*.

Berliners and visitors alike testimony of a contemporary exercise in the art of gardens.

The Design and the Work Site

At the end of November 2007, three broad »scratches« opened the ground of the courtyard along its entire length. We carefully removed the concrete slabs, characteristic of schoolyards in Berlin, which had lost their pastel colours of blue, yellow and pink. Thus we created three long troughs (40 m long x 3 m wide) where we mixed the vegetative soil that was brought in to fill the trough with the naturally sandy soil of Berlin; we shaped their contours with one slope wider than the other.
Over the entire surface of the courtyard, we created a gentle slope so that the rainwater would feed each row of plants. We covered the slope with stabilised soil, which hardens upon contact with water and remains soft underfoot.
A single path breaks the parallelism of the design: it is covered with asphalt and offers visitors quicker, more direct access to the building entrance. The smooth path is a brilliant black in the rain; when the sun is out, it turns charcoal gray and makes an ideal backdrop for the green of the leaves and the deep black of the shadows.
A lawn and a terrace, also running the length of the courtyard, reinforce the strict design of parallel bands. Here and there a few relics from the old schoolyard are visible: the tubular structure that formerly supported a steel roof has been painted red; two vine stocks began to turn it into a pergola. In the background, a concrete stone wall marks the entrance of the »Neues Problem« art gallery. At the foot of the wall and around the gallery, the old soil and plantings were retained: poured concrete, concrete slabs in pink, blue and yellow, yews *(Taxus baccata)* and maples *(Acer pseudoplatanus)*.

New and Existing Vegetation

A remarkable fact about this courtyard: the plane tree and the lime tree dating back to the schoolyard era survived bombings and storms.

Der Hof vor der Neugestaltung [The courtyard prior to the redesign
Neugestaltung und Bepflanzung [Redesign and planting

Blick in den Kulturgarten [View of the Kulturgarten

Neue und bestehende Vegetation

Zu dem besonders bemerkenswerten Inventar des Hofgeländes gehören eine Platane und eine Linde, die Bombardierungen und Feuerstürme überstanden. Sie beherrschen das Erscheinungsbild des Hofes und alle neu gesetzten Pflanzen orientieren sich an ihnen.

In den Vertiefungen der drei »Einschnitte« wurden Sommerflieder, Rosmarin-Weiden *(Salix rosmarinifolia)*, Tamarisken, Blaurauten, Lavendel und Rosen gepflanzt. Die Blumen und Sträucher der dicht bewachsenen Beete fließen über die Ränder hinaus, Zweige überlappen einander und verwickeln sich mitunter. Die Bepflanzung mildert so die formale Strenge des Entwurfs.

Die Farbpalette der Blätter und Blüten – blau, grün, grau, purpur und weiß – tritt mit den roten, violetten und orangenen Tönen der umgebenden Backsteinwände in Dialog. Die Bodendecker wachsen zunächst entlang der Beete, die für sie vorgesehen waren, und überwuchern dann die Nachbarbeete, indem sie sich unter die höherwüchsige Vegetation schieben. Die Düfte wechseln entsprechend der Jahreszeiten: Waldmeister *(Galium odoratum)*, Blauraute, Lavendel. Der etwas dezentere Duft des Sommerflieders zieht vor allem Schmetterlinge an.

Gartenpflege und Gärtner

Es ist ein glücklicher Umstand, dass der für das Kulturhaus zuständige Techniker bzw. manchmal auch die Betreiber der öffentlichen Kunstgalerien, die in dem Gebäude untergebracht sind, sich um die Pflege des Gartens kümmern. Auf diese Weise wird die Wiese im Sommer gegossen und gemäht und im Herbst das Laub der Platane eingesammelt und kompostiert.

Jenseits dieser Routinearbeiten ist unser Büro dafür verantwortlich, dass der Garten die im Entwurf vorgesehene Gestalt annimmt. Nur Äste und Zweige, die den Asphaltweg zu überwuchern drohen, werden komplett entfernt, und nur Unkraut, das die Kulturpflanzen gefährdet, wird gejätet. Die Weinreben werden von Mitarbeitern des Büros fachmännisch erzogen und über das Rohrgerüst gelenkt, auf dass sie rote und weiße Trauben bescheren. Einmal im Jahr erziehen wir auch die Weiden und Sommerfliederbüsche durch sorgfältiges Stutzen und Ausdünnen. Diese Gartenpflegearbeiten gehören zu unserem Metier.

Besucher: Einheimische und Touristen

Der Kulturgarten erfreut sich eines regelmäßigen Besucherstromes durch zufällige Passanten in der Auguststraße, Nutzer des Kulturhauses, von denen viele täglich oder wöchentlich kommen, und Angestellte aus der Nachbarschaft, die dort ihre Mittagspause verbringen. Für Passanten, die ins Krankenhaus oder zur Straße auf der anderen Seite des Gartens hinüberqueren wollen, ist der Garten eine beliebte Abkürzung. Im Sommer dient das Gelände als sozialer Treffpunkt und Ort für kulturelle Veranstaltungen. In einem Stadtviertel, das sich durch wachsende Geschäftigkeit und Bevölkerungsdichte auszeichnet, bietet der Garten einen Ort der Stille. *Altelier Le Balto*

They are the sole masters of the place. The rows of new plantings will run along their feet.

In the trenches created by the three »scratches« we planted butterfly bushes, rosemary leaf willows *(Salix rosmarinifolia)*, tamarisks, perovskias, lavender and roses. Densely planted, they overflow, overlap and sometimes become tangled; they quickly soften the strictness of the design.

The leaves and flowers offer a range of colours – blue, green, gray, purple, and white – and these enter into a dialogue with the red, violet and orange hues of the surrounding brick walls. The groundcovers extend first along the rows that had been set aside for them, then start to cover the neighbouring rows, slipping under the higher layer of vegetation. The fragrances change according to the season: sweet woodruff *(Galium odoratum)*, perovskia, lavender. The more subtle smell of the butterfly bushes attracts butterflies.

Gardening and Gardeners

Fortunately, the technician at the house of culture, or sometimes one of the managers of the public art galleries, which are housed in the building, take charge of the gardening. Thanks to their diligence, the lawn remains green in summer (grass-cutting and watering) and the countless leaves of the plane tree are collected and composted in autumn.

Apart from these two routine jobs, we are responsible for the gardening in order to ensure that the garden has the appearance that we want to give it. Only the branches blocking the path were cut at their base. Only the weeds that posed too great a threat to the tended plants will be uprooted. We train the vine on the tubular structure as it grows; the bunches of red and white grapes are our reward. Once a year, we guide the willows and butterfly bushes as they develop, carefully pruning or coppicing in each individual case. These gardening times are part of our trade.

Visitors: Berliners and Tourists

There is a steady stream of visitors to the Kulturgarten. It attracts pedestrians who see it from the Auguststraße. The users of the house of culture visit it daily or weekly. Local employees come here to spend their lunch break. The inhabitants of the neighbourhood cross it to get to the hospital or to the street on the other side of the block. In summer, meetings, readings, concerts and theatrical performances are organised in the garden. It is mild and tranquil – in a neighbourhood that is becoming increasingly dense and busy. *Atelier Le Balto*

Detailansichten der Wegegestaltung [Detail views of the design of the pathways

HISTORISCHE GÄRTEN IN DER STADT EIN PLÄDOYER FÜR GARTENDENKMALPFLEGE [**HISTORICAL GARDENS IN THE CITY** A PLEA FOR THE CONSERVATION OF HISTORIC GARDENS

Inken Formann

Neben den Stätten zeitgenössischer Landschaftsarchitektur bilden historische Gärten und Parkanlagen wichtige Freiräume innerhalb des städtischen Raumes. Zu ihnen zählen Gärten und Parks an fürstlichen Residenzen und Adelssitzen in der Umgebung von Burgen und Schlössern ebenso wie Wallanlagen, Stadtplätze und Dorfanger, Kirchhöfe, Stadtwälder, Volksparks, Friedhöfe oder private Hausgärten an Villen oder Mietgeschossbau. Ferner werden Wirtshausgärten, Vergnügungsparks, gartenkünstlerisch gestaltete Sportstätten und Ausstellungsparks, Kuranlagen, Klostergärten, gartenbauliche und pflanzenkundliche Schaugärten und Weinbergsanlagen als historische Gärten erhalten.

Ab welchem Alter ein Garten zu einer historischen Anlage wird, ist nicht vorgegeben. Definiert ist aber, wann ein Garten zu einem Kulturdenkmal wird und damit gesetzlichen Schutz genießt. Danach muss das Objekt ein in die Gegenwart überkommenes Zeugnis vergangener Zeiten und ein spezifisches Beispiel menschlichen Kulturschaffens sein, an dessen Erhaltung aus künstlerischen oder geschichtlichen Gründen ein öffentliches Interesse besteht.

Bestandteile, an denen seine Geschichte ablesbar ist, kann jedes Kind benennen. Dicke Stämme, ausladende Kronen mit starken, knorrigen Ästen und alte Schnittspuren sind für jeden eingängige Zeugnisse des Alters und des Alterns eines Gartens. Aber auch dort, wo Altbaumbestand fehlt, ist historische Gartenkunst von der zeitgenössischen Landschaftsarchitektur zu unterscheiden: etwa durch heute nicht mehr übliche Gestaltungsformen, Elemente und Funktionen. Spuren der Geschichte weisen historische Gärten jedoch nur auf, wenn es durch

Besides the sites of contemporary landscape architecture, historical parks and gardens form important spaces within the fabric of the city. These include not only gardens and parks in the grounds of castles, residences and the manor houses of the nobility but also city walls, urban squares, village greens, church courtyards, public cemeteries, urban woodland and municipal parks, as well as private gardens attached to villas or historical residential complexes. Similarly pub gardens, recreational parks, landscaped sports arenas and exhibition parks, spa gardens, monastery gardens, horticultural and botanical gardens, and vineyards are further examples of historical gardens in the city.

There is no predetermined age at which a garden counts as being historical. What is defined, however, is that once a garden has been declared a cultural monument, it is protected by law. For this the site must exhibit living evidence of a previous epoch in the present day and offer a specific example of our cultural heritage of sufficient public interest for it to be maintained, for example for artistic or historical reasons.

Ask any child and they will immediately be able to point to what is old in a garden: trees with thick trunks, broad canopies, sturdy, gnarled branches and the scars of old incisions testify directly to the age and the process of aging of a garden. But even where there are no mature trees one can still differentiate between historical gardens and contemporary landscape architecture: for example, because their formal arrangement, elements and functions are no longer typical

Zu den historischen Gärten gehören nicht nur Barock- und Landschaftsgärten an Schlössern und Adelssitzen, sondern auch Anlagen aus dem 20. Jahrhundert: ehemaliges Bundesgartenschau-Gelände Westfalenpark Dortmund, Deutschland [Historical gardens encompass not only baroque and landscaped gardens in the grounds of castles or manor houses but also twentieth-century gardens: the former national horticultural show (BUGA) site in the Westfalenpark in Dortmund, Germany

konstantes Kultivieren des Gartens gelingt, die originale Beschaffenheit und materielle Authentizität, seine Elemente, seine Gestaltungsprinzipien, aber auch seine Aura zu bewahren.
Selbst dort, wo kein vom »normalen« Stadtgrün abweichender oder augenscheinlich alter Bestand erkennbar ist, bezieht historisches Stadtgrün oft durch seine Lage oder Ausdehnung gegenüber anderen Freiräumen eine besondere Position. Denn viele der historischen Gärten und Freiräume besetzen heute zentral gelegene Flächen innerhalb der dicht bebauten Städte und prägen die Wohn- und Lebensqualität der angrenzenden Stadtgebiete entscheidend. Ursprünglich lagen viele der Gärten vor den Toren der Stadt und sind erst durch das zunehmende Wachstum der Städte zu urbanen Freiräumen geworden. Der Große Garten in Hannover-Herrenhausen etwa lag zunächst rund zwei Kilometer vom Stadtzentrum entfernt und ist erst durch die Ansiedlung von Landsitzen in der Leineaue und die städtebauliche Erweiterung in das Weichbild der Stadt hinein gewachsen. Auch der Pariser Ostfriedhof, genannt Père-Lachaise, oder der Wiener Prater, einer der ersten Volksgärten und wohl der älteste Vergnügungspark Europas, wurden nach und nach in die Stadtlandschaft eingebunden. Andere Grünanlagen, darunter zum Beispiel der seit den 1770er Jahren angelegte Promenadenring in Leipzig, wurden gezielt als grüne Erholungsräume in der Stadt neu angelegt oder entstanden durch Auflösung bebauter Areale, in diesem Fall der funktionslos gewordenen Befestigungsanlagen. Heute sind diese innerstädtischen Grünanlagen wertvolle Freiräume und Erholungsräume in der Stadt, zugleich aber immer potenzielles Opfer konkurrierender Flächenansprüche.
Zahlreiche Gärten waren ursprünglich private Anlagen von Adeligen. Andere hatten bereits bei der Planung eine öffentliche, soziale Nutzung als Ziel, wie der von Friedrich Ludwig von Sckell Ende des 18. Jahrhunderts gestaltete Englische Garten in München, der »zur allgemeinen Ergötzung dem Publikum in ihren Erholungsstunden« freigegeben war. Heute ist die rund 420 Hektar große Anlage ebenso wie der rund 210 Hektar große Tiergarten im Zentrum Berlins wegen seiner stadtgliedernden Bedeutung und als Naherholungsgebiet aus dem Stadtbild nicht mehr wegzudenken. Der Berliner Tiergarten war ursprünglich als Jagdrevier der Kurfürsten von Brandenburg angelegt und wurde dann ab

today. However, historical gardens only continue to exhibit traces of history when, through constant upkeep, it is possible to preserve and maintain their original condition and material authenticity, their elements, design principles, and not least their aura.
Even where they are not conspicuously old or recognisably different from »normal« urban green areas, the location or dimensions of historical urban green areas often single them out from other open spaces. Many historical gardens and public spaces occupy central positions within the dense built-up surroundings of the city and are correspondingly important for the quality of life in the neighbouring districts. Many gardens were originally located outside of the city limits and only became urban spaces as the city expanded around them. The Grosser Garten of the Royal Herrenhausen Gardens in Hanover, for example, initially lay some two kilometres outside of the city centre and was only assimilated into the fabric of the city with the establishment of country houses in the Leineaue and the expansion of the city. Similarly Père Lachaise, the East Cemetery in Paris, or the Prater in Vienna, one of the first public parks and probably the oldest fairground in Europe, were likewise only gradually incorporated into the city. Other green spaces, for example the ring promenade around Leipzig established in the 1770s, were created specifically as recreational areas in the city or resulted from the clearing of sections of the city, in the case of Leipzig the then obsolete city fortifications. Today such inner-city green areas represent valuable open spaces and recreational areas in the city but are always in danger of becoming a potential victim of competing land use interests.
Numerous gardens were originally the private grounds of the nobility. Others were conceived from the outset to serve a public, social function, such as Friedrich Ludwig von Sckell's English Garden in Munich designed towards the end of the eighteenth century »for the general amusement of the public during their hours of rest«. Today the park totalling some 420 hectares, like the 210 hectare Tiergarten in the centre of Berlin, is so fundamental to the structure of the city and as an urban recreational area that it has become indelibly ingrained in the city's townscape. The Tiergarten in Berlin was originally estab-

1742 unter Friedrich II. zunächst in einen barocken Lustpark, zwischen 1832 und 1840 unter Wilhelm III. nach Plänen Peter Joseph Lennés in einen landschaftlichen Volkspark umgestaltet.
Der 200 Hektar große Bremer Bürgerpark ist dagegen ein Beispiel für einen öffentlichen Park in der Stadt, dessen Entstehung 1865 auf das Engagement von Bürgern zurückgeht. Ohne derartige Anlagen, darunter flächenmäßig große wie der Hyde Park in London oder der Central Park in New York oder der Bois de Boulogne und der Bois de Vincennes in Paris sowie zahlreiche kleine historische Gärten, wären viele Städte heute fast ohne innerstädtisches Grün.
Wie alle Gärten, Parks, Wälder, Alleen und gründominierten Plätze besitzen historische Gärten unersetzliche physische und psychische, klimatische und hygienische Wohlfahrtswirkungen. Als Staubfilter und Leitbahnen zur Frischluftversorgung bilden sie die »Grünen Lungen« in den Städten und Ballungsgebieten. Für Menschen, Tiere und Pflanzen sind sie Lebensräume, für die Menschen insbesondere Kommunikations- und Erholungsräume. Als solche bestimmen sie den Wohnwert und die Lebensqualität der Stadt entscheidend.
Neben diesen Qualitäten, die auf alle Grünflächen zutreffen, besitzen historische Gärten weitere Vorzüge. Sie sind künstlerisch gestaltete Räume und dokumentieren in gebauter Form den Geschmack der Gartenkunst einer vergangenen Zeit und die Geschichte einer Stadt oder Region. Sie können die Identität einer Region prägen. Gartenkultur ist neben den historischen Bauten, den Schlössern, Kirchen und Burgen ein unverwechselbarer, unverzichtbarer Bestandteil der Stadtkultur. Neben den materiell nicht unmittelbar aufrechenbaren kulturellen Werten besitzen sie wirtschaftsfördernde Wirkungen, da sie sowohl direkt als auch indirekt als touristische Orte Arbeitsplätze bieten.
Entstanden als Produkt vergangenen Kulturschaffens vergegenwärtigen historische Gärten nicht nur das Fortschreiten der Zeit und den Wandel der Geschichte. Sie machen das Naturverständnis und die wirtschaftli-

lished as the hunting grounds of the Elector of Brandenburg and was transformed from 1742 onwards into a baroque pleasure park, later between 1832 and 1840 under the reign of Wilhelm III by Peter Joseph Lenné into a landscaped park for the people of Berlin.
The 200 hectare Bürgerpark in Bremen is by contrast an example of a public park in the city whose creation in 1865 can be attributed to civil commitment on the part of the citizens. Without such spaces, among them large green spaces such as Hyde Park in London, Central Park in New York or the Bois de Boulogne and Bois de Vincennes in Paris as well as numerous small historical gardens, many cities would be devoid of inner-city green spaces.
As with all gardens, parks, woodland, avenues and greened open spaces, historical gardens have an irreplaceable effect on the city's and its citizen's physical, mental, climatic and hygienic welfare. As dust filters and fresh air corridors, they form the »green lungs« of the cities and conurbations. They provide a habitat for people, animals and plants and serve as a place of communication and recuperation for people. As such, they are an essential contributory factor to the quality of life in cities.
In addition to these qualities, which apply to all green areas, historical gardens have further advantages. As artistically created spaces they document in »built« form the horticultural tastes of a past epoch and the history of a city or region. They can shape the identity of a region. The architecture of gardens is, alongside historic buildings such as castles, churches and country houses, a distinctive and essential part of the culture of cities. Beside their innate immaterial cultural value they also possess a beneficial economic effect as they create employment both directly and indirectly as tourist attractions.
As a product of past cultural endeavours, historic gardens manifest not only the passage of time and progression of history but also testify to the appreciation of nature and the economic and social conditions of

Historische Gärten als touristische Attraktionen: Besucherströme am Chinesischen Teehaus in Sanssouci, Potsdam, Deutschland [Historical gardens as tourist attractions: throngs of visitors at the Chinese Tea House in Sanssouci, Potsdam, Germany

chen und sozialen Verhältnisse der vergangenen Zeiten ablesbar, den Stand des Gartenbaus und der Technik ebenso wie handwerkliche und gärtnerische Kunstfertigkeit der vergangenen Zeit. Historische Gärten sind Orte, an denen man seltene Pflanzenschätze und Vegetationsformen kennenlernen kann, die andernorts nicht mehr kultiviert werden. Sie repräsentieren die Ideen und die Ideale ihrer Entstehungszeit. Sie verdeutlichen das, was ehemals unter Fortschritt und Moderne verstanden wurde. So sind historische Gärten Orte, an denen Geschichte mit allen Sinnen erlebbar und spürbar wird. In historischen Grünanlagen kann man in eine vergangene Welt eintauchen, die einem in alten Bäumen und mit Gartengestaltungsformen und Architekturen vergangener Generationen begegnet. Die dadurch geschaffene kritische Distanz zur hektischen Gegenwart kann wohltuend und inspirierend wirken. Als Sinnbilder für Beständigkeit bilden historische Gärten räumliche wie auch gedankliche Zufluchtsorte in einer sich stetig verändernden Welt. Indem sie Möglichkeiten eröffnen, den Alltag loszulassen, sind sie in besonderer Weise Orte der Entschleunigung. Wir benötigen ihre Beständigkeit, um Heimatgefühle zu entwickeln. All diese Qualitäten historischer Gärten sind kostenlos und allen sozialen Schichten zugänglich.
Wenn sie einzigartig gestaltet oder eines der letzten erhaltenen Beispiele ihrer Art sind, werden historische Gärten als Kulturdenkmale geschützt. Für ihre Erhaltung ist die kontinuierliche Pflege, die Erhaltung und Regeneration der Bestandteile, unerlässlich, denn Gärten unterliegen dem stetigen naturbedingten Wandel, dem Wachsen und Vergehen der pflanzlichen Bestandteile und dem Wandel der Jahreszeiten. Wiesen müssen gemäht, Wege nach Starkregen und strengen Wintern unterhalten werden, und an der Stelle absterbender Gehölzbestände müssen neue Wiesen gepflanzt werden. Wäre es keine legitime denkmalpflegerische Maßnahme, in historischen Gärten Ersatzpflanzungen und Materialaustausch vorzunehmen, wären viele historische Gärten heute nur noch Bodendenkmäler.

past epochs, to the state of garden design and technology just as much as the horticultural and artistic craftsmanship of the age. Historical gardens are places where one can see rare precious plants and forms of vegetation which are no longer cultivated elsewhere. They represent the ideas and ideals of their time of origin. They illustrate what was formerly understood as progressive and modern. Historical gardens are therefore places in which history is tangible and can be experienced with all the senses. In historical gardens one can immerse oneself in a world from the past which is evident in the mature trees and landscaping and architecture of past generations. This critical distance to the hectic everyday of the present can be both pleasant and inspirational. Symbolising a sense of permanence, historic gardens represent both a spatial as well as mental sanctuary in a constantly changing world. By offering the opportunity to leave the everyday behind, they form restful havens of a special kind. We need their permanence to develop a sense of local identity. All these qualities of historical gardens are free and accessible to all social classes.
When their design is unique or one of the last remaining examples of its kind, historical gardens are declared cultural monuments. The conservation of historical gardens requires the ongoing care, maintenance and regeneration of all its constituent elements as gardens are subject to the constant cycle of nature, the growth and disintegration of its plant life with the changing seasons. Lawns need to be mown, paths maintained after strong winds or harsh winters and new vegetation planted where woodland is dying out. If replacement planting and material renewal were not regarded as legitimate conservation measures, many historical gardens would now only be ground monuments.
Garden conservation encompasses all intellectual, technical, artistic and skilled measures for the maintenance and preservation of works made and created by human hand. The division between such

Die 1822 gepflanzte Zeder im Schlossgarten Bad Homburg, Deutschland – ein Zeugnis des Alterns eines Gartens [The cedar in Bad Homburg Castle Gardens, Germany – planted in 1822, it testifies to the age of the garden

Die Gartendenkmalpflege umfasst alle geistigen, technischen, handwerklichen und künstlerischen Maßnahmen, die zur Er- und Unterhaltung dieser von Menschenhand gestalteten Werke durchgeführt werden. Die Grenzen zwischen den Maßnahmen sind fließend und reichen vom reinen Konservieren, dem Zulassen des kontrollierten Alterns in Würde, über das Instandhalten, der regelmäßig erforderlichen Pflegearbeiten, wie fachgerechter Schnitt von Wiesen- und Gehölzbeständen zu Restaurierungen, dem Erneuern und Instandsetzen beschädigter oder überalterter Partien wie der Nachpflanzung einer Hecke, bis hin zur Rekonstruktion, der Wiederherstellung eines verloren gegangenen Erscheinungsbildes von Gartenteilen oder ganzer Gärten ohne Originalmaterial auf der Grundlage von schriftlichen, bildlichen Quellen sowie Ergebnissen der Gartenerforschung. Rekonstruierte Objekte gelten als Neuschöpfungen und haben zunächst keinen Anspruch auf Denkmalschutz, doch kann ihnen mit der Zeit ein Denkmalwert zuwachsen.

Wenn der gesetzliche Schutz für historische Gartenanlagen auch umfassend angelegt ist, so ist die tatsächliche Wirksamkeit und Umsetzung der Schutzbestimmungen ein Desiderat. Per Gesetz ist die Erhaltung von Kulturdenkmalen dem Eigentümer übertragen. Er hat die Pflicht, das Kulturdenkmal pfleglich zu behandeln, im Rahmen des Zumutbaren denkmalgerecht zu erhalten und vor Gefahren zu schützen. Das bedeutet, dass er eine Verschlechterung des Zustands der Anlage verhindern muss.

measures is fluid, ranging from pure conservation to controlled and dignified aging to maintenance work that requires regular tending such as the cutting of grass and woodland to restore, renew and repair damaged or very old sections. The latter can range from the replanting of hedges to the reconstruction of a section of garden or even an entire garden whose appearance has been lost, i.e. where there is no original material to work with, only written or pictorial sources and the results of investigative garden research. Reconstructions are classified as new creations and are not regarded as heritage for conservation, although with time they may acquire conservation value.

Even when historical gardens are accorded comprehensive statutory protection, the actual effectiveness and realisation of protective measures is a desideratum. The law passes responsibility for maintaining cultural heritage to the owner. He is obliged to take due care of the cultural monument, protect it from damage and to maintain it appropriately as far as can be reasonably expected – in short to ensure that the condition of the complex should not deteriorate.

In Germany the historic gardens and parks that passed from the nobility into state ownership with the dispossession compensation order in 1926 are placed in the care of castle administration organisations or foundations with a similar mandate for ongoing conservation. These include sites of national importance such as Potsdam's Park Landscape including Sanssouci, Klein-Glienicke or Babelsberg, the Wörlitzer Parks,

Historische Gärten als städtische Naherholungsräume: der Georgengarten in Hannover-Herrenhausen, Deutschland [Historical gardens as inner-city recreational areas: the Georgengarten in the Royal Herrenhausen Gardens in Hanover, Germany

In Deutschland wird der Teil der historischen Gärten und Parkanlagen, die im Zuge der Fürstenabfindung 1926 in staatlichen Besitz übergingen, von Schlösserverwaltungen oder Stiftungen mit ähnlichem Auftrag erhalten und gepflegt. Unter ihnen sind bedeutende Anlagen wie die Potsdamer Gartenlandschaft mit Sanssouci, Klein-Glienicke oder Babelsberg, die Wörlitzer Anlagen, die Fürst-Pückler-Parks Branitz und Bad Muskau, der Englische Garten in München, Nymphenburg oder in Hessen der Staatspark Wilhelmsbad, der Prinz-Georg-Garten Darmstadt oder die Kasseler Karlsaue. Sie genießen einen vergleichsweise hohen Pflegestandard und eine fachlich qualifizierte Betreuung. Der Großteil der historischen Gärten liegt jedoch in privater Hand oder wird über die kommunalen Grünflächenämter betreut. Dabei vertritt das Landesamt für Denkmalpflege die Schutzwürdigkeit und fachlichen Belange der Kulturdenkmäler.

Wenn ein Gartendenkmal zu erhalten ist, geht es nicht nur darum, Pflanzenbestände gesund zu erhalten. Vielmehr sollen die ihnen zugedachten Formen und Raumabfolgen und die Spuren ehrwürdigen Alters erkennbar bleiben. Deshalb muss für die Pflege historischer Gärten besonders qualifiziertes und möglichst lange mit einer Anlage vertrautes Personal beschäftigt werden. Da es jedoch für viele Objekte an finanziellen und fachpersonellen Mitteln fehlt, um der gesetzlichen Erhaltungspflicht nachkommen zu können, sind zahlreiche historische Gärten von Verfall und Verwilderung bedroht. Wenn an der notwendigen

the Fürst-Pückler-Parks Branitz and Bad Muskau, the English Garden in Munich, Nymphenburg or in the state of Hesse, the State Park at Wilhelmsbad, the Prinz-Georg-Garten in Darmstadt or the Karlsaue in Kassel. All of these enjoy a comparatively high standard of care and professional upkeep. The majority of historical gardens, however, are in private ownership or are maintained by the local municipal parks and gardens authorities. In such cases the State Authority for the Conservation of Historic Monuments is responsible for the protection and professional requirements of the cultural monuments.

The conservation of historic gardens is not solely about maintaining the good health of its plants and vegetation. Rather, it is about ensuring that their intended forms and succession of spaces along with the traces of venerable old age remain perceptible. Accordingly, the care of historic gardens requires specially qualified personnel who ideally have long term experience of the respective site. In many cases, however, a lack of funds and suitable personnel make it impossible to fulfil the statutory upkeep obligation and many historic gardens risk falling into a state of disrepair and neglect. The consequences of a lack of necessary upkeep are not seldom fatal: not only is historic substance irrevocably lost but the subsequent costs are also higher in the long term. Users are quick to notice the negative effects of neglect, which in turn can provoke vandalism. At the same time, the garden's image suffers and with it the recuperative effect it has.

Parterrebepflanzung im Barockgarten Hannover-Herrenhausen, Deutschland [Parterre planting in the baroque Royal Herrenhausen Gardens in Hanover, Germany

Pflege gespart wird, hat dies nicht selten fatale Folgen: Nicht nur, dass historische Substanz unwiederbringlich verloren gehen kann, auch die Folgekosten sind langfristig betrachtet höher. Ungepflegtes Grün wird von den Nutzerinnen und Nutzern sehr schnell negativ wahrgenommen und provoziert Vandalismus. Bei vernachlässigter Pflege sinken zudem die image-gebenden Faktoren und die Wohlfahrtswirkungen.

Die Beliebtheit historischer Gärten und die mit gut gepflegten, repräsentativen Gärten einhergehenden touristischen und damit wirtschaftlichen Wirkungen führen oft zur Forderung, nicht mehr vorhandene Gärten wieder auferstehen zu lassen. Sofern Geldgeber vorhanden sind, kommt es daher zu Rekonstruktionen, in den letzten Jahren etwa im Barockgarten Hundisburg oder im Schlossgarten Gottorf. Auch die Legitimität der Anlage von Stilgärten wird diskutiert, etwa beim Entwurf neobarocker Parterres am Gästehaus der Bundesrepublik Deutschland Schloss Meseberg. Rekonstruktionen oder historistische Neuschöpfungen gehören nicht zum eigentlichen Aufgabenfeld der Gartendenkmalpflege, deren Ziel die Erhaltung überkommener historischer Substanz ist. Einer der Kritikpunkte ist, dass bei der Rückführung auf einen früheren Zustand in der Regel jüngere Anlagebestandteile, die ebenfalls Zeugnisse der Gartengeschichte sind, im Sinne der Stilreinheit zerstört werden. Damit werden Zeugnisse von Zeitschichten, die das Denkmal durchlaufen hat, verwischt. Die Abwägung, welche Zeitschichten bei der Lesbarmachung eines Gartens zu erhalten sind, ist dabei aber frei. Herrschte etwa kurz nach der Wende Konsens, die Berliner Mauer innerhalb des Glienicker Parks zu entfernen, so wünscht sich heute mancher wieder eine Erinnerung an die hier vierzig Jahre raumprägende Störung innerhalb des heute einheitlich im gemischten Stil vervollständigten Parks. Weiter wird gegen Rekonstruktionen eingewendet, dass sie immer eine Interpretation einer vorliegenden Quellenlage sind und der Grad zwischen der

The popularity of historic gardens and the beneficial economic effect that well cared-for, representative gardens have in terms of tourism often leads to a call to resurrect gardens that no longer exist. And indeed, where sufficient financial backing has been available, a number of reconstruction projects have arisen in recent years, for example the baroque garden in Hundisburg or Gottorf Castle Gardens. The legitimacy of the creation of such stylistic gardens has also been the subject of discourse, for example in the case of the neo-baroque parterre at Meseberg Palace which is used as a residence for guests of the German federal government. Reconstructions or historical recreations do not fall under the remit of the conservation of historic gardens which aims to conserve surviving historic substance. One of the problematic aspects is that in the process of restoring an earlier state, pre-existent parts of the complex, which likewise testify to the history of the garden, are generally destroyed in the interest of creating a stylistically coherent situation. This removes all traces of the legacy of a certain period in the history of the site. The decision as to which historical periods to favour in the contemporary reading of a garden is, however, wide open. Shortly after the reunification of Germany, the general consensus was to remove the sections of the Berlin Wall that ran through Glienicke Park; today some feel that there should be a reminder in the now unified park, with its uniformly distributed stylistic mix, of what once obstructed the park for a period of 40 years. A further criticism of reconstruction is that it always represents an interpretation of an available source and that it is accordingly difficult to differentiate clearly between the degree to which it actually approaches its former reality, the degree to which it is based on deduction by analogy and therefore fosters the reproduction of stereotypes from the history of garden design, and the degree of creative input by

Das ständige Kultivieren ist elementar im historischen Garten: Bepflanzung der Wechselflorbeete im Schlosspark Pillnitz, Deutschland [Ongoing cultivation is an elementary aspect of historic gardens: planting the annuals flower beds at Pillnitz Castle Gardens, Germany

Annäherung an die ehemals vorhandene Wirklichkeit, der Rückgriff auf Analogieschlüsse und damit das Wiederholen stereotyper Bilder der Gartengeschichte sowie der kreative Anteil des Neuschöpfenden nicht eindeutig nachvollziehbar sind. Unstrittig ist, dass eine Rekonstruktion immer nur eine Annäherung an einen ehemaligen Zustand sein kann.
Beispiele wie die Parterres im Großen Garten in Hannover-Herrenhausen oder Augustusburg in Brühl, beide nach dem Zweiten Weltkrieg zerstört, zeigen, welche Bedeutung Rekonstruktionen aber in der Vergangenheit auch für das Überkommen des gartenkulturellen Erbes gehabt haben. Wäre in der ersten Hälfte des 20. Jahrhunderts nicht ehemals vorhandenes wiedererschaffen worden, wären zahllose Gärten heute nicht mehr überliefert und womöglich bebaut. Kriegsbedingte, flächenmäßig ausufernde vollständige Zerstörung historischer Gärten in Deutschland ist derzeit glücklicherweise nicht zu erwarten. Dennoch wird es immer wieder aufgrund von Pflegereduzierung oder dem vollständigen Unterlassen von Pflege zur Verwilderung und Verwischung von Gartengestaltungen kommen, so dass sich schon in wenigen Vegetationsperioden beim »Wiederentdecken« des Gartenschatzes die Frage nach den erforderlichen Maßnahmen zur Verjüngung des Bestands oder der »Neubespielung« von überbauten oder verwahrlosten Gartenpartien stellen kann.
Neben der Rekonstruktion ist der zeitgenössische und eindeutig vom historischen Erbe abgrenzbare Neuentwurf eine Alternative zum Füllen bestehender Lücken im Bestand. Diese Neuentwürfe können in der Zukunft eventuell selbst Denkmalwert erlangen, müssen aber als Zeugnisse unserer Zeit in das historische Gefüge sensibel integriert werden. Beispiele für derartige Lösungen sind der neu gestaltete Blumengarten im Großen Garten Hannover-Herrenhausen, neue Wechselflorpflanzungen im Pückler-Park Bad Muskau oder Neuinterpretationen nicht mehr vorhandener Brücken in Twickel in den Niederlanden.

its creator. What is indisputable is that a reconstruction can only ever be an approximation of a former situation.
Examples such as the parterre in the Grosser Garten of the Royal Herrenhausen Gardens in Hanover or the Augustusburg in Brühl, both destroyed after the Second World War, illustrate, however, just how important reconstructions have been in the past for the survival of the cultural heritage of gardens. Had not such former gardens been recreated in the first half of the twentieth century, numerous gardens would never have survived and may have been built upon. The large scale destruction of historical gardens in Germany due to warfare is thankfully no longer to be expected. Nevertheless, reductions in the level of garden maintenance or total neglect can lead to gardens quickly becoming overgrown and to a corresponding loss of form so that a few vegetation cycles later when the garden is »rediscovered«, the question arises as to what needs to be done to rejuvenate the garden or to »redesign« built over or dilapidated sections of the garden.
Besides reconstruction, a contemporary new design that clearly differentiates itself from the historical legacy is an alternative approach to filling in gaps in the existing fabric. Such new designs may themselves later acquire listed status but must be integrated sensitively as a legacy of our time in the historical context. Examples of this approach include the new flower garden at the Grosser Garten of the Royal Herrenhausen Gardens in Hanover, the new annuals flower beds in the Pückler-Park Bad Muskau or the reinterpreted designs for the reinstated bridges in the gardens of the Twickel Estate in the Netherlands.
Where exactly the divide between compatible and incompatible interventions lies, between the »right« and »wrong« response to the historical context has to be assessed individually in each case, for

Fahrbares Gerüst zum Schneiden der Hecken im Schlossgarten Schönbrunn in Wien, Nachbau nach historischem Vorbild [Mobile scaffold for cutting tall hedges in the Gardens of Schönbrunn Palace in Vienna. Replica of a historical original
Nachpflanzung der Georgseiche im Fürst-Pückler-Park, Bad Muskau, Deutschland [Replanted »Georgseiche« oak tree in Fürst-Pückler-Park, Bad Muskau, Germany

Es entscheidet sich immer im Einzelfall, wo die Grenze zwischen denkmalverträglich und unverträglich, zwischen »richtigem« und »falschem« Umgang mit historischem Bestand gezogen werden muss; ob eine Rekonstruktion ein legitimes Mittel ist, einen verlorenen Gartenbereich oder ein Gartenelement wiederzuerschaffen oder ob eine Neuinterpretation in zeitgenössischer Formensprache gestalterisch eher überzeugt. Schon die temporäre Besetzung historischer Anlagen durch Skulpturen kann als Attraktivierung, gleichzeitig aber auch als Eingriff in ein Gartendenkmal empfunden werden, da im Gedächtnis der Besucher ein anhaltender visueller Schaden – nicht die Erinnerung an das Gartenkunstwerk selbst, sondern an den durch Kunst besetzten Ort – bleibt.
Wenn im historischen Garten auch nicht der heute tätige Landschaftsarchitekt, sondern der Gartenkünstler, der das ursprüngliche Werk geschaffen hat, im Vordergrund stehen sollte, so besteht die hohe Kunst des Gartendenkmalpflegers darin, intuitiv, aber auch wissenschaftlich begründet, die positiven Eigenschaften des ursprünglichen Entwurfs zu erkennen und herauszuschälen, ohne sich zum Sklaven der Ideen der Vorgänger zu machen. Restaurierung, aber auch Veränderung und Umgestaltung sind dabei notwendige Bestandteile der Kontinuität, begleitet vom respektvollen Umgang mit der Arbeit der Vorgänger und gegebenenfalls gepaart mit der Integration der Sprache der eigenen Zeit. Gartendenkmalpflege umfasst daher nicht allein zwingend die ausschließlich erhaltende und historistische Herangehensweise. Notwendig ist es aber, die eigene Kreativität zu zügeln und sie dahingehend zu lenken, dass die ursprünglichen Qualitäten des Entwurfs wieder optimal zur Geltung gebracht werden. Ziel ist es, eine Kontinuität zwischen

example whether a reconstruction represents a legitimate means of recreating a lost section or element of a garden or whether a reinterpretation in a contemporary form would be more suitable. Even the temporary exhibition of sculptures in a historical garden, although without doubt an attraction, can also be seen as a damaging intervention in a historic monument as it communicates a lasting but wrong visual impression in the mind of the visitor – it is not the garden itself as an artistic creation that the visitor remembers but the place as occupied by the works of art.
Although in historical gardens, emphasis is generally given to the work of the garden's original creator rather than the landscape architect working on it today, the high art of the garden conservator lies in the ability to intuitively recognise, as well as to academically corroborate, the positive qualities of the original design and to strengthen these without subordinating oneself slavishly to the ideas of one's predecessors. Restorations as well as changes and alterations are likewise a necessary part of continuity when accompanied by a respectful sensitivity to the work of the predecessor, and where appropriate coupled with a contemporary voice. Garden conservation is therefore not restricted exclusively to a preservationist and historicist viewpoint. It is, however, necessary to reign in one's own creativity and to direct one's attention to bringing out the qualities of the original design. The aim is to establish a continuity between history and the present and, therefore, to lead the past into the future.
Despite the long evolution and continual development of garden conservation, historic gardens are still in danger of being remodelled,

Geschichte und Gegenwart herzustellen und damit die Vergangenheit in die Zukunft zu führen.
Trotz der seit langem gewachsenen und stetig weiterentwickelten Gartendenkmalpflege kommt es zusammenfassend nach wie vor zur Überformung, zur Reduzierung und sogar zum Verlust historischer Gärten durch Pflegerückstand, konkurrierende Flächenansprüche oder fehlendes Einfühlen in den Bestand sowie zu Projektentwürfen und Nutzungen, die gartendenkmalpflegerischen Ansprüchen nicht gerecht werden. Diesen Defiziten stehen jedoch zahlreiche tadellos erhaltene und gepflegte Gärten selbst, ein ständig steigendes allgemeines Interesse an Gärten und die wachsende Einsicht ihrer wirtschaftlichen und kulturellen Bedeutung entgegen. Das Gartenthema boomt und historische Gärten sind, so altmodisch wie sie sind, hochmodern.

cut back or even lost through neglect, competing land use demands or a lack of sensitive care as well as project designs and new uses incompatible with conservation aims. These deficits, however, are outweighed by the large number of gardens that are well maintained and tended as well as an ever increasing public interest in gardens and a growing awareness of their economic and cultural importance. Parks and gardens are experiencing a boom and historic gardens, as old-fashioned as they may seem, are once again en vogue.

Zeitgenössische Interpretationen überformter Gartenbereiche: der Blumengarten im Großen Garten Hannover-Herrenhausen, Deutschland [Contemporary interpretation of remodelled garden areas: the flower garden in the Grosser Garten of the Royal Herrenhausen Gardens in Hanover, Germany

POTTERS FIELD PARK, LONDON, GROSSBRITANNIEN [POTTERS FIELD PARK, LONDON, GREAT BRITAIN

GROSS.MAX., Edinburgh, Großbritannien [GROSS.MAX., Edinburgh, Great Britain

London verfügt über ein historisches Erbe an übergroßen und in der Gestaltung eher unauffälligen Parks, kann jedoch in Bezug auf moderne, zeitgenössische Grünanlagen, die das dichte Stadtgefüge auflockern, eher wenig vorweisen. Eine Veränderung des politischen und kulturellen Klimas hat jedoch zu einer beachtenswerten urbanen Erneuerung geführt. 2002, drei Jahre vor Londons erfolgreicher Bewerbung für die Olympischen Spiele 2012, rief der damalige Bürgermeister Ken Livingston zusammen mit Richard Rogers, seinem Berater für die Stadtplanung, das sogenannte »100 Public Spaces Programme« ins Leben. Ziel war es, 100 öffentliche Parks und Grünflächen in London zu erneuern oder neu zu schaffen. Der Potters Field Park gehörte zu Grünanlagen, die im Rahmen dieses Programms umgestaltet wurden. Livingstons Nachfolger Boris Johnson stellte das Programm 2008 ein.

Whilst London has a legacy of oversized and understated public parks, it has little to show for regarding condensed contemporary urban spaces. A change in the political and cultural climate, however, has resulted in a remarkable urban renaissance. In 2002, three years prior to the successful London bid for the 2012 Olympic Games, then Mayor of London Ken Livingston and his special urban advisor Richard Rogers launched a project entitled »The 100 Public Spaces Programme«. The aim was to create or upgrade 100 of London's public spaces. Potters Field Park has been redesigned as part of the programme, which was abandoned in 2008 under Livingston's successor Boris Johnson.

Potters Field Park is located adjacent to the Greater London Authority building, designed by Foster + Partners, on the south bank of the River

Potters Field Park mit Blick auf das Londoner Rathaus (Greater London Authority) [Potters Field Park with a view of the Greater London Authority building

Programm/Bauaufgabe [**Programme** Öffentlicher Park [Public Park

Landschaftsarchitektur [**Landscape design** GROSS.MAX., 6 Waterloo Place, Edinburgh EH1 3EG; Piet Oudolf, Broekstraat 17, NL-6999 DE Hummelo

Standort des Projekts [**Project location** Tooley Street, London

Auftraggeber [**Client** More London/Southwark Borough Council/Pool of London Partnership

Fertigstellung [**Completion** 2007

Fläche [**Area** 0,4 ha [0.4 ha

▸ **Pflanzliste** [**List of plants**

Stauden und Sträucher [Herbaceous plants and shrubs ▸ Agastache »Blue Fortune«, Amsonia hubrichtii, Astilbe »Vision in Pink«, Astrantia »Claret«, Baptisia leucantha »Purple Smoke«, Briza media »Limouzi«, Campanula poscharskyana »E.H. Frost«, Cimicifuga simplex »James Compton«, Clerodendron trichotomum, Dryopteris wallichiana, Echinacea tennesseensis, Epimedium macranthum, Eryngium yuccifolium, Eupatorium maculatum »Atropurpureum«, Geranium »Claridge Druce«, Hakonechloa macra, Helenium »Moerheim Beauty«, Helleborus orientalis »White«, Knautia macedonica, Koeleria glauca, Molinia litoralis »Windsäule«, Origanum »Herrenhausen«, Paeonia »Claire de Lune«, Pennisetum »Cassian«, Persicaria ampl. »Firetail«, Ruellia humilis, Salvia »Rhapsody in Blue«, Sanguisorba tenuifolia »Alba«, Sedum »Sunkissed«, Serratula seoanei, Sporobolus heterolepis, Stachys off. »Hummelo«, Trifolium rubens

Kosten [**Cost** 3 000 000 GBP

Lageplan [Site plan

Der Park liegt am Südufer der Themse, in unmittelbarer Nachbarschaft zum Verwaltungsgebäude der Greater London Authority, dem von Foster + Partners entworfenen Rathaus Londons. Der Park befindet sich in einer einzigartigen Lage direkt am Flussufer mit ungehinderten Ausblicken auf verschiedene Gebäude-Ikonen der Stadt wie dem Tower, der Tower Bridge und der sich stetig wandelnden Skyline der City, dem Bankenviertel Londons. Als grüne Oase steht der Potters Field Park in scharfem Kontrast zu den gepflasterten und asphaltierten Flächen des umgebenden Stadtviertels mit vielen Neubauten und stellt zugleich eine Kontinuität zu dessen öffentlichen Flächen her. Der Entwurf orientiert sich am Genre des kleinen, intimen Stadtteilparks. Die Anlage nimmt auf der einen Seite Bezug auf die umgebenden Wohnviertel, zur Themse hin öffnet sie sich mit einer Abfolge gestufter Terrassen. Die Bepflanzung zeichnet sich durch eine spektakuläre Vielfalt an krautigen Pflanzen und Gräsern aus, die von dem weltbekannten Pflanzenspezialisten Piet Oudolf aus den Niederlanden zusammengestellt wurde. *GROSS.MAX.*

Thames. The park has a unique riverfront location with open views towards some of London's most iconic historic monuments such as Tower Bridge, The Tower of London and the ever changing skyline of the City of London beyond. The green oasis of Potters Field Park forms a contrast to the paved landscape of the neighbouring development whilst creating a continuous flow of public realm. The design consists of an intimate neighbourhood park facing the residential areas and gradually opening up towards the River Thames with a series of stepped terraces. The neighbourhood park has been planted with a spectacular variety of herbaceous plants and grasses designed by world-renowned plantsman Piet Oudolf of the Netherlands. *GROSS.MAX.*

Blick auf die Tower Bridge [View of Tower Bridge
Das Eingangsportal [The entrance gateway
Stauden im Park [Herbaceous perennials in the park

Juniblüte [Blooming flowers in June
Echinacea tennesseensis [Echinacea tennesseensis

DE NIEUWE OOSTER-FRIEDHOF, AMSTERDAM, NIEDERLANDE [DE NIEUWE OOSTER CEMETERY, AMSTERDAM, THE NETHERLANDS

Karres en Brands Landschapsarchitecten Bv, Hilversum, Niederlande [Karres en Brands Landschapsarchitecten Bv, Hilversum, The Netherlands

Unter den öffentlichen Grünanlagen nehmen Friedhöfe einen besonderen Platz ein. Mehr noch als bei einem Park oder einem öffentlichen Garten gilt für den Friedhof, dass er von der Allgemeinheit getragen wird, dass er für alle Menschen da ist. Fast jeder Bürger kommt irgendwann dorthin, sei es um jemanden zu begraben oder um selbst dort begraben zu werden.

Städtische Friedhöfe gleichen in Konzeption und Gestalt häufig städtischen Parks. Das gilt gewiss für den Nieuwe Oosterbegraafplaats (Neuer Ostfriedhof) in Amsterdam, dessen ersten beiden Abschnitte 1894 und 1916 von L.A. Springer im Stil der neuen niederländischen Landschaftskunst entworfen wurden. Der gleiche Architekt entwarf im späten 19. Jahrhundert auch den nicht weit entfernt gelegenen Amsterdamer Oosterpark (Ostpark), der dem Friedhof stilistisch und in seinem Erscheinungsbild sehr ähnlich ist. Charakteristische Merkmale des neuen niederländischen Landschaftsstils sind gewundene Wege und ein scheinbar zufälliger Wechsel von Bäumen und Gehölzen. Der dritte

A cemetery occupies a unique place among the public green spaces in the city. Even more than a park or public garden, a cemetery is of and for everyone. Almost everybody ultimately ends up going there, to bury someone – or to be buried.

In their conception and form urban cemeteries often resemble city parks. That is certainly true for the Nieuwe Oosterbegraafplaats (New Eastern Cemetery) in Amsterdam, the first two sections of which were designed by L.A. Springer in 1894 and 1916 in what was called the New Landscape style. In the late nineteenth century this same architect also designed Amsterdam's Oosterpark, somewhat further up, which is very similar to this cemetery in style and appearance. Characteristics of this New Landscape style include winding paths and the informal alternation of trees and thickets of trees. In keeping with the first two parts, the third part of the Nieuwe Oosterbegraapflaats was built in 1928 to a design by the municipal Department of Public Works.

Luftbild des Areals 87 des Friedhofs [Aerial view of section 87 of the cemetery

Programm/Bauaufgabe [**Programme** Neugestaltung der Urnenbestattung und des Columbariums [Redesign of urn cemetery and columbarium

Landschaftsarchitektur [**Landscape design** Karres en Brands Landschapsarchitecten Bv, Oude Amersfoortseweg 123, NL-1212 AA Hilversum [www.karresenbrands.nl

Standort des Projekts [**Project location** Watergraafsmeer, Amsterdam

Auftraggeber [**Client** De Nieuwe Ooster, Friedhof, Krematorium und Gedenkpark [De Nieuwe Ooster, Cemetery, Crematorium and Memorial Park

Fertigstellung [**Completion** September 2006

Fläche [**Area** 2 ha

Material [**Materials** *Grind* Basalt, Naturstein, Blue de Lanhelin, Stahlränder, alte Grabsteine, gebrochen; *Columbarium* Innenseite Terrazzobeton, Außenseite Zinkplatten; *Wasserelement* Stahl sandgestrahlt, *Brücke* Terrazzobeton; *Abdeckungen Columbarium* Terrazzobeton [*Ground material* basalt, natural stone, Blue de Lanhelin, steel edging, broken old gravestones; *Columbarium* terrazo concrete on the interior, zinc panels on the outside; *Water pools* sandblasted steel and terrazzo concrete bridge; *Cover for the columbarium* terrazzo concrete

▸ **Pflanzliste** [**List of plants**

Hecken [*Hedges* ▸ *Fagus sylvatica »Purpurea«, Fagus sylvatica, Taxus baccata, Ilex aquifolium; Sträucher* [*Shrubs* ▸ *Rhododendron ponticum; Bäume* [*Trees* ▸ *Betula pendula, Liriodendron tulipifera, Magnolia soulangeana; Stauden* [*Herbaceous plants* ▸ *Athyrium filix-femina, Hedera helix »Zorgvlied«, Euphorbia dulcis »Chameleon«, Geranium macrorrhizum »Czakor«, Imperata cylindrica »Red Baron«, Potentilla atrosanguinea »Gibsons Scarlet«, Sedum »Purple Emperor«, Paeonia »Early Scout«, Helleborus foetidus, Rosa »Tornada«, Alchemilla mollis, Perovskia abrotanoides »Little Spire«, Pennisetum alopecuroides »Hameln«; Wasserpflanzen* [*Aquatic plants* ▸ *Nymphaea odorata »Alba«; Zwiebelgewächse* [*Bulbous plants* ▸ *Crocosmia »Lucifer«, Tulipa parade*

Kosten [**Cost** 1 600 000 EUR

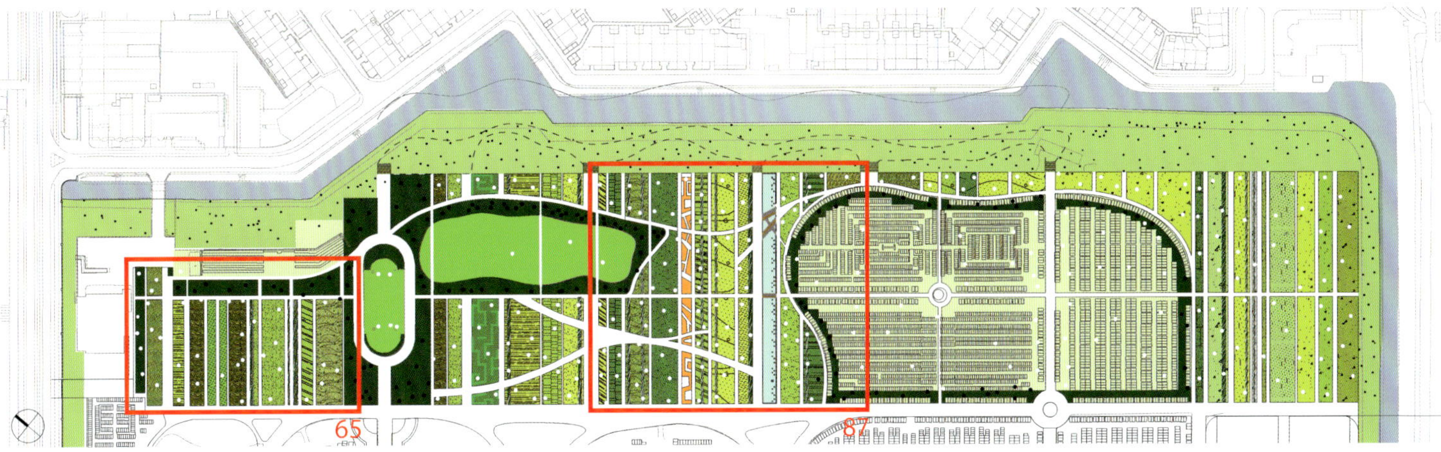

Masterplan [Master plan

Perovskia abrotanoides *»Little Spire«* im Areal 87 [Perovskia abrotanoides *»Little Spire«* in section 87

Neues Raumkonzept [New spatial concept

Abschnitt des Nieuwe Oosterbegraafplaats wurde 1928 in Angleichung an die beiden bereits bestehenden Teile nach einem Entwurf des städtischen Hoch- und Tiefbauamtes angelegt.

Der wesentliche Unterschied zwischen einem normalen Park und einem Friedhof besteht weniger im Erscheinungsbild als in der Nutzung, die im Falle eines Friedhofs weniger intensiv – und vor allem seltener durch freudige Anlässe geprägt – ist als bei den meisten städtischen Gärten. Columbarien und Gräberfelder erzeugen unwillkürlich eine bedrückte Stimmung und die erhöhte Wahrscheinlichkeit, trauernden Menschen zu begegnen, veranlasst den Besucher zu Zurückhaltung. Auf einem Friedhof geht es weniger fröhlich und entspannt zu als in einem allgemeinen Park, wo man sich an Fußballspielen und Picknickveranstaltungen nicht stören würde.

Der dritte und jüngste Abschnitt des Nieuwe Ooster, wie die Amsterdamer den Friedhof in Kurzform nennen, wurde kürzlich nach einem Entwurf von Karres und Brands und unter Bereitstellung eines Budgets von 1,6 Millionen Euro umgestaltet. Sylvia Karres und Bart Brands zufolge weisen die ersten beiden Abschnitte des Friedhofs eine klar geordnete Raumstruktur auf, während der dritte Abschnitt zwar Springers Stil ähnelt, ihm aber nicht wirklich entspricht. Darüber hinaus mangelt es diesem Teil aufgrund nachträglicher Umbauten und Erweiterungen an einer klar erkennbaren Struktur und Identität.

Ausgangspunkt des Entwurfs von Karres und Brands ist, wie sie in der Projektbeschreibung ausführen, gerade die Akzentuierung der Unterschiede: »Statt drei Teilbereiche räumlich miteinander zu verketten, halten wir es für gegeben, jeder Zone ihre Eigenständigkeit zu bewahren. Ein Herausarbeiten der Kontraste erzeugt eine klare Dreiteilung des Friedhofs und wird so der Eigenart jedes einzelnen Abschnitts gerechter. Der dritte Abschnitt bedarf einer neuen Identität. Hierzu ist eine einfache, aber wirkungsvolle Intervention notwendig.«

Im Rahmen dieses Eingriffs wurde der bestehende Park mit einem Raster von parallelen Streifen unterschiedlicher Breite überzogen. In der Beschreibung von Karres und Brands: »Jedem Streifen ist ein eigenes gestalterisches Prinzip zugeordnet... Einige Streifen bestehen aus Hecken, die diesen Teil des Friedhofs in dreidimensionale Felder einteilen. Die vorhandenen Rasenflächen mit Gräbern und das

The essential distinction between a normal park and a cemetery lies less in the appearance than in the use, that of a cemetery being less intensive – and also certainly less festive – than that of most city parks. Columbaria and fields of graves prompt a subdued frame of mind, and the possible presence of grieving people encourages discreet restraint. Therefore, in a cemetery it is less cheerful and relaxed than in the average park, where a game of football or a picnic can take place without being inappropriate or awkward, or causing irritation.

The third and most recent section of the Nieuwe Ooster, as Amsterdammers call the cemetery for short, has recently been transformed according to a design by Karres and Brands, working with a budget of 1.6 million euros. It is the conviction of Sylvia Karres and Bart Brands that the first two sections by Springer have a clear spatial quality in contrast to the third phase, which resembles Springer's style, but isn't by the designer. Moreover, they believe, adaptations and expansions have left this section structureless and without identity.

The point of departure for the design by Karres and Brands is the accentuation of difference, as they have explained in the project description: »Rather than coupling the three zones to one another spatially, we think it is necessary that each area be given its own identity. Increasing the contrasts creates a clear tripartite division of the cemetery, in order to better do justice to the qualities of each individual area. A new identity is created for this third phase. A strong but simple intervention is necessary here.«

This intervention takes the form of a series of parallel strips of varying widths laid over the existing park. As Karres and Brands described, »a different principle, specific to each strip, is used for its layout [...] Some strips have hedges that divide the whole zone into three-dimensional compartments. The existing lawns with graves and the field for scattering ashes become rooms with green borders. Freestanding birch trees are spread over the whole zone. A long pond and an urn wall are spatial accents and offer unique ways for depositing ashes.«

In this way the fields and winding paths that are already there are cut across by the staccato straight lines of the strips, which in their anomalous form might seem to repudiate the history of the place, but

Areal 87: *Rhododendron ponticum* und *Rosa »Tornada«* [Section 87: *Rhododendron ponticum* and *Rosa »Tornada«*

Marmorkuben, Sockel für Urnen in einer Allee des Areals 87 [Cuboid marble pedestals for urns in the avenue in section 87
Wasserbecken zur Urnenbestattung im Areal 87 [Water basin for urn burials in section 87
Goldene Behältnisse für jeweils vier Urnen im Wasserbecken [Golden containers for four urns in the water basin

Aschestreufeld werden so zu grün eingefassten Räumen. Freistehende Birken sind über den gesamten Teilbereich des Friedhofs verteilt. Ein länglicher Teich und eine Urnenwand setzen räumliche Akzente und fungieren als besondere Orte für das Verstreuen bzw. die Aufbewahrung von Asche.«

Die bereits bestehende Ordnung aus Feldern und gewundenen Wegen wird von dem Staccato der geradlinigen Streifen durchkreuzt, was in seiner Anomalie als eine die Geschichte des Ortes ignorierende Geste gedeutet werden könnte; tatsächlich aber wird gerade durch die demonstrative Abkehr vom Bestehenden die Aufmerksamkeit auf die zugrundeliegende gestalterische Schicht gelenkt.

Innerhalb des interventionistischen Konzepts emphatischer Streifen bildet das Columbarium das auffälligste Element. Es bestätigt eine für die gegenwärtige Landschaftsarchitektur charakteristische Tendenz, bei der Form und Formalismus nicht weit voneinander entfernt liegen. Der von den Architekten diagnostizierte Mangel an Identität wird durch die gestalterischen Maßnahmen, angeführt vom Columbarium, ausgeglichen und führt im Ergebnis zu einer Identitätsfülle.

Die Kraftlosigkeit, durch den sich der Landschaftsstil des neunzehnten Jahrhunderts – jedenfalls so wie er heutzutage wahrgenommen wird – oftmals auszeichnet, wird von Karres und Brands durch eine lineare Landschaft konterkariert, die alles andere als unemphatisch ist. Die starke Präsenz des Entwurfs ist nicht nur einfach Ausdruck einer gegenwärtigen Tendenz der Landschaftsarchitektur, sondern kann darüber hinaus als symptomatisch für den heutigen Umgang mit dem Tod interpretiert werden.

Obwohl europäische Gesellschaften rapide altern, ist das Faktum des Todes weitgehend aus dem Alltag der Menschen verbannt. Gerade die Tatsache, dass der Tod in der westlichen Gesellschaft nichts Selbstverständliches ist, spricht dafür, den Friedhof nicht als die gewöhnliche letzte Ruhestätte zu begreifen, die er sein könnte, wenn der Tod als ein natürlicher Teil des Lebens aufgefasst würde, sondern den Friedhof im Gegenteil als einen außergewöhnlichen Ort herauszuheben. *Hans Ibelings*

on the contrary, through their ostentatious deviation from what was there before, call attention to the presence of the underlying layer.

The columbarium is the most emphatic element within the already explicit intervention of the strips, and is typical of a phenomenon that characterises much contemporary landscape architecture, namely that form and formalism are not far separated from one another. In the eyes of the designers what was there lacked identity; what came in its place, the columbarium first and foremost, is the opposite. Now there is identity aplenty.

The feebleness that the nineteenth-century landscape style often has – or at any rate, that contemporary experience attributes to it – is enhanced by Karres and Brands with a linear landscape that is the opposite of unemphatic. This striking presence is not only typical of much landscape architecture in this day, but in addition can be interpreted as meaningful in the light of our present attitudes and practices regarding death.

Although European societies are ageing, as a reality death is often remote from everyday life. Precisely the fact that death is not self-evident in our society is a valid argument for not approaching the cemetery as the common last resting place that it could be if death was an ordinary part of life, but, on the contrary, as a special place.
Hans Ibelings

Magnolienhain mit Urnenmauer im Areal 87 [Magnolia grove with columbarium in section 87

Luftbild des Areal 65 [Aerial view of section 65
Grabstreifen im Areal 65 [Strip of gravestones in section 65

»CIVIC AGRICULTURE«: GARTENBAU ZWISCHEN SINNESLUST UND SOZIALER STADTERNEUERUNG [»CIVIC AGRICULTURE«: URBAN GARDENING BETWEEN SENSUAL PLEASURES AND SOCIAL RENEWAL OF THE CITY

Richard Ingersoll

Eine der grundlegenden Strategien von Menschen in urbanen Umgebungen, der Entfremdung von der Natur vorübergehend zu entkommen und den Belastungen durch hohe Bevölkerungsdichte, Verkehrsaufkommen und industrielle Produktion entgegenzuwirken, ist das Bestreben, die Natur in die Stadt zurückzuholen und sie dort zu bewahren, wo sie noch nicht völlig zerstört ist. Jenseits öffentlicher Parks und üppiger Villengrundstücke der Wohlhabenden ist für viele Stadtbewohner mit geringem oder mittleren Einkommen ein eigener Garten, mag er auch noch so klein oder abgelegen sein, die entscheidende und bis heute manchmal die einzige Möglichkeit, in der Stadt mit Natur in Berührung zu kommen.

In den deutschsprachigen Ländern Europas entstanden im 19. Jahrhundert im Zuge öffentlicher und privater Armutsbekämpfung und der Gesundheitsförderung erstmals Kleingärtenanlagen auf städtischen Rest- oder Freiflächen. Typischerweise sind diese sogenannten Schrebergärten entlang von Bahnlinien oder am Stadtrand angesiedelt, jede Parzelle ausgestattet mit eigenem Zaun sowie Geräteschuppen oder Laube. Ihre Bezeichnung geht auf den Leipziger Kinderarzt Dr. Moritz Schreber (1808–1861) zurück, der sich als Präventivmediziner mit dem städtischen Proletariat beschäftigte. Sein besonderes Engagement galt der Unterdrückung der sexuellen Energie männlicher Jugendlicher. Zu diesem Zweck entwarf er verschiedene Übungsapparate, mittels derer junge Männer ihre sexuellen Gelüste sublimieren sollten. Gegen Ende seines Lebens entwickelte er die Idee des Schulgartens bzw. der Gartenarbeit zwecks Abfuhr libidinöser Überschüsse. Während seine Übungsmaschinen kaum Abnehmer fanden, fiel seine Idee der Gartenarbeit auf fruchtbaren Boden, allerdings nicht, weil sie der Sublimierung sexueller Energien

People living in urban environments need to escape from an existence alienated from nature and counterbalance the adverse effects of high population density and pollution through traffic and industrial production. One of their basic strategies of doing so is to bring nature back into the city and conserve natural spaces that have not yet been completely destroyed. For low or middle-income city dwellers who do not reside in villas surrounded by a garden and for whom a stroll in a public park is an insufficient respite, their own garden, however small or unattractively located, is a crucial and – until today – sometimes the only access to nature in the city.

In the German-speaking parts of Europe, small urban allotment gardens were first established in the nineteenth century on residual or unbuilt land as part of public or private measures to contain poverty and promote public health. Colonies of such allotments, commonly called *Schrebergärten*, spread out along train lines and near the edges of cities, each plot with its own fence and little toolshed or summerhouse. They take their name from Dr. Moritz Schreber (1808–1861), a pediatrician from Leipzig, who lived during the first half of the nineteenth century and was engaged in preventive medicine for the proletariat. Among his chief concerns was how to repress juvenile sexual energy, leading him to propose machines for gymnastics that would sublimate young men's passions. Toward the end of his life, Schreber launched the concept of school gardens, worked by the youths, to distract the libido. While his bizarre machines failed to attract a serious market, his gardening idea took root, not for its repressive value but as an urban dweller's pleasurable and healthy hobby.

Schrebergarten, Zürich, Schweiz [Allotment garden, Zurich, Switzerland

diente, sondern weil die Stadtbewohner darin ein vergnügliches und gesundes Hobby sahen.
Menschen, die einen Schrebergarten bewirtschaften, sind statistisch gesehen körperlich besser in Form, seelisch ausgeglichener und ernähren sich auch gesünder. Es gibt also wenige Gründe, anzunehmen, dass die Gartenarbeit sich ungünstig auf ihre libidinösen Energien auswirkt. Im Gegenteil, bei meinen Besichtigungen von Schreber- und Kleingärten an den Rändern europäischer Städte beobachte ich immer wieder einen Impuls, den man als den Wunsch umschreiben könnte, dem Verlust des Garten Eden etwas entgegenzusetzen. Mögen die betreffenden Gärtner auch pragmatische Beweggründe wie die Ergänzung des Wocheneinkaufs mit selbstgezogenem Gemüse und Obst oder mit Schnittblumen anführen, die beeindruckende Kreativität, mit der die in der Regel zwischen 50 und 200 m² großen Bauernhöfe in Miniaturform gestaltet und beackert werden, zeugt von der Begierde nach sinnlichen Freuden.
Schrebergärten sind das Produkt eines lustbetonten Hobbys, doch da sie vielfach städtische Restflächen bedecken, sind sie den Augen der Öffentlichkeit in vielen Fällen leider entzogen. Meist sind die Kolonien von einer hässlichen Maschendrahteinzäunung umgeben, zu deren Tor nur die jeweiligen Gartenbesitzer bzw. -pächter einen Schlüssel haben.
Die Integrierung dieser von der Kreativität und Partizipation der Bürger lebenden Grünanlagen in öffentliche Parks wäre ein wichtiger nächster Schritt in Richtung »grüne« Transformation der Stadt. Ein inspirierendes Beispiel dafür, wie private Gärtner zum Gelingen einer öffentlichen Parkanlage beitragen können, ist die von Carl Theodor Sørensen (1899–1979) entworfene Kleingartenkolonie Nærum am nördlichen Stadtrand von Kopenhagen, deren fünfzig ovale Obstgärten in einen Park integriert sind. Jedes Oval der 1948 entworfenen Anlage ist von einer einheitlichen Hecke umgeben, ein Geräteschuppen schützt jeweils den Eingang. Die Hecken sind gerade niedrig genug, dass ein Erwachsener in die Obstgärten hineinschauen kann; die Grasflächen zwischen den Gärten stehen als Passagen allen offen. Auf diese Weise tragen 50 verschiedene Gärtner mit ihrer Kreativität – und noch dazu entgeltlos – zur Pflege und Gestaltung einer großen städtischen Grünanlage bei.
Sørensens brillanter Entwurf für Nærum inspirierte mich, den italienischen Begriff *agricivismo* – auf Englisch »Civic Agriculture« – zu prägen, als Bezeichnung für die Beiträge, die als Gärtner tätige Bürger zur Verbesserung öffentlicher Grünzonen in der Stadt oder ihrem Einzugsge-

Since the people who work these gardens statistically prove to be in better shape, eat better diets, and feel more grounded, there is little reason to believe that their libidos have been penalised by gardening. On the contrary, in my tours of *Schrebergärten* and allotments scattered on the edges of European cities I often recognise an effort that one could characterise as the desire to resurrect the lost Garden of Eden. While their makers may be motivated to garden for the pragmatic reasons of supplementing the weekly shopping with fresh vegetables, fruit, and cut flowers, the extraordinary creative attention given to these miniature farms, which range from 50 to 200 square metres in area, communicates an obvious desire for sensual pleasures.
The *Schrebergärten* represent a voluptuous hobby, but unfortunately they often occupy residual zones away from public contact. They are usually enclosed by ugly wire mesh fences and have restricted access, with each gardener possessing a key to the overall garden. To integrate such a creative and participatory resource into public parks would be the next step toward »greening« the city. The example of the Nærum garden north of Copenhagen by Carl Theodor Sørensen (1899 – 1979), which sets fifty oval orchards in a park, provides the most inspiring vision of how private gardeners can contribute to a public park. Designed in 1948, a uniform hedge defines each oval and a small toolshed protects its entrance. The gardeners trim the hedges to eye-level so that one can just peek over into the orchards, and the grassy spaces between them provide a public passage accessible to all. Thus, a large public park incorporates the creativity of 50 different gardeners, who work for free.

Kleingartenkolonie Nærum, Kopenhagen, Dänemark [Nærum allotment gardens, Copenhagen, Denmark

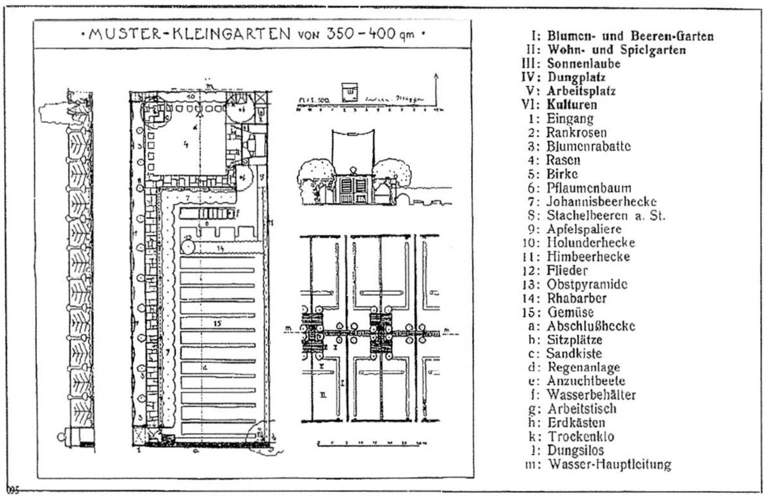

biet leisten. Civic Agriculture findet seine Anfänge bei den Gestaltungswünschen des Einzelnen in seinem Kleingarten und führt zu der größeren Idee der Anlage eines regionalen landwirtschaftlichen Parks. Die Nutzung von städtischen Restflächen, öffentlichen Parks, Parkplätzen und Dachflächen fällt ebenso darunter wie die Bewahrung stadtnaher Landwirtschaftsflächen. Dies setzt allerdings voraus, dass sich Bürgervereinigungen bilden, die mit Hilfe des Fachwissens von Agrarwissenschaftlern, Landschaftsarchitekten und Soziologen die Parameter festlegen, innerhalb derer sie (ehrenamtlich) an der Umwandlung städtischer oder stadtnaher Flächen zu landwirtschaftlich genutzten Grünanlagen mitwirken. Derartige Bürgervereinigungen debattieren über Themen wie die Wiederansiedlung vertriebener Arten, Kontrolle des Einsatzes von Kunstdünger, Kompostiermöglichkeiten und die Auswahl der zu verwendenden Materialien. Auf diese Weise lassen sich relevante Informationen austauschen und in Streitfragen Kompromisse erarbeiten. In Zürich und einigen anderen Städten der deutschsprachigen Länder gibt es mittlerweile bereits Websites solcher Bürgerinitiativen, die für ihre Ziele werben und ihre Aktivitäten für Außenstehende darlegen. Drei wichtige Formen der Stadterneuerung stehen dabei im Vordergrund: die Wiedergewinnung und optische Aufwertung von Brachflächen; die Initiierung sozialer Prozesse, die ein großes Spektrum von Bewohnergruppen einbeziehen: Kinder, ältere Menschen, geistig und körperlich Behinderte, Gefängnisinsassen, Migranten u.a.; sowie die Förderung von sozialer Verantwortlichkeit und Mitbestimmung in Stadtgefügen, die zunehmend von Verwahrlosung geprägt sind.

Ein Verfechter der Civic Agriculture *avant la lettre* war der Landschaftsarchitekt Leberecht Migge (1881–1935), der sich selbst als »grünen Spartakus« bezeichnete. Wie Schreber lagen ihm das Wohl und die Gesundheit der industrialisierten Gesellschaft am Herzen, allerdings war Gartenbau in seinen Augen für den Stadtbewohner eine Form der Befreiung. Zeit seines Lebens setzte Migge sich dafür ein, dass den Menschen in der Stadt die Möglichkeit zur Selbstversorgung gegeben werde und dass jedem Haus sein eigener Gemüsegarten zur Verfügung stehe. Genau genommen sind die Schrebergärten nach der falschen

Sørensen's brilliant solution at Nærum inspired the Italian expression *agricivismo*, or »Civic Agriculture«, an effort to promote and document the ways that citizen gardeners can take part in improving the overall public landscape. Civic Agriculture starts with the individual allotment garden and the passion of individual gardeners and leads to a larger notion of a regional agricultural park. It encompasses residual urban sites, public parks, parking lots, rooftops, and the conservation of existing farmland adjacent to urban areas. The process of making gardens requires the formation of civic associations which establish, with the help of professional agronomists, landscape architects, and sociologists, the parameters of their voluntary agricultural colonisation of urban sites. Issues such as the recultivation of local species, control of chemical fertilisers, recycling for compost, and choice of materials to be used in the construction of the gardens are debated by the members of the association, leading to consensual methods and the diffusion of information. In Zurich and a few other German-speaking cities, similar associations have already produced websites to promote and monitor their activities. Civic Agriculture encourages three important types of urban regeneration: the revitalisation and beautification of derelict land; the engagement and social integration of a great diversity of people, ranging from small children, elderly, physically and mentally challenged, prisoners, and immigrants; and a renewed sense of responsibility and social control in urban situations that feel increasingly abandoned and unsafe.

The premises of Civic Agriculture would be nothing new to those familiar with Leberecht Migge (1881–1935), who considered himself »the Green Spartacus«. Like Schreber he was concerned with the well-being and health of industrial society, but he considered gardening as a form of liberation for urban dwellers. His lifelong campaign to make every urban dweller self-sufficient and give every house a vegetable patch leads me to think that allotment gardens were named after the wrong person – they should be called *Miggegärten*. From his background in the German Garden City movement and the Werkbund, Migge promoted the making of gardens as a fundamental act of

Mustergarten für die Gartenstadt, aus: Leberecht Migge, *Der soziale Garten. Das grüne Manifest* (1919) [Model garden for the garden city, from: Leberecht Migge, *Der soziale Garten. Das grüne Manifest* (1919)

Person benannt worden, sie sollten *Miggegärten* heißen. Als Anhänger der deutschen Gartenstadtbewegung und Mitglied des Deutschen Werkbundes propagierte Migge, dass ein Garten fundamentaler Bestandteil jeder Form des Wohnens sein müsse. Die Geometrie des Gemüsegartens müsse die räumliche Ordnung des Hauses widerspiegeln. In seinem idealtypischen Entwurf für ein »wachsendes Haus« schlug er eine nordseitig platzierte, initiale Mauer vor, von der aus Räume angebaut wie auch Sektoren eines Gemüsegartens angelegt werden konnten. Migge ließ es sich nicht nehmen, 1926 die Kleingärten der neu errichteten Knarrbergsiedlung in Dessau-Ziebigk persönlich zu bepflanzen, so dass jede Familie, die in diese soziale Wohnanlage einzog, bereits Gemüse und Obst ernten und sich so mit der Funktionsweise eines Gartens vertraut machen konnte. In seinen zahlreichen Vorschlägen für Kleingartenanlagen war Migge sich durchaus der Bedeutung solcher Flächen als Teil des öffentlichen Grüns bewusst. So empfahl er zum Beispiel, jeweils vier Kleingärten zu einem Quadrat zusammenzufassen, das dann Bestandteil eines umgebenden Freizeitparks werden könnte. Ähnlich wie bei Schreber hatte Migges Theorie allerdings auch deterministische Tendenzen und er übersah, dass seine Gärten ohne die bewusste Mitarbeit der Gärtner keine Zukunft haben würden. Viele der Gärten, die er für die berühmten Wohnsiedlungen der 1920er Jahre in Berlin und Frankfurt entwarf, darunter die Hufeisensiedlung von Bruno Taut und Martin Wagner und die Römerstadt von Ernst May, wurden von den Bewohnern, deren Wohl sie ja eigentlich dienen sollten, gar nicht bewirtschaftet oder fielen der Immobilienspekulation anheim. Es ist ein Axiom, dass es keine Gärten ohne Gärtner gibt.

2004 entstand in Rom, einer Stadt, die sich nicht gerade durch einen Mangel an Gärten auszeichnet, ein außergewöhnlicher Gemüsegarten auf dem Grundstück der Kirche Santa Croce in Gerusalemme. Die Kirche, zu der ein Benediktinerkloster gehört, geht bis auf die Zeit von Kaiser Konstantin dem Großen zurück und liegt neben einer antiken, in die Stadtmauern eingebetteten Arena. In dem Wunsch, ihre Ordensregel *ora et labora* (bete und arbeite) mit neuem Inhalt zu füllen, ließen die Mönche das Gartengrundstück zu einem ertragreichen Gemüsegarten

dwelling. He maintained that the geometry of a vegetable patch recapitulates the order of the house. In his ideal project for the »growing house« (Das wachsende Haus), he proposed a foundational wall, placed on the north, from which both the rooms of a house and the sections of a vegetable garden could be extended according to need. Migge went as far as to personally plant the allotment gardens at the Knarrbergsiedlung in Dessau-Ziebigk in 1926, so that each family that moved into this social housing estate would already have food to harvest and understand how the garden worked. In his many proposals for allotments he also recognised their potential as forming part of a public landscape and recommended clustering four allotments into a square as an element of a larger leisure park. Yet like Schreber, Migge harboured a determinist bent in his theory and did not realise that his gardens would not survive without the willful participation of gardeners. Many of the allotments he designed for the famous housing estates of the 1920s in Berlin and Frankfurt, including Bruno Taut and Martin Wagner's Hufeisensiedlung and Ernst May's Römerstadt, were abandoned by those they were intended to serve or were speculated upon as real estate. It is axiomatic that gardens cannot exist without gardeners.

In Rome, a city with no shortage of gardens, a very special vegetable garden appeared in 2004 at the church of Santa Croce in Gerusalemme. A Benedictine convent, the church goes back to the time of Constantine and is adjacent to an ancient arena embedded in the city walls. Reviving the monastic dictate of *ora et labora* (to work and pray), the monks restored the garden as a well-designed and highly productive vegetable patch. The architect Paolo Pejrone designed it as a crossroads of intersecting pergolas dividing a series of concentric fields of vegetable and flower beds. Since monks are obliged to take vows of chastity, they perhaps have satisfied Schreber's mandate of sublimating hormonal urges into the fruitfulness of the garden. Twice a week outside the gate to the garden they sell their produce, which appears miraculously abundant and beautiful.

In Bordeaux a large public park, the Jardin Botanique de la Bastide revitalises the abandoned train yards, an awkward type of post-indus-

Garten der Kirche Santa Croce in Gerusalemme, Rom, Italien [Garden of the Basilica di Santa Croce in Gerusalemme, Rome, Italy

umgestalten. Der Landschaftsarchitekt Paolo Pejrone entwarf dazu ein Netz von mit Pergolen überdachten Wegen, die die konzentrisch angeordneten Gemüse- und Blumenbeete durchschneiden. Da Mönche ein Keuschheitsgelübde ablegen müssen, erfüllt die prächtig gedeihende Gemüse- und Obstzucht möglicherweise Schrebers Forderung nach Triebsublimierung. Zweimal pro Woche verkaufen die Mönche die Früchte ihrer Arbeit vor dem Tor zum Garten.

In Bordeaux wurde ein nicht mehr genutztes Eisenbahngelände, eine jener oftmals problematischen Industriebrachen, wie sie in ganz Europa zu finden sind, in einen großen öffentlichen Park umgewandelt, den Jardin Botanique de la Bastide. Die nach einem Entwurf von Catherine Mosbach 2004 fertiggestellte Gartenanlage erstreckt sich auf einem schmalen Gelände über einen Kilometer entlang der Garonne und bietet dem Besucher eine Vielfalt von Naturerlebnissen. Gewächshäuser und knollenförmige Verwaltungsgebäude, von Françoise-Hélène Jourda entworfen, stellen Räumlichkeiten für Besucher bereit, die den neuen Botanischen Garten für Bildungszwecke nutzen wollen. Der »grüne« Garten, der die größte Einzelkomponente des Parks bildet, besteht im vorderen Teil aus einem gemeinschaftlichen Obstgarten, der von ehrenamtlichen Mitarbeitern und von Studenten der nahegelegenen landwirtschaftlichen Fakultät gepflegt wird. Die übrigen Flächen sind in in Reihen gestaffelte Beete aufgeteilt, in denen dem jahreszeitlichen Wechsel entsprechend klassische Gemüsesorten angebaut werden. Bänke und Wasserbecken grenzen die Beete voneinander ab. Näher zum Flussufer hin wurden elf Musterbiotope in Form von angeschnittenen Hügeln angelegt, die die verschiedenen Landschaften der Region von Dünen bis zu Sumpfgebieten zeigen. Der Park endet mit einem Wassergarten und speziellen Becken für Wasserpflanzen und -tiere. Dank des Wechsels der Nutzpflanzen kann der Jardin Botanique de la Bastide, der nur zum Teil von ehrenamtlichen Gärtnern gepflegt wird, sich in

trial site that is quite common throughout Europe. Designed by Catherine Mossbach and completed in 2004, it spreads along the Garonne estuary on a narrow site over a kilometre in length, offering a variety of experiences. The greenhouses and bulbous administration pods were designed by Françoise-Hélène Jourda and offer pedagogical space for those who use the park for educational purposes. The green garden that forms the largest component of the park is headed by a citizens' orchard cared for by volunteers and students from the nearby school of agriculture. The rest is fragmented into a composition of staggered beds, stocked with the predominant types of vegetables currently in season, divided by benches and water troughs. One finds as they move toward the river eleven cut-away mounds of sample biotopes, showing the variety of the landscape in the region from dunes to wetlands. The park terminates with a water garden and special basins for aquatic species. While only partly maintained by citizen gardeners, the use of changing agricultural elements gives the Bastide park a responsiveness to the sense of cyclical time, as well as information in terms of culinary resources.

Urban farming can thus improve the land, make it safer through the continued presence of creative participants, and contribute to the moral fibre of the younger generation by giving them skills and a sense of accomplishment. In Oxford, UK, about a ten-minute walk east of the university district, a group of mental health workers started the »Restore« project in 1977. Their garden covers two blocks (1/2 acre) and is worked on by people who have mental disabilities, under the guidance of professionals. The initial project belonged to the movement to open the mental asylums, advocated in the 1970s by Michel Foucault and others. Six professionals and six volunteers work with 30 to 50 participants per week, people with mental problems who visit the garden and work on its projects, seeding, fertilising, weeding, and

Botanischer Garten, Jardin aquatique, Bordeaux, Frankreich [Botanical garden, Jardin aquatique, Bordeaux, France

Botanischer Garten, »Champ de cultures« (Kulturpflanzenfeld), Bordeaux, Frankreich [Botanical garden, »Champ de cultures« (Field of Crops), Bordeaux, France

besonderem Maße an die Jahreszeiten anpassen und bietet darüber hinaus Informationen zur Verwendung der geernteten Früchte in der Küche.
Landwirtschaft in der Stadt bedeutet folglich nicht nur eine Aufwertung und Sanierung der dafür verwendeten Flächen, sie trägt durch die kontinuierliche Anwesenheit von kreativen Mitarbeitern auch zur Sicherheit der Grünanlagen bei und stärkt das seelische Gefüge junger Menschen, die bei ihren Tätigkeiten neue Kenntnisse und Fähigkeiten erwerben und so zu Erfolgserlebnissen gelangen. Im englischen Oxford, ungefähr zehn Minuten östlich des Universitätsbezirks, initiierte 1977 eine Gruppe von Sozialarbeitern und Pädagogen, die mit geistig Behinderten arbeiteten, das Projekt »Restore«. Der dazugehörige Garten erstreckt sich über zwei Straßenblöcke (0,5 Acre) und wird von geistig Behinderten unter professioneller Anleitung bewirtschaftet. »Restore« war ursprünglich Teil jener von Michel Foucault und anderen in den 1970er Jahren initiierten Bewegung, die sich für die Öffnung der psychiatrischen Anstalten einsetzte. Zwölf Mitarbeiter, von denen sechs ehrenamtlich beschäftigt sind, betreuen pro Woche 30 bis 50 Teilnehmer, Menschen mit geistigen Beeinträchtigungen, die den Garten besuchen und sich an diversen Arbeiten beteiligen, z.B. säen, düngen, Unkraut jäten, etc. An den Prozessen dieser Tätigkeiten teilzuhaben und das Wachsen und Aufblühen der gesäten Pflanzen zu erleben, hat auf die Teilnehmer eine entschieden positive Wirkung. Mittlerweile wurden in der näheren Umgebung drei weitere Therapiegärten mit ähnlichem Konzept angelegt. 2008 wurde einer der Geräteschuppen zu einem Coffee Shop umgebaut – ein Ort der Integration, an dem »normale« Menschen mit den Teilnehmern von »Restore« zusammenkommen können. Der Garten wurde so zu einem Treffpunkt für die umliegenden Stadtteile.
Civic Agriculture existiert bereits, doch oftmals könnten die disparaten Elemente, um die es sich dabei handelt, zu einem in seiner Wirkung viel effektiveren, zusammenhängenden Landwirtschaftspark gebündelt werden. Eines der ersten Experimente für einen regionalen Landwirtschaftspark entstand in den 1970er Jahren im Rahmen einer entsprechenden Debatte am Mailänder Polytechnikum. An der Universität waren geologische und hydrologische Studien der sich südlich der Stadt erstreckenden Gebiete durchgeführt worden, um deren Eignung für das Projekt eines regionalen Landwirtschaftsparks zu bewerten. Obwohl ein solcher Park bisher nicht gesetzlich genehmigt worden ist, haben

Garten des Projekts »Restore«, Oxford, England [Garden of the »Restore« project, Oxford, England

other chores. The sense of accomplishment comes with seeing the beauty of the plants and the process. It led to the founding of three similar therapeutic gardens in the immediate region. In 2008, the Restore project turned one of its toolsheds into a coffee house as a place to help integrate »normal people« with those who work on the gardens. The coffee shop has since made the garden a source of information for the surrounding community.
Civic Agriculture already exists, but often its various components could be much better coordinated as part of an overall agricultural park. One of the first experiments for a regional agricultural park began with debates at Milan's Polytechnic University in the 1970s. The southern areas that extend from Milan's edges, including land in sixty different municipalities, were studied from geological and hydrological points of view, with the intention of evaluating whether they could be used for a regional agricultural park. While the park does not have legal recognition, it has been promoted by various entities as a concept, and several ingredients have been developed by independent activists. Italia Nostra, a citizen's organisation concerned with nature conservation and ecology, succeeded in piecing together several hectares of fringe properties during the 1970s. They managed the northern half as an urban forest, the Bosco in Città, attempting to replant the typical flora, facilitate wetlands, and restore the natural drainage systems. The southern half of the park, the Parco delle Cave, occupies an area of abandoned quarries that previously was infamous in Milan as the place to buy drugs or find prostitutes. The quarries were turned into beautiful lakes, stocked with fish, and the edges were developed for citizen gardens. After 25 years the park has become a positive social space. Each of the three groups of allotments has a club house designed by Carlo Masera and his students from Milan Polytechnic, built with biological materials such as mud, straw, and

verschiedene Gruppen und Institutionen sich seiner als ein zu realisierendes Projekt angenommen. Mehrere Komponenten des Konzepts wurden dabei von unabhängigen Aktivisten beigesteuert. Der Bürgerinitiative Italia Nostra, deren Arbeit auf Naturschutz und Ökologie ausgerichtet ist, gelang es in den 1970er Jahren, mehrere Hektar Randflächen zu einem zusammenhängenden Gebiet zu vereinigen. Die nördliche Hälfte wurde als Stadtwald, Bosco in Città, ausgewiesen, mit dem Ziel, einheimische Arten neu anzusiedeln, Voraussetzungen für neue Sumpfgebiete zu schaffen und das natürliche Entwässerungssystem wiederherzustellen. Die südliche Hälfte des Parks, der Parco delle Cave, besteht aus mehreren aufgelassenen Steinbrüchen, die einen notorischen Ruf als Orte des Drogenhandels und der Prostitution hatten. Die Steinbrüche wurden mittels Flutung in Seen umgewandelt, in denen man Fische ansiedelte und an deren Ufern private Kleingärten angelegt wurden. 25 Jahre später hat sich der Park als eine dem Gemeinwohl förderliche Grünfläche bewährt. Zu jeder der drei Kleingartenanlagen gehört ein Clubhaus, das von Carlo Masera und seinen Studenten am Mailander Polytechnikum unter der Verwendung biologischer Materialien wie Lehm, Stroh und Holz entworfen wurde. Von Soziologen beraten, halfen die Architekten den Gärtnervereinigungen, eigene Regeln zu Gestaltung, Art der Materialien, Düngung und Verwendung von Pestiziden aufzustellen. Durch ihre Nähe zu den Haupteingängen des Parks üben die Kleingärten unwillkürlich eine Art sozialer Kontrolle aus, da die Eigentümer oder Pächter nahezu täglich auf ihren Grundstücken sind und sehen, wer vorbeikommt.

Im Gegensatz zu vielen Menschen, die keine Wahl haben und wie Adam und Eva gezwungen sind, ihre Felder zu beackern, weil sie ihren Lebensunterhalt sonst nicht sichern könnten, ist Civic Agriculture meist eine Frage des Vergnügens. Für den Städter ist es eine Freude, wenn die Knospen aufspringen und sich entfalten, das Hacken und Umgraben, die Berührung mit Erde sind für ihn eine körperliche Wohltat, er empfindet Befriedigung, wenn er seine selbst gesetzten Kartoffeln aus dem Boden holt, und ist entzückt über die Beeren an seinen Sträuchern und die frisch geschnittenen Blumen auf seinem Tisch. Alle diese Empfindungen geben ihm ein Wohlgefühl. Wenn Leberecht Migges Ziel, jedes Wohnhaus mit einem Gartengrundstück auszustatten, verwirklicht und auf Parkplätze, Dächer und Balkone ausgedehnt würde, wenn man alle Frei- und Restflächen unserer Stadtwüsten, sämtliche Grundstücke von Schulen, Gefängnissen, Krankenhäusern und Gewerbeparks für die Ansiedlung von Nutz- und Kulturpflanzen nutzen würde, dann wäre ein großer Schritt in Richtung einer anderen Umweltethik erreicht. Zugleich würde damit eine enorme Sensibilisierung in puncto Nachhaltigkeit einhergehen und dem sinnlichen Vergnügen wäre ebenfalls gedient.

wood. With the help of sociologists, the architects supported the associations of gardeners in creating their own rules about garden design, materials, manure and pesticides. The siting of the allotments near the major park entrances acts as a social filter because the urban farmers return almost daily to their plots and visually control who passes.

While some people have no choice, and, like the original exiles from Paradise, must toil in the fields out of necessity, civic agriculture tends to be for pleasure. The joy of watching buds spring into bloom, the physical release of hoeing and digging the earth, the sense of satisfaction as one harvests potatoes from the soil, the rapture of gathering berries and cutting flowers for the table – these sentiments establish a new sense of well-being for the urban dweller. If Migge's objective of starting allotments everywhere at every residence was expanded to include parking lots, rooftops and balconies, and exploited all of the awkward gaps of urban sprawl, as well as every school, prison, business park, and hospital, one could anticipate an improved ethic toward the land and an innate revolution in the awareness of sustainability. Finally the libido would be allowed free reign in Eden.

Plan des Parco delle Cave, Mailand, Italien [Plan of the Parco delle Cave, Milan, Italy

Literatur [*Sources*
Heinze-Greenberg, Ita. »›Spartacus in Green‹, Leberecht Migge and Everyman's Garden«. *Structurist* 47 – 48, 2007 – 2008, S. 34 – 40. [»›Spartacus in Green‹, Leberecht Migge and Everyman's Garden«. *Structurist* 47 – 48, 2007–2008, pp. 34 – 40.
Ingersoll, Richard. *Sprawltown. Cercando la città in periferia*. Rom: Meltemi, 2004. [*Sprawltown. Cercando la città in periferia*. Rome: Meltemi, 2004.
Migge, Leberecht. *Der Soziale Garten: Das Grüne Manifest* [1919]. Neuausgabe. Berlin: Gebr. Mann, 1999. [*Der Soziale Garten: Das Grüne Manifest* [1919]. New edition. Berlin: Gebr. Mann, 1999.
Migge, Leberecht. *Die wachsende Siedlung nach biologischen Gesetzen*. Stuttgart: Franck'sche Verlagsbuchhandlung, 1932. [*Die wachsende Siedlung nach biologischen Gesetzen*. Stuttgart: Franck'sche Verlagsbuchhandlung, 1932.
Reed, Peter. *Groundswell: Constructing the Contemporary Landscape*. New York: The Museum of Modern Art, 2005. [*Groundswell: Constructing the Contemporary Landscape*. New York: The Museum of Modern Art, 2005.
Schreber, Moritz. *Die ärztliche Zimmergymnastik*. Leipzig: Fleischer, 1855. [*Die ärztliche Zimmergymnastik*. Leipzig: Fleischer, 1855.

Parco delle Cave, Mailand, Italien [Parco delle Cave, Milan, Italy

PRU RUBATTINO-EX MASERATI, MAILAND, ITALIEN [PRU RUBATTINO-EX MASERATI, MILAN, ITALY

LAND Srl (Landscape Architecture Nature Development Srl), Mailand, Italien [LAND Srl (Landscape Architecture Nature Development Srl), Milan, Italy

Aufgelassene Industriezonen wieder in Lebensraum zu verwandeln und für die Tertiärgesellschaft zu erschließen, ist eine der großen Aufgabenstellungen für Landschaftsarchitekten und Städteplaner der postindustriellen Ära in ganz Europa. Im Falle Mailands gilt es, mehrere verhältnismäßig kleine, brach liegende Areale, die einst am Stadtrand lagen und inzwischen dem innerstädtischen Bereich angehören, wieder in das Stadtgewebe zu integrieren. Eines davon ist das im Nordosten gelegene Gelände Rubattino, auf dem bis in die 1980er Jahre hinein die Traditionsmarken Innocenti und Maserati ihre Autos produzierten. Es liegt strategisch günstig in der Nähe des Lokalbahnhofs Lambrate und nur wenige Kilometer Luftlinie entfernt von der Piazza del Duomo.
1998 erarbeitete das Büro LAND Srl im Auftrag eines privaten Investors, aber unter Berücksichtigung städtischer Richtlinien, einen Plan zur Erschließung und landschaftsgärtnerischen Gestaltung des 274 000 Quadratmeter großen Areals, für das eine Mischnutzung aus Büro- und Wohnbebauung, öffentlichen Gebäuden und Grünflächen für die Freizeitnutzung vorgesehen war. 2007 wurde die erste Realisierungsphase mit

The revitalisation of abandoned industrial zones into living habitats and their development for the tertiary society is one of the greatest tasks facing landscape architects and urban planners throughout Europe in the post-industrial era. In the case of Milan there are several comparatively small disused sites that formerly lay on the outskirts of the city and are now part of the inner-city region but lack integration into the urban fabric. One of these is the Rubattino site on the northeast side of the city where until the mid-1980s the legendary carmakers Maserati and Innocenti manufactured their automobiles. It lies in a strategically advantageous position close to the local railway station at Lambrate and just a few kilometres away as the crow flies from the Piazza del Duomo.
In 1998 the Milan branch of LAND Srl was commissioned by a private investor to produce a plan for the development and landscaping of the 274 000 square metre large site with a view to accommodating a mix of uses ranging from offices and housing to public buildings and parkland for recreation. While the project was privately financed, the regulatory guidelines of the city had to be observed. In 2007 the first phase of

Ehemalige Industriehalle im Wasserpark [Former industrial hall in the water park

Programm/Bauaufgabe [**Programme** Wiederaufwertung einer ehemaligen Industriefläche und Verbindung einer durch den Autobahnring zerteilten Fläche im Spannungsbereich zwischen Wohnsiedlung und ehemaliger Industriefläche. [Revitalisation of a derelict industrial site and reintegration of a space bisected by the ring motorway that unites residential housing with a former factory site.

Landschaftsarchitektur [**Landscape design** LAND Srl, Via Varese 16, 20121 Mailand [www.landsrl.com

Standort des Projekts [**Project location** Mailand, Stadtteil Lambrate [Milan, Lambrate District

Auftraggeber [**Client** Rubattino '87 S.r.l./SERGRUP

Entwurf [**Design** 1997

Fertigstellung [**Completion** 1. Phase 2007 [Phase 1 completed in 2007

Fläche [**Area** *insgesamt* [*Total* 274 000 m², Grünfläche [*Green areas* 117 200 m²

Vegetation [**Vegetation** *Bäume* [*Trees* 1800

▸ **Pflanzliste** [**List of plants**

▸ *Acer campestre, Acer platanoides »Columnare«, Acer platanoides »Brilliantissimum«, Alnus glutinosa, Alnus incana, Fraxinus excelsior, Juglans regia, Liquidambar styraciflua, Platanus acerifolia, Populus tremula, Populus nigra »Italica«, Prunus avium, Quercus palustris, Quercus robur, Quercus robur »Fastigiata«, Salix alba, Sophora japonica, Ulmus »Resista«, Alnus glutinosa, Carpinus betulus, Sorbus aucuparia, Ulmus glabra, Ilex aquifolium, Magnolia solangeana, Viburnum davidii, Spiraea arguta, Forsythia x intermedia, Prunus laurocerasus »Otto Luyken«, Salix rosmarinifolia, Cornus sp., Hydrangea sp., Spiraea sp., Viburnum tinus,* Bambus sp. [bamboo sp., *Ceanothus thyrsiflorus, Crataegus monogyna, Frangula alnus, Hippophae rhamnoides, Ligustrum vulgare, Rhamnus cathartica, Viburnum opulus, Carex riparia, Dactylis glomerata, Miscanthus sinensis, Poa trivialis, Phragmites communis, Thypha angustifolia, Pennisetum alopecuroides, Spartina pectinata, Cortaderia selloana, Festuca glauca, Cotoneaster microphyllus, Parthenocissus tricuspidata, Rosa sympathie.*

Kosten [**Cost** ca. 5 610 000 EUR

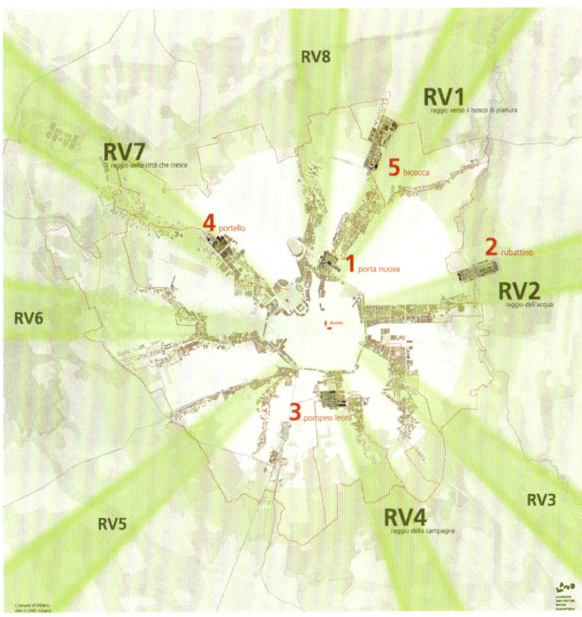

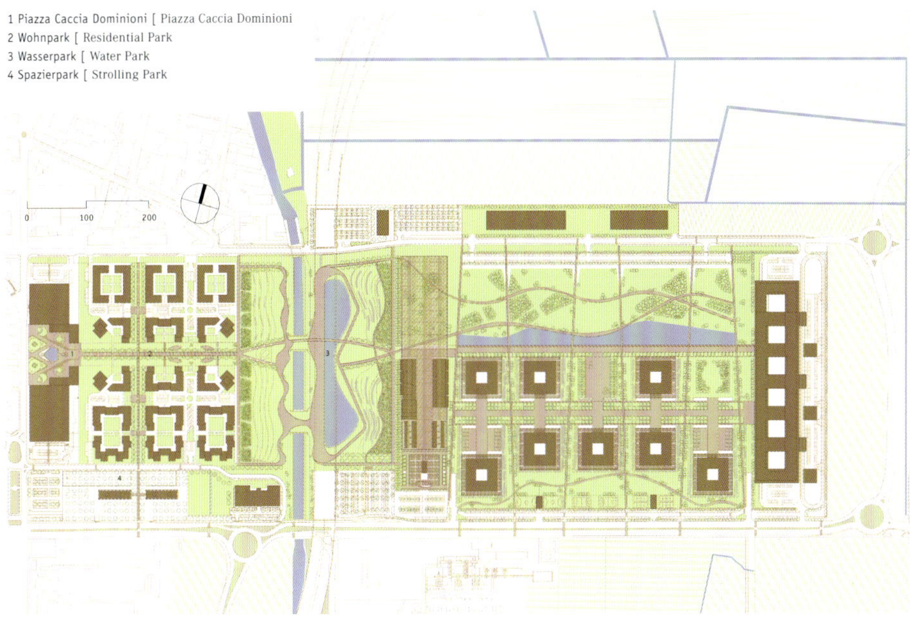

Masterplan für Mailand [Master plan for Milan
Plan Bereich 2 Rubattino [Plan of section 2 Rubattino
Wasserpark mit Blick auf das ehemalige Industriegebäude [Water park with a view of the former industrial building
Wasserpark mit Blick auf die Autobahn [Water park with a view of the motorway flyover

der im Westen liegenden Wohnbebauung und dem anschließendem Park beendet; der andere Teil des Gebiets ist noch immer unzugängliches Brachland.

Das komplett autofreie Gelände wird über eine symmetrische Platzanlage (Architekt: Luigi Caccia Dominioni) erschlossen, die in eine Allee mündet. Als Zitat innerstädtischer Bebauungsmuster des vorvorletzten Jahrhunderts wurde zu ihrer beider Seiten eine Wohnbebauung in ein Rastersystem gesetzt. Die Allee führt zum Park und läuft dort in einem verzweigten Wegesystem aus. An dieser Stelle eröffnet sich ein irritierendes Bild, das der Verstand nicht sofort aufzulösen vermag, eine Dichotomie von Naturidylle und gnadenloser Großstadtperipherie: Auf einem Teich schwimmt eine Entenfamilie, am Ufer wiegt sich das Schilf, Parkbänke laden zum Ausruhen ein – und darüber rauscht die Ost-Tangente Mailands hinweg. Der nur knietiefe, künstliche See liegt genau zwischen den wuchtigen Betonträgern der Stadtautobahn. Hier hört man den tosenden Lärm erstaunlicherweise am wenigsten. Die Pfeiler spiegeln sich auf der Wasseroberfläche und ihre brutale Hässlichkeit wird so zu einem ästhetischen Spiel. LAND Srl ist es hier gelungen einen Un-Ort in einen Aufenthaltsort zu verwandeln.

Im östlichen Teil des Rubattino, der noch auf seine Fertigstellung wartet, liegen parallel zur Stadtautobahn mehrere Industriehallen brach, von denen nur eine als Zeuge der Geschichte des Ortes erhalten bleibt. Sie soll von Massimiliano Fuksas so umgebaut werden, dass sie nicht als Gebäuderiegel den Park abschließt, sondern als Scharnier zum östlichen Teil des Parks überleitet. Der Masterplan sieht in dieser zweiten Hälfte Bürogebäude sowie die Fakultäten für Chemie und Pharmazeutik der Universität Mailand vor.

Der Fahrradweg, der unterhalb der Ost-Tangente entlang des Lambro läuft, soll schon bald Teilstrecke eines 72 Kilometer langen grünen Rings sein, der Mailand umrundet. Acht »grüne Strahlen« *(raggi verdi)* führen von ihm ins Zentrum Mailands. Sie bilden zusammen mit dem Ring ein geschlossenes Wegesystem, das ausschließlich für Radfahrer und Fußgänger gedacht ist. Der Masterplan für dieses Großprojekt stammt ebenfalls aus der Feder von LAND Srl. Sein Leitgedanke ist es, vernach-

construction, with housing at the west end of the site, and the neighbouring park was completed. The remaining part of the site is at present still inaccessible wasteland.

The entirely car-free site is accessed via a symmetrically-arranged square (architect: Luigi Caccia Dominioni) that opens onto an avenue whose formal arrangement makes reference to urban building patterns from the eighteenth century. On either side of this avenue, housing blocks have been arranged in a grid system. The avenue leads to the park where it then branches out into separate paths. At this point a somewhat disconcerting situation arises that is at first glance difficult to comprehend – a dichotomy of idyllic natural surroundings and unforgiving urban periphery: a family of ducks swims across a pond, the reeds on the banks waving in the breeze and park benches invite one to sit and enjoy the view while overhead Milan's eastern ring road roars by. The knee-deep artificial pond is located directly beneath the motorway flyover, its concrete supports standing in the water. Surprisingly, the thunder of the traffic is actually less audible at this point. The pillars reflect in the water's surface and their brutal ugliness is transformed into an aesthetic play of forms. LAND Srl have successfully managed to transform a non-place into a place of recreation.

In the eastern section of the Rubattino, which is yet to be revitalised, several factory buildings stand parallel to the motorway in a derelict state, of which only one is to remain as a testimony to the history of the place. This building is to be converted by Massimiliano Fuksas in such a way that it does not wall off the end of the park but functions as a hinge that leads on to the eastern part of the park beyond. According to the master plan, the second half of the building will contain offices and Milan University's Faculty of Chemistry and Pharmaceutics.

The cycle path that follows the path of the Lambro beneath the bypass to the east of the city will soon be integrated into a 72 kilometre long green ring around Milan and will be connected by eight »green rays« or spokes *(raggi verdi)* to the centre of Milan. Together with the ring these form a closed system of paths designed for pedestrians and cyclists. The master plan for this large project was also developed by LAND Srl. Its

Die Autobahnbrücke mit darunterliegender Wasserfläche [The pool beneath the motorway flyover

Pfeiler der Autobahnbrücke [Pillars of the motorway flyover

lässigte Areale der Stadt wieder zugänglich zu machen und zusammen mit bereits bestehenden, aber isolierten Grünflächen in das alternative Verkehrssystem zu integrieren. Bis zur Weltausstellung Expo, die 2015 in Mailand stattfinden wird, soll ein Großteil der Strahlen realisiert sein. Mit den *raggi verdi* ermöglichen LAND Srl der von Verkehrschaos und einer ganz unitalienischen, nordalpinen Schnelllebigkeit geprägten Wirtschaftsmetropole Italiens eine neue Dimension der Fortbewegung und ein anderes Lebensgefühl. Mit Unterstützung der Associazione Interessi Metropolitani (AIM), einem finanzkräftigen Zusammenschluss verschiedener Kreditinstitute und Firmen, hat LAND Srl den Auftrag von der Stadt Mailand erhalten, die *raggi verdi* in den kommunalen Flächennutzungsplan für die Expo zu integrieren.

Auf prominente Unterstützung können sie dabei zählen. Lachend erzählt Andreas Kipar, einer der Gründer von LAND Srl, dass er vor kurzem zusammen mit Claudio Abbado und Renzo Piano auf der Piazza del Duomo symbolisch Bäume gepflanzt hat, in Kübeln versteht sich. Das war der Auftakt zu einer publikumswirksamen Initiative des *maestro*, der nach 23 Jahren Abwesenheit nur dann wieder in seiner Geburtsstadt dirigieren will, wenn die Stadt 90 000 Bäume pflanzt – 90 000 Bäume, die natürlich den ersten grünen Strahl bilden werden. *Dorothea Deschermeier*

guiding principle is to reconnect neglected areas of the city and to integrate existing but isolated green areas in the city in an alternative transport system. The majority of the »rays« are expected to be completed by the start of the World Expo in 2015 which will take place in Milan. LAND Srl sees the *raggi verdi* as an opportunity to introduce a new dimension of movement and a new experience of life to the otherwise rather un-italian, hectic north-alpine pace and traffic chaos of Italy's metropolitan economic centre. With support from the Associazione Interessi Metropolitani (AIM), a financially strong conglomerate of various credit institutions and companies, LAND Srl have been commissioned by the City of Milan to integrate the *raggi verdi* into the municipal land-use plan for the Expo.

The project has a number of prominent supporters. Andreas Kipar, one of the founding directors of LAND Srl, explains enthusiastically how he recently stood together with Claudio Abbado and Renzo Piano on the Piazza del Duomo and planted symbolic trees – in planting tubs, of course. The occasion marked the beginning of a publicity initiative by the *maestro*, who after 23 years of absence declared that he will be willing to conduct again in the city of his birth once the city has planted 90 000 trees – the 90 000 trees that will form the first of the city's new green rays. *Dorothea Deschermeier*

Detailansicht des ehemaligen Industriegebäudes hinter Pflanzenwuchs [Detail view showing planting in front of the former industrial building

PARC CENTRAL UND AVENUE JOHN F. KENNEDY, PLATEAU DE KIRCHBERG, LUXEMBURG [PARC CENTRAL AND AVENUE JOHN F. KENNEDY, PLATEAU DE KIRCHBERG, LUXEMBOURG

Latz + Partner, Kranzberg, Deutschland [Latz + Partner, Kranzberg, Germany

Das Plateau de Kirchberg, ein Stadtteil Luxemburgs, der bis in die frühen 1960er Jahre von Wiesen, Wäldern und Äckern geprägt war, ist durch eine Brücke, die in schwindelerregender Höhe das Tal der Alzette überspannt, mit dem Zentrum verbunden. Bevor es mit Beginn der 1990er Jahre einer systematischen Restrukturierung unterzogen wurde, war es ein funktionalistisches und autogerechtes Quartier mit solitären Großbauten für die Institutionen der Europäischen Union, der Europäischen Gemeinschaft sowie für internationale Bankengruppen. Der Auftrag an die Planer lautete, einen unwirtlichen und monofunktionalen Stadtteil der Nachkriegsmoderne in ein mit Elementen der klassischen europäischen Stadt versehenes Habitat zu überführen.

Die Architekten Christian Bauer, Jochem Jourdan Bernhard Müller PAS, Latz + Partner sowie Kaspar König erarbeiteten 1991 eine städtebauliche Entwicklungsstudie. In der Folge wurde die Verantwortung für die gesamte Grünflächenplanung in die Hände von Latz + Partner gelegt. Die

The Plateau de Kirchberg, a district of Luxembourg, which until the early 1960s was predominantly occupied by fields and woodland, is connected to the city centre by a bridge that spans the Alzette valley at a vertiginous height. Before it underwent systematic restructuring at the beginning of the 1990s, it was a functionalist, car-friendly district with a series of freestanding large buildings housing the institutions of the European Union, the European Community as well as international banking consortia. The planners were charged with turning a cheerless and monofunctional post-war district into a coherent urban living environment based on the principles of the classical European city.

In 1991, the architects Christian Bauer, Jochem Jourdan Bernhard Müller PAS, Latz + Partner and Kaspar König drew up an urban development study. As a consequence, responsibility for the entire landscape planning was placed in the hands of Latz + Partner. The characteristic style of the landscape architects can therefore be found

Blick auf der Parc Central mit dem Nationalen Sport- und Kulturzentrum im Hintergrund [View of Parc Central with the national sports and culture centre in the background

Programm/Bauaufgabe [**Programme** Parc Central, Plateau de Kirchberg, Luxemburg

Landschaftsarchitektur [**Landscape design** Latz + Partner, Landschaftsarchitekten/Planer BDLA, OAi Lux, Ampertshausen 6, D-85402 Kranzberg; Studio 1A, Highgate Business Centre, 33 Greenwood Place, London NW5 1LB [www.latzundpartner.de

Standort des Projekts [**Project location** Europastadt Kirchberg, Plateau de Kirchberg, Luxemburg [European Quarter, Plateau de Kirchberg, Luxembourg

Auftraggeber [**Client** Fonds d'Urbanisation et d'Aménagement du Plateau de Kirchberg, Bauministerium [Fonds d'Urbanisation et d'Aménagement du Plateau de Kirchberg, Ministry of Public Works

Entwurf [**Design** 1993 – 2003 in Bauabschnitten [1993 – 2003 in several phases

Fertigstellung [**Completion** 2006

Fläche [**Area** 20 ha

▸ **Pflanzliste** [**List of plants**

Rosengewächse [*Rosaceae* ▸ *Amelanchier arborea »Robin Hill«, Amelanchier laevis »Ballerina«, Amelanchier laevis Wiegand, Amelanchier lamarckii Schroeder, Crataegus laevigata »Paul's Scarlett«, Crataegus laevigata »Plena«, Crataegus monogyna »Stricta«, Crataegus x mordenensis »Toba«, Crataegus x persimilis »Splendens«, Crataegus x persimilis Sarg., Malus »Hillieri«, Malus »Evereste«, Malus »Gorgeous«, Malus »John Downie«, Malus »Liset«, Malus »Professor Sprenger«, Malus »Profusion«, Malus »Van Eseltine«, Malus (Purpurea Group) »Aldenhamensis«, Malus (Purpurea Group) »Eleyi«, Malus (Rosybloom Group) »Royalty«, Malus floribunda Sieb. Ex Van Houtte, Malus pumila Mill. (Rosybloom Group), Malus toringo (Sieb.) Sieb. Ex de Vriese, Mespilus germanica, Prunus avium (L.) L. »Plena«, Prunus avium L., Prunus padus »Watereri«, Prunus padus L., Pyrus, Pyrus caucasica Fed., Pyrus communis L. »Beech Hill«, Pyrus nivalis Jacq, Rosa »Ballerina«, Rosa »Rhapsody in Blue«, Rosa »Sommermärchen«, Sorbus, Sorbus aria »Lutescens«, Sorbus aria »Magnifica«, Sorbus hybrida »Gibbsii«, Sorbus hybrida L., Sorbus intermedia (Ehrh.) Pers., Sorbus latifolia (Lam.) Pers., Sorbus vilmorinii Schneid, Sorbus x arnoldiana »Golden Wonder«, Sorbus thuringiaca »Fastigiata«*

Kosten [**Cost** 13 000 000 EUR

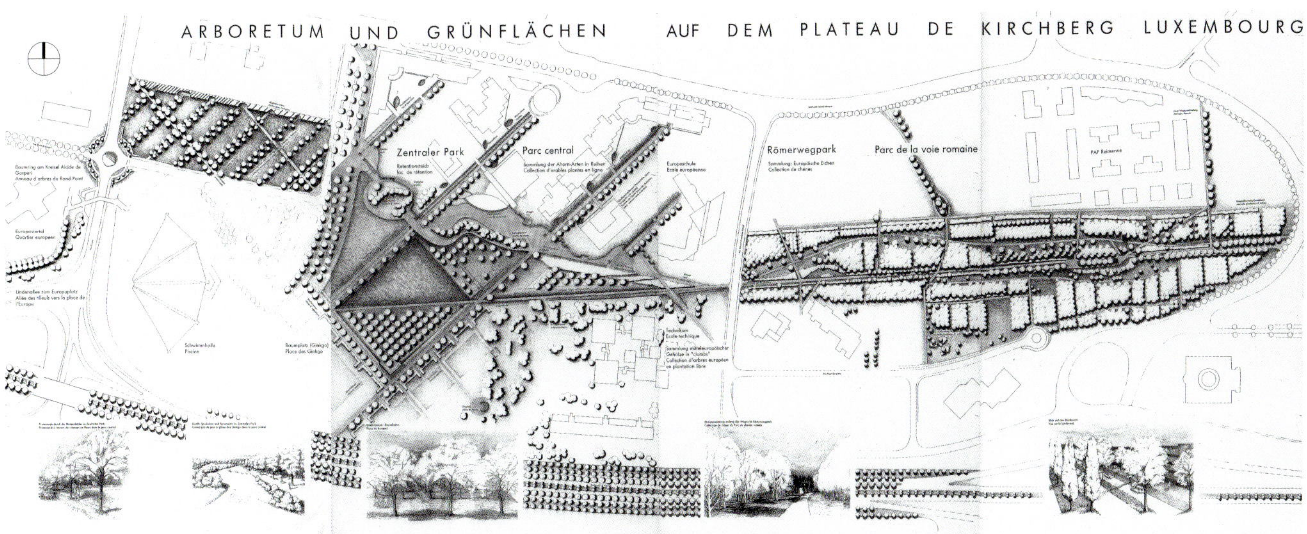

Gesamtplan [General plan

Waldung im Parc Central [Wooded area in Parc Central

Handschrift der Landschaftsarchitekten erstreckt sich deshalb auf das gesamte Areal, ist vielerorts bis ins kleinste Detail ablesbar und erzeugt eine gestalterische Homogenität. Die Freiraumplanung von Latz + Partner leistet somit einen zentralen Beitrag zu den städtebaulichen Umbaumaßnahmen. Die Landschaftsarchitekten bedienen sich hierbei zweier klassischer Elemente der großstädtischen Grünplanung, um die das Areal durchschneidenden Verkehrsstraßen und die bis dato undefinierten Freiräume umzubilden und neu zu strukturieren. Im Wesentlichen sind es zwei traditionelle Elemente der urbanen Grünplanung, die bei der Umgestaltung des Plateau de Kirchberg zum Tragen kommen: Der Park und die Allee.

Der Parc Central

Auf dem Areal zwischen dem Centre National Sportif et Culturel mit seiner ausdrucksvollen Formensprache, der sogenannten Coque, und der Europäischen Schule befindet sich als Ort der Erholung der repräsentative Grünraum des Parc Central. Die Anlage des Parks ist streng geometrisch. Sie nimmt die Struktur der vorhandenen Bauten und Wege auf und verbindet sich mit der weiteren Umgebung. Vermittelt werden Landschaftsraum und Architektur über Wege und Treppen, Haine und Formschnitthecken, über Stützmauern und Wasserrinnen, die zu einem großen Reservoir führen, in dem das gesamte Regenwasser gesammelt wird. So gelingt ein spannungsreiches Spiel zwischen strenger Geometrie und abwechslungsreicher Landschaft.
Es galt, große Höhendifferenzen zu überwinden, und deshalb wurde die Mauer zum bestimmenden architektonischen Motiv im Park. Durch die Verwendung vor Ort ausgelesener Steine verliehen die Architekten den Mauern ein spezifisch lokales Kolorit, welches in der weiteren Gestaltung durch die Verwendung entfärbten Bitumens für die Teerdecken der Wege wieder aufgenommen wurde.
Bei der Bepflanzung des Parks wurde auf die natürlich vorkommenden Gehölzarten zurückgegriffen: Eiche, Schwarzkiefer, Ahorn und Hainbuche prägen so die Landschaft und bieten ein angenehm vertrautes Bild. Europäische Varianten ergänzen die heimischen Gehölze. Im Nordosten begrenzt eine ebenfalls streng gegliederte Rosaceensammlung aus Obstbäumen und Rosen den Park. Von einem künstlich angelegten Hügel fällt der Blick nicht nur auf den gesamten Park, sondern auch auf eine mit Götterbäumen bepflanzte Wiese, deren Boulebahnen und Sitzbänke von den Baumkronen überdacht werden.

Die Avenue John F. Kennedy

Eine der radikalsten Umbaumaßnahmen auf dem Plateau de Kirchberg war der Rückbau der ehemaligen Stadtautobahn N51, die das Europäische Viertel kreuzungsfrei an den Flughafen und die weiteren Schnellstraßen anband. Man ergriff die Chance, an ihrer Stelle eine großstädti-

throughout the entire site and is recognisable in many places down to the smallest detail, contributing a certain homogeneity to the design. Latz + Partner's landscape design is, therefore, a central component of the urban conversion measures. The landscape architects have made use of two classical elements of urban green planning to transform the traffic route that bisects the site and to restructure the at the time amorphous open spaces. In essence, two traditional elements of urban green planning have been used for the redesign of the Plateau de Kirchberg: the park and the avenue.

Parc Central

Located between the Centre National Sportif et Culturel with its expressive architecture, the so-called Coque, and the European School lies the Parc Central, the principal representative green space and recreational area. The arrangement of the park is stringently geometric and picks up the structure of the existing buildings and paths, connecting them with the surrounding environment. It mediates between landscape and architecture using a vocabulary of paths and steps, groves of trees and trimmed hedges, retaining walls and water channels that lead to a large retention pool into which the entire rainwater flows. The result is a stimulating interplay between rigorous geometry and varied landscape.
Due to the significant height differences that had to be overcome, the retaining walls became a defining architectural device within the park. By using local stone excavated from the site, the architects were able to lend the walls a specific local colour, which is reflected elsewhere in the design, for example in the use of light-coloured bitumen for the tarred surfaces of the paths.
For the planting of the park, the landscape architects chose to employ naturally occurring species of trees: oak, black pine, maple and hornbeam characterise the landscape, lending it a reassuringly familiar impression. European variants supplement the native species. To the northeast, a similarly rigorous arrangement of rosaceous plants and fruit trees form the boundary of the park. From the top of an artificial hill one has a view of the whole park as well as a lawn planted with ailanthus trees whose boules courts and benches are shaded by the canopy of the trees.

Avenue John F. Kennedy

One of the most radical conversion measures undertaken on the Plateau de Kirchberg was the downgrading of the N51 urban motorway that provided a junction-free connection from the European district to the airport and national motorways. In its place, the master plan envisaged an urban boulevard, an *avenue urbaine*, that for the first time was to win back street space for people. The landscape architects

Geometrische Buschgestaltung im Parc Central [Geometric bush design in Parc Central
Blick auf das Baumtheater im Parc Central [View of the tree theatre in Parc Central
Wasserspiele [Water works

Avenue John F. Kennedy [Avenue John F. Kennedy

sche Allee, eine Avenue, entstehen zu lassen, die erstmals auch dem Fußgänger Raum geben sollte. Die Landschaftsarchitekten entschieden sich für die Anlegung eines klassischen 60 Meter breiten Boulevards mit Trottoirs und mehreren Fahrbahnen. Die Bepflanzung – Säuleneiche, Eiche, Birnbaum – wird diesem knapp drei Kilometer langen Straßenraum in den folgenden Jahrzehnten dank der schlanken, lichten Baumkronen eine klare Kontur mit städtischen Proportionen geben und dadurch urbane Aufenthaltsqualität erzeugen.

Die hohe Qualität der verwendeten Materialien – Pflaster und Bordsteine aus Granit sowie eingefärbte Betonquader – entspricht einer großstädtischen Ästhetik und erfüllt gleichzeitig die Anforderungen an Nachhaltigkeit. Der städtebauliche Paradigmenwechsel auf dem Plateau wäre ohne die einschneidenden landschaftsplanerischen Eingriffe nicht zu leisten gewesen. Der Umbau des Plateau de Kirchberg zu einem urbanen Quartier zeigt, dass die konsequente Umsetzung eines städtebaulichen Konzepts einschließlich seiner Grünanlagen von entscheidender Bedeutung ist, um dieses Ziel zu erreichen. Parc Central und Avenue John F. Kennedy können hier als hervorragende Beispiele für die Gestaltung urbaner Landschaften gelten. *Karen Jung*

elected to create a classical 60 metre wide boulevard with pavements and several sets of lanes. The planting – cypress oak, oak and pear – will over the next few decades lend increasing definition to the three kilometre stretch of roadway, their thin and slender crowns creating a space of urban proportions with urban qualities.

The high quality of the materials used – paving and curbs made of granite as well as pigmented concrete blocks – reflects the aesthetic vocabulary of the city and simultaneously ensures that it will be long-lasting. The urban paradigm shift that has taken place on the Plateau would not have come to pass without the landscape architect's radical interventions. The conversion of the Plateau de Kirchberg to an urban quarter shows how fundamentally important it is to realise an urban concept in its entirety, including its green spaces. Parc Central and Avenue John F. Kennedy can be regarded as excellent examples of the design of urban landscapes. *Karen Jung*

Programm/Bauaufgabe [**Programme** Avenue John F. Kennedy, Plateau de Kirchberg, Luxemburg

Umbau der Autobahn in einen innerstädtischen multifunktionalen Boulevard [Remodelling of the motorway into an inner-city multifunctional boulevard

Landschaftsarchitektur [**Landscape design** Latz + Partner, Landschaftsarchitekten/Planer BDLA, OAi Lux, Ampertshausen 6, D-85402 Kranzberg;

Studio 1A, Highgate Business Centre, 33 Greenwood Place, London NW5 1LB [www.latzundpartner.de

Standort des Projekts [**Project location** Europastadt Kirchberg, Plateau de Kirchberg, Luxemburg [European Quarter, Plateau de Kirchberg, Luxembourg

Auftraggeber [**Client** Fonds d'Urbanisation et d'Aménagement du Plateau de Kirchberg, Bauministerium [Fonds d'Urbanisation et d'Aménagement du Plateau de Kirchberg, Ministry of Public Works

Fertigstellung [**Completion** 2012

Entwurf [**Design** 1993 – 2012 in Bauabschnitten [1993 – 2012 in several phases

Fläche [**Area** ca. 10ha, der Boulevard ist 60m breit und 3 km lang [ca. 10 ha, the boulevard is 60 m wide and 3 km long

▸ **Pflanzliste** [**List of plants**

▸ *Quercus robur »Fastigiata Koster«, Quercus robur, Pyrus calleryana »Chanticleer«*

Kosten [**Cost** 102 800 000 EUR

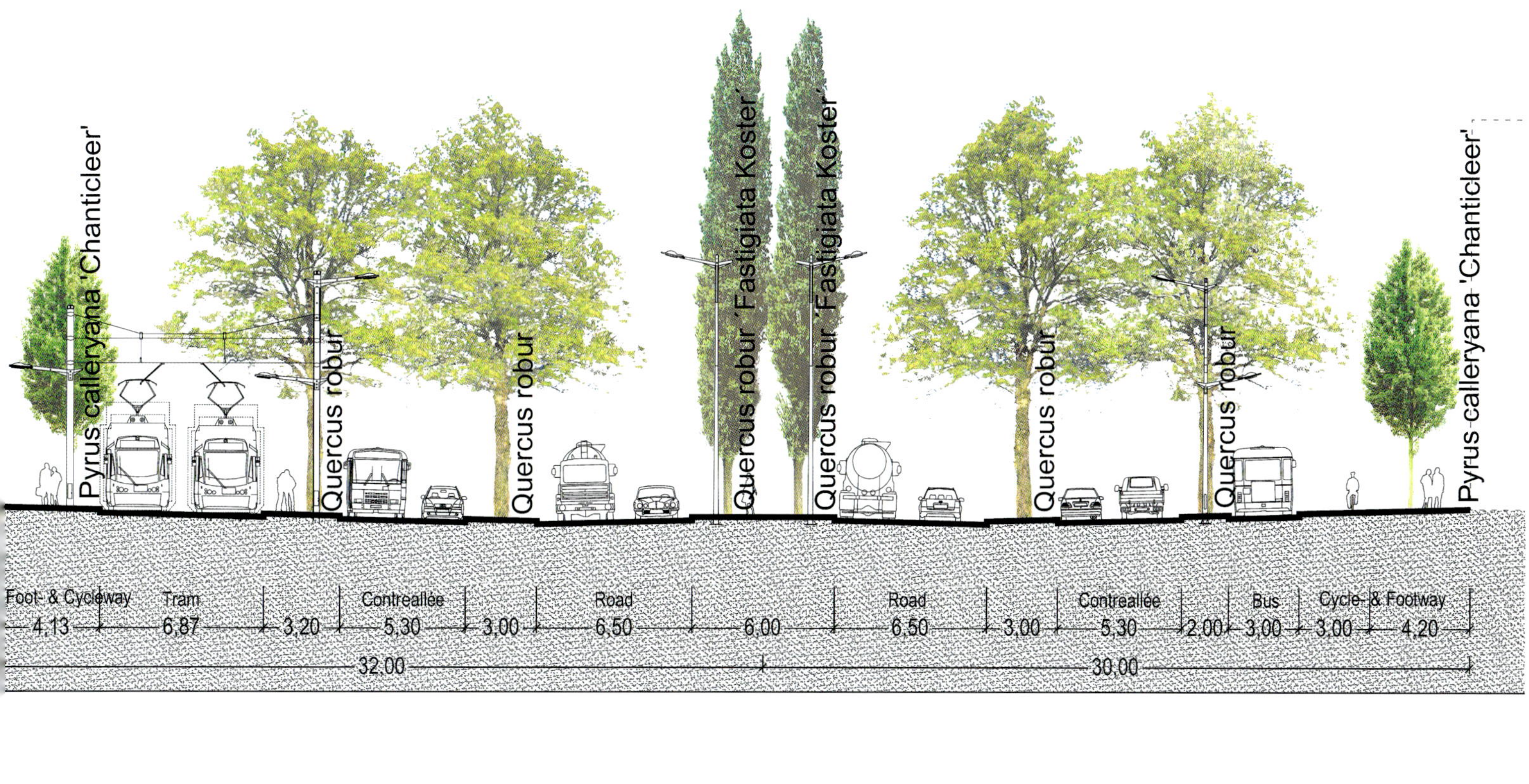

Schnitt Avenue John F. Kennedy [Section through the Avenue John F. Kennedy

NEUGESTALTUNG DES GEORG-FREUNDORFER-PLATZES, MÜNCHEN, DEUTSCHLAND [REDESIGN OF GEORG-FREUNDORFER-PLATZ, MUNICH, GERMANY

Levin Monsigny Landschaftsarchitekten, Berlin, Deutschland [Levin Monsigny Landscape architects, Berlin, Germany

Der Georg-Freundorfer-Platz liegt im Münchner Stadtteil Westend. Mit seiner gründerzeitlichen Blockrandbebauung weist das Viertel die größte Bevölkerungsdichte der Stadt auf. Auf dem benachbarten ehemaligen Messegelände, der Theresienhöhe, entsteht weiterer Wohnungsbau. So kommt dem Georg-Freundorfer-Platz eine wichtige Funktion zu: als Treffpunkt der Anwohner, als Veranstaltungsort, als multifunktionale Fläche zum Spielen und Verweilen. Schon in den 1960er Jahren als Grünfläche angelegt, bilden hohe, mit eingewachsenen Gehölzen bestandene Erdwälle eine Barriere zwischen Viertel und Platz. Die Neugestaltung musste sowohl die vorhandenen Bäume – und in der Folge die Wälle – integrieren als auch den verloren gegangenen Bezug zum Stadtraum wiederherstellen.

The Georg-Freundorfer-Platz lies in the Westend district of Munich. Built in the late nineteenth century, the district has a typical perimeter block structure and the highest residential density in the city. Further housing is being built on the neighbouring site of the former trade fair, the Theresienhöhe. The Georg-Freundorfer-Platz consequently serves an important function as a meeting point for local residents, a venue for events and a multi-purpose area for playing and recreation. First converted into a green space in the 1960s, high earth walls with mature trees form a barrier between the district and the square. The redesign had to incorporate the existing trees – and with them the earth walls – as well as restore the lost relationship to the urban space of the city.

Gesamtansicht [General view

Programm/Bauaufgabe [**Programme** Neugestaltung eines Quartiersparks [Redesign of a neighbourhood park

Landschaftsarchitektur [**Landscape design**

Bearbeitungsphasen 2–5 nach HOAI und künstlerische Bauüberwachung [Work phases 2–5 (HOAI German fee scales for architect and engineers) and overall design supervision of construction Levin Monsigny Landschaftsarchitekten, Brunnenstraße 181, 10119 Berlin [www.levin-monsigny.com

Bearbeitungsphasen 6–8 nach HOAI [Work phases 6-8 (HOAI) Hubert Wendler Landschaftsarchitekt Pfeuferstraße 38, 81373 München [www.fine-gardens.de

Standort des Projekts [**Project location** Georg-Freundorfer-Platz, München Westend [Georg-Freundorfer-Platz, Munich Westend

Auftraggeber [**Client** Landeshauptstadt München, Baureferat [State Capital City of Munich, Building Works Department

Entwurf [**Design** Levin Monsigny Landschaftsarchitekten

Fertigstellung [**Completion** 2002

Fläche [**Area** 18 000 m²

▶ **Pflanzliste** [**List of plants**

Pflanzkombination A [Planting combination A *Bodendecker* [*Ground cover* ▶ *Euonymus fortunei »Minimus«, Geranium sanguineum »Album«, Geranium renardii; Geopyten* [*Geophytes* ▶ *Narcissus »Jack Snipe«, Narcissus »Bartley«; Schattige Seite* [*Shady side* ▶ *Ilex crenata »Stokes«, Mahonia aquifolium »Apollo«, Dryopteris filix-mas; Sonnige Seite* [*Sunny side* Rosa variierende zu Hellgelb [Pink varying to light yellow ▶ *Berberis thunbergii »Kobold«, Hypericum x moserianum, Dryopteris filix-mas, Deschampsia cespitosa »Bronzeschleier«*

Pflanzkombination B [Planting combination B *Bodendecker* [*Ground cover* ▶ *Euonymus fortunei »Dart's Blanket«, Geranium macrorrhizum »Spessart«; Schattige Seite* [*Shady side* ▶ *Ilex crenata »Green Lustre«, Mahonia bealei, Keria japonica, Dryopteris filix-mas; Sonnige Seite* [*Sunny side* Rosa variierende zu Hellgelb [Pink varying to light yellow ▶ *Hypericum »Hidcote«, Deschampsia cespitosa »Bronzeschleier«, Carpinus betulus, Acer saccharinum, Acer saccharinum »Laciniatum Wieri«, Acer pseudoplatanus, Magnolia kobus*

Kosten [**Cost** 1 800 000 EUR netto [net

Explosionszeichnung [Exploded drawing
Computersimulation [Computer simulation

Der Georg-Freundorfer-Platz erhält gestalterisch und funktional einen Rahmen. Dieser fasst den durch Ausgestaltung und Nutzungsansprüche zergliederten Platz zu einer Einheit zusammen. Darüber hinaus organisiert er die Erschließung der Fläche – intern und zur Stadt: Er ist durchlässige Membran zwischen beiden Seiten. Eine feine helle »Zierleiste« akzentuiert den Rahmen. Sie verläuft im Boden und gliedert den Belag aus dunklem Basalt in einen breiten Teil aus Kleinpflaster und einen schmalen aus Mosaik. Sie kommt hervor und wird zum Mobiliar, von dem man das lebendige Treiben beobachten kann. Integrierte Lichtbänder folgen dem Rhythmus der Zierleiste und machen auch abends die wiedergewonnene Größe des Platzes erfahrbar. Scheinbar aufgeschüttet liegen modellierte Vegetationshügel auf dem Rahmen. Im Norden dominierend, belassen sie einzelne Durchgänge. Nach Süden immer kleiner und niedriger werdend, sind sie zur Theresienhöhe nur noch grüne Tupfer auf dem dunklen Naturstein des Rahmens. Unter dem schützenden Blätterdach der Bäume und den üppigen Pflanzungen aus schattenliebenden Bodendeckern, Gräsern und Farnen empfangen sie Anwohner und Passanten beim Eintritt auf den Platz.
Levin Monsigny Landschaftsarchitekten

The redesign of the Georg-Freundorfer-Platz encloses it formally and functionally in a frame that holds together the separate uses and differently articulated parts of the square. It also serves to organise access to the square – both internally and to the city: a permeable membrane in both directions. A fine light-coloured »border«, visible as a band in the floor, accentuates the frame and divides the dark basalt stone paving into a broad section of small cobbles and a narrower mosaic band. Sections of this border rise out of the ground to form furniture from which one can observe the goings-on in the park. Integral bands of lighting follow the rhythm of the border, illuminating the newly reclaimed extents of the square in the evening. Small hills of vegetation lie on the frame as if tipped in place. On the north side they are larger and more dominant with a few small passages between them. Towards the south they grow smaller and lower until opposite the Theresienhöhe they are only visible as green patches on the dark stone paving of the frame. Beneath the protective canopy of the trees and the lush planting of shade-tolerant ground-covering plants, grasses and ferns they greet residents and visitors as they enter the square.
Levin Monsigny Landschaftsarchitekten

Gestaltung Lichtbänke [Design of the illuminated benches

Kinder auf dem Sportplatz [Children on the sports ground
Schachbrett-Anlage [Chessboard

ULAP-PLATZ, BERLIN, DEUTSCHLAND [ULAP-PLATZ, BERLIN, GERMANY

Rehwaldt Landschaftsarchitekten, Dresden, Deutschland [Rehwaldt Landschaftsarchitekten, Dresden, Germany

Trotz seiner Lage am Berliner Hauptbahnhof ist der ULAP-Platz weniger ein lebendiger Treffpunkt als vielmehr ein stiller Rückzugsort. Schon den richtigen Begriff für diesen 1,3 Hektar kleinen, von Bäumen dominierten Freiraum inmitten Berlins zu finden, fällt schwer: 1879 wurde dort der »Universum-Landes-Ausstellungs-Park« (ULAP) gegründet, eine Art Ausstellungsgelände. Eine in die Neugestaltung integrierte Lindenreihe stammt noch aus dieser Zeit.

Heute erinnert das dichte Baumdach aus Ahorn, Ulmen, Robinien und Linden an einen Park, während der als wassergebundene Decke ausgeführte Bodenbelag und die rhythmisch platzierten, teils leuchtenden Holzbänke den Ort als Platz kennzeichnen. Und weil der Landschaftsarchitekt Till Rehwaldt die Baumkulisse mit neuen Ahornpflanzungen ergänzte und zugleich sehr viele der bestehenden Bäume erhielt, ähnelt

Despite its location next to Berlin's Central Station, the ULAP-Platz is not the lively urban crossroads one might expect but a place for peaceful retreat. Indeed, it is hard to find the right words to describe this small 1.3 hectare large wooded space in the heart of Berlin: in 1879, it became the site of the »Universum-Landes-Austellungs-Park« (ULAP), an exposition site of sorts, and a row of linden trees that dates back to this period has been retained as a visible part of the new design for the square.

Today the dense canopy of maple, elm, robinia and linden trees recalls a park while the water-bound surface of the ground and rhythmic placement of the wooden benches, some of them illuminated, are more characteristic of an urban square. And because the landscape architect Till Rehwaldt planted new maple trees to augment the existing trees,

Blick zum Berliner Hauptbahnhof [View of Berlin Central Station

Programm/Bauaufgabe [**Programme** Im unmittelbaren Umfeld des neuen Berliner Hauptbahnhofes entstand unter Berücksichtigung des alten Baumbestandes ein kleiner Platz, der in verschiedener Weise auf die Nutzungsaktivitäten der Umgebung reagiert. [Construction of a small square in the immediate vicinity of Berlin's Central Station which, while preserving the existing old trees, responds in various ways to the activities in the square's surroundings.

Landschaftsarchitektur [**Landscape design** Rehwaldt Landschaftsarchitekten, Bautzner Str. 133, 01099 Dresden [www.rehwaldt.de

Standort des Projekts [**Project location** Berlin-Mitte

Auftraggeber [**Client** Senatsverwaltung für Stadtentwicklung, Abt. Städtebau und Projekte, Hauptstadtreferat [Berlin Senate Department for Urban Development, Urban Design Department, Capital City Projects

Entwurf [**Design** 2005 – 2007

Fertigstellung [**Completion** 2008

Fläche [**Area** 1,3 ha [1.3 ha

Material und Vegetation [**Materials and vegetation** *»Grüne Halle«* wassergebundene Decke; *ULAP-Platz und Viaduktweg* Plattenbelag Beton; *Treppenanlage am Mont-ULAP* Sandstein; *Lichtbank* Holz-Stahl-Konstruktion mit integrierten LED-Leisten; Baumpflanzungen (Ergänzungen zum Bestand); Flächenpflanzung mit Stauden, Gräsern, Farnen und Zwiebeln [*»Green enclave«* water-bound surfacing; *ULAP-Platz and viaduct path* concrete paving slabs; *Flight of steps, Mont-ULAP* sandstone; *Illuminated benches* Wood and steel construction with integrated LED bars; Tree planting (augmenting existing trees); Planting with herbaceous plants, grasses, ferns and bulbous plants

Kosten [**Cost** 1 100 000 EUR

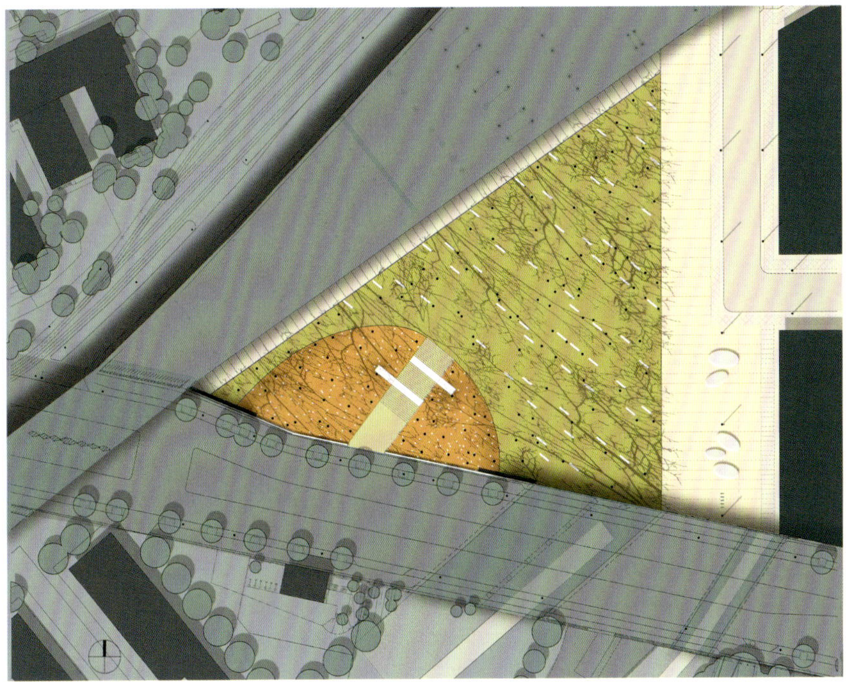

Lageplan [Site plan
Blick auf den ULAP-Platz [View of ULAP-Platz

der Platz ein wenig auch einem Wald, zumindest wenn man tief genug in das Areal hineingeht. Denn dort dominieren wild aufgewachsene, nicht verschulte Bäume.
Sorgfältig aufgeastet und vom Unterwuchs befreit, prägen die alten wie die neuen Bäume das Areal, so dass die Landschaftsarchitektin Regine Keller dem Ort einen »fast sakralen Charakter« zuschreibt. Sie bezeichnet den 2009 mit dem Deutschen Landschaftsarchitektur-Preis ausgezeichneten ULAP-Platz als einen »von Bäumen geprägten Stadtplatz«: »Der Baumhain wurde als geschlossenes Grün mit seiner räumlichen Wirkung zum charakteristischen Element für den gesamten Entwurf.« Solch eine vegetativ dominierte Anlage findet sich nicht allzu oft im Repertoire der Landschaftsarchitekten. Auch in der Geschichte der Gartenkunst ist ein solcher Typus eines Wald-Platz-Parks ungewöhnlich.
Die Raumtypologie, die Rehwaldt neu definierte, ist eine Reminiszenz an die durchwachsene Geschichte des Ortes. Vielleicht auch deshalb fremdeln viele Besucher noch etwas mit diesem Ort. Die größte Akzeptanz findet der schattige Baumhain im Hochsommer, wenn es darum geht, dem Hitzestress der Großstadt auszuweichen. Zu den übrigen Jahreszeiten ist Schatten nicht unbedingt das, was der Besucher eines Platzes sucht. Genau davon aber bietet der waldige Platz reichlich.
Man muss sich den ULAP-Platz inmitten einer noch wachsenden baulichen Kulisse rund um den Hauptbahnhof vorstellen, um dem Entwurf gerecht zu werden. Nach Norden kann der Berlin-Besucher inmitten des neuen Stadtquartiers direkt vom Hauptbahnhof aus in den Geschichtspark Moabiter Zellengefängnis gehen, nach Süden entlang der Spree die Spuren des ehemals dicht bebauten Alsenviertels im neuen Spreebogenpark besichtigen, und westlich schließt der geschichtsträchtige ULAP-Platz an. Wenn die städtische Leere, in deren Mitte das

most of which were retained, the park also resembles a patch of woodland, particularly in the depths of the site where the tree growth is wilder, more organic and less ordered.
Carefully pruned and freed from undergrowth, the old as well as the new trees define the site to such an extent that the landscape architect Regine Keller has described it as having an »almost sacred character«. Keller describes the ULAP-Platz, which was awarded the German Award for Landscape Architecture in 2009, as a »wooded urban square«. She writes, »The grove of trees with its thick greenery and spatial presence has become a defining element for the entire design.« Urban spaces of this kind that are so dominated by vegetation are rarely found in the œuvre of landscape architects. Wooded ›square-parks‹ of this type are also unusual in the history of garden and landscape design.
The spatial typology, which Rehwaldt redefines, is a reminiscence of the varied history of the location. Perhaps this is also why many visitors still shy away from this place. The park is most frequented in the height of summer when visitors seek out the shade of the trees to escape the heat of the city. In the remaining seasons of the year, shade is not necessarily what visitors are looking for, however shade is what is most abundant in this park.
To fully appreciate the design, one must consider the ULAP-Platz in the context of the emerging urban environment around Berlin's Central Station. To the north, visitors to Berlin can walk directly from Berlin's Central Station in the centre of the new urban quarter to Moabit Prison Historical Park. To the south along the banks of the Spree, they can trace the remains of the once densely populated Alsen quarter in the new Spreebogenpark, while to the west lies the ULAP-

Detailansicht der Bepflanzung und Bänke [Detail view of planting and benches

»Grüne Halle« [The »green enclave«
Nachtansicht der Lichtbänke [Night-time view of the illuminated benches

Bahnhofsgebäude heute noch aufragt, erst einmal gefüllt sein wird, der Humboldthafen umbaut und das Quartier mit den geplanten Hochhäusern errichtet sein wird, dann wird der ULAP-Platz tatsächlich zu einer Besonderheit. Dann ist er nicht mehr eine Fortsetzung eines Landschaftsraumes, der im Großen Tiergarten und dem Park des Kanzleramtes jenseits der Spree seine Fortsetzung findet, sondern dann ist der ULAP-Platz ein eigenständiger, auch eigenartiger städtischer Ort, eine »durch das Freistellen der alten Gehölze« entstandene »grüne Halle« (Keller).
Der sakrale Charakter wird durch die Stellung der Bänke besonders betont. Diese sind nicht nach Funktion oder als Raumbegrenzung gruppiert, sondern gleichmäßig unter den Bäumen verteilt und allesamt zu einer Freitreppe hin ausgerichtet, als sei diese ein Altar.
Angebetet wird die Geschichte dieses Ortes – für diese steht die Freitreppe – allerdings nicht. Denn Rehwaldt hat die lehnenlosen Bänke so gestaltet, dass man sie von beiden Seiten besitzen kann, dass man von ihnen in die Tiefe der Berliner Geschichte wie auf die Gegenwart eines zentralen europäischen Kreuzungsbahnhofs schauen kann.
Die bis heute teilweise von Bäumen durchwurzelte Freitreppe mitten im Wald und die 130-jährigen Linden sind Hinweise auf die wechselvolle Geschichte. Zu Zeiten der Teilung Berlins war diese in Vergessenheit geraten. Einige Jahrzehnte gab es keine Verwendung für das nahe zur Mauer und im Schatten der Stadtbahntrasse gelegen Gelände; die Vegetation wuchs wild vor sich hin. Wo man im ausgehenden 19. Jahrhundert die technologische Zukunft des Universums bestaunte, wo bis 1925, bis zum Bau des Messegeländes am Funkturm, Ausstellungen zu Gewerbe, Hygiene, Kunst und Technik stattfanden, zerstörte der Zweite Weltkrieg die Gebäude und Hallen. Schon zuvor war das Gelände zu einem Ort des Todes geworden. 1919 wurden auf dem ULAP-Gelände ermordete Spartakisten aus dem nahen Moabiter Zellengefängnis verscharrt, bei Elektrifizierungsarbeiten für die Stadtbahn fand man 1927 126 Leichen. Die Nationalsozialisten planten auf dem Gelände das weltgrößte Luftfahrtmuseum, das Exponat eines Dornier-Flugbootes war in Resten noch bis in die 1960er Jahre zu sehen.
In den Kellerräumen eines später zerstörten Glaspalastes folterte die SA ihre Gegner, 1945 wurden kurz vor Kriegsende politische Gefangene, Anhänger der Verschwörung vom 20. Juli 1944, auf das ULAP-Gelände geführt und dort von der SS erschossen.
1951 wurden die Reste der Ausstellungsanlagen abgebrochen, das Gelände geriet bis zum kooperativen landschaftsarchitektonischen Wettbewerb des Landes Berlin im Jahr 2005 in Vergessenheit.
Mit dem Entwurf des Büros Rehwaldt ist diese städtische Freifläche wieder zugänglich gemacht worden. Und der Waldplatz, den Rehwaldt kreiert, lässt der Geschichte dieses Ortes ihren Raum, ohne sie zu stark in den Mittelpunkt zu stellen. Viele der Bäume, die heute den ULAP-Platz prägen, wurzeln in genau dieser hier beiläufig erzählten deutschen Vergangenheit. *Thies Schröder*

Platz with its rich history. Once the urban emptiness surrounding the station has been filled, the docks of the Humboldthafen have been converted and the quarter has been developed with high-rise buildings, the ULAP-Platz will indeed be a special feature. Then it will no longer simply be a continuation of a landscaped area that includes the Chancellery Gardens and the Große Tiergarten on the other side of the Spree but a park and urban space in its own right, a »green enclave« (Keller) created by »marking off an area of old trees«.
The sacred character is further underlined by the placement of the benches. Rather than grouping them according to function or to mark boundaries of spaces they are spaced evenly under the trees, all oriented in the same direction towards a flight of steps as if it were an altar.
The arrangement of the seats is not intended to revere the history of the place as manifested by the flight of steps. Rehwaldt designed them without backrests so that one can sit on them facing either way: into the depths of the history of Berlin or towards the modern-day world of one of Central Europe's key railway interchanges.
The flight of stairs in the middle of the wood, now partially punctured by tree roots, and the 130 year old linden trees testify to the chequered history of the site. After the division of Berlin the site was all but forgotten. For several decades, due to its location near to the Berlin wall and adjacent to the metropolitan railway lines, the vegetation was allowed to proliferate unchecked. Where in the late nineteenth century people gathered to admire the technological future of the universe and where exhibitions were held on trade, hygiene, art and technology until the building of the trade fair site next to the radio tower in 1925, the Second World War all but destroyed the buildings and exhibition halls. Even before then, the site had become a place of death. In 1919 murdered Spartacists from the nearby Moabit Prison were secretly buried here and in 1927, during electrification works for the metropolitan railway, 126 corpses were discovered. The National Socialists planned the building of the world's largest aviation museum on the site and the remains of one of the exhibits, a Dornier flying boat, could still be seen until well into the 1960s.
In the cellars of a glass palace that was later destroyed, the Nazi storm troopers tortured their opponents and in 1945, shortly before the end of the war, political prisoners and supporters of the conspiracy of 20th July 1944 were led onto the ULAP site and shot by the SS.
In 1951 the remains of the exhibition site were demolished, and the site then fell into neglect until a landscape architectural competition was initiated by the State of Berlin in 2005.
The winning design by Rehwaldt Landschaftsarchitekten has restored access to this urban space. The wooded space that Rehwaldt has created allows the history of the place to pervade the site without elevating it to the centre of attention. Many of the trees that today lend the ULAP-Platz its particular quality are rooted in precisely this period of Germany history. *Thies Schröder*

Die alte und neue Treppe [The old and new steps

GRÜN ZWISCHEN INNEN UND AUSSEN[1] (STADT-)RAND-BEMERKUNGEN [**GREEN BETWEEN INSIDE AND OUTSIDE**[1] NOTES FROM THE EDGES OF THE CITY

Detlev Ipsen

Grün in der Stadt ist zweierlei: Es ist geplant wie der Central Park in New York oder der Tiergarten in Berlin oder es handelt sich um Reste, Inseln, Korridore. Grün in der Stadt ist häufig ein Bauernhof, der sich als Staatsdomäne gegen den Stadtentwicklungsprozess mit Erfolg hat durchsetzen können, eine alte Eisenbahnstraße, die für zukünftige Verkehrsplanungen gehalten wird. Häufig ist Grün in der Stadt ein ehemaliger Stadtrand, den die Dynamik des Stadtwachstums übersprungen hat. Grün findet man häufig an den Wachstumsringen des urbanen Prozesses, mal als Brache, als urbane Wildnis, mal als private Gärten. Gärten, die erst im Planungsamt vergessen, dann geduldet, vielleicht letztendlich auch legalisiert worden sind. Grün findet man auch als offizielles Stadtgrün, wenn ein Grünflächenamt stark genug ist, derartige Flächen zu sichern. Dann wird diese Fläche als Westentaschenpark gestaltet. Grün findet man auch in Abstandsflächen von städtischen Eisenbahnstraßen oder Stadtautobahnen oder als Vorhalteflächen, als irgendwann einmal geplante Siedlungen oder Infrastrukturen, deren Planung vergessen wurde oder sich aus finanziellen Gründen nicht realisieren ließ. Grün sind in diesem Sinn nicht immer, aber häufig Flächen zwischen Innen und Außen, ehemalige Ränder, Grenzen.
Indem man sich mit den Rändern der Stadt beschäftigt, begreift man wichtige Teile des urbanen Grüns als Rand-Bemerkung. Die Untersuchung und die Suche nach Rändern führt einen so zu Residuen des urbanen Prozesses, die man als Grünplaner klug vor Verwertungsinteressen verstecken kann, die man auch rechtlich sichern kann, die durch kreative Gestaltung die Zuneigung der Bewohner gewinnen können und sich damit faktisch sichern.

There are two kinds of green space in the city: planned spaces such as Central Park in New York or the Tiergarten in Berlin or leftover spaces, islands or corridors. Green spaces in the city can often be found in the form of a farmyard that as a state-owned domain has successively resisted the forces of urban development, or as an old railway line that has been retained for possible future traffic planning. Green spaces in the city also arise along former boundaries in the city, leapfrogged by the dynamics of urban growth. They manifest themselves in the growth rings of urban processes, sometimes as fallow land, sometimes as an urban wilderness, sometimes as private gardens: gardens that at first go unnoticed, are then tolerated and finally perhaps even legalised. Official green areas result when the city's parks and recreation department is assertive enough to lay claim to such areas. These acquirements later become pocket-sized parks. Green areas can also be found alongside urban railway lines or motorways or as spaces reserved for new housing or urban infrastructure projects that have since been sidelined or were never realised for financial reasons. In this sense, green spaces are very often, though not always, former edges and boundaries, spaces that lie somewhere between inside and outside.
The more one looks at the edges of cities, the more one begins to comprehend important aspects of urban green spaces as »peripheral phenomena«. By analysing and searching for edges, one can uncover the residue of urban processes. Skilful town and landscape planners will conceal these finds from speculative interests, secure them legally and then, through creative design, win the support of the local inhabitants, thus actually securing it for the local community.

In Dhakka, Bangladesch, bauen sich Migranten in der Stadt ein Dorf. [In Dhaka, Bangladesh, migrants build a village in the city.

Was aber sind Ränder, wie kann man sie verstehen und deuten? Dieser Aufsatz ist eine Einladung, das Grün der Stadt jenseits der privaten Gärten, der Parkanlagen, der Alleen als Randbemerkung des urbanen Prozesses zu suchen.
Am ehesten begegnet man den Rändern in einer Stadt, die einem fremd ist. Hier sind die Wege noch nicht so vorgezeichnet: ein zufälliger Schwenk nach rechts, neben einer Brache ein zweistöckiges Wohnhaus, entlang einer Bahnstraße zwei, drei kleine Gärten, ein verfallenes Stellhaus und ein verrostetes Fabriktor ohne Fabrik. Dann folgen zwei neu gebaute Wohnblocks neben einer Lagerhalle und der Hälfte eines Bauernhauses. Liegt die fremde Stadt, die man durchstreift, nicht in Mitteleuropa, sondern im Süden Chinas, so ändern sich einige Elemente. Man findet kleine Werkstätten, die mehrstöckige Betten herstellen, neben einem Supermarkt, der an eine Brache grenzt. An der schmaleren Seite des Reisfeldes sieht man eine große Baustelle, zur Längsseite hin folgen kleine Hütten, dahinter wird der Blick durch drei postmodern gestylte Stadtvillen begrenzt, dahinter eine grüne feuchte Insel, ein Reisfeld inmitten der Stadt.
Wo immer man dem Rand begegnet, er hat etwas Unbestimmtes. Vielleicht nicht alle, aber doch viele Elemente, die man in den anderen Teilen der Stadt findet, liegen hier unvermittelt nebeneinander. Der Rand ist weder Villenvorort, noch Arbeiterquartier, weder Fabrikgelände noch Gartenland. Die Straßen sind mal in einem hervorragenden Zustand, mal sind es schwer befahrbare Pisten. Wer an den Rand einer Stadt gerät, unternimmt eine Passage durch den simultanen Raum, eine Entdeckungsreise zu den Elementarteilen der Stadt. Dem simultanen Raum entspricht zumindest für den Fremden ein Gefühlsgemisch zwischen Ängstlichkeit und Neugier. Man ist ganz froh, wenn einen eine Ausfallstraße wieder zu den Quartieren führt, die wir kennen: die Zentren und die Subzentren, Wohnquartiere für Arbeiter und kleine Angestellte, Stadtvillen, Einkaufszentren. Den Stadtforscher aber wird es immer wieder zurückziehen zu den inneren und äußeren Rändern der Stadt. Nicht nur, dass er sich innerhalb der Ränder nach einiger Übung so vertraut bewegt, wie die Auf- und die Absteiger, die Marginalisierten und die Abenteurer, die hier nahe beieinander leben. Nein, das ist es nicht. Es zieht ihn hin, weil er hier den Puls der Stadt fühlt und die Bewegungslogik begreift, zumindest leichter erkennen kann als in all den anderen Quartieren, die immer nur ihren Ausschnitt des Ganzen erfahrbar machen.

But what are edges and how can we understand and interpret them? This essay is an invitation to look beyond the private gardens, parks and avenues and to seek out green spaces in the city as peripheral phenomena of urban processes.
One is most likely to discover such edges in a city one is unfamiliar with: the paths we take are not yet well-trodden and a chance turn to the right can reveal fallow land next to a two-storey house, perhaps two or three small gardens bordering the railway line, a derelict signal box and a rusty factory gate without a factory. A little further along, two new housing blocks erected next to a warehouse, beside it half of a farmhouse. Should this foreign city through which we wander not be in Central Europe but in southern China, for example, the principle is similar but with other elements. One finds small workshops making bunk beds next to a supermarket adjacent to wasteland. A large building site adjoins the narrow side of a paddy field, its long side bordered by small huts with three post-modern urban villas dominating the view behind them. They in turn border on a green wet enclave, a paddy field in the centre of the city.
Wherever the edge may be, there is always something ambiguous about it. The edge is where one finds perhaps not all but certainly many elements that exist elsewhere in other parts of the city directly adjoining one another. The edge is neither suburban villas nor housing for the workers, neither industrial factory nor land for gardens. The streets are sometimes in excellent condition, sometimes barely passable. Those who frequent the edges of cities pass through a space characterised by simultaneity, a passage of discovery through the elementary particles of the city. For an outsider, this simultaneity provokes a mixture of anxiety and curiosity. One is relieved to recognise a trunk road that leads back to a quarter we know: the centre or sub-centre, the housing estates for workers and employees, the urban villas and shopping centres. For the urban researcher, however, the edges within and around the city exert a special fascination. Not just because, after a little practice, we learn to move around as freely as the diverse range of people who live there in close proximity, some moving up in the world, others down, some marginalised, others adventurous. No, that's not the reason. It's because it is here that the pulse of the city can be felt most clearly and where the logic of movement is most apparent, or at least more readily identifi-

Rand und Grenze

Der Rand ist immer auch eine Grenze, aber die Grenze keineswegs ein Rand. Die Grenze ist eine Linie, gedacht oder materiell, der Rand aber ein Band. Die Grenze trennt das Eigene von dem Anderen und gibt diesen Konstruktionen den jeweiligen Raum. In der Soziologie des Raumes von Georg Simmel spielt die Grenze eine zentrale Rolle. Da der Raum immer sozial gegliedert ist, hat er die Funktion, diese Gliederung zu zeigen und indem sich eine Gruppe in einem bestimmten Raum verwirklicht, wirkt dieser Raum auf die Eigenart der Gruppe zurück. So gesehen ist die Grenze, die den einen von dem anderen Raum scheidet, für die Wirksamkeit eines Raumes konstitutiv. »[...] immer fassen wir den Raum, den eine gesellschaftliche Gruppe in irgendeinem Sinne erfüllt, als eine Einheit auf, die die Einheit einer Gruppe ebenso ausdrückt und füllt, wie sie von ihr getragen wird. Der Rahmen, die in sich zurücklaufende Grenze eines Gebildes, hat für die soziale Gruppe sehr ähnliche Bedeutung wie für ein Kunstwerk. An diesem übt er die beiden Funktionen, die eigentlich nur die zwei Seiten einer einzigen sind: das Kunstwerk gegen die umgebende Welt ab- und in sich zusammenzuschließen.« (Simmel, 1995, S.138) Zwar betont Simmel auch die Wechselwirkung zwischen Innen und Außen, doch fehlt ihm, und das gilt bis heute, die klare Unterscheidung zwischen Grenzen in der Stadt und ihren inneren wie äußeren Rändern. Peter Marcuse hat vor kurzem den interessanten Versuch unternommen, die innere Gliederung der Städte an ihren Grenzen zu bestimmen. Er unterscheidet Grenzen, die einschließen *(prison walls)*, von jenen die vor den Anderen schützen *(barricades)*, imperialistische *walls of aggression* von jenen, die privilegierte Gruppen in ihren Privilegien schützen *(stucco walls)* (Marcuse, 1998). So wichtig eine solche Typologie ist, sie bleibt dennoch ein Versuch, die innere Gliederung und Dynamik der Städte in einem starren Modell zu erfassen. Wie schwierig dies ist, lässt sich an dem Versuch deutlich machen, die Grenzen innerhalb einer Stadt oder zwischen einer Stadt und einem anderen Raum empirisch zu bestimmen. Statistiken helfen nicht recht weiter, geben sie doch bestenfalls Häufungen bestimmter Merkmale in einer Raumeinheit wieder, aber auch semiotische Beobachtungen sind wenig Erfolg versprechend. So endete der Versuch eines jungen Urbanisten, die Grenze zwischen zwei Stadtteilen in Frankfurt zu bestimmen, mit der Schilderung der Eigenart einzelner Gebäude oder öffentlicher Flächen in den jeweiligen Gebieten – für die Beschreibung des Randes selber aber fehlen die Begriffe, weil es in der Planung dafür keine Begriffe gibt. Zwar sind die Städte durch eine Vielzahl von Grenzen klar strukturiert, doch lassen sich die wenigsten klar bestimmen. Wenn Franz

able than in all the other quarters that reveal only their specific aspect of the whole.

Edge and Boundary

The edge is also always a boundary, although a boundary is by no means always an edge. A boundary is a line, imagined or material, while the edge is a band or strip. A boundary separates one from the other and delineates for each of these constructions their respective space. In Georg Simmel's sociology of space, the boundary plays a key role. As space is always socially divided, the boundary has the function of expressing this separation. Because a certain group realises their aspirations within their designated space, this space reflects the characteristics of the group. As such the boundary that divides one space from the next can be regarded as being a constituent part of that space's self-conception. »[...] we always consider the space that a societal group occupies in one sense or other as a unit that expresses and strengthens the unity of the group to the same degree as it is shaped by the group. The frame that forms a continuous border around an entity has in effect a very similar meaning for the social group as it does for a painting. It performs two functions that are actually two sides of the same thing: it both divides the work of art from its surroundings while simultaneously embedding it.« (Simmel, 1995, p. 138). Although Simmel does emphasise the reciprocal interaction between inside and outside, he does not clearly differentiate between boundaries in the city and their inner as well as outer edges. More recently, Peter Marcuse undertook an interesting attempt to determine the internal structure of cities by examining their boundaries. He differentiates between borders that enclose *(prison walls)* from those that exclude others *(barricades)*, imperialist *walls of aggression* from those built to protect the privileges of privileged groups *(stucco walls)* (Marcuse, 1998). Despite the relevance of such a typology, it remains an attempt to capture the inner structure and dynamism of the city in an essentially inflexible model. Just how difficult this can be is demonstrated by an attempt to empirically determine the boundaries within a city or between the city and another space. For this, statistics are of limited use as at best they can only indicate an increased frequency of certain characteristics within a spatial unit. Semiotic observations are likewise not very promising. A young urbanist's attempt to determine the boundary between two neighbourhoods in Frankfurt concludes with a description of the characteristics of individual buildings or public spaces in the respective districts but is unable

Josef Degenhardt gesungen hat: »Spiel nicht mit den Schmuddelkindern, geh doch in die Oberstadt, mach's wie Deine Brüder [...]«, so ist die topografisch sichtbare soziale Grenze eher die Ausnahme. Es mag sein, dass es im 19. Jahrhundert solch eindeutig materiell bestimmbare gesellschaftliche Grenzen in den Städten noch mehr gegeben hat: Der Eisenbahnbau trennte meist die bürgerlichen von den proletarischen Gebieten, die untere Neustadt war klar von der oberen Neustadt geschieden, in vielen Industriestädten der Westen dem Bürgertum, der Osten den unteren Schichten vorbehalten.

Je schneller jedoch die Städte wuchsen und je mehr sie von staatlichen Planungseingriffen und Verwertungskalkülen geprägt wurden, desto weniger deutlich wurden die Grenzen, desto wichtiger aber die Ränder. Das schnelle Stadtwachstum ließ im Europa des 19. Jahrhunderts nicht genügend Zeit, um klare Grenzen aufzubauen und kulturell räumlich zu stabilisieren. Spekulative Stadterweiterungen führten dazu, dass Räume übersprungen wurden, weil Besitzverhältnisse oder natürliche Gegebenheiten einer rasanten Entwicklung im Wege standen. Auch Dörfer wurden in der Entwicklung oft einfach übersprungen und zu einem viel späteren Zeitraum eingemeindet. So entstanden innere Stadtränder. Noch weit eher gilt dies für schnell wachsende Städte wie Kairo, São Paulo oder Guangzhou. Hier merkt man, dass der Begriff wie das Bild der Grenze auf die Städte bezogen, stark von den mittelalterlichen Stadtformen in Europa und Asien abhängt. Die Stadtmauer, der Wall, das Ghetto mit seinen Toren, die bei Sonnenuntergang geschlossen wurden, sind räumlicher Ausdruck einer Stadtstruktur, die wenig Dynamik aufweist.

Was aber unterscheidet nun die Ränder von Grenzen? Zum ersten sind Grenzen symbolisch oder materiell oder in beiderlei Hinsicht eindeutig, Ränder bleiben mehrdeutig. Zum zweiten trennen Grenzen klar unterscheidbare sozialräumliche Einheiten, Ränder verbinden Einheiten, indem sie ausgewählte Teile von ihnen aufnehmen. Das macht ihre

to find an appropriate description for the edge, quite simply because available planning terminology lacks appropriate means of describing them. While cities are clearly delineated by numerous boundaries, very few of them can be clearly defined. Franz Josef Degenhardt's lyrics, *»Spiel nicht mit den Schmuddelkindern, geh doch in die Oberstadt, mach's wie Deine Brüder...«* (don't play with the street urchins, follow your brothers and go up town) reveal a clear correspondence between topographic location and social division, although this was more the exception than the rule. It is possible, however, that in the nineteenth century such societal divisions were more visible in the city than they are today: the building of the railways often divided the middle class neighbourhoods from the proletarian areas. Similarly, the lower and upper new towns were clearly separated from one another and in many industrial cities, the west was reserved for the middle classes and the east for the lower classes.

However, the faster the cities began to grow and the more their growth was influenced by state interventions and speculative interests, the less apparent the boundaries became. At the same time the edges became more important. During the rapid growth of cities in nineteenth-century Europe, there was no time to develop clear boundaries and culturally stabilised spatial divisions. Speculative urban expansion simply leapfrogged areas that stood in the way of rapid development, be it due to unclear ownership or natural topographic features. Similarly, urban expansion often simply bypassed existing villages, which in many cases were only incorporated into the city much later. As a result internal edges started to appear. This applies even more so to rapidly growing cities such as Cairo, São Paulo or Guangzhou. Here one becomes acutely aware that the notion as well as manifestation of the boundary is heavily influenced by the medieval urban forms of the city in Europe and Asia. The city wall or the ghetto with its gates that are closed at sundown are a spatial expression of an urban structure lacking in dynamism.

In Guangzhou, China, trifft Stadtwachstum auf ehemaliges Bauernland. [In Guangzhou, China, urban expansion encroaches on former agricultural land.

Unbestimmtheit aus oder anders ausgedrückt: Ränder sind simultane Räume. Zum dritten sind Grenzen eher Linien, Ränder haben Flächen, sie gleichen Bändern oder Teilen von Bändern. Ränder bieten daher Raum für eine Vielzahl von Aktivitäten. Dies führt zu dem vierten wichtigen Unterscheidungsmerkmal: Ränder sind wenig reguliert, Grenzen dagegen kulturell, sozial oder materiell hoch reguliert. So sind Ränder eher Potenziale, Grenzen verhindern potenzielle Veränderungen. Damit wird auch deutlich, dass Ränder Räume der Transformation sind. Wer sie heute besucht, muss sich darüber im Klaren sein, dass er sie morgen kaum mehr wieder erkennen wird. Ränder sind Raum-Zeit, ihre Simultanität bezieht sich auf die benachbarten Räume und verschiedene Zeiten. Ränder grenzen ab, indem sie einschließen. Der Preis dafür ist ihre Offenheit. Nicht nur, dass man sie schwer begreift, dass sie mal hierhin, mal dorthin überfließen. Auch ihre eigene Zukunft bleibt offen, mal versinken sie in Vergessenheit, mal werden sie zu Zentren des urbanen Chaos und manchmal werden sie Orte eines neuen Paradigmas der Stadt.

Erste Randbemerkung: Das Äußere innen zeigen

Es gibt Städte, deren Größe, Topografie und städtebauliche Anlage dazu führen, dass der traditionelle Rand zwischen Stadt und Land im Innersten der Stadt, im Zentrum präsent ist. Natürlich sind es oft kleinere Großstädte, – über Kleinstädte reden wir in Bezug auf den Rand nicht – deren Burgberg oder Kirchhügel die Abgrenzung zum Land deutlich macht. Sonntags besteigt man diesen Hügel oder man führt Gäste aus anderen Städten dorthin, weil man mit einem Blick die ganze Stadt und ihre Einbettung in die ländliche Umgebung deutlich machen kann. In einigen wenigen Städten, Kassel gehört zu ihnen, öffnet sich das Zentrum der Stadt an mehreren Stellen in der Weise zum nahe gelegenen Land, dass es wie durch einen Rahmen in das geschäftige Treiben projiziert wird. Bei einigen führt dies dazu, dass die Bürger die wesentlichen Qualitäten der Stadt an der ländlichen Landschaft festmachen, die dann nicht einfach Umgebung ist, sondern gleichsam zur Stadt selber wird. Das Grün der Umgebung sickert in die Stadt ein, der Blick über den

But what differentiates the edges from the borders? Firstly, borders are symbolically or materially unequivocal while edges remain ambiguous. Secondly, boundaries separate clearly definable socio-spatial units; edges by contrast connect them by incorporating aspects from each of them. This is what makes them ambiguous or put another way: edges are spaces of simultaneity. Thirdly, borders are almost always a line while edges occupy a strip-like area or a part thereof. Edges therefore offer space for a variety of activities. This leads to the fourth important differentiating characteristic: edges are less strongly regulated spaces while borders are highly regulated, whether culturally, socially or materially. Edges are, therefore, spaces with potential whereas boundaries attempt to hinder potential change. For this reason, edges are places of transformation. Those who visit them today must bear in mind that they may be barely recognisable tomorrow. Edges are space-time; their simultaneity refers both to the simultaneity of neighbouring spaces as well as of different times. Edges have the capacity to demarcate through inclusion. This comes at the cost of their lack of definition or openness. It is not just that they are difficult to grasp, overflowing in one or the other direction, but also that their own future remains open: sometimes they lapse into oblivion, sometimes they become the centres of urban chaos and sometimes they become places that embody a new paradigm of the city.

Notes from the Edge 1: The Outside Within

There are cities whose size, topography and urban arrangement are such that the traditional edge of the city that opens onto the countryside can be found within the city, in its centre. As might be expected, these are often smaller cities – small towns are not relevant for our discussion of the urban edge – whose castle mound or church hill clearly delineates its position vis-à-vis the countryside. One ascends this hill on Sundays or takes visitors there for a clear view of the entire city and its relationship to the surrounding countryside. In a few cities – Kassel is one such case – the centre of the city opens onto the

In der mittelgroßen Universitätsstadt Marburg, Deutschland, kann man die Einbettung in die ländliche Umgebung von den umliegenden Hügeln aus deutlich erkennen.
[In Marburg, Germany, a mid-sized university town, the view from one of the surrounding hills clearly reveals how the town is embedded in the countryside.

Rand begrünt die Stadt selber. Die absolutistischen Parkanlagen gehen dann bruchlos in die Auen, Bergweiden und Äcker über und erleichtern den Menschen die Ansicht, das Schönste der Stadt sei das Land. Im Falle von Kassel wirkt dies wie ein Trost für die durch Brandbomben zerstörte Altstadt und die Vernichtung der Urbanität durch funktionalistische Architekten und Planer.

Zweite Randbemerkung: Vergangene Ränder

Die meisten europäischen Städte, deren Ursprung in den vergleichsweise winzigen mittelalterlichen Städten zu finden ist, sind von längst verschwundenen Rändern wie von Jahresringen umgeben, in denen sich heute Teile der Entwicklung erkennen lassen. In diesem Sinne lässt sich von der Lesbarkeit einer Stadt sprechen. Jeder vergangene Rand ist wie eine Seite im Geschichtsbuch der Stadt. Häufig lassen nur noch Namen erahnen, was einmal ein Rand war. Eine Gartenstraße ohne Gärten erweist sich bei der Recherche bald als ein Teil des Gartengürtels, der jenseits der Mauern die Stadt umgeben hat. Ring und Wall verweisen auf ehemalige Festungsanlagen. Heißt ein Ortsteil Eichswald, so ist sehr zu vermuten, dass die Bürger der Stadt hier ihre Schweine raustrieben und zusammen mit der Rinderallmende ruft das in Erinnerung, dass die vorindustrielle Stadt keineswegs frei von Landwirtschaft war, dass die Selbstversorgung zu Handel und Handwerk gehörten. Stadt und Natur waren dann doch insoweit eine Einheit, als Tiere und Menschen zusammen wohnten und es nicht der Stallgeruch war, der Stadt und Land zu einem Unterschied machte.

Die früheren, nun längst überschrittenen Ränder bleiben sichtbar in Gartenresten, Gruppen alter Bäume, vergessenen Raumstücken die als sekundäre Wildnis Teil des Urbanen wurden. Meistens überlagern sich heute mehrere versunkene Ränder und bilden eine neue Einheit. In gewisser Hinsicht ist die Entzifferung der vergangenen Ränder ein akademisches Interesse, auch wenn man nicht unterschätzen sollte, wie gewichtig diese Schichtungen für die Entstehung einer interessanten Atmosphäre eines Stadtgebietes sind. Systematisch gesehen sind diese

surrounding countryside in this way at several points, as if it were projected through a frame into the bustle of the city. In some cases, this is so pronounced that the inhabitants of the city value the rural landscape as an essential quality of the city, not just in terms of its surroundings but also as a part of the city itself. The green surroundings seep into the city itself, and one's view across the edge of the city greens the city itself. The carefully orchestrated absolutist parks merge seamlessly into meadows, mountain pastures and fields, cementing the inhabitants' view that the best quality of the city is its countryside. In the case of Kassel, this quality offers some consolation for the fire-bombed inner-city and the eradication of its remaining urban qualities through functionalist architecture and urban planning.

Notes from the Edge 2: Past Edges

Most European cities whose origins lie in the comparatively tiny beginnings of a medieval city are marked by a series of barely-discernable edges like growth rings which today still offer indicators for its urban development. They contribute, as it were, to the legibility of the city. Each former edge is like a page in a chronicle of the city. In many cases, a name is all that remains of the existence of a past edge. A Garden Street without any gardens turns out, after a little research, to have been part of the strip of gardens outside the city walls. Likewise a Ring Road or Wall Street may refer to the earlier presence of fortifications. A neighbourhood with the name Woodacre was very probably where the citizens once drove their pigs and together with various Commons serves as a reminder that agriculture was as much part of the pre-industrial city as trade and craftsmanship. At that time, city and nature were part of the same unit in the same way that people lived together with their animals. Only later did the farmyard smell come to signify the countryside.

The former, now long overrun edges are still visible in the form of remains of gardens, groups of old trees and forgotten pockets of land that have become secluded urban wildernesses. In many cases several

In Kassel, Deutschland, öffnet sich das Zentrum zum Land in einer Weise, dass es wie durch einen Rahmen in das geschäftige Treiben projeziert wird. [In Kassel, Germany, the centre of the city opens onto the countryside, as if it were projected through a frame into the bustle of the city.

ehemaligen Ränder aber häufig persistente Strukturen einer Stadt. Über sie sind die neuen Entwicklungen längst hinweggegangen, sie erscheinen überflüssig oder gar abträglich. Wenn die Stadtplanung dann entweder kein Interesse oder nicht die Kraft hat, die Bauten dieses Randes abzureißen und die Flächen neu zu bebauen, verharren sie und bilden heute grüne Inseln und für eine noch nicht bekannte Zukunft ein erhebliches Potenzial. So hat die Planung der DDR gründerzeitliche Quartiere einfach übersprungen. Während diese Ränder des 19. Jahrhunderts dem Verfall preisgegeben waren, entstand der sozialistische Städtebau an den neuen Rändern der Stadt. Eine kleine Untersuchung in Erfurt zeigte nun recht deutlich, wie nach der Vereinigung der beiden Teile Deutschlands und der damit verbundenen Wiedereinführung der kapitalistischen Marktwirtschaft gerade hier die ersten Ansätze für kleine Druckereien, Autowerkstätten, Läden und Büros entstanden. Häufig waren es sogar die Kinder oder Enkel der ehemaligen Eigentümer, die nun in diesem alten Rand die Möglichkeit für einen Neubeginn fanden.[2] Grün ist so immer auch transitorisch, eine Chance für nachträgliche Verdichtung. Aber es ist auch ein Ort für Büsche, Bäume, Gräser und Tiere, und damit ein Potenzial für wertvolle Wohn- oder Bürobebauung.

Die Ränder der Stadt befinden sich in einem ständigen Spannungszustand und Wechselverhältnis von Persistenz und Transformation. Manchmal führt diese Dialektik zu einer räumlichen Differenzierung: Der vergangene Rand gerät in Vergessenheit, das Neue überspringt ihn und bildet einen neuen Rand. Dann kann es geschehen, dass der neue Rand entwertet wird und sich der alte als Potenzial erweist und eine Aufwertung erfährt. Das Wohnungskapital sucht hier eine Anlage, die Stadterneuerung verändert den Status dieses vergessenen Randes, die Bevölkerung tauscht sich aus. Der Rand verliert wenigstens für die nächste Zeit seinen Charakter als Rand, zentripetale Kräfte verleiben ihn ein.

Dritte Randbemerkung: Der Rand und die Zyklen des Kondratjew

Bekanntlich formulierte Kondratjew ein weit verbreitetes Modell der langfristigen wirtschaftlichen Entwicklung des Kapitalismus. In längeren zeitlichen Abständen führen sogenannte Basisinnovationen zu wirtschaftlichem Wachstum. Hat sich die jeweilige Innovation voll durchgesetzt und ausdifferenziert, so flacht zunächst das Wachstum ab, um dann in eine Krise zu führen. Eine neue Basisinnovation setzt den Zyklus dann erneut in Bewegung. Diese Theorie hat eine Vielzahl von Fragen aufgeworfen und Forschungen initiiert, unter anderem auch die Suche

submerged edges coincide to form a new unit. To a certain degree the deciphering of past edges is primarily of academic interest, although one should not underestimate how important these layers of the past can be for the atmosphere of an urban district. Within the urban system, these former edges often remain as persistent structures within the city. New developments have long passed them by and they may appear redundant or even detrimental. When urban planning shows no inclination or lacks the impetus to demolish them to free up the areas for re-use, they persist, forming pockets of green that offer considerable potential for an as yet unknown future. In the GDR, new developments simply leapfrogged the urban quarters from the turn of the century. The new socialist housing estates arose on the new edges of the city while the nineteenth-century outskirts fell into dilapidation. A study undertaken in Erfurt shortly after the reunification of East and West Germany showed clearly how this former edge later offered a new home for the first fledgling capitalist ventures: small print works, car repair workshops, shops and offices. In many cases it was the children or grandchildren of the former owners who found an opportunity for a fresh start in the former edge of the city.[2] Green space is therefore always transitory and provides a potential location for subsequent settlement. At the same time it is also a place where shrubs, trees, grass and animals flourish and therefore potentially a positive amenity for new residential or office building.

The edges of the city are therefore in a state of constant tension and fluctuation between persistence and transformation. A past edge may be forgotten or ignored, new developments passing it by to create a new edge. It may then come to pass that the new edge loses its attraction and the old edge becomes the focus of potential and renewal. Investment capital is pumped into the area bringing about urban renewal, in turn upgrading the status of the once forgotten edge. Old inhabitants go, new inhabitants move in, and the former edge gradually loses its character as an edge as centripetal forces assimilate it into the city.

Notes from the edge 3: The Edge and Kondratiev's Waves

Kondratiev formulated a widely-recognised model for the long-term economic development of capitalism. According to his model, periods of economic growth follow the emergence of so-called basic innovations that occur at fairly long intervals. Once the innovation has become established and matured, growth begins to wane heralding the onset of a crisis. A new basic innovation marks the beginning of the next cycle. This theory raised numerous questions and sparked

nach den geographischen Bedingungen für die Entstehung von Innovationen. Eine wichtige Beobachtung lenkt dabei die Aufmerksamkeit auf den Rand der Städte oder eher auf bestimmte Ränder bestimmter Städte: Die Industrie entwickelte sich vielerorts nicht in den Städten des 19. Jahrhunderts, sondern an ihren Rändern. Die Ursachen dafür sind vielgestaltig, doch wird immer wieder nachgewiesen, dass sich sowohl der Adel, der in den Städten seine Residenz hatte, als auch die Stände über lange Zeit erfolgreich gegen die Ansiedlung von Industrie zur Wehr setzten. Dem Adel passte Lärm und Dampf nicht zu dem höfischen Lebensstil, die Stände befürchteten Konkurrenz bei den Produkten wie auf dem Arbeitsmarkt. So entwickelte sich die Industrie, wenn es denn die übrigen Zustände zuließen, am Rande der Dörfer, die den Städten vorgelagert waren. Hier fanden die Industriellen bei den Töchtern und Söhnen der Bauern auch die Arbeitskräfte, die ihre Arbeitskraft frei verkaufen konnten und mussten. Auch andere Beobachtungen zeigen, dass die Ränder für Innovationen geeigneter sind als die Zentren der Städte und die älteren Wohn- und Gewerbegebiete.
An den Rändern finden sich die technischen Einrichtungen zur Stadthygiene (Klärwerke, Wasserwerke), die wiederum der effektivste Mechanismus zur Entwicklung der Stadtmaschine im 19. Jahrhundert war. Vom Rande her wurde die Stadt zu einem technisch-administrativen System entwickelt, und der Städter wurde zu einem von den Zwängen der Natur weitgehend befreiten und von der Natur entfremdeten Menschen. Hier fand man auch die Gaswerke und später die Elektrizitätswerke, die es möglich machten, die Nacht in den Städten wie die Tage zu nutzen, und durch die die Grundlage für alle weiteren Entwicklungen einer Kultur des Komforts und der Bequemlichkeit gelegt wurde, die heute das urbane Leben wesentlich kennzeichnet.
Die Eisenbahn, die alle folgenden Innovationen zur Beschleunigung des Waren- und Güterverkehrs einläutete, brauchte nicht nur Platz, der sich im Inneren der Städte nur schwer schaffen ließ, sondern war am Anfang auch nicht sonderlich beliebt. So legte man sie bis an den Rand der

extensive research, among them into the geographic conditions necessary for the creation of innovation. An important observation focused attention on the edges of cities, or rather particular edges of particular cities: in the age of industrialisation, developments did not always take place in the cities themselves but at their fringes. The reasons for this are many and diverse, however it has been repeatedly demonstrated that both the nobility who resided in the city as well as the guilds successfully resisted the establishment of industry within the city over a long period. For the nobility, the noise and steam of industry was fundamentally incompatible with their courtly lifestyle while the guilds feared competition in the market place as well as labour market. Where conditions were right, industrial facilities were, therefore, founded on the edges of villages on the outskirts of the city. The industrialists could draw on the sons and daughters of farmers for their workforce, who were able to, indeed had to, sell their labour freely. Other findings have also shown that the edges were more suitable for innovation than the centres of the cities or older residential or commercial districts.
The edges were the location of technical infrastructure for urban hygiene (sewage and water works) which in turn were the most effective mechanism for the development of urban machinery in the nineteenth century. The cities developed into a technical-administrative system from the edges inwards, whose residents were first liberated from the vagaries of nature then later estranged from nature altogether. Gas works and later power stations were also founded on the edges of the city, making it possible to use the night as well as the day in the cities. They laid the foundation for all the subsequent developments that have contributed to a culture of comfort and convenience that characterises urban life to the present day.
The railways, which signalled the beginning of all later innovations for accelerating the distribution of goods and wares, not only required space not easily found in the centres of the city but were also not

Die technischen Einrichtungen zur Stadthygiene wie diese Kläranlage befinden sich meist am Stadtrand. [The technical infrastructure for urban hygiene, such as this sewage treatment facility, is usually located at the edge of the city.

Städte. Die Bahnhöfe wurden als prachtvolle Hallenbauten angelegt, um die neue Bedeutung deutlich werden zu lassen. Nicht nur im Fall von Paris wurden die Bahnhöfe zum Ausgangspunkt der Modernisierung der ganzen Stadt. Haussmann ließ die mittelalterliche Baustruktur aus mehreren Gründen abreißen und schuf mit den Boulevards ein neues Muster der Städte. Ein wichtiger Grund aber war die Verbindung des Gare du Nord mit den nach Süden und Westen abgehenden Bahnhöfen, da die Stadt in dem zunehmenden Güterverkehr zu ersticken drohte. Nach der Erfindung und Verbreitung des Autoverkehrs wurden die Ringautobahnen zu neuen Rändern, die effektiv wie noch nie das Innere vom Äußeren der Städte trennten und verbanden. Hier siedelten sich die Reparaturwerkstätten an, Händler für Autoreifen, Schrottplätze und Tankstellen. Neben den Tankstellen entwickelten sich die großen Einkaufszentren, die wiederum einen Kernbestandteil des städtischen Lebens, den Handel und damit die Stadt- und Quartierszentren, entscheidend veränderten.
Die Aufzählung lässt sich weiterführen und es wäre auch sicherlich nicht falsch, auch die rasante Entwicklung der Elektronik an den Rändern der Städte zu verorten, man denke nur an Silicon Valley oder die neuen Wissenschaftszentren am Rande von Grenoble.
Was aber könnten die Gründe für die besondere Eignung der Ränder zur Entwicklung von Innovationen sein? Der eine Grund ist banal und dennoch wichtig: An den Rändern findet sich der Raum, den neue Technologien benötigen. Zudem ist der Widerstand gegen neue und oft auch belastende und riskante Technologien geringer als in den zentralen Stadtteilen. Macht und Einfluss finden sich nicht am Rand, sondern in zentralen Quartieren. Die Menschen, die am Rand der Städte wohnen und arbeiten, gehören eher selten zur Elite. Und schließlich ist die gesamte Kontrolle durch den Staat am Rand geringer als im Zentrum. Hier kann mancher in der Garage basteln und die abfallenden Chemikalien in einem Graben verschwinden lassen, was zentraleren Ortes schwerer wäre. Innovation benötigt wahrscheinlich das Stückchen Anarchie, das den

particularly well-loved, at least to begin with. As a result they, too, were located on the edge of the cities. The railway stations were constructed as resplendent halls to underline their new importance. The railway stations also marked the beginning of the modernisation of entire cities, not only in Paris where it is most clearly evident. Haussmann demolished much of the medieval fabric of Paris for a variety of reasons, replacing it with a network of Boulevards and creating a new model for the city. One important reason was to connect the Gare du Nord with the railway stations to the south and west of the city to alleviate the crush of goods transport that threatened to strangle the city.
After the invention and mass availability of the car, the ring motorways quickly became the new edges and have proved more effective than ever at separating and connecting the inside and the outside of cities. Car repair workshops, tyre warehouses, junk yards and petrol stations sprang up. Alongside the petrol stations, large shopping centres were established which in turn impacted on the distribution of trade, until then a core aspect of city life, heralding a fundamental change for the inner city and district centres.
This list can be continued and it would certainly not be wrong to note that the rapid development of electronics also took place on the edges of the cities. One need only think of Silicon Valley or the new science parks outside Grenoble.
Why then are the edges of cities particularly predestined for the development of innovation? One reason is banal but nevertheless important: sufficient space for new technologies can only be found at the edges. Here too there is less resistance to new and often polluting or possibly dangerous technologies than in the central areas of the city. Power and influence is concentrated in the central districts and not the edges of cities. The people who live and work on the outskirts of the city are seldom part of the elite. Accordingly, state intervention

Gare du Nord, Paris, Frankreich – nicht nur in der französischen Hauptstadt wurden im 19. Jahrhundert die Bahnhöfe zum Ausgangspunkt der Modernisierung der ganzen Stadt.
[Gare du Nord, Paris, France – in the nineteenth century railway stations marked the beginning of the modernisation of entire cities. The French capital is a prominent case in point.

Rändern eigen ist. Die geringe Kontrolle der Räume am Stadtrand von gestern und an den Randzonen von heute führt häufig zu einer Vielfalt der Raumnutzung. Zwischen Werkshallen und Stadtstraßen hat man eine größere Vielfalt der Vegetation gefunden als in landwirtschaftlich genutzten Flächen außerhalb der Städte.[3]

Vierte Randbemerkung: An den Rand gedrängt oder: Paris als Weltstadt

Wenn ich einmal von den einsamen Streifzügen durch die Ränder von Dortmund absehe, dann hat mich Paris »an den Rand gebracht«. Mit Studierenden unternahm ich eine Wanderung von der Bastille bis zu den Grand Ensembles. Durch das Marais mit seinen jüdischen Bäckereien und Metzgereien, vorbei am Gare du Nord und dem Weinberg am Sacre Cœur, über den *périphérique* (welch eine Barriere), durch Flächen mit Gewächshäusern und scharfen Schäferhunden bis am Horizont die Blöcke von Sancerre auftauchten. Wir hatten gelesen von Selbstmorden und Drogen, Gewalt gegen Sachen und Autodestruktion, kleine Aufstände, Kämpfe mit der Polizei, verzweifelten Sozialarbeitern und vergitterten Fenstern. Wie konnte das geschehen, hier in, am Rande und mit Paris. Pariser Familien aus der Stadt gedrängt, von ihrem Leben getrennt in neu gebaute Ränder, die politisch gar nicht mehr zu Paris gehören.[4] Es ist eine Geschichte der Korrespondenz von Außen und Innen. Über Jahrzehnte hatte es die Bindung der Mietpreise möglich gemacht, dass Familien mit geringem Einkommen in Paris wohnen konnten. Die niedrigen Mieten waren der Preis der Regierung für die Loyalität der Franzosen in den beiden Kriegen mit Deutschland – dort galten die gleichen Regelungen. Nun, nachdem es Hoffnung auf einen dauerhaften Ausgleich zwischen den beiden Staaten gab, war aus der Sicht der Elite diese Geste für das Volk weder notwendig noch sinnvoll. Paris sollte die wichtigste Metropole Europas werden und Anschluss an Amerika finden. Da brauchte man Platz für Kultur (Centre Pompidou) und nicht für Markthallen. Da war eine neue Bürostadt angesagt und keine einfachen Wohnungen direkt an der Seine. Man brauchte auch Kaufkraft und flanierende Konsumenten, neue Bahnhöfe und postmoderne Parks. Keiner hatte einen Plan, es gab auch keine Verschwörung, aber Tendenzen, Maßnahmen... So gelang es langsam, mit politischer Ausdauer und Schritt für Schritt, die Mietpreisbindung aufzuheben. Wer nicht zahlen konnte musste gehen, für die, die gingen, bezahlte der Staat Sozialwohnungen, Architekten bauten einen modernen Rand aus Blöcken. Die Unruhen und Ereignisse waren nicht gewollt und unerwünscht. Die Presse trommelte gegen Wohnungen, mit denen man Menschen umbringen kann. Neue schöne Städte sollten

is more relaxed at the edges of the city than in the centre. In the periphery, a workman tinkering in his workshop is less likely to be caught discharging excess chemicals into a gulley than in the city centre. The lack of state intervention in both the former edges of the city and new edge zones often leads to a multiplicity of functions. Similarly, investigations have shown that the vegetation that springs up between the factory warehouses and urban trunk routes is more diverse than in agriculturally used areas outside the cities.[3]

Notes from the Edge 4: Relegated to the Edge or: Paris, a Metropolitan City

Except for my solitary excursions through the outskirts of Dortmund, no other city has »brought me to the edge« more than Paris. Together with students I undertook a walk from the Bastille to the Grand Ensembles. Through the Marais with its Jewish baker's and butcher's shops, past the Gare du Nord and the vineyards on the Sacre Cœur, across the *périphérique* (what a barrier), through fields with greenhouses and guard dogs until the blocks of Sancerre appeared on the horizon. We had read about suicides and drugs, violence and vandalism, destruction of cars, small revolts, battles with the police, despairing social workers and barred windows. How could that happen here in Paris, at the edge of the city? Parisian families forced out of the city, separated from their livelihood and re-housed in the newly built suburbs that, in terms of political jurisdiction, no longer belong to Paris.[4] It is a tale of the correspondence of inside and outside. For decades, rent control measures had made it possible for low-income families to live in Paris. The low rents were the reward reaped by the French government for its loyalty during both world wars to Germany, where the same regulations applied. After hope for a lasting settlement between both states became clear, the Parisian elite no longer saw a need or purpose for this gesture towards the people. Paris needed to become the most important metropolitan city in Europe, on a par with America. Space was needed for culture (Centre Pompidou) not for market halls. No more affordable housing on the banks of the Seine, instead a new central business district. Likewise, means of attracting new purchasing power and shopping consumers to Paris was needed – cue new railway stations and post-modern parks. There was not a definite plan nor a conspiracy, just a tendency and a succession of revitalisation measures... With slow but sure political pressure, the rent controls were successively lifted. Those who were no longer able to pay had to go and for those who left, the state provided social housing in modernist housing blocks built by

gebaut werden und wurden gebaut. Der Stil nicht mehr modern, sondern postmodern. Ein neuer Rand entstand, meist musste nun die Mittelklasse aus Paris gehen, weil auch sie die Mieten nicht mehr bezahlen konnten. Heute ist Paris eine schöne Metropole, die Zahl der Touristen pro Einwohner ist die höchste der Welt. Die Menschen am Rand werden nicht mitgezählt, aber sie kommen in die Stadt – mal als Kellner und Busfahrer, mal als arbeitslose Jugendliche, die an den Stationen der Metro Touristen berauben.

Die Korrespondenz zwischen Innen und Außen findet sich in der einen oder anderen Form überall. Barcelona zum Beispiel: Innen ein neuer Bahnhof, gerühmte Plätze, eine neue Hafencity. Draußen in den Karsttälern, die sich zur Meseta hochziehen, die mit dem wenigen Geld: Sozialblocks neben Schnellstraße, Zementfabrik und Tankzentren.

Der sozialen und baulichen Dialektik der Entwicklung von Innen und Außen entspricht eine Dialektik des Grüns. Im Inneren der Städte ist Grün seltener, gerade in Paris eher in Randstreifen, steileren Hängen der Hügel, in Hinterhöfen, auf Balkonen, zwischen Garagen zu finden. Alter und Planlosigkeit der Vegetation sind Grundlage einer hohen Vielfalt und einer ästhetischen Verwunschenheit. Das Grün im Inneren von Paris lässt Träume zu, regt die Phantasie an, lässt Überraschungen zu. Zwischen dem *périphérique* und den Grand Ensembles wird das Grün zum einen großräumig: noch bewirtschaftete Ackerflächen, Brachen, Abstandsgrün zwischen Hallen und Schrottplätzen und dann in den Grand Ensembles Rasenflächen, Straßenrandpflanzungen, junge Bäume und schon wieder verwahrlostes Zwischengrün und leicht vermüllte Grünstreifen.

Die Geschichte der Stadtentwicklung führt wahrscheinlich zu einer Korrelation von sozialen und biologischen Indikatoren des Stadtraums: Im Inneren von Paris findet man gehobene soziale Gruppen, hohe Bodenpreise und Mieten und altes, vielfältiges und ästhetisch anspruchsvolles Grün. Jenseits des *périphérique* sinkt der durchschnittliche soziale Status und die Bodenpreise bzw. Mieten, die Vegetation wird einfältiger und der ästhetische Wert sinkt.

Fünfte Randbemerkung: Glücksränder und städtische Dörfer

Würde man nur die Vorstädte des sozialen Wohnungsbaus in Paris, Madrid oder Hamburg betrachten, so würde man die projektive und reale Besetzung des Randes zumindest in Mitteleuropa, Teilen Westeuropas und den USA aus den Augen verlieren. Für viele Städter ist nicht die Urbanität, sondern das Siedeln und die Siedlung vor der Stadt das erstrebte Ziel. Der nächtliche Anflug auf Berlin bot noch in den 1990er Jahren einen für Mitteleuropa einmaligen Anblick: ein Lichtteller mit klarem Rand. Die Begrenzung Westberlins auf der einen Seite und die

architects on the edge of the city. The revolts and unrest were unwelcome and undesirable. The press drummed up opposition against architecture that can ›kill a man‹. Instead, new beautiful cities should be built and were indeed built, this time not modernist but post-modern. A new edge arose and now the middle classes were also forced out of the centre of Paris, also unable to afford the rent prices. Today, Paris is a beautiful metropolitan city and the number of tourists per resident is the highest in the world. The people who live on the periphery no longer count as residents but they also come into the city – sometimes as waiters and bus drivers, sometimes as unemployed youths who lie in wait in Metro stations to rob the tourists.

This correspondence between inside and outside can be found in a similar form almost everywhere. Barcelona, for example: in the centre a new railway station, famous squares, a new waterfront city; on the outskirts in the karst valleys that rise towards the Meseta those with little money live in social housing blocks alongside the motorway, cement factories and petrol stations.

The social and built dialectic of the development of inside and outside corresponds to the dialectic of green space. In the centre of the cities, green space is rare and in Paris in particular is to be found more on the steeper slopes of the hills, in the rearward courtyards, on balconies and between garages. The older and more haphazard the vegetation, the greater the variety and aesthetic enchantment. The green spaces within Paris offer space for dreaming, stimulate the imagination and can still surprise. Between the *périphérique* and the Grand Ensembles, the green space becomes more expansive: fields that are still cultivated, fallow land, strips of green between warehouses and scrap yards, then as one reaches the Grand Ensembles it takes the form of lawns, roadside planting and young trees before dissolving again into unkempt patches of ›in-between‹ green and litter-strewn green strips.

The history of urban development probably leads to a correlation between the social and biological indicators of urban space: in the centre of Paris one finds higher class social groups, high land prices and rents and old areas of green that are diverse and aesthetically stimulating. Beyond the *périphérique*, the average social status begins to sink along with the land prices and rents, and the vegetation becomes less varied and aesthetically dull.

Notes from the Edge 5: Edges of Well-being and Urbanised Villages

The social housing on the outskirts of Paris, Madrid or Hamburg cannot be taken as indicative for the actual and planned suburban development

Planungspolitik im Osten hatten dem Wunsch der meisten Berliner nach einem eigenen Haus im Grünen enge Grenzen gesetzt. Die Westberliner wichen nach Möglichkeit in das Wendland oder die nordhessischen Mittelgebirge aus, die Ostberliner suchten nach einem Wochenendhäuschen in den Märkischen Wäldern. Doch nun, nach der »Öffnung«, sprengt der Wunsch nach dem Lebensglück im eigenen Haus die Stadt. In wenigen Jahren wird Berlin wie alle anderen deutschen Städte von einem Siedlungsrand umgeben. Es ist nicht nur das eigene Haus und der damit verbundene Wunsch nach Selbstbestimmtheit des Wohnens, sondern der Lebensstil insgesamt, der in diesem Rand seinen Ort findet. Hier lassen sich Kinder gesund groß ziehen, hier kann man sich dem Garten widmen, das Haus aus- und vor allem umbauen, eine eigene Werkstatt einrichten. Hier steht die Übersichtlichkeit der Nachbarschaft gegen die Undurchsichtigkeit der großen Stadt. Auf der Straße und in den Gärten zeigt sich Ordnung, Probleme und Chaos bleiben innerhalb der eigenen vier Wände. Hier finden sich das kontrollierte Grün, der Rasen und der Fliederbusch.

Seit etlichen Jahren zieht sich um diesen Rand ein weiterer. Der Kranz von Dörfern wurde urbanisiert. Ländliche Stadthäuser und städtisch modernisierte Bauernhäuser zeigen einen neuen Lebensstil des Siedelns an. Man liebt das Ambiente des Dorfes und einen Freizeitstil, der raumgreifend ist. Pferdekoppeln, Bauerhöfe wie amerikanische Ranchs mit weiß gestrichenen Fences von den normalen landwirtschaftlichen Betrieben unterschieden, Badevergnügen und die Versorgung im Bauernladen sind Elemente dieses Lebensstils. Die symbolische Distanz zur Stadt wird durch eine hohe kommunikative Verflechtung mit ihr ergänzt. Wie stark diese Tendenz ist, kann man an dem Umbau mancher Dörfer erkennen. Ehrgeizige Bürgermeister haben die Modernisierung der 1970er Jahre rückgängig gemacht: statt einer breiten Durchgangstraße eine Dorfgasse mit Boulevardcharakter, statt abgehängter Fassaden wieder Fachwerk, offen fließende Bäche und gestaltete Furten, Naturschwimmbad und Tennisplatz, Konzerte im Klosterhof...[5] Spekulieren wir

of the urban fringes of most of Central Europe, parts of Western Europe and the USA. For many city dwellers, it is not the urban environment they seek but a suburban lifestyle, ideally in the suburban outskirts. In the 1990s, a night-time flight over Berlin offered a view rarely seen in Central Europe: an illuminated conurbation with a clearly defined edge. The containment of West Berlin on the one hand and the planning policies in East Berlin on the other left little room for Berliners to realise the suburban dream of a house in the greenbelt. Those in the West had to go a step further to the Wendland near Hanover or the hills of north Hesse, while the residents of East Berlin might with luck find a weekend house in the Märkisch forests east of Berlin. After the »opening« of Germany, the desire for »home sweet home« rapidly overtook the city. Within a few years Berlin was surrounded, like most other German cities, by a ring of suburban housing settlements. It is not only the desire for a house one can call one's own and do with as one likes but also the lifestyle as a whole that attracts people to the edge of the city. This is where children can be brought up healthily, where one can tend one's garden, embellish and above all extend one's house, add a workshop and so on. The scale and order of the neighbourhood contrasts markedly with the impenetrability of the city. The roads and gardens are orderly, problems and chaos remain within one's own four walls. This is where green is prim and well-kept with neat lawns and lilac bushes.

Over a period of several years, a second edge has developed around this edge. A fringe of villages have slowly been urbanised. Rural townhouses and urbanised farmhouses characterise this new suburban lifestyle. Its residents value the village ambience and expansive countryside recreation. This lifestyle includes elements such as horse paddocks and farmhouses like American ranches with painted white fences that set them apart from the normal agricultural farmyards, open-air swimming baths and food and vegetables from the farm shop. The symbolic distance to the city is nevertheless complemented by a high communicative interconnectivity with the city. Just how strong

Sozialistische Plattenbauten in Berlin-Marzahn, Deutschland – bis zur Wiedervereinigung war Berlin der einzigartige Fall einer Stadt ohne Rand. [Socialist concrete-slab prefabricated buildings in Berlin-Marzahn, Germany – until the reunification of East and West Germany, Berlin was unique as a city without an edge.

über das Grün in diesem Raum. Pflaster lässt Ritzenvegetation zu, Bauerngärten werden erhalten und neue angelegt, an Bachrändern stehen Weiden, in Tümpeln findet man Schilf, entlang der Gartenzäune wachsen Holunderbäume. Pflanzlich, so ist zu vermuten, kleidet sich die hier entstehende Stadt wie ein Dorf.

Sechste Randbemerkung: Städte wachsen durch den Rand

Dass wachsende Städte immer von neuem Ränder hervorbringen, ist nicht weiter verwunderlich. Wo sollte die wachsende Bevölkerung denn hin. Zumindest wenn die innere Verdichtung ausgeschöpft ist, bleibt nur die Fläche außerhalb des Randes. Die These lautet anders: In den meisten wachsenden Städten der Welt ist die Planung und die formelle Ökonomie eher schwach, die Selbstregulation dagegen stark ausgeprägt. Selbstregulation heißt zum einen: selber machen, nicht machen lassen. Zum zweiten bedeutet es, sich aktiv mit den Anderen abstimmen, Interessen ausgleichen. Und drittens gehört es dazu, den Kontakt zur Politik und Planung aktiv zu gestalten. Der Kern der Selbstregulation sind die Ränder der Stadt, von dort und nicht vom Zentrum gehen die ökonomischen, sozialen und kulturellen Impulse aus, die nicht allein das Wachstum der Städte, sondern die Entwicklung des urbanen Lebensstils generieren.
Um dieser Vermutung nachzugehen, sammelten wir über mehrere Jahre empirisches Material in Athen, später folgten Recherchen in Madrid, São Paulo, Istanbul und Kairo. Doch zunächst nach Athen: Die Ränder von Athen sind die Orte, wo Wildnis oder attisches Bauernland in urbanen Raum verwandelt werden. Hier vermittelt sich Tradition und Moderne zur Struktur der nachmodernen Stadt. Hirten lassen dort immer noch ihre Schafe weiden oder beteiligen sich recht erfolgreich an der Bodenspekulation. Andere bauen daneben ein kleines Sommerhaus, um der Hitze Athens zu entgehen. Wege werden angelegt, Fabriken entstehen, Oliven werden geerntet.[6] Wie entsteht aus all dem die Stadt? Wer baut die für Athen typischen sechsstöckigen Häuser, die man inmitten dieser ›neuen Wildnis‹ ja schon sieht und hört? An dieser Stelle reicht es zu sagen: Es gibt keinen Plan, es gibt keine Idee, alles oder das allermeiste ist selbstreguliert. Die Stadt »baut sich«. Und so gilt es auch für die Vegetation: sie entwickelt sich im Jahreswechsel, ändert sich zwischen den Trockenperioden und der kurzen Regenzeit. Das Grün der Stadt besteht hier aus Resten von Olivenplantagen, ehemaligen Gemüsegärten der früheren Bauern, Steppe, die noch immer beweidet wird und brachfallenden Hängen. Stadtgrün ist der Rest ehemaliger agrarischer Kulturlandschaft und wieder entstehender mediterraner Wildnis.

Siebte und letzte Randbemerkung: Wenn schon nicht alles, aber Vieles wird Rand

Zunächst ging es mir im Ruhrgebiet so: Auf dem Weg vom Flughafen Düsseldorf nach Essen hatte ich den Eindruck, mich nur durch Ränder zu bewegen. Doch man findet es vieler Orts: Immer mehr wird Rand. Quert man das Rhein-Main-Gebiet, so kann man sich ohne Mühe nur in

this tendency is can be seen in the conversion some villages have undergone. Ambitious mayors have gone as far as reversing modernisations from the 1970s: instead of a broad through-road there is now a village street reminiscent of a boulevard, half-timbering instead of facade cladding, open streams flow and are crossed by newly created fords, natural water swimming baths and tennis courts have been created and there are concerts in the cloister courtyard...[5] If we take a look at the green spaces in this environment, we find green sprouting from between the cobbles, farmer's gardens maintained and replanted, willows bordering the stream, reeds around the pond and elderberry growing along the garden fences. The vegetation has been chosen, so it seems, to dress the emerging city in the guise of a village.

Notes from the Edge 6: Cities Grow from Their Edges

That expanding cities are constantly bringing forth new edges is no surprise: where should the growing population live? After all, once all possibilities for densification within the city have been exhausted, the only space left is around the edges. In this note from the edge, however, the hypothesis is another: in most expanding cities in the world, the degree of planning and formal economy is comparatively small, the degree of self-regulation by contrast pronounced. Self-regulation means: firstly, to do it yourself, not wait for it to be done; secondly, to pro-actively negotiate with others to balance out interests; and thirdly, to maintain active contact to local politics and planning. The greatest potential for self-regulation lies in the edges of the city. It is from here, and not from the centre, that economic, social and cultural impulses flow, bringing about urban growth on the one hand and the development of an urban lifestyle on the other.
To test this hypothesis we collected empirical material over a number of years in Athens, followed later by research in Madrid, São Paulo, Istanbul and Cairo. In the case of Athens, the edges are places where wilderness or Attic farmland is being transformed into urban space. Here the structure of the postmodern city is a product of negotiation between tradition and modernity. Shepherds still put out their sheep to graze or alternatively take part, quite successfully, in land speculation. Others build a small summer house on the outskirts to escape the heat of Athens. Paths are laid, factories are built and olives are harvested.[6] How does the city arise out of all of this? Who builds the typical six storey houses that one can already see and hear in the midst of this ›new wilderness‹? Here one can safely say that there is no master plan, no guiding idea; everything or almost everything is self-regulated. The city »builds itself«. The same applies to the vegetation: it develops with the seasons, changing between the dry period and the short rainy season. The green areas of the city consist of the remains of olive plantations, vegetable gardens that once belonged to the former farmers, steppe that is still used as grazing land and steeper inclines that are allowed to fall fallow. Here, urban green is what remains of the

Rändern bewegen und ähnlich ist dies gleich südlich bei Mannheim und weiter Richtung Stuttgart oder zwischen Leipzig und Halle. Und doch ist der Eindruck, es handle sich um die gleichen Ränder, über die bislang gesprochen wurde, falsch. Gemeinsam ist ihnen die Unbestimmtheit, es fehlt den neuen Rändern die Korrespondenz: Auf welche Stadt beziehen sie sich, was entspricht welchem anderen Teil? Vielleicht ist es so, dass der Wert des Randes erkannt wird, seine Leistung als Brücke zwischen dem Einen und dem Anderen, als anarchischer Handlungsraum, als Potenzial und Abfall. Und vielleicht machen sich Planer an die Aufgabe, Ränder zu erstellen. Der Regionalpark Rhein-Main ist ein solcher Versuch: Er ist ein Band, das sich durch das Rheintal schlängelt und Orte signiert. Hier haben Bildhauer Skulpturen erstellt, dort wird ein alter Wachturm angelaufen, andernorts steht eine Pyramide, die den Blick auf die Hochhaus-Skyline von Frankfurt fasst. Es sind schöne, manchmal poetische Orte, die das Band verbindet. Viele nutzen den Weg, um sich an einem Sonntag zu erholen und einen Blick auf ihre Region zu werfen. Wenn es ein Rand ist, dann korrespondiert er als Freizeit-Sport-Erholungsraum mit den wahrnehmungsreduzierten Arbeitsplätzen des Alltags. Seine Funktion ist ästhetisch, kontemplativ, auf keinen Fall anarchisch. Der Eindruck, man bewege sich heute mehr und mehr durch Ränder, – Tom Sieverts beobachtete dies aus einer anderen Blickrichtung als die Entstehung von Zwischenstädten[7] – mag damit zusammenhängen, dass sich in manchen Regionen der westlichen Welt ein neuer Siedlungstyp entwickeln könnte, der einem Netzwerk mit ganz geringer Hierarchie gleicht und sich im Wesentlichen als ein Raum von Fließgrößen begreifen lässt. Fließgrößen sind Informationen, Menschen, Aktivitäten, Güter, Stoffe, Energie. Wenn diese neuen Stadträume entstehen sollten, dann werden die Ränder an den Verdünnungszonen der Netzwerke entstehen und einen anderen Charakter haben. Der Neurologe Singer hat die Funktionsweise von Städten mit denen eines Gehirns in Beziehung gesetzt. Das Gehirn bestehe nicht aus fixen Zonen, sondern Koordinationszentren, die sich wechselseitig ersetzten und in diesem Sinn multipel sind. Vielleicht sind die Ränder dann die Bereiche, in denen sich die Ersatznetze und Koordinationen anlagern, die man nicht mehr oder noch nicht braucht: Steuerungsränder.

Die Ränder und die Theorie der Stadt

Die Arbeitsthese dieses Aufsatzes war es, dass sich an den Rändern und ehemaligen Rändern die Vegetation der Stadt am schärfsten beobachten lässt. Es gäbe einen Zusammenhang zwischen der Dynamik der Stadtentwicklung, der baulichen und sozialen Struktur der Stadt und der Art des Grüns der Stadt. Es wurde behauptet, dass der Rand die Tür ist, die das Verständnis des urbanen Prozesses ermöglicht oder zumindest erleichtert. Und es wurde behauptet, dass sich das Grün der Stadt im Wesentlichen als Teil des urbanen Prozesses verstehen lässt und nicht so sehr (oder nicht nur) als Produkt des Gartenamtes zu begreifen ist.

former agricultural landscape along with re-emerging Mediterranean wilderness.

Notes from the Edge 7: While not Everywhere, the Edge is Becoming more Prevalent

I first became aware of it in the Ruhr conurbation: travelling from Düsseldorf Airport to Essen, I had the impression of passing only through a series of edge spaces. This phenomenon can now be found in many places: edge spaces are becoming more prevalent. If one crosses the Rhine-Main region, it is not difficult to travel only through edge spaces. The situation is similar to the south near Mannheim and again near Stuttgart or between Leipzig and Halle. And still, one would be wrong to assume that these are the same edges as those we have discussed up to now. While these, too, share the same sense of ambiguity, the new edges lack correspondence: which city do they relate to and which parts do they correspond to? Perhaps the value of the edge has now been recognised: its role as a bridge between one and the other, as an anarchic arena of negotiation, simultaneously wasteland and a space with potential. And perhaps planners have begun to start creating edges of their own. The Regionalpark Rhein-Main is such an attempt: it is a band of green that winds through the Rhine valley investing places with a signature of its own. Sculptors have designed landmarks, in one case an old watch tower, in another a pyramid that frames a view of the skyscrapers of Frankfurt. The places that the band connects are pleasant, sometimes even poetic places. The park is often used on Sundays as a recreational area from which one can look out over the region. If it can be considered as an edge space, it represents a recreational space for sport and relaxation, a space that corresponds to the sensory-deprived workplaces used during weekdays. Its function is aesthetic and contemplative, certainly not anarchic.

The impression that the spaces through which one passes are increasingly becoming edge spaces – Tom Sieverts has observed this from another perspective as the emergence of in-between cities or »Zwischenstadt«[7] – may be connected with the development of a new kind of urban settlement in parts of the western world which resembles a network with very little hierarchy and can in essence be understood as a space of flowing quantities. Such quantities can be information, people, activities, goods, materials or energy. If these new urban spaces become established, their edges will be located at the zones where the network thins out and has a correspondingly different character. The neurologist Singer relates the way cities function to that of the brain. The brain does not consist of fixed zones but of coordination centres that can mutually replace one another and are in this sense multi-purpose. The edges of these new urban settlements are perhaps then the areas where the replacement networks and coordina-

Sicherlich kann es keine Theorie des Randes geben, sondern nur funktionale, ästhetische oder politische Beschreibungen und doch steht der Blick auf den Rand in einem Zusammenhang zur Theorie der Stadt oder eher müsste man sagen: zu einer Theorie städtischer Dynamik. Die erste in Chicago Ende des 19. Jahrhunderts formulierte Stadttheorie ging von einem sozio-ökologischen Modell aus, das zwischen Innen und Außen in mehreren Ringen seine Dynamik der Landnutzung entfaltete. Im Zentrum entwickelte sich das Geschäftsleben, diesen Bereich umlagernd eine Zone der Migranten und des Subproletariats, der Rand war in diesem Modell Wohngebiet der Mittelschichten. Über Infiltration, Sukzession und die Wechsel sozio-kultureller Dominanzen blieb das System ständig in Bewegung.[8] Diese Theorie ist so oft kritisiert, verworfen und bestätigt worden, dass an dieser Stelle nur so viel gesagt werden muss: Hier wird das erste Mal die Dynamik der Stadt in der Spannung zwischen Innen und Außen gesehen. Das Vokabular, das in dieser Theorie benutzt wird: Infiltration, Sukzession, Dominanz, stammt nicht aus der Soziologie, sondern der Vegetationskunde. Das Modell der pflanzlichen Entwicklung wird zur Analyse der sozial-räumlichen Struktur der Stadt verwendet. Dies mag dazu angeregt haben, am Beispiel der Dynamik der Stadtränder, soziale, bauliche und biologische Prozesse in einem Zusammenhang zu sehen. Dabei ist es wichtig zu betonen, dass hier Hypothesen, wissenschaftliche Vermutungen formuliert worden sind. Die Aussagen sind damit nicht als Tatsachen zu verstehen, sondern harren der kritischen Diskussion und Überprüfung.
Theoretisch verbirgt sich in den Korrespondenzen von Rand und Stadt eine Dialektik der Modernisierung, die sich zwischen Differenzierung und Überlagerung, Verwertung und Entwertung, Veränderung und Persistenz bewegt. Insofern haben wir nur über die Ränder gesprochen, die moderne Städte kennzeichnen, und die Grenzen und Ränder, Stadtmauern der mittelalterlichen und barocken Stadt nicht diskutiert. Und doch ist zu vermuten, dass in den Allmenden und den versteckten jüdischen Friedhöfen das Muster der modernen Städte durchschimmert: Die soziale Form, die bauliche Struktur und das Grün der Städte sind in sich verwoben, bedingen sich und sind vor allem transitorisch.

tion centres accumulate that are no longer needed, or have yet to be put to use: edge spaces with a control function.

Edges and the Theory of the City

The working hypothesis for this essay was that the edges and former edges of the city are where one can most clearly examine the vegetation of the city. There is a relationship between the dynamics of urban development, the built and social structure of the city and the kind of green spaces present in the city. The assertion is that the edges offer a door to understanding, or more easily understanding, urban processes. And similarly that green spaces in the city arise, generally speaking, more as a result of urban processes than (or not only) as a product of the city's parks and recreation department.
While one cannot postulate a theory of the edge, but rather only describe it in functional, aesthetic or political terms, an examination of the edge does relate to the theory of the city, or perhaps more precisely to a theory of urban dynamics. The first urban theory, formulated towards the end of the nineteenth century in Chicago, posited a socio-ecological model in which the dynamics of land use expanded in several rings from the inside to the outside. The business and commercial district was in the centre surrounded by a zone for migrants and sub-proletarian classes with the edge reserved for the middle-classes. Through infiltration, succession and changing socio-cultural dominance, the system remained constantly in flux.[8] This theory has been criticised, overthrown and confirmed so often that there is little more one can add, except to note that this was the first time that the dynamics of the city was seen in terms of a tension between inside and outside. The vocabulary cited in the theory, too, – infiltration, succession, dominance – does not originate in sociology but in vegetation science. Here a model for the development of vegetation is used to analyse the socio-spatial structure of the city. This may be seen as inspiration for a consideration of the relationship between social, physical and biological processes, here discussed in terms of the dynamics of urban edges. Here it is important to emphasise that the discussions in this essay are hypotheses and academic suppositions. The propositions elaborated here should not be taken as fact but as a basis for critical discussion and verification.
From a theoretical point of view, the correspondence between edge and city represents a dialectic of modernisation that shifts between differentiation and superimposition, exploitation and devaluation, change and persistence. In this respect we have only examined the edges of the modern city and not discussed the boundaries, edges and city walls of the medieval and baroque cities. And yet there is reason to suppose that the same pattern that characterises the modern city is evident in the patches of common land and hidden Jewish cemeteries in the cities of old: the social form, the built structure and the green of the city are interwoven, condition one another and, more than anything else, are transitory.

1 Überarbeitete und erweiterte Fassung von »Zwischen Innen und Außen«, erstmals erschienen in: Johanna Rolshoven (Hrsg.), *Hexen, Wiedergänger, Sans-Papiers. Kulturtheoretische Reflexionen zu den Rändern des sozialen Raumes*, Marburg, 2003, S. 37 – 49, und in: Thomas Krämer-Badoni, Klaus Kuhm (Hrsg.), *Die Gesellschaft und ihr Raum*, Opladen: Leske + Budrich, 2003, S. 197 – 214.

2 Siehe Detlev Ipsen, Thomas Fuchs, »Die Zukunft der Vergangenheit. Persistenz und Potential in den Altstädten der neuen Bundesländer, untersucht am Beispiel Erfurt«, in: Hans Bertram, Stefan Hradil und Gerhard Kleinhenz (Hrsg.), *Sozialer und demographischer Wandel in den neuen Bundesländern*, Opladen: Leske + Budrich, 1995.

3 Siehe Herbert Sukopp, »Flora and Vegetation Reflecting the Urban History of Berlin/Flora und Vegetation als Spiegel der Stadtgeschichte Berlins«, *Die Erde* 134 2003 (3) Regionaler Beitrag S. 295 – 316.

4 Siehe ausführlicher Detlev Ipsen, »Paris vom Rande her gesehen«, in: Françoise Hasenclever und Claus Leggewie (Hrsg.), *Frankreich von Paris aus – ein politisches Reisebuch*, Hamburg: VSA-Verlag, 1985.

5 Siehe ausführlich Detlev Ipsen, *Raumbilder. Kultur und Ökonomie räumlicher Entwicklung*, Pfaffenweiler: Centaurus, 1997.

6 Sotiris N. Chtouris, Elisabeth Heidenreich, Detlev Ipsen, *Von der Wildnis zum urbanen Raum: zur Logik der peripheren Verstädterung am Beispiel Athen*, Frankfurt am Main: Campus, 1993.

7 Siehe Schriftenreihe *Zwischenstadt*, hrsg. von Thomas Sieverts http://www.zwischenstadt.net/start.html?page=publikationen/publikationen.html

8 Robert E. Park, Ernest W. Burgess, Roderick D. McKenzie, *The City*, Chicago: Chicago University Press, 1984.

1 Revised and extended version of »Zwischen Innen und Außen«, first published in: Johanna Rolshoven (Ed.), *Hexen, Wiedergänger, Sans-Papiers. Kulturtheoretische Reflexionen zu den Rändern des sozialen Raumes*, Marburg, 2003, pp. 37 – 49, and in: Thomas Krämer-Badoni, Klaus Kuhm (Eds.), *Die Gesellschaft und ihr Raum*, Opladen: Leske + Budrich, 2003, pp. 197 – 214.

2 See Detlev Ipsen, Thomas Fuchs, »Die Zukunft der Vergangenheit. Persistenz und Potential in den Altstädten der neuen Bundesländer, untersucht am Beispiel Erfurt«, in: Hans Bertram, Stefan Hradil und Gerhard Kleinhenz (Eds.), *Sozialer und demographischer Wandel in den neuen Bundesländern*, Opladen: Leske + Budrich, 1995.

3 See Herbert Sukopp, »Flora and Vegetation Reflecting the Urban History of Berlin/Flora und Vegetation als Spiegel der Stadtgeschichte Berlins«, *Die Erde* 134 2003 (3) Regionaler Beitrag/Regional contribution, pp. 295 – 316.

4 For further information see Detlev Ipsen, »Paris vom Rande her gesehen«, in: Françoise Hasenclever and Claus Leggewie (Eds.), *Frankreich von Paris aus – ein politisches Reisebuch*, Hamburg: VSA-Verlag, 1985.

5 For further information see Detlev Ipsen, *Raumbilder. Kultur und Ökonomie räumlicher Entwicklung*, Pfaffenweiler: Centaurus, 1997.

6 Sotiris N. Chtouris, Elisabeth Heidenreich, Detlev Ipsen, *Von der Wildnis zum urbanen Raum: zur Logik der peripheren Verstädterung am Beispiel Athen*, Frankfurt am Main: Campus, 1993.

7 See the *Zwischenstadt* series of publications edited by Thomas Sieverts http://www.zwischenstadt.net/start.html?page=publikationen/publikationen.html

8 Robert E. Park, Ernest W. Burgess, Roderick D. McKenzie, *The City*, Chicago: Chicago University Press, 1984.

Literatur [Reference literature

Berman, Marshall. *All that is Solid Melts into Air. The Experience of Modernity.* New York: Simon & Schuster, 1982. *[All that is Solid Melts into Air. The Experience of Modernity.* New York: Simon & Schuster, 1982.

Foucault, Michel. »Andere Orte«. In: Wentz, Martin (Hrsg.): *Stadt-Räume. Die Zukunft des Städtischen.* Frankfurt am Main, New York: Campus, 1991. [»Of Other Spaces«. *Diacritics* 16 Spring 1986, pp. 22 – 27.

Ipsen, Detlev. *Ort und Landschaft.* Wiesbaden: VS Verlag für Sozialwissenschaften, 2006. [*Ort und Landschaft.* Wiesbaden: VS Verlag für Sozialwissenschaften, 2006

Marcuse, Peter. »Not Chaos but Walls. Postmodernism and the Partitioned City«. In: Watson, Sophie; Gibson, Katherine (Hrsg.), *Postmodern Cities and Spaces.* Oxford, UK; Cambridge, Mass.: Blackwell, 1998. [»Not Chaos but Walls. Postmodernism and the Partitioned City«. In: Watson, Sophie; Gibson, Katherine (Eds.), *Postmodern Cities and Spaces.* Oxford, UK; Cambridge, Mass.: Blackwell, 1998.

Simmel, Georg. *Aufsätze und Abhandlungen 1901 – 1908.* Band I. Frankfurt am Main: Suhrkamp, 1995. [*Aufsätze und Abhandlungen 1901 – 1908.* Vol. I. Frankfurt am Main: Suhrkamp, 1995.

Sieverts, Thomas. *Zwischenstadt. Zwischen Ort und Welt, Raum und Zeit, Stadt und Land.* 3. Nachdruck. Basel, Boston, Berlin: Birkhäuser, 2008. [*Cities without Cities: An Interpretation of the Zwischenstadt.* New York: Routledge, 2002.

Sieverts, Thomas; Koch, Michael; Stein, Ursula; Steinbusch, Michael. *Zwischenstadt – inzwischen Stadt? Entdecken, Begreifen, Verändern.* Wuppertal: Müller + Busmann, 2005. [*Zwischenstadt – inzwischen Stadt? Entdecken, Begreifen, Verändern.* Wuppertal: Müller + Busmann, 2005.

DOMPLATZ, HAMBURG, DEUTSCHLAND [DOMPLATZ, HAMBURG, GERMANY

Breimann & Bruun Landschaftsarchitekten, Hamburg, Deutschland [Breimann & Bruun Landschaftsarchitekten, Hamburg, Germany

Vermutet wird, dass am Domplatz in Hamburg einst die Hammaburg, Gründungszelle und Namensgeber der Stadt, stand. Sicher ist, dass sich hier fast 800 Jahre lang der Mariendom befand, umgeben von der Domburg, einer ringförmigen Wallanlage von ca. 140 Meter Durchmesser. Um die Anlage herum wuchs im Laufe der Zeit die Bebauung heran, die wir heute als die Hamburger Innenstadt kennen. In den letzten 60 Jahren war an dem historisch bedeutenden Ort lediglich eine Schotterfläche für parkende Autos zu erkennen. Ein Zustand, der erst durch den Senatsbeschluss, hier einen temporären Garten zu errichten, ein Ende fand.

Dem temporären Garten ist zum Ziel gesetzt worden, diesen Raum als Freiraum für die Bürger für mindestens drei Jahre zu gestalten. Trotzdem liegt es als Gestaltungsziel auf der Hand zu versuchen, diesen historischen Ort in die heutige Zeit zu transportieren. Viele weitere historische Schichten und Geschichten (zum Beispiel das Papstgrab) wären eines Hinweises würdig gewesen, aber die Domburg auf dem Geestsporn an der Elbe bleibt doch die wichtigste historische Referenz.

The Domplatz in Hamburg is believed to be the site of the Hammaburg, the founding settlement from which the city derives its name. What is certain is that the Mariendom stood on this spot for over 800 years surrounded by the Domburg, a ring of ramparts with a diameter of around 140 metres. Over the years a settlement sprang up around the ramparts which we know today as the inner city. For the last 60 years, however, this historically important site has been used as a makeshift, gravel-covered car park, a situation that was ended by the Senate's decree to create a temporary garden on the site.

The temporary garden was established with the aim of providing a recreational space for the people of Hamburg for a minimum of three years. Despite this short period, the design nevertheless presented an opportunity to transport the historical significance of the site into the present day. Although the site has many layers of historical interest and legends of note (for example the papal tomb), the Domburg on the Geestsporn on the banks of the River Elbe remains the most important historical reference.

Gesamtansicht des Domplatzes [General view of the Domplatz

Programm/Bauaufgabe [**Programme** Temporäre Platzgestaltung [Design for a temporary public garden

Landschaftsarchitektur [**Landscape design** Breimann & Bruun Landschaftsarchitekten, Borselstraße 18, 22765 Hamburg [www.breimannbruun.de

Standort des Projekts [**Project location** Domstraße – Ecke Alter Fischmarkt, Hamburg [Domstraße – corner Alter Fischmarkt, Hamburg

Auftraggeber [**Client** Freie und Hansestadt Hamburg

Fertigstellung [**Completion** Sommer 2009 [Summer 2009

Fläche [**Area** 7 000 m²

Material [**Materials** Stahlblech (8 mm), Acrylglas, Kupferschlackestein [Sheet steel (8 mm), acrylic glass, copper slag paving

▸ **Pflanzliste** [**List of plants**

Rasen [*Lawn* ▸ *Sophora japonica*

Realisierung [**Realisation**

Landschaftsbau [*Landscaping works* Klaus Hildebrandt GmbH

Stahlwälle [*Steel ramparts* Künstlergruppe Odious [Odious Art Group

Leuchtbänke [*Luminous benches* Frerichs Glas GmbH

Kosten [**Cost** 1 200 000 EUR

Lageplan [Site plan

Stahlwälle [Steel ramparts

Leuchtbänke [Illuminated benches

So umrahmt ein skulpturaler Wall aus Stahlblech den neuen Freiraum. Er zeichnet die Kontur der Domburg nach und lässt das räumliche Gefüge aus der Zeit des Mariendoms wieder erlebbar werden. Die fußläufige Verbindung von der Innenstadt an der Petrikirche vorbei in Richtung HafenCity durchschneidet diese Wallfragmente. Hier läuft der Besucher über Stahlplatten, die mit ihrem dumpfen und hohlen Klang andeuten, dass es sich um eine gedankliche Brücke in die Vergangenheit handelt.
Der Außenraum, der durch die Wallanlagen gefasst wird, wird als neuer Domplatz verstanden. Er ist ein grüner Ruhepol in der Innenstadt. Hier kann man unweit des Verkaufsrummels, im Schatten der neu gepflanzten Bäume (Schnurbaum, *Sophora japonica*), auf dem Rasen ausruhen, der durch seine weiche Oberfläche eine wichtige akustische Wirkung hervorbringt: Der Geräuschpegel der stark befahrenen Straße wird erheblich gemindert.
Bespielt wird die Rasenfläche durch ein Raster aus quadratischen, weißen Bänken. Jede einzelne Bank zeigt dabei den Standort einer der 42 Säulen des Mariendoms. Die gerundeten Kissen aus weißem Acryl scheinen alle gleich zu sein, doch bei näherer Betrachtung fällt auf, dass sich in einer Bank ein Blickfenster in der Sitzfläche befindet. Blickt man hinein, findet man das einzige Zeugnis des ehemaligen Mariendoms, den Rest eines Pfeilerfundaments.
Abends fangen die Bänke an zu leuchten, geben dem temporären Garten einen ganz besonderen Glanz und eine außergewöhnliche Atmosphäre, die Vorstellungen von der einstigen Präsenz des Hamburger Doms mit seinem Burgwall werden in der dritten Dimension wach.
Breimann & Bruun

The new urban space is delineated by a sculptural wall made of folded sheet steel that marks the contours of the Domburg and resurrects the spatial dimensions of the time of the Mariendom. The footpath leading from the inner city past St. Peter's Church towards the HafenCity crosses these wall fragments. At their intersection, visitors walk over the steel sheeting, its dull and hollow sound signifying a notional bridge to the past.
The outdoor area bounded by the ramparts forms the new Domplatz – a green place of rest in the inner city. Here, just a short distance from the bustle of the shops, one can relax on the grass in the shade of the newly planted trees (Japanese pagoda tree, *Sophora japonica*). The soft surface of the grass provides a beneficial acoustic effect: it significantly reduce traffic noise from the adjacent busy road.
The expanse of grass is dotted with a grid of square white benches. Each of the benches marks the position of the one of the 42 columns of the former Mariendom. The soft rounded forms of the white acrylic »cushions« appear to be identical, however closer inspection reveals that one of the benches has a window in its upper surface. If one looks within, one can see the single surviving remnant of the former Mariendom: the remains of the base of a pier.
In the evening, the benches begin to glow lending the temporary garden a very particular radiance and creating an extraordinary atmosphere, their three-dimensional presence awakening a notion of the former presence of Hamburg's cathedral.
Breimann & Bruun

Detailansicht [Detail view

Lichtbänke bei Nacht [Illuminated benches at night
Stahlwall [Steel rampart

EL PARQUE DEL AGUA, ZARAGOZA, SPANIEN [**EL PARQUE DEL AGUA, ZARAGOZA, SPAIN**

Aldayjover, Arquitectura y Paisaje, Barcelona, Spanien, und L'Atelier de Paysage, Gordes, Frankreich [Aldayjover, Arquitectura y Paisaje, Barcelona, Spain, and L'Atelier de Paysage, Gordes, France

Der Parque del Agua wurde für die Expo 2008 in Zaragoza mit dem Thema »Wasser und nachhaltige Entwicklung« geplant und auf dem von einer Schleife des Ebro umschlossenen Gelände am Oberlauf des Flusses realisiert. Der dritte, äußere Stadtring teilt das Gelände, den Meandro de Ranillas, in zwei Bereiche: das 30 Hektar große Expo-Gelände und den 125 Hektar großen neuen Wasserpark.

Für die Planung des Parks erfand das Team eine Geschichte, an deren Beginn ein Silberwald für das Gelände steht, und diese Idee wurde dann weiter ausgebaut. Der Wald erhielt Lichtungen und Wiesen, und die Wasserläufe wurden nach dem Vorbild der landwirtschaftlichen Bewässerungsgräben angelegt. Es war nicht das Ziel, dem Gelände eine fremdartige Planung aufzuzwingen, sondern das Land für sich sprechen zu lassen: Im Gegensatz zur Architektur sticht Landschaft nicht heraus, in ihr drückt sich die Geschichte eines Territoriums und der Beziehung der Bewohner zu ihr aus und in ihr spiegeln sich die Kraft des Flusses und die Folgen von Überschwemmungen wider. Der Park bietet Raum, um Überflutungswasser aufzunehmen, und ermöglicht die natürliche Wasserfilterung durch die Vegetation; hier verliert der Fluss Kraft und es entstehen Retensionsflächen. Die überbauten Bereiche des Geländes und die Ausstellungsgebäude sind sicher vor dem Hochwasser, während die Waldbereiche vom Ebro überschwemmt werden können. Um diese Idee umzusetzen, entwickelte das Planungsteam verschiedene Silberelemente

The Parque del Agua was planned for the Expo 2008 in Zaragoza under the motto »water and sustainable development« and built on a site formed by a meander in the upper reaches of the River Ebro. The city's third outermost ring road divides the site, the Meandro de Ranillas, into two sections: a 30 hectare large Expo site and the 125 hectare large site of the new water park.

The design of the park is woven around a story developed by the team which takes a silver forest – a metaphor for the site – as its starting point and then expands on this idea. Clearings and meadows are cut out of the forest, and the courses of the water channels follow the traditional pattern of land irrigation. The intention was not to impose an abstract plan on the site, but to allow the land to express its qualities: in contrast to architecture, landscape does not stand out; it expresses the history of a territory and the relationship that it has with its inhabitants. It reflects the impact of the river and the consequences of flooding. The park provides sufficient space for the river to overflow and to filter naturally through the vegetation. It is here that the river loses some of its energy and retention areas have started to form. The built over areas of the site and the exhibition buildings are on higher ground while the wooded areas can be safely flooded by the Ebro during high water. To bring this idea to life, the planning team devised a palette of silver elements consisting of vegetation, water, wood, stone,

Blick auf den Wasserpark [View of the Parque del Agua

Programm/Bauaufgabe [**Programme** Öffentlicher Park [Public park

Landschaftsarchitektur [**Landscape design** Aldayjover, arquitectura y paisaje: Iñaki Alday, Margarita Jover, Av. Portal de l'Àngel, 3, 1º2ª, 08002 Barcelona [www.aldayjover.com

L'Atelier de Paysage: Christine Dalnoky, Patrick Solvet, Route de Murs, F-84220 Gordes [www.dalnoky.com

Standort des Projekts [**Project location** Ranillas Meander, Zaragoza

Auftraggeber [**Client** Stadtrat Zaragoza, vertreten durch EXPOAGUA Zaragoza 2008 [Zaragoza City Council, represented by EXPOAGUA Zaragoza 2008

Entwurf [**Design** 2005–2008

Fertigstellung [**Completion** 2004

Fläche [**Area** 125 ha

▸ **Pflanzliste (Auswahl)** [**List of plants (selection)**

Wasservegetation [Aquatic vegetation ▸ *Phragmites australis, Iris pseudacorus, Typha latifolia, Mentha aquatica, Butomus umbellatus*

Vegetation Flussufer [Riverbank vegetation *Bäume* [*Trees* ▸ *Populus alba, Populus nigra, Fraxinus angustifolia, Ulmus minor, Salix alba;*

Büsche [*Bush* ▸ *Artemisia herba, Atriplex halimus, Cornus sanguinea, Ligustrum vulgare, Retama sphaerocarpa, Rubus ulmifolius, Stachys lanata, Tamarix sp.;*

Kletterpflanzen [*Climber plants* ▸ *Clematis vitalba, Hedera helix, Humulus lupulus*

Kosten [**Cost** 73 000 000 EUR

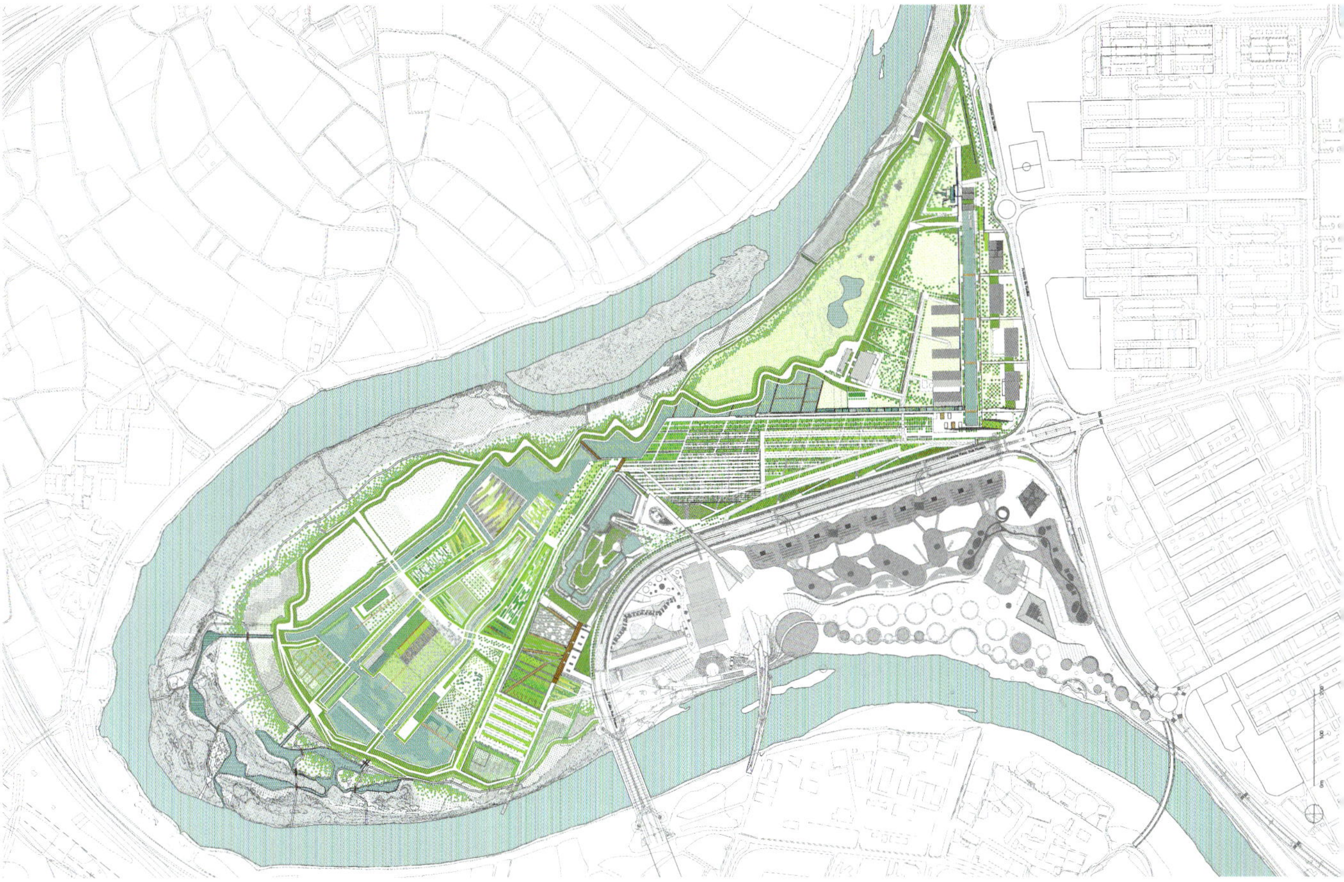

Gesamtplan [General plan
Vor der Neugestaltung [Situation prior to redesign
Nach der Neugestaltung [Situation after redesign

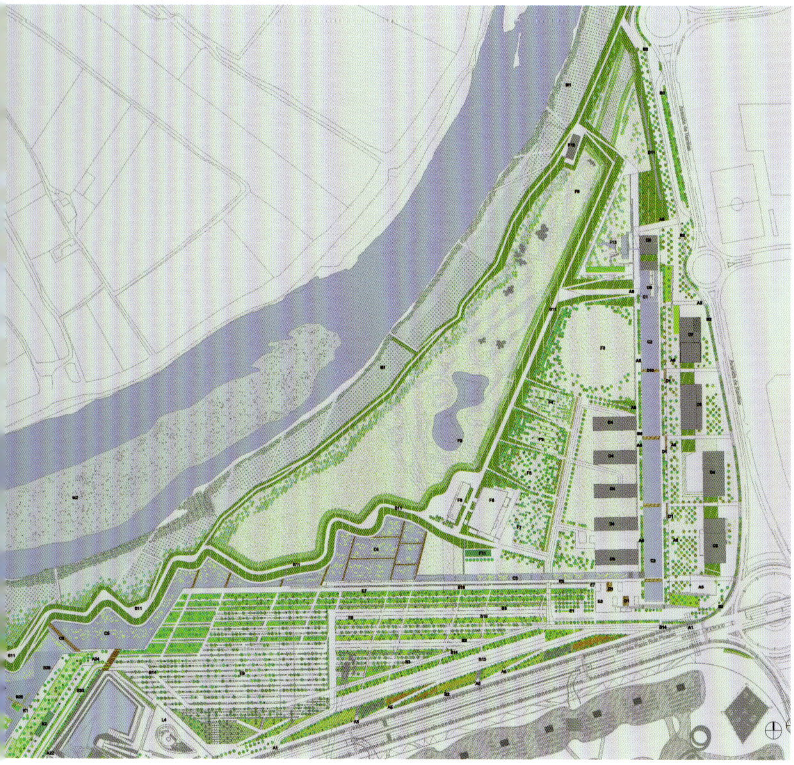

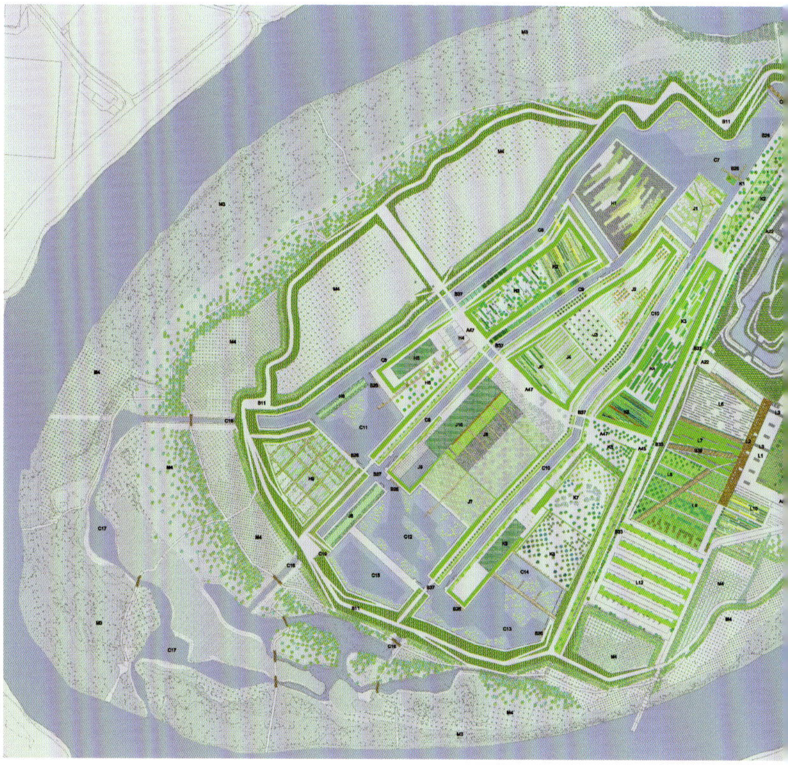

aus Pflanzen, Wasser, Holz, Steinen, Licht, Schatten sowie Spiegelungen. Aus diesen Elementen entstand das Gestaltungsvokabular für den Park.

Überflutungsflächen

Die erste Entscheidung bei dem Projekt bestand darin, einen großen Teil der Fläche in der Flussschleife wieder in den Lauf des Flusses einzubeziehen und den Ökosystemen am Fluss die Möglichkeit zur Erholung und Entwicklung zu geben. Der neue Wald gibt Raum für Überflutungen, er puffert das Wasser und wird seinerseits davon bewässert und gedüngt. Der Park ist in seiner Funktionalität ausgelegt für das 25-jährige Hochwasser. Bei den sich alle 10 bis 25 Jahre ereignenden Hochwassern überflutet das Grundwasser die Wege, die entlang der Kanäle und in den tiefgelegenen Bereichen am Flussufer verlaufen. Die Pavillons und höher gelegenen Wege bleiben trocken.

Wassersystem

Ein besonderes System der Wasserverteilung und -klärung, das Grundwasser, Wasser des Ebro und Wasser aus den vom Río Gállego gespeisten Rabal-Kanälen nutzt, durchzieht und versorgt den 2,5 Kilometer langen Park und teilt, verbindet und definiert Bereiche mit unterschiedlichen Nutzungen. Das Wasser wird gesammelt, seine Qualität durch Pflanzenfilter verbessert; man kann es zum Baden und Bootfahren nutzen, es wird zur Bewässerung eingesetzt und dem Fluss durch Versickerung wieder zugeführt, wobei dem Wasser möglichst viel Fläche gegeben und der Wasserverbrauch minimiert wird. Das System führt das Wasser aus den drei unterschiedlichen Quellen in einem großen Sammelkanal zusammen; dieser ist 25 Meter breit und 400 Meter lang und verläuft parallel zu

light, shadows and reflections. These elements form the design vocabulary for the park.

Flood meadows

One of the first decisions for the project was to reintegrate large stretches of land along the meander into the course of the river to give the ecosystem a chance to recover and develop. The new riverside woodland provides a buffer space that can be covered by floodwater and is in turn watered and fertilised by the river.
The park has been designed to be able to accommodate a 25-year flood. The high-waters which occur every 10 to 25 years inundate the paths alongside the water channels and the lower-lying areas along the riverbanks while the pavilions and higher-level paths stay dry.

Water system

A special system of water distribution and treatment, which utilises ground water, water from the River Ebro as well as from the Rabal irrigation channels fed by the Río Gállego, permeates and irrigates the 2.5 kilometre long park and divides, connects and defines areas with different uses. The water is collected, its quality improved by means of plant filtration, and can be used for bathing and sailing or for irrigation before being returned to the river as infiltration. The water is channelled across the entire site to irrigate as much of the area as possible and to minimise water consumption. The system channels the water from the three different sources into a large 25 m wide and 400 m long retention canal that lies parallel to one of the new public routes, the Bulevar de Ranillas, which provides access to the park and

Detailplan nördlicher Bereich [Detail plan of the northern section
Detailplan südlicher Bereich [Detail plan of the southern section

See mit Anlegesteg [Lake with jetty
Pergola am Staubecken für die Bewässerung [Pergola next to irrigation reservoir

einem der neuen großen öffentlichen Wege, dem Bulevar de Ranillas, über den man in das Gelände gelangt und der das Bindeglied zwischen Stadt und Park bildet. Entlang dieses Boulevards sind neue Gebäude für die Parkbesucher und -verwaltung sowie für die Expo-Gesellschaft entstanden.
Vom Ende des Sammelkanals zweigt der Klär-Aquädukt ab, der 4,5 Meter über dem Boden des Parks verläuft; der Wasserlauf ist 8 Meter breit und an der Südseite führt ein vier Meter breiter Fußweg entlang. Der Aquädukt ist ein 270 Meter langer Lehrpfad, auf dem die Klärung eines Teils des Wassers beobachtet werden kann. Der andere Teil des Wassers wird in ein Feuchtgebiet für die Reinigung durch Versickerung geleitet.
Das Kanalsystem gliedert den Kernbereich des Flussschleifengeländes, es folgt den Gräben der ehemaligen landwirtschaftlichen Bewässerung und mündet in die großen Becken. Durch die Kanäle ergeben sich Wege auf zwei Höhen, in den Gräben direkt am Wasser und erhöht darüber auf Bodenniveau, worin sich wiederum das Wegesystem der Bauern widerspiegelt.

Pflanzensystem

Der Kernbereich des Parks ist groß und offen; er gleicht einer großen Lichtung in dem Silberwald; die Einteilung orientiert sich an den ehemaligen landwirtschaftlich genutzten Parzellen, um so die Fruchtbarkeit des Bodens zu nutzen und zu erhalten. Dieser bearbeitete und fruchtbare Boden ist ein kostbarer Schatz; daher wird die Struktur der Felder angepasst an neue vielfältige Nutzungen. Die Nutzpflanzen werden ersetzt durch Bäume, Gräser, Bodendecker oder Gartenpflanzen. Die durch die Landwirtschaft entstandenen langen parallelen Bänder verändern sich; sind sie am Eingang des Parks noch sehr gärtnerisch gepflegt, eher trocken und mit gepflasterten Wegen durchsetzt, werden sie im Verlauf immer naturnaher, feuchter und grüner. Zwischen den Kanälen gibt es drei botanische Pfade, den Flusspfad »Recorrido Ebro«, den Nutzgartenpfad »Recorrido Alimento« und den Pfad der exotischen Pflanzen »Recorrido Exótico«, die alle an einem der drei Strände enden.

connects it to the city. The new buildings for visitors and the park and Expo administration have been built along this new boulevard.
The water treatment aqueduct starts at the end of the retention canal and runs as an 8 metre wide water channel flanked by a 4 metre wide path on its south side. Aqueduct and path run along a route raised 4.5 metres above the level of the park. The aqueduct is a 270 metre long nature trail that overlooks part of the water treatment pools. The remaining water is fed into wetlands for cleaning by infiltration.
The system of channels subdivides the main area of the park within the meander following the former agricultural irrigation channels before flowing into the large basins. The channels also result in a two-tiered system of paths: waterside paths within the channel cuttings and raised paths at ground level that follow the farmer's original system of paths.

Vegetation system

The central area of the park is an expansive, open space – a large clearing in the silver forest – whose layout follows the pattern of the former fields to respect and maintain soil fertility. This worked and fertile soil is very valuable and the structure of the fields has, therefore, only been modified to adapt it to the various new uses. The crops have been replaced by trees, grasses, groundcovers or garden plants. The long parallel strips formed by agricultural use change with depth: near the entrance they are landscaped, relatively dry and partially paved; the further away one gets the more organic, wetter and overgrown they become. Between the channels there are three botanical trails, a river trail, »Recorrido Ebro«, a food crop trail, the »Recorrido Alimento«, and an exotic plants trail, the »Recorrido Exótico«, all of which end at one of the three beaches. The different heights of the plants, their competitiveness in their respective locations and different patterns of growth and open spaces will change with time, gradually blurring the initial geometry as the vegetation evolves naturally.

Baumhain und Weg in Ufernähe [Accessible riverside grove
Steg [Walkway

Die unterschiedlichen Höhen der Pflanzen, die Durchsetzungsfähigkeit am jeweiligen Standort und die unterschiedlichen Wuchsgeschwindigkeiten sowie Freiräume werden sich verändern, und mit der Zeit wird die ursprüngliche Einteilung immer weniger sichtbar sein.
Das Ergebnis ist ein Park, der vom Ebro umschlossen ist, die Spuren der Vergangenheit aufnimmt und das Gelände in der Schleife des Flusses neu gestaltet. Es ist ein lebendiger Park, bei dem es zunächst nur das Grundgerüst gab und in dem viele Aspekte jenen Werten entsprechen, die in der heutigen Zeit aktuell sind: die Beziehung zur Natur, die Integration der Dynamik des Flusses und insbesondere auch der Hochwassersituationen, der großstädtische Charakter, die effiziente Nutzung von Wasser, die Wandlungsfähigkeit der früheren Landschaft sowie die Renaturierung, schließlich die Suche nach einem Mehrwert für die Wissenschaft und die Menschen. *Iñaki Alday und Margarita Jover*

The result is a park bounded by the River Ebro that incorporates traces from the past and reshapes the site in the loop of the river. It is a living park that has arisen out of a basic framework and which responds to many values that have become important in the present day: our relationship to nature, tolerance towards the natural dynamism of the river and the occurrence of high-water in particular, the efficient use of water, the versatility of former landscapes and restoration of natural environments and, lastly, a desire to create added value for science as well as for people. *Iñaki Alday and Margarita Jover*

Freizeitbereich [Recreation area
Wassergärten im Park [Water gardens in the park

NATURERFAHRUNG UND SYMBOLIK IM STADTGRÜN [THE SHIFTING MEANING OF NATURE IN THE CITY

Christophe Girot

Einer der großen Mythen unserer Zeit ist die besondere Beziehung des Menschen zur Natur auf den begrenzten Flächen der Stadt. Semantisch und symbolisch haben Pflanzen, die sich an die urbane Umgebung angepasst haben, die Verbindung zu ihrem natürlichen Lebensraum und Ursprung weitestgehend verloren und scheinen daher eine neue Sprache zu sprechen. In seinem Pamphlet verteidigt der französische Landschaftsarchitekt Gilles Clément gerade die besondere Art von Natur, die durch das spontane Wuchern auf urbanem Terrain entsteht, auf den fragmentierten Flächen, die die massiven Eingriffe des Menschen in die Umwelt zurückgelassen haben.[1] Obwohl sie den Angriffen von Hunden, Autos und Bewohnern erbarmungslos ausgesetzt sind, gelingt es den meisten Pflanzen im städtischen Raum zu überleben, unabhängig davon, ob sie speziell gezüchtet wurden oder nicht; ja sie vermitteln dem Städter sogar eine Art symbolischer Annehmlichkeit und Diversität. Manche Beobachter versteigen sich gar dazu, diese tapferen Pflanzen als zeitgemäße Metapher für die Widerstandsfähigkeit der Natur zu rühmen!
Dem gegenüber steht die Figur des Gärtners, der bis heute als Symbol für hoch zivilisierte und kontrollierbare Mutationen von Natur gilt, da er gezüchtete Pflanzen, sogenannte Kultivare, verwendet. Durch die langfristige und zielgerichtete Pflege von Zuchtspezies ist es gelungen, diverse Merkmale in einer Weise zu selektieren, zu kontrollieren und zusammenzufügen, die zuweilen eine Blütenpracht und Intensität des Grüns von außerordentlicher Illusionskraft erzeugt. Unklar bleibt dabei jedoch, wie diese Szenografie von über das gesamte Stadtgebiet verbreiteten Zuchtpflanzen in Bezug auf die Natur wahrgenommen und verstanden wird. Doch es ist offenbar die hohe Kunst der illusionistischen Paradiese, die heutzutage das Bild der städtischen Natur am

One of the great myths of our time is about the particular relationship we behold towards nature within the confined realm of our cities. Plants that have adapted to this particular context are so removed from their natural habitat and origins that they have shifted in meaning, and seem to have acquired a language of their own. The French landscape architect Gilles Clément in his pamphlet defends precisely a particular state of nature that has sprouted spontaneously across the territory, in derelict fragments resulting from our own environmental upheavals.[1] Despite the relentless assault of dogs, cars and people, most plants in the urban setting, whether cultivated or not, survive and even manage to offer a semblance of symbolic comfort and diversity to the urban dweller. People may even go so far as to fully embrace these valiant weeds as a contemporary metaphor about the resilience of nature!
On the other hand, the gardener has always been the central figure of a highly civilised and controlled mutation of nature, through the use of cultivated plants called »cultivar«. Tending these plants with patience and determination, various traits have been carefully selected, assembled and controlled to yield at times an extraordinary illusion of bloom and green that is effective. But how the scenography of all these cultivated plants spread across the city is actually perceived and understood in terms of nature remains quite unclear. But it is probably the higher art of an illusory paradise that delivers the strongest image of nature in the city today. We are in fact only talking about the disparate assemblage of cultivated plants scattered around town to create an illusion of nature. The city, as we all know, is the antithesis of nature, not to say its counterpoint, and to confound them both

stärksten bestimmt. In der Tat geht es hier ausschließlich um jene Pflanzungen von Zuchtspezies im Stadtgebiet, die darauf abzielen, eine Illusion von Natur zu schaffen. Die Stadt ist bekanntermaßen die Antithese der Natur, um nicht zu sagen ihr Gegenbild, und die Vermischung dieser beiden gegensätzlichen Konzepte zu einer einzigen räumlichen Erfahrung und Wahrnehmung erfordert zweifellos einen hohen Grad an semantischer und illusionistischer Verleugnung.
Der Erfolg verschiedener Naturinszenierungen in der unwirtlichen Umgebung der Stadt verhält sich oftmals proportional zum Grad der erzeugten optischen und physischen Illusion. Jede Stadt verwendet eine kodierte Palette sorgfältig ausgewählter Pflanzen, um dem urbanen Raum eine formale und zeitliche Ordnung zu geben, die den Eindruck einer natürlichen Umgebung vermittelt. So verleiht Barcelona seinen Avenidas und Ramblas eine dezidiert exotistische Note, indem es sie mit gelb blühenden Tipu- und blau blühenden Palisadenholzbäumen säumt – zwei ursprünglich aus Argentinien stammende Gehölze. Die zwitschernden Schwärme leuchtend grüner Papageien – ebenfalls aus Südamerika stammend –, die von Baum zu Baum die Avinguda Diagonal entlangschwirren, lösen ungläubiges Staunen aus. Der Stadt gelingt es tatsächlich, den Besucher über seine Wahrnehmung der Natur an einen anderen Ort zu versetzen. Den Duft der goldenen Blüten einer *Tipuana tipu* einatmend hat er für einen Moment das Gefühl, die Ecke des Cerdà-Karrees, an der er steht, sei in Buenos Aires. Berlin ist ein weiteres Beispiel dafür, wie die gezielte Auswahl des Stadtgrüns eine bestimmte Tradition ins Spiel bringt, hier indem die städtische Hauptachse mit Winterlinden bepflanzt und nach ihnen benannt wurde – *Unter den Linden*. Die Winterlinde, deren süßlicher Duft im Spätfrühling Besucher und Passanten in die Geruchswelt westeuropäischer Urwälder versetzt, ist auf den sandigen und nährstoffarmen nacheiszeitlichen Tundraböden Brandenburgs nicht einmal heimisch. Die einzigen Baumarten, die auf Berliner Boden natürlich wachsen, sind Kiefern und Birken. Die Pflanzung von Linden ist somit hochgradig symbolisch. Die Expertise deutscher Forstwirtschaftler wurde im 19. Jahrhundert mit dem Ziel in Anspruch genommen, eine symbolische Verbindung zwischen der Hauptstadt und den im Mythos des deutschen Waldes verankerten kulturellen Wertvorstellungen herzustellen.[2] Die Wahl der Bepflanzung, insbesondere der Bäume, mit denen eine Stadt sich schmückt, beruht stets auf einer sorgfältig abgewogenen und zuvor getesteten Entscheidung, die »richtige« Stimmung zu erzeugen.
Gegenwärtig sind jedoch die Parameter, die bestimmen, wie das Grün der Stadt präsentiert und welche Wertigkeit ihm zugebilligt wird, erheblichen Veränderungen unterworfen. Jede Stadt ist darauf aus, einen »Natureffekt« zu erzeugen, der sie von anderen Städten unterscheidet. Die Tendenz zur möglichst schnellen, ja sofortigen Inszenierung von Natur durch das Stadtgrün ist ausgeprägter und weiter verbreitet als je zuvor. Bäume eignen sich hierfür nicht, da sie zu langsam wachsen und den Erfordernissen nach Wachstum auf immer eingeschränkteren Flächen und unter extrem begrenzten Bedingungen nicht anzupassen sind. Die

within a single spatial and perceptual experience undoubtedly requires a very high degree of semantic and illusionistic denial.
The success of a particular form of nature over another, within the harsh environment of a city, is often proportional to the degree of visual and physical illusion that is procured. Every city uses a coded palette of carefully selected plants to impose a formal and temporal order on the city which expresses at varying degrees a sense of naturalness. Barcelona with its yellow flowering tipu trees and blue blooming jacaranda trees both originally from Argentina, confers an extraordinary note of exoticism to its avenues and Ramblas. The first impression of the visitor is one of disbelief when flocks of vivid green chirping parakeets also originally from Latin America are seen swarming from tree to tree up the Avinguda Diagonal. This city has really managed to create a complete feeling of naturalistic transposition, where one could almost imagine for an instant that one is standing at the corner of a Cerdà bloc in Buenos Aires under the golden hue of a *Tipuana tipu*. Berlin is another example of how a deliberate choice of nature for the city plays with the chord of tradition by planting its main urban axis with the little-leaf linden naming it Unter den Linden. The linden tree whose sweet perfume in late spring transports us back to the scent of the original trees of the Western European primeval forest, is actually not native to the very poor sandy post glacial Tundra soils of Brandenburg. The only trees actually to grow naturally in the substrate of Berlin would be pine and birch trees. The choice of the linden tree for Berlin is therefore highly symbolic, and required the help of nineteenth-century German forest engineers to help realise and signify the capital's deep attachment to the cultural values of the mythical German forest.[2] The choice of plants, and particularly trees for any city is, therefore, carefully premeditated and tested in order to deliver the proper *Stimmung*.
But things have drastically changed in terms of how green is actually displayed and valued in cities at present. Each place seeks the appropriate »effect of nature«, which could distinguish it from the next. The tendency towards the quick and »instant« display of nature in the city has become more widespread than before. Trees cannot fulfil this priority, because they would take too long to grow, and because they would more often than not be called to grow in ever more constrained and impossible conditions with no soil. The change of focus towards a showy form of nature that is completely other than the tree, has resulted in extraordinary strokes of horticultural innovation producing yet unforeseen forms of urban green. Some innovations reflect a hitherto unknown degree of knowledge and risk that is in complete rupture with other forms of established gardening traditions. The example of the vertical garden invented by Patrick Blanc is an outstanding case in point.[3] The garden grows technically as hydroponics on a felt membrane stapled to a set of PVC boards, which are then riveted together on the facades of buildings. The vertical garden draws much of its aesthetic vocabulary directly from recent trends in aerial

steigende Nachfrage nach einer innerstädtischen Natur, die sich zur Schau stellt und daher mit Bäumen nichts mehr gemein hat, hat den Gartenbau zu höchst ungewöhnlichen Innovationen getrieben, die neue, bis vor kurzem noch undenkbare Formen des Stadtgrüns hervorgebracht haben. Wissensstand und Risikobereitschaft, die sich in diesen Neuentwicklungen widerspiegeln, stellen einen vollständigen Bruch mit herkömmlichen Formen des städtischen Gartenbaus dar. Ein herausragendes Beispiel für diese Entwicklung ist der von Patrick Blanc erfundene vertikale Garten.[3] Technisch gesehen besteht der Garten aus Hydrokulturen, die auf einer an PVC-Platten befestigten Vliesmembran wachsen; die PVC-Platten sind ihrerseits an den Gebäudefassaden angebracht. Der vertikale Garten bezieht sein ästhetisches Vokabular zu einem wesentlichen Teil direkt aus einem neuen Trend der Luftbild-Landschaftsfotografie, die unzugängliche Naturregionen der Erde in ihrer detaillierten Textur mit Hilfe von unkonventionellen Nahaufnahmen abbildet, zum Beispiel durch eine Aufsicht auf den tropischen Regenwald.[4] Der fotografische Effekt ist verblüffend und irreal zugleich; im Falle der Baumkronen des Regenwaldes erzeugt die Abbildung der außerordentlich vielfältigen grünen Textur ein vollkommen verfremdetes Bild der Natur. Auf Papier gedruckt werden die während des Überflugs getätigten Momentaufnahmen zu Ikonen einer als längst verloren geltenden Wildnis. Die Anleihen des vertikalen Gartens bei der Luftbild-Naturfotografie betreffen ironischerweise sowohl die Art der Darstellung als auch den Verfremdungseffekt. Die fein nuancierte Zusammenstellung von Pflanzen in vertikal auf der Fassade platzierten Hydrokulturen repliziert gewissermaßen die »Von-oben-Ästhetik« der Natur. Trotz ihrer optischen Vielfalt und Üppigkeit wirkt die Gartenanlage unzugänglich und in weiter Ferne, hoch oben an einer Wand der Stadt bleibt sie gewissermaßen unberührt. Bei den Hydrokulturpflanzen des vertikalen Gartens handelt es sich um schnell und dynamisch wachsende Bodendecker und Kletterpflanzen, die sich zu verschiedenen Mustern und Texturen verweben und so höchst vielfältige Blätterteppiche auf der Fassade entstehen lassen. So illusionistisch und künstlich der hoch technologisierte vertikale Garten sein mag, er ist eine lebende, an einen anderen Ort versetzte Repräsentation von Natur, ähnlich der von oben aufgenommenen Naturbilder, die im Offsetverfahren auf Papier gedruckt werden. Aus diesem Grund besitzt der vertikale Garten eine besondere Theatralik, er ist ein Stück Natur, das – senkrecht in der Stadt inszeniert – ein unmittelbares, fast urzeitliches Naturerlebnis vermittelt, welches sich auf perfekte Weise mit der Illusion einer Ökologie für die Stadt verbindet. Die Tatsache, dass der vertikale Garten an synthetischen PVC-Plat-

landscape photography, where inaccessible natural areas of our planet are displayed with their delicate texture in very unconventional close-up views of the tropical forest canopy seen from above.[4] The photographic effect is unreal and striking, it projects the extraordinary variegated green texture of the tropical forest canopy in an image of nature that is never to be grasped. The shots are taken from a fleeting moment in the sky, and then printed on paper as so many icons of some long lost wilderness. In the case of the vertical garden, it is quite ironic to see how much it manages to borrow from this photographic trend both in terms of depiction and distancing. A finely manicured selection of plants kept in vertical hydroponics on the facade actually replicate a very similar kind of »from above« aesthetic of nature. It is visually abundant, but distant, and remains untouchable, not to say untreaded high-up on some wall of the city. The hydroponic plants on the vertical garden are ground cover and cliff cover that grow very quickly and dynamically, interweaving into different patterns and textures, creating extraordinary swathes of variegated foliage across the facades. The high-tech vertical garden, as illusory and artificial as it may seem is a living offset representation of nature, just like the »from above« pictures of nature printed in offset on paper. The vertical garden is for that matter very theatrical, it is a piece of nature staged upright in the city which emanates an immediate, almost primeval impression of natural delight that fits in perfectly with an illusion of ecology for the city. The fact that the vertical garden is actually suspended on sheets of synthetic PVC riveted to the steel frame of a building makes no difference in its immediate and common appreciation, what matters actually is the appeal and power of the visual »effect of nature« produced.

The consequences of the new dematerialisation of nature in the city portrayed by the vertical garden are immense. By marrying nature together with architecture and calling it »ecology«, we have reached an ironic paradox where green becomes the exquisite and highly aesthetic alibi of its contrary. It relegates the rougher aesthetics of the spontaneous form of vegetation mentioned above to the pits. To explain this recent shift in the aesthetics of nature and its perceived appreciation of ecology, one must first and foremost acknowledge the fundamental power of seduction of the vertical garden and its sublime form of nature. Whether ecological or not, the very potent aesthetic of a vertical living tapestry cannot be easily substituted by even the most virtuous ecological aesthetic of a scruffy biotope. Could it be that our understanding and appreciation of nature, particularly within cities, is

ten hängt, die mit einem Stahlgerüst am Gebäude befestigt sind, hat auf seine allgemeine unmittelbare Wertschätzung keinen Einfluss. Entscheidend ist der erzielte optische »Natureffekt«.

Die Folgen dieser neuen Entmaterialisierung der städtischen Natur, wie sie der vertikale Garten exemplarisch vorführt, sind immens. Indem Natur und Architektur miteinander verschmolzen und zu »Ökologie« erklärt werden, entsteht ein ironisches Paradoxon, welches das Stadtgrün zu einem ausgeklügelten und höchst ästhetischen Alibi seines Gegenteils werden lässt. Die deutlich gröbere Ästhetik der erwähnten spontanen Vegetationsformen wird hierdurch abgewertet. Für eine Erklärung der gegenwärtig zu beobachtenden Verschiebung der Naturästhetik und der damit einhergehenden vermeintlichen Wertschätzung von Ökologie ist es notwendig, sich zuallererst die Verführungskraft des vertikalen Gartens und seiner erhabenen Naturform zu vergegenwärtigen. Unabhängig vom tatsächlichen ökologischen Gehalt kommt gegen die wirkungsmächtige Ästhetik eines lebenden vertikalen Teppichs keine noch so puristische ökologische Ästhetik struppiger Biotope an. Könnte es sein, dass unser Verständnis und unsere Wertschätzung von Natur, besonders in den Städten, so naiv und so tief in der biblischen Allegorie des Paradieses verwurzelt sind, dass wir Städter es nicht schaffen, uns von dieser ikonischen Vorstellung zu lösen? Gibt es wirklich kein größeres ästhetisches Vergnügen als den etablierten Kanon des Naturschönen und Sinnlichen, den die Gemälde von Douanier Rousseau unablässig wiederholen? Die Anziehungskraft des von Patrick Blanc und seinen Anhängern entwickelten vertikalen Gartens hat weniger mit nachweislicher Ökologie zu tun als mit dem Ausbau einer bestimmten Form des Stadtgrüns zu einer Marke. Die Schönheit des vertikalen Gartens besticht durch ihre üppige grüne, bläuliche und purpurfarbene Vegetation, die sich in schwindelerregende Höhen türmt und dem Himmel entgegenwächst. Die mächtige Wirkung eines allseitig begrünten Turms wie dem »Vertikalen Wald« von Stefano Boeri in Mailand beruht ebenfalls auf einer biblischen Anspielung, der Turm ist ein zeitgenössischer Verweis auf die Hängenden Gärten von Babylon.[5] Trotz ihres geringen ökologischen Werts bedecken diese vertikalen Formen des Stadtgrüns mittlerweile ganze Gebäude und ebnen so den Weg zu einem illusionären Paradiesversprechen. Das vertikale Stadtgrün stellt ein besseres Leben auf unserem Planeten in Aussicht, eine menschliche Existenz, deren exponentielle Entwicklung dennoch in Harmonie mit der Natur stattfindet. Für die gehobene Gesellschaft ist ein kleines Stück vertikaler Garten im Wohnzimmer mittlerweile der letzte Schrei. An die Stelle der früheren Naturgemälde ist der echte lebende Garten in

so naïve and deeply rooted in the biblical allegory of paradise, that we simply cannot detach ourselves from this icon? Is there really anything more pleasurable than the established canons of natural beauty and sensuousness as depicted by the paintings of Douanier Rousseau? The attraction of the vertical garden developed by Patrick Blanc and his followers responds not so much to any proven kind of ecology, but much more to a precise kind of branding of nature for the city. The beauty of the vertical garden is there to behold with its vertiginous shafts of lush green, purple and blue vegetation shooting up towards the sky. The extraordinary effect of a tower exuding with green on all sides, like the »Vertical Forest« being built by Stefano Boeri in Milan, offers yet another biblical reference in a contemporary version of the hanging gardens of Babylon.[5] Despite their scant ecological value, all these vertical forms of nature, cover entire buildings in green and pave the way to an illusory promise of paradise. They underscore the possibility and promise of a better life on earth, a life where our exponential development could remain in a supposed harmony with nature. As a matter of fact, the latest fad in polite society is actually to have some piece of vertical garden hanging in the living room. The vertical garden has come to replace the old canvas painting of nature on the wall with the real living thing, showing nature's wonders in all their sensuous and domesticated splendour.

Nothing can replace the power of the direct physical effect of nature on the human senses; a nature that awakes all corporeal and hedonistic dimensions. A scruffy nature left to grow unattended at the edge of some old brownfield site does not convey the same positive sensual emotion as a vertical garden, despite all its inherent ecological merits. The perceptual distinction between a scruffy and well-tended nature is not just ideological, it pertains to a broad palette of intuitive cues that affect immediate individual responses very deeply. The sensual form of a well-tended garden is just perceived and received differently than the rougher reality of the untended thicket. Immediate sensory satisfaction in urban nature is primordial and must be seriously taken into the balance. One could argue that aesthetic appreciation is only a matter of education, and that in our new age of ecology one should gradually adapt to the new aesthetics of rougher looking landscapes. The notion of *Naturerfahrung* is both ideologically and symbolically conditioned, and it often results in a contradictory mix of environmental and cultural cues, where one would almost feel guilty of enjoying a beautiful urban garden. Can the timeless delight of a walk under exotic blossoms, be replaced by the virtues of a venerable yet quite inhospita-

vertikalem Format getreten, der mit seiner ganzen sinnlichen und zugleich gezähmten Pracht auf das Wunder der Natur verweist.
Nichts kann die direkte physische Einwirkung der Natur auf die menschlichen Sinne ersetzen, die Natur weckt sämtliche körperlichen und hedonistischen Empfindungen. Entsprechend vermittelt ein vergleichsweise unansehnliches Stück Natur, das unbeaufsichtigt am Rande einer alten Industriebrache vor sich hin wächst, nicht die gleichen positiven sinnlichen Gefühle, auch wenn es von hohem ökologischen Wert ist. Der Unterschied in der Wahrnehmung zwischen einem sich selbst überlassenen und einem bis ins Detail gepflegten Stück Natur hat nicht nur einen ideologischen Aspekt, sondern es geht dabei auch um ein breites Spektrum von intuitiven Faktoren, die die Resonanz des Einzelnen unmittelbar tiefgreifend beeinflussen. Die sinnliche Form eines gepflegten Gartens wird anders wahrgenommen und bewertet als die deutlich schroffere Erscheinungsweise eines ungepflegten Dickichts. Die unmittelbare sinnliche Befriedigung, die das Stadtgrün vermittelt, hat aber etwas mit menschlichen Urerfahrungen zu tun und muss daher als gewichtiger Faktor mit eingerechnet werden. Man könnte argumentieren, dass ästhetische Wertschätzung nur eine Frage der Erziehung sei und dass der Mensch sich in der neuen Ära der Ökologie allmählich an die neue Ästhetik rau und ungepflegt aussehender Landschaften anpassen müsse. Der Begriff der Naturerfahrung ist sowohl symbolisch als auch ideologisch überdeterminiert und führt daher oft zu einer widersprüchlichen Vermischung von Umwelt- und kulturellen Faktoren, mit dem Ergebnis, dass das Genießen eines schönen städtischen Gartens fast schon Schuldgefühle hervorruft. Lässt sich der zeitlose Genuss eines Spaziergangs unter exotischen Blüten durch die Tugenden eines verdienstvollen, aber unwirtlichen Biotops ersetzen? Ästhetisch gesehen sind Natur- und Ökologieverständnis alles andere als deckungsgleich. Eine Verwechselung der beiden Bereiche, selbst wenn sie unter dem Vorwand stattfindet, der Mensch sei gegenwärtig einer globalen Umweltkrise ausgesetzt, führt zu einem heftigen Aufeinandertreffen unterschiedlicher Wertvorstellungen. Die diesbezügliche Verwirrung reicht bis in die obersten intellektuellen Kreise der Gesellschaft. Philosophen wie Michel Serres, die sich für die Rettung des Planeten stark machen, vermischen in diesem Zusammenhang widersprüchliche Begriffe und Empfindungen, etwa in dem Wort »Biogese«.[6] Doch im Sinne von Naturerfahrung kann ein der Umwelt gerecht werdender Stoizismus, so tugendhaft er auch sein mag, niemals jene Erfahrungen von Annäherung und Gemeinschaft mit der Natur ersetzen, die aus der Gartenkultur hervorgegangen sind. Landschaft ist letztlich nichts

ble ecological thicket? Aesthetically speaking there exists a significant difference between our understanding of nature and our understanding of ecology. Confusing both realms with one another, under the pretext of the present global environmental crisis, leads to a profound clash in values. This confusion is patent even in the highest intellectual spheres of society. Philosophers like Michel Serres, who plead to save the planet, amalgamate these contradictory notions and sentiments in the word »biogesis«.[6] But, in terms of *Naturerfahrung*, environmental stoicism, however virtuous it may be, can never replace the power of an experiential rapprochement and communion with nature inherited from our garden culture. After all, landscape is nothing other than a measured appropriation of nature for the sole purpose of man.
Fundamentalism in the field of ecology has unfortunately tended to obliterate the relevance of our cultural heritage towards nature. We have experienced a cultural revolution of sorts, which has tried to substitute the garden with the ecological »biotope« by putting forwards its supposed ecological function in the urban environment. But this revolution has completely left out the aspect of landscape aesthetics inherited from a long cultural tradition, under the pretext that it is of secondary importance in comparison to major environmental issues. Are we not confusing levels and scales from the general to the specific? What if this postulate were actually not true? What if the ecological dogma pertaining to an aesthetic of nature in the city had in fact removed us even further, from a simpler and more direct corporeal contact with nature? The main argument for the rebuttal of a genuine human bond towards nature is that humans have done something wrong which is now irreparable. This assumption of an inherent guilt towards nature has led to a gross oversimplification of our aesthetic relationship to nature. Erwin Panofsky clearly states that our relationship to the environment has been based on a strong symbolic form ever since the Renaissance.[7] The persistence, not to say the resilience of this symbolic bond is still at the root of our daily experience of nature; and it simply cannot be discarded under some scientific pretence of ecology.
The obstinate fight by certain environmental agencies against so called invasive »neophytes« in the city is a good case in point. A neophyte is a term in ecology meant to designate an unwanted non-native plant species that grows in our cites. If one were to apply this dogma to Barcelona, the city would be entirely stripped of its trees! In other instances, something as harmless as buddleia has been singled out for

anderes als eine bewusste Aneignung der Natur für die Zwecke des Menschen.
Fundamentalistische Entwicklungen im Bereich der Ökologie neigen bedauerlicherweise dazu, die Bedeutung des kulturellen Erbes für den Umgang mit Natur nicht ausreichend zu berücksichtigen. Dies hat zu einer Art Kulturrevolution geführt, die den Garten durch das ökologische Biotop ersetzen wollte, indem sie die ökologische Funktion für das urbane Umfeld in den Vordergrund stellte. Diese Umwälzung hat jedoch den einer langen kulturellen Tradition entspringenden Aspekt der Landschaftsästhetik völlig außer Acht gelassen – unter der Annahme, dass dieser Gesichtspunkt im Verhältnis zu den Umweltaspekten von sekundärer Bedeutung sei. Werden hier nicht beim Übergang vom Allgemeinen zum Besonderen Ebenen und Maßstäbe verwechselt? Was folgt, wenn dieses Postulat sich als nicht haltbar erweisen sollte? Ist es denkbar, dass das ökologische Dogma, das in Bezug auf die Ästhetik der städtischen Natur eingeführt wurde, den Menschen in Wirklichkeit noch weiter von einem einfachen und direkten Kontakt mit der Natur entfernt hat? Als Hauptargument für die Zurückweisung einer genuinen Verbundenheit von Mensch und Natur werden die irreparablen Schäden genannt, die der Mensch der Natur zugefügt habe. Diese Annahme einer grundsätzlichen Schuld gegenüber der Natur hat zu stark vereinfachenden Ansichten über die ästhetische Beziehung des Menschen zur Natur geführt. Erwin Panofsky hat überzeugend herausgearbeitet, dass die Beziehung des Menschen zu seiner Umwelt seit der Renaissance wesentlich auf einer symbolischen Verbindung beruht.[7] Der Fortbestand, mit anderen Worten die Belastbarkeit und Stärke dieser symbolischen Verbindung ist nach wie vor Basis der alltäglichen Naturerfahrung des Menschen und kann nicht einfach mit dem Verweis auf den Vorrang wissenschaftlicher Kriterien durch die Ökologie für nichtig erklärt werden.
Der hartnäckige Kampf einiger Umweltorganisationen gegen sogenannte »invasive Neophyten« auf städtischen Flächen ist ein für diese Kontroverse bezeichnendes Beispiel. Ein Neophyt bezeichnet in der Ökologie eine gebietsfremde Pflanze, die sich aber dennoch eingenistet hat. Würde man diese dogmatische Ansicht auf Barcelona anwenden, müsste man die katalanische Hauptstadt sämtlicher Bäume berauben! In einem anderen Fall in der Schweiz wurde eine so harmlose Pflanze wie die Buddleja seitens der Behörden der Ausrottung preisgegeben, mit der alleinigen Begründung, sie sei keine heimische Spezies. Die systematische Vernichtung dieses besonders schönen Strauchs, der in Straßen und Gärten eine Unzahl von Schmetterlingen und Insekten anzieht, wider-

eradication by Swiss authorities under the sole pretext that it is a non-native plant. The systematic annihilation of this beautiful flowering plant, which attracts a myriad butterflies and insects in the streets and gardens of our city, dismisses our cultural history, and certainly does not help in any way a better understanding of nature. It is a known scientific fact that plant diversity has been considerably reduced throughout Europe, and it explains why today, up to two thirds of horticultural plants in our gardens come from Asia and more particularly from China. It is, therefore, quite mindless to hide behind the ecological pretext of a city composed of native plants, under the hypothetical assumption that it would be a better place to live and commune with nature. Augustin Berque rightly defines two world cultures that are profoundly anchored in an established landscape tradition; they are the Chinese culture and the European culture.[8] To dismiss the significance of this heritage in the present period where the symbolic meaning of nature is shifting would be not only detrimental, but counterproductive.
The confusion between urban ecology and the vertical garden is one amongst many examples of the current polarisation in the field of landscape aesthetics. This has not really helped to establish a strong symbolic language and an appropriate balance between man and nature in recent times. In order to nurture both the body and the mind, nature in the city and its gardens needs to offer a symbolic structure and syntax that is clear and understandable to all. What is valid ecologically in the far reaches of the open wilderness is not in the closer turbulent ranges of the city. In a place where relentless motion, erosion, abuse and displacement, the need for care and repair though plants is of prime human necessity. Why couldn't a cultivated urban garden become even more ecological than some native thicket? Research in Berlin in urban ecology has shown that cities have become extraordinary repositories and laboratories of natural diversity.[9] Are we allowed to imagine that an ideal natural environment can happen in a city as well, and become symbolically strong with the appropriate attention and care? The fact of the matter is that the urban garden and ecology are no longer opposites, and the appropriate truth certainly lies somewhere in-between the extremes of the hyper manicured vertical garden and the neglected urban thicket. We actually need a nature that can fulfil the criteria of a new sensuous dialogue with plants, an urban landscape where one can recognise a strong new balance between man, his body, and his environment. The urban garden is probably the last receptacle in the shattered territorial

spricht jeder kulturgeschichtlichen Tradition und trägt nicht im Geringsten zu einem besseren Naturverständnis bei. Es ist allgemein bekannt und wissenschaftlich bewiesen, dass die Pflanzendiversität in Europa erheblich reduziert ist; diese Tatsache erklärt auch, weshalb heutzutage zwei Drittel der Pflanzen in europäischen Gärten aus Asien und dort insbesondere aus China stammen. Vor diesem Hintergrund ist es widersinnig, sich hinter dem ökologischen Vorwand zu verstecken, dass eine Stadt nur mit heimischen Arten zu bepflanzen sei – auf der Grundlage der rein hypothetischen Annahme, dass der urbane Raum dadurch eine höhere Lebensqualität erhalte und er seinen Bewohnern eine engere Beziehung zur Natur ermögliche. Augustin Berque hat berechtigterweise die chinesische und die europäische Kultur als jene beiden Weltkulturen identifiziert, die in einer weit zurückreichenden Landschaftstradition verankert sind.[8] Die Bedeutung dieses Erbes für die Gegenwart zurückzuweisen, in einer Zeit, in der die symbolische Bedeutung der Natur erheblichen Veränderungen unterworfen ist, würde nicht nur einen Verlust bedeuten, sondern wäre darüber hinaus kontraproduktiv.

Die Verwirrung zwischen urbaner Ökologie und vertikalen Gärten gehört zu den vielen Beispielen, die die gegenwärtige Polarisierung im Bereich der Landschaftsästhetik belegen. Diese Entwicklung ist der Herausbildung klarer Symbolsprachen und einer angemessenen Balance zwischen Mensch und Natur in jüngerer Zeit nicht gerade förderlich gewesen. Um sowohl den Körper als auch den Geist zu nähren, ist es notwendig, dass Natur und Gärten der Städte eine Symbolstruktur und -syntax anbieten, die allen Menschen zugänglich ist und eine klare Verständigung begünstigt. Die ökologischen Erfordernisse, die in den Weiten der Wildnis Gültigkeit haben, gelten nicht in den weitaus beengteren und von Turbulenzen geprägten Territorien der Stadt. An Orten, wo unablässig Bewegung, Erosion, Beschädigungen und Verlagerungen stattfinden, sind Pflege und heilender Ausgleich durch Pflanzen ein zentrales Bedürfnis der Menschen. Warum kann ein städtischer Garten nicht ökologischer sein als ein natürlich vorhandenes Dickicht? In Berlin haben stadtökologische Forschungen ergeben, dass urbane Flächen außerordentlich reichhaltige Sammelbecken und Laboratorien für eine Vielfalt von Pflanzen und Tieren sind.[9] Können wir uns vorstellen, dass eine ideale natürliche Umgebung auch in einer Stadt entstehen und durch angemessene Aufmerksamkeit und Pflege Symbolkraft erlangen kann? Städtische Gärten und Ökologie sind keine Gegensätze mehr, der unserer Situation angemessene Umgang mit Natur liegt irgendwo zwischen den beiden Extremen eines bis zum I-Tüpfelchen durchgestalteten vertikalen Gartens und dem sich selbst überlassenen Gestrüpp urbaner Biotope. In der heutigen Zeit brauchen wir eine Natur, die die Kriterien für einen neuen sinnlichen Dialog mit den Pflanzen erfüllt, eine städtische Landschaft, die durch eine belastbare Balance zwischen dem Menschen, seinem Körper und seiner Umwelt geprägt ist. Der städtische Garten ist innerhalb des urbanen Mosaiks aus zerstückelten Flächen vermutlich das letzte Refugium, das es den Städtern noch ermöglicht, eine gesündere

mosaic of our cities, capable of restoring a sounder relationship towards nature. We no longer can afford to be sectarian towards plants, on the grounds that they don't belong. Let us plead for each plant whatever its colour and origins, because they all deserve a place in society. It is first and foremost the restoration of a symbolic relationship towards nature that is wanting in our *Naturerfahrung* today. Let us bring all the plants we want together, to reincarnate this intimate balance with nature. Nature could thus become a new nurturing force for the city, creating a place of plenitude and comfort, a place of admiration and anticipation, a mirror of the once serene balance that prevailed between our dwelling and the world.

Beziehung zur Natur zu pflegen. Wir können es uns nicht mehr erlauben, Pflanzenarten sektiererisch in Gruppen einzuteilen und einigen das Bleiberecht zu verwehren. Jede Pflanze, unabhängig von ihrer Farbe und Herkunft, verdient einen Platz in der Gesellschaft. Unserer heutigen Naturerfahrung mangelt es zuallererst an einer Wiederherstellung der symbolischen Beziehung zur Natur. Wir sollten daher alle Pflanzen, derer wir uns erfreuen möchten und die wir benötigen, mit dem Ziel zusammenbringen, eine innige und ausgewogene Beziehung mit der Natur zu pflegen. Die Natur könnte so zu einer neuen nährenden Kraft für städtische Räume werden; sie könnte Orte der sinnlichen Fülle und Erholung, der Bewunderung und der Vorfreude schaffen und zu einem Spiegel der ausgewogeneren Balance werden, die einst zwischen den Behausungen der Menschen und der sie umgebenden Welt bestand.

1 Gilles Clément, *Manifeste du Tiers Paysage*, Paris: Sujet-Objet/Editions JMP, 2005.
2 Simon Shama, *Landscape and Memory*, London, New York: Thames and Hudson, 1998.
3 Patrick Blanc, *The Vertical Garden: From Nature to the City*, New York: Norton & Co, 2008.
4 Yann Arthus Bertrand, *The Earth from Above*, New York: Harry N. Abrams, 2004.
5 Stefano Boeri, *Il Bosco verticale/The Vertical Forest*, internationale Ausstellung, Progetti e paesaggi, Bologna 2008.
6 Das französische Wort für Biogese ist *biogée* und bezeichnet die Erde einschließlich sämtlicher Formen des Lebens auf ihr. Serres verwendet den Begriff in seinem jüngsten Essay: Michel Serres, *Temps de Crises*, Paris: Éd. Le Pommier, 2009.
7 Erwin Panofsky, *Die Perspektive als ›symbolische Form‹ und andere Aufsätze*, Frankfurt am Main: Fischer TB, 2000.
8 Augustin Berque, »Paysage, milieu, histoire«, in: Augustin Berque (Hrsg.), *Cinq propositions pour une théorie du paysage*, Grenoble: Champ Valon, 1994.
9 Ingo Kowarik, »Neue Wildnis, Naturschutz und Gestaltung«, *Garten + Landschaft* 114/2, 2004, S. 12–15.

1 Gilles Clément, *Manifeste du Tiers Paysage*, Paris: Sujet-Objet/Editions JMP, 2005.
2 Simon Shama, *Landscape and Memory*, London, New York: Thames and Hudson, 1998.
3 Patrick Blanc, *The Vertical Garden: From Nature to the City*, New York: Norton & Co, 2008.
4 Yann Arthus Bertrand, *The Earth from Above*, New York: Harry N. Abrams, 2004.
5 Stefano Boeri, *Il Bosco verticale/The Vertical Forest*, Progetti e paesaggi international exhibition, Bologna 2008.
6 The word for biogesis in French is *biogée*; it signifies the planet Earth and all living forms on it. Serres uses the term in his most recent essay: Michel Serres, *Temps de Crises*, Paris: Éd. Le Pommier, 2009.
7 Erwin Panofsky, *Perspective as Symbolic Form*, translated by Christopher S. Wood, New York: Zone Books, 1991.
8 Augustin Berque, »Paysage, milieu, histoire«, in: Augustin Berque (Ed.), *Cinq propositions pour une théorie du paysage*, Grenoble: Champ Valon, 1994.
9 Ingo Kowarik, »Neue Wildnis, Naturschutz und Gestaltung«, *Garten + Landschaft* 114/2, 2004, pp. 12–15.

ALTER FLUGPLATZ BONAMES, FRANKFURT AM MAIN, DEUTSCHLAND [**FORMER BONAMES AIRFIELD, FRANKFURT AM MAIN, GERMANY**

GTL Gnüchtel Triebswetter Landschaftsarchitekten, Kassel, Deutschland [GTL Gnüchtel Triebswetter Landschaftsarchitekten, Kassel, Germany

Die Talsenke der Nidda im Norden Frankfurts gehört heute als Bestandteil des Grüngürtels zu den wichtigsten Naherholungsgebieten der Stadt. Die freie Lage wurde während des Kalten Kriegs allerdings zum Leidwesen der Anwohner von der amerikanischen Armee genutzt, um zunächst eine Landebahn für kleinere Flugzeuge und später einen Helikopterflugplatz anzulegen. Bis 1992 war das »Maurice Rose Army Airfield« in Betrieb. Eine erste Umnutzung entstand, als nach Abzug des Militärs Skater die Landebahn für sich entdeckten und die Werkstatt Frankfurt begann, in den Bauten am Tower ein Café zu betreiben. Die Stadt Frankfurt erwarb 2001 das Gelände, um es als Teil des Grüngürtels zu einem Landschaftsschutzgebiet zu entwickeln.

Das Büro Gnüchtel Triebswetter Landschaftsarchitekten (GTL) aus Kassel erarbeitete das Konzept für die Transformation des Areals. Der wesentliche Ansatz beruht darauf, die Flugplatzbrache als einen Teil der Nutzungsgeschichte und des Landschaftsraums im Niddatal zu verstehen. Die ehemalige Militärinfrastruktur sollte nicht ausgelöscht, sondern unter Beibehaltung charakteristischer Teile in einen permanenten Transformationsprozess einbezogen werden. Dass die dabei zunächst so

The valley basin of the River Nidda in northern Frankfurt is today part of Frankfurt's green belt and one of the most important urban recreational areas in the city. During the Cold War the open space was used, much to the chagrin of the residents, by the American Army as a landing strip for smaller aircraft and later as a helicopter base. The »Maurice Rose Army Airfield« remained in operation until 1992. The first change of use after the withdrawal of the army came with the discovery of the landing strip by skaters and the setting up of a café by Werkstatt Frankfurt in the buildings around the control tower. In 2001 the City of Frankfurt purchased the site with the intention of developing it as a nature conservation area as part of the city's green belt. Gnüchtel Triebswetter Landschaftsarchitekten (GTL) in Kassel were commissioned to develop a concept for transforming the site. The basic approach views the disused airfield as part of the history of the site's usage and of the landscape in the Nidda valley. Rather than eradicating the former military infrastructure, certain characteristic elements have been maintained and accordingly incorporated into a process of permanent transformation. The final result, completed in 2004, shows

Blick auf die Achse 2009 [View of the landing strip axis in 2009

Programm/Bauaufgabe [**Programme** Konversion des ehemaligen Hubschrauberlandeplatzes Maurice Rose Airfield [Conversion of the former Maurice Rose Airfield helicopter base

Landschaftsarchitektur [**Landscape design** GTL Gnüchtel Triebswetter Landschaftsarchitekten, Grüner Weg 21, 34117 Kassel [www.gtl-landschaftsarchitekten.de

Standort des Projekts [**Project location** Alter Flugplatz, Am Burghof 55, 60437 Frankfurt am Main/Bonames

Auftraggeber [**Client** Grünflächenamt Frankfurt am Main [Frankfurt am Main Parks Department

Entwurf [**Design** 2002 – 2003

Fertigstellung [**Completion** 2004

Fläche [**Area** ca. 77 000 m²

Material und Vegetation [**Materials and vegetation** Verwendung vorhandener Materialien, Entwicklung der Vegetation durch Sukzession, aufgebrochene Beton- und Asphaltflächen, mit Abbruchmaterial gefüllte Gabionenkörbe, Neupflanzung von Bäumen vor dem Tower Café aus einer Mischung von einheimischen Laubbäumen in einer Baumpflanzaktion – Baumpatenschaften. [Use of existing materials, development of vegetation through a process of succession, cracked and broken concrete and asphalt surfaces, gabion cages filled with demolition rubble; new planting of trees in front of the Tower Café with a mixture of native deciduous species; trees were sponsored and planted together as part of a ceremony.

▸ **Pflanzliste** [**List of plants**

Neupflanzungen im Baumhain [*New planting in the tree grove* ▸ *16 Quercus robur* (Stieleiche [English oak), *7 Tilia cordata* (Winterlinde [small-leaved lime), *8 Alnus glutinosa* (Schwarzerle [black alder), *6 Fraxinus excelsior* (Gewöhnliche Esche [common ash), *7 Prunus padus* (Gemeine Traubenkirsche [bird cherry), *3 Acer pseudoplatanus* (Bergahorn [sycamore), *4 Salix alba* (Silberweide [white willow); *Pioniervegetation auf den Sukzessionsflächen* [*Pioneer vegetation on the succession areas* ▸ *Salix caprea* (*Salweide* [goat willow), *Betula* (Birken in Arten [various kinds of birch), *Populus* (Pappeln in Arten [various kinds of poplar)

Kosten [**Cost** ca. 900 000 EUR

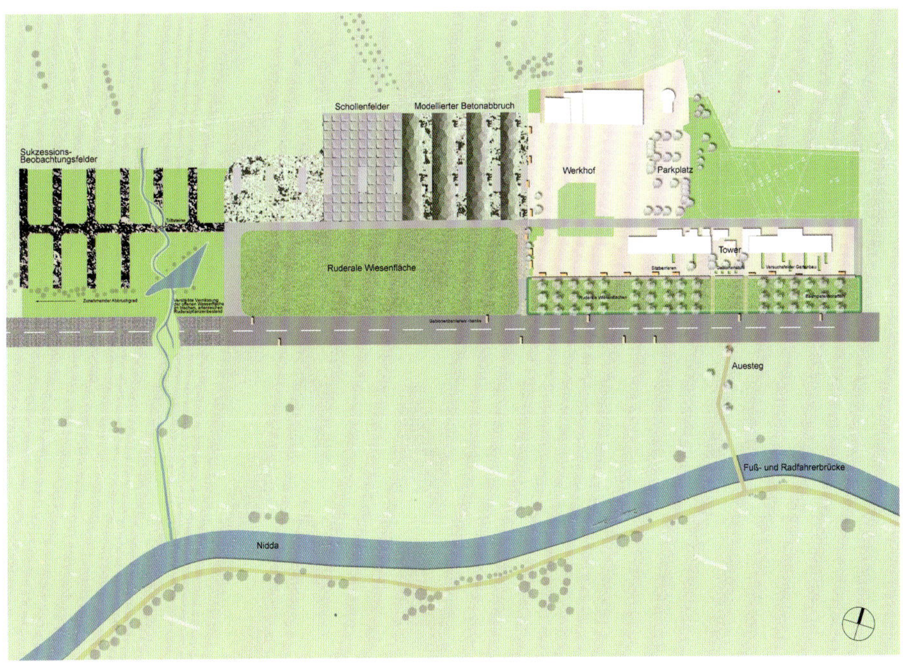

Luftaufnahme 2004 [Aerial photograph of 2004
Gesamtplan [General plan
Farbspuren – Pioniervegetation [Traces of colour – pioneer vegetation

disparat erscheinenden Aspekte Erholung, Landschaftsschutz und Erhalt der Spuren einer technischen Nutzungsgeschichte sehr wohl in Einklang zu bringen sind, zeigt die bis 2004 umgesetzte Planung.
Den landschaftsräumlichen Rahmen für den Alten Flugplatz bildet im Süden die am Rand des Niddatals gegebene Stadtkante der Siedlung am Frankfurter Berg, die daran angrenzenden landwirtschaftlich genutzten Flächen, der Verlauf der Nidda mit Altarmen und nördlich des Areals der dort noch dörfliche Stadtteil Bonames. Der Flugplatz bildet ein Teilelement dieser gewachsenen Stadt-Landschaft. Mit geradezu chirurgischen Eingriffen wurde das ehemals abgeschirmte Militärareal mit den Flussauen und den angrenzenden Stadtteilen verzahnt.
Insgesamt waren 4,5 Hektar Fläche für Landebahn und Flugvorfeld versiegelt. Zwei Drittel davon wurden aufgebrochen oder gezielt perforiert, belastete Asphaltflächen wurden entfernt. Dabei blieb jedoch die Grundstruktur des Flugplatzes erkennbar erhalten. In dem weitläufigen Bereich des ehemaligen Vorfeldes und der Helikopterstellplätze wurde der Betonbelag nach Zonen getrennt in unterschiedlichen Körnungen zertrümmert und wieder aufgebracht. Weder Oberbodenarbeiten noch Saat- oder Pflanzmaßnahmen wurden durchgeführt, die Vegetation entwickelt sich seither aus dem gegebenen Standortpotenzial. Zonen besonderer Anmutung entstanden aus einfachsten Mitteln: große Betonplatten wurden zu einem Aussichtsturm gestapelt oder zu einer von Caspar David Friedrichs Gemälde »Das Eismeer« inspirierten Schollenzone getürmt.
Durch die Kappung von Drainagen und der Umleitung eines Nebenarms des Kalbachs bildeten sich ein See und Tümpelzonen mit der dafür typischen Flora und Fauna in den tiefer gelegenen Bereichen des Areals, das damit wieder als ursprüngliches Auengebiet erfahrbar wird. Wissenschaftlich begleitet wird die Entwicklung der Renaturierung durch ein Langzeit-Monitoring des Forschungsinstituts Senckenberg. Die einzige definierte Neupflanzung des Projekts war ein 250 Meter langer Auenwald-Baumhain vor dem Café. Die Pflegekosten hierfür sind von

that it is indeed possible to reconcile what at first appear to be quite disparate aims: recreation, landscape conservation and maintaining traces of the technical heritage of the site.
The landscape context for the former airfield is defined to the south by the Frankfurter Berg urban fringe residential area bordering the Nidda valley, the agricultural land adjacent to it, the course of the River Nidda and its old branches and to the north the village-like district of Bonames. The airfield forms one part of this organically evolving (sub)urban landscape. Through a series of what one could call surgical interventions, the previously inaccessible military site was connected to the river meadows and neighbouring districts.
The asphalted surface of landing strip and airfield apron occupied a total of 4.5 hectares of the site. Two thirds of this surface was broken up or perforated according to a specific plan, and any contaminated surfaces were removed. The basic structure of the airport, however, remained visible. In the more expansive areas of the former airfield apron and the helicopter parking spaces, the concrete surface was divided into zones and crushed to differing degrees of granularity, but left in place. No new topsoil infill, planting or sowing of seeds was undertaken; instead the vegetation has developed out of the existing potential on site. Zones of particular grace have been created with the simplest of means: large concrete slabs have been stacked to form lookout points or have been piled into rumpled clumps of ›floes‹ inspired by the ice floes in Caspar David Friedrich's painting »The Sea of Ice«.
By capping the drainage and diverting a side branch of the Kalbach, a lake and pond zones formed in the lower-lying sections of the site along with the typical flora and fauna, allowing it to be experienced as the flood plain it once was. The progression of the renaturation process is being monitored in a long-term study undertaken by the Senckenberg Research Institute. The only specifically replanted area in the project is a 250 metre long grove of riverside trees in front of the café. The cost for their upkeep is covered by a tree sponsorship

Sportraum Landebahn [Sports area on the landing strip
Froschsuche im Schollenfeld [Looking for frogs among the asphalt and concrete slabs

Baumpaten gedeckt. Ansonsten erfährt lediglich die Feuchtwiese zur Nidda hin einen jährlichen Schnitt.
Die Landebahn als nach wie vor bei Skatern und Radfahrern beliebter Parcours blieb entlang der Towerbauten in voller Breite bestehen. Mit Betonbruch gefüllte Gabionen bilden hier locker positionierte Sitzgelegenheiten. Im westlichen Teil wurde nur ein schmaler Streifen in der Mittelachse der Bahn erhalten. Die perforierte Asphaltdecke seitlich davon ist heute mit einem Weidenhain bewachsen. Eine neue Niddabrücke und ein Gitterroststeg über die Feuchtwiese verbinden den Flugplatz mit dem belebten Niddauferweg im Süden. In den Bestandsbauten entstanden neue Nutzungen. In einem »Grünen Klassenzimmer« können Kinder- und Schülergruppen ihre Entdeckungen in den renaturierten Bereichen des Flugplatzes vertiefen; der kleine Hangar wiederum ist Ort der »Aeronautenwerkstatt«. In einer der größeren Hallen wurde das Feuerwehrmuseum eingerichtet. Einer ungebrochenen Attraktivität erfreut sich auch das Tower Café, in dem zudem Abendveranstaltungen stattfinden. Der in rot-weißem Karomuster lackierte Fluglotsenturm wurde zur Landmarke des Areals. Die Konzeption für den Alten Flugplatz kultiviert die Offenlassung für einen dynamischen Prozess der Sukzession und Aneignung, der im Gegensatz zu einem verfestigten Landschaftsbild steht. Das Flugfeld wurde zu einer neuen Stadt-Landschaft, die in einem ständigen Wandel von Flora, Fauna und den Menschen in Besitz genommen wird. *Yorck Förster*

scheme. The only other work undertaken has been to cut the grass on the flood meadows once a year.
The landing strip, which remains popular among skaters and cyclists, was retained in its full width alongside the tower buildings. Loosely arranged gabions filled with concrete rubble provide places to sit. At the western end of the landing strip only a narrow strip down the central axis of the runway has been retained. The asphalt surface to either side has been cracked and broken and is today overgrown with willow. A new bridge over the Nidda and a walkway made of metal grating over the water meadows connect the airfield with the well-frequented riverside walkway to the south. The existing buildings have been given new uses. In the »green classroom« visiting groups of children and school classes can learn more about their discoveries in the areas that have been returned to nature, and the small hangar now serves as an »aeronaut workshop«. One of the larger hangars now houses Frankfurt's fire brigade museum. The Tower Café remains as popular as ever and now also stages events in the evenings. With its chequered red and white exterior it has become a landmark for the entire site. The concept for the former airfield cultivates an openness towards dynamic processes of natural succession and appropriation that stands in contrast to the notion of a fixed image of the landscape. The airfield has become part of a new (sub)urban landscape that is continually changing as it is taken over by flora, fauna and not least people. *Yorck Förster*

Aussichtsturm aus Betonplatten [Viewing tower made of stacked concrete slabs
Schollenfeld im Juni 2009 [Asphalt slabs in June 2009

KULTURPARK WESTERGASFABRIEK, AMSTERDAM, NIEDERLANDE [WESTERGASFABRIEK CULTURE PARK, AMSTERDAM, THE NETHERLANDS

Gustafson Porter Ltd, London, Großbritannien [Gustafson Porter Ltd, London, Great Britain

Der siegreiche Wettbewerbsbeitrag von Gustafson Porter, der den Titel »Changement« (Wandel) trug, antwortete auf den Masterplan des Parks mit einem Entwurf, der Nutzern vielfältige räumliche und zeitliche Erlebnisse bietet. Die Westergasfabriek ist ein Industriegelände aus dem 19. Jahrhundert, dessen Gebäude und Anlagen teilweise abgerissen wurden. Intakt gebliebene Bauten wurden in das neue Konzept integriert. In zeitgenössischer Form thematisiert die Landschaftsarchitektur des Parks den Wandel im Umgang des Menschen mit seiner Umwelt und zeigt unterschiedliche Landschaftstypen zur Illustration dieser Entwicklung. Der Entwurf betont darüber hinaus die geographische Lage des Geländes zwischen Stadt und freier Natur.
Die massive Umweltverschmutzung, die mit der Industriellen Revolution begonnen hatte, erreichte durch den Zweiten Weltkrieg und den nachfolgenden Wirtschaftsboom neue Dimensionen. Die Ökologiebewegung ist als notwendiges Korrektiv darauf zu verstehen. Die Gestaltung

»Changement«, Gustafson Porter's competition winning scheme for the Westergasfabriek, responded to the park's master plan by offering diverse spatial and temporal experiences. The Westergasfabriek is a partially dismantled nineteenth-century industrial site with vestiges of its layout intact and preserved in the new concept. The landscape design for the Westergasfabriek park illustrates in a contemporary form man's changing views and attitude towards the environment and its resulting landscape types. It also highlights the project's placement between city and nature.
The Industrial Revolution created the background for some of the most devastating pollution. This pollution increased during the Second World War and the subsequent rapid economic rebuild. The ecology movement has been and is a necessary response. This project for a new public park on the heavily contaminated site of a former gas factory presented us with a problem that we could only respond to

Programm/Bauaufgabe [**Programme** Umwandlung einer stark kontaminierten Industriebrache in einen Kultur- und Erholungspark [Conversion of a heavily contaminated brownfield site into a culture and recreation park

Landschaftsarchitektur [**Landscape design** Gustafson Porter Ltd, Linton House, 39-51 Highgate Road, London NW5 1RS [www.gustafson-porter.com

Standort des Projekts [**Project location** Haarlemmerweg, Amsterdam

Auftraggeber [**Client** Stadsteel Westerpark

Wettbewerb [**Competition** 1997

Fertigstellung [**Completion** *Phase 1* 2004; *Phase 2* 2005

Fläche [**Area** 11,5 ha [11.5 ha

▸ **Pflanzliste** [**List of plants**

▸ *Liriodendron tulipifera, Saphora japonica, Fagus sylvatica, Robinia pseudoacacia »Frisia«, Liquidambar styraciflua, Buxus sempervirens, Prunus maackii, Prunus x yedoensis, Quercus palustris, Nyssa sylvatica, Acer rubrum »October Glory«, Acer griseum, Acer saccharum, Acer japonica »Aureum«, Magnolia acuminata »Memory«, Magnolia stellata »Water Lily«, Nothofagus antarctica, Anemone nemerosa, Galanthus nivalis, Symphytum grandiflorum, Hyacintoides x hispanica, Buxus macrophylla »Winter Gem«, Ilex verticillata »Winter Red«, Ilex glabra »Niagra«, Geranium macrorrhizum, Salix babylonica, Salix alba »Tristis«, Salix alba »Serica«, Cladrastis dentudea (lutea), Aponogeton distachyos, Digitalis lutea, Fraxinus americana, Iris laevigata »Purpurea«, Iris ensata, Carex nudata, Taxodium distichum, Carex vesicaria, Spartina pectinata* und [and *Schoenoplectus, Salix purpurea, Salix acutifolia, Salix irrorata, Carpinus betulus, Corylopsis platypetala, Sambucus racemosa »Plumosa Aurea«, Davidia involucrata »Vilmoriniana«, Cornus alternifolia »Argentea«, Acer palmatum »Aoyagi«, Gunnera manicata, Crambe cordifolia, Osmunda regalis, Aruncus dioicus »Kneiffii«*

Kosten [**Cost** *Ausschreibungssumme* [*Tender value* 14 000 000 EUR; *Baukosten* [*Construction value* 23 000 000 EUR

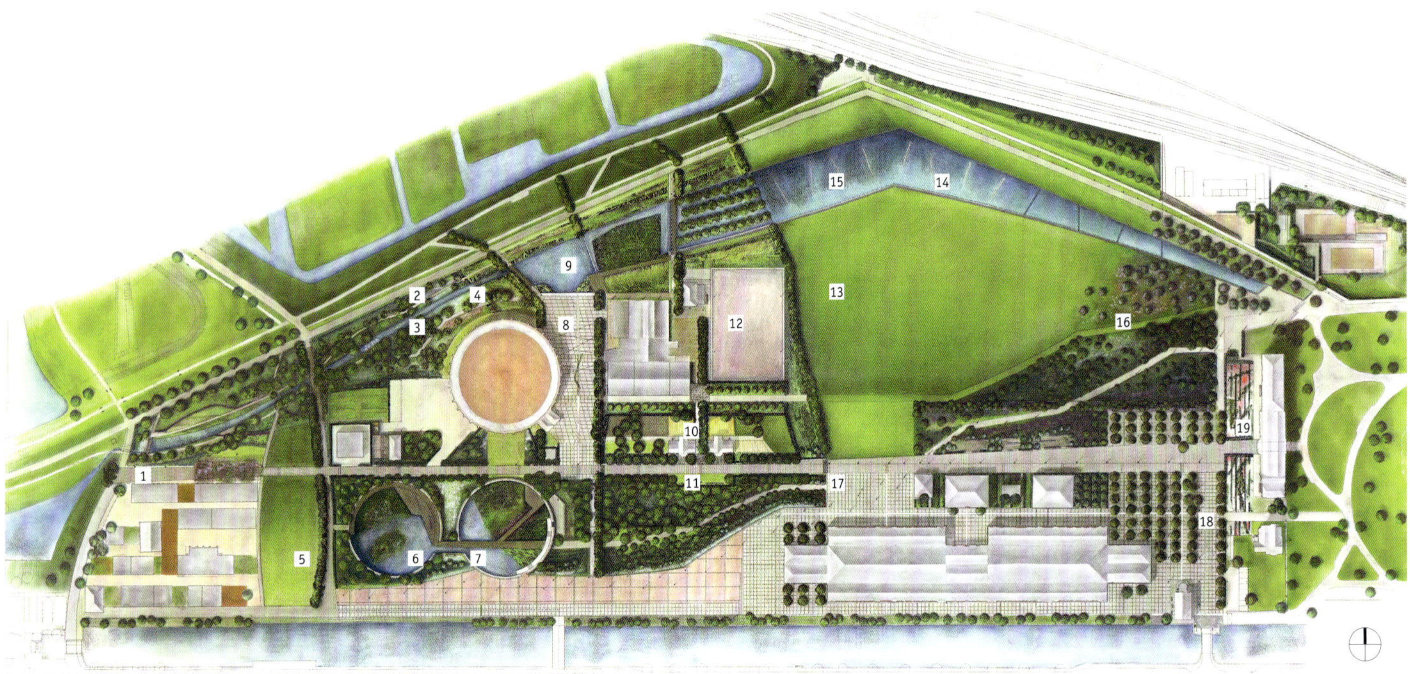

1 Zentrale »Achse« [Central »Axis«
2 »Nasser Garten« [»Wet Garden«
3 Farnkaskade [Fern cascade
4 »Weiße« Lichtung [»White« clearing
5 Skulpturenebene [Sculpture plain
6 Gasbehälter, Wasserlilienteich [Gas holder, waterlily pond
7 Gasbehälter, Wassergarten [Gas holder, aquatic garden
8 Theaterplatz [Theatre square
9 »Wasserterrassen« [»Water Terraces«
10 Räumlichkeiten für Kinder [Children's rooms
11 Gasbehälter-Hügel [Gas holder mound
12 Korfball [Korfball
13 Veranstaltungsfläche [»Event Field«
14 Fontänenanlage [Fountain masts
15 See [Lake
16 »Broadway«-Hügel [»Broadway« mound
17 »Siedlung« [The »Village«
18 »Marktplatz« [»Market Square«
19 »Farbenfeld« [»Colour Field«

Gesamtplan [General plan

Pontonsteg über die Wasserterrasse [Pontoon walkway over the water terrace

eines neuen öffentlichen Parks auf dem stark kontaminierten Gelände einer ehemaligen Gasfabrik konfrontierte das Büro mit Herausforderungen, die nur durch eine ökologische Herangehensweise zu lösen waren. Verseuchte Bodenschichten konnten nicht vom Gelände entfernt werden, da sie andernorts nur zu neuen Problemen geführt hätten. Das Büro entschied sich daher für eine geländeinterne Verlagerung von Erdreich. Verseuchtes Bodenmaterial wurde dabei durch frisches Erdreich ersetzt bzw. mit solchem überlagert. Um die Gebäude herum wurde das bestehende Bodenniveau beibehalten, zugleich wurde mit dem überschüssigen Erdmaterial ein neues welliges Terrain geschaffen.
Der Park ist für eine doppelte Nutzung als Grünfläche zur Erholung und als Kulturzentrum angelegt – mit Veranstaltungsmöglichkeiten in Gebäuden und im Freien. Eine zentrale Promenade, die »Achse«, verbindet das Stadsdeelraad (Rathaus) mit der »Cité des Artistes« und verschiedenen dazwischenliegenden Bereichen. Die angrenzenden Bereiche prägen die Atmosphäre der Promenade in unterschiedlicher Weise. In der Mischung von einheimischen Pflanzen und ausgewählten Varianten drückt sich das Wechselspiel zwischen menschlichen Bedürfnissen und natürlicher Ordnung aus. Am östlichen Ende hat der Park eher den Charakter eines traditionellen architektonischen Gartens. Am östlichen Parkeingang ist ein »Farbenfeld« geplant, als Parterre für das

with an ecological view. Polluted soil could not be taken offsite to create new problems elsewhere. So a cut-and-fill balance was calculated, bringing in new soil to displace polluted soil, retaining existing ground levels around the buildings and creating a new undulating terrain that was the consequence of surplus soil.
The use of the park is twofold, a green park environment and a cultural centre with indoor and outdoor activities. A central promenade, the »Axis«, links the Stadsdeelraad (town hall) with the »Cité des Artistes« and a variety of spaces between. The adjacent spaces give it a varied ambience. A mix of native plants and selected varieties express a dynamic between human needs and natural order. At the east end the ambience of the park reflects the more formal, traditional garden type. Situated at the east entry to the park, a »Colour Field« is planned to serve as a parterre to the existing Stadsdeelraad. To the west the »Market Square« is designed as a flexible foyer space where market stalls or bikes can be parked between rows of tulip trees *(Liriodendron tulipifera)* during major events. The central area's design is reflective of the post-war attitude towards landscape as a support for sports, leisure and recreation. The northwest Overbraker polder reflects the recent past, which is representative of a need for a pure nature/ecology approach. The west end is associated with current

Steg im Wald [Walkway in the woodland

Wassergarten im Gasometer [Water garden in the gasometer
Wasserlilienteich im Gasometer [Water lily pond in the gasometer
»Schilfbeete« [»Reed beds«

vorhandene Stadsdeelraad. Westlich davon ist der »Marktplatz« gelegen, der als flexibel nutzbarer Vorplatz gestaltet ist. Bei großen Veranstaltungen kann man hier zwischen Reihen von Tulpenbäumen Marktstände aufbauen oder Fahrräder abstellen. Die Gestaltung des Kernbereichs des Parks spiegelt die Haltung der Nachkriegszeit wider, in der Landschaft vor allem eine Umgebung für Sport, Erholung und Freizeit war. Der Overbraker Polder im Nordwesten des Parks erinnert dagegen an die jüngere Vergangenheit und das damals aktuelle Bedürfnis nach reiner Natur und Ökologie. Am westlichen Ende weist die Gestaltung eher auf den gegenwärtigen Wandel des ökologischen Denkens hin, demzufolge zur Harmonie mit der Umwelt auch die partnerschaftliche Einbeziehung des Menschen gehört.
In der Mitte des Parks befindet sich das »Event Field«, eine ausgedehnte Veranstaltungsfläche, die zu einem mit Steinen umsäumten Teich hin abfällt. Für große Veranstaltungen und Festivals kann dieser auch trocken gelegt werden. Der Rasen ist mit Kunststoffgittern verstärkt und erlaubt bei Konzerten und Volksfesten auch den Transport von schwerer Ausrüstung. Die Weitflächigkeit und zentrale Lage des Geländes machen es zu einem idealen Ort für Picknicks, gemächliches Herumschlendern und Freizeitaktivitäten wie Drachenfliegen, Ballspiele und die ausgelassenen Spiele von Kindern. Das Gelände wird vom Teich und dem nördlich gelegenen »Amphitheater-Hügel« eingerahmt. Die Böschung, die das Amphitheater umgibt, schirmt den Park gegen den Lärm einer Bahnlinie ab und bildet zugleich eine südwärts gerichtete Liegewiese, auf der Besucher sich bequem ausstrecken können, während sie dem Treiben auf dem »Event Field« zuschauen. Der nahe gelegene Teich mit seinen Trittsteinen macht die Liegewiese an heißen Sommertagen zu einem perfekten Erholungsort. Am Nordplatz beginnt der alte Baumbestand des Parks, dessen große Stämme sich ostwärts erstrecken und dann an neu gepflanzte Bäume und Waldgewächse anschließen, die auf einem Hügel stehen, der die gesamte Längsseite des Parks einnimmt. Der »Broadway« durchquert die Baumpflanzung diagonal, schneidet direkt nördlich der »Siedlung« die axiale Promenade und führt dann in südwestlicher Richtung weiter zu zwei kreisrunden Teichen mit Wasserlilien und einem Wassergarten, die in ehemaligen Gasbehältern angelegt wurden. Zu den

changes in ecological thinking, emphasising that environmental harmony must be achieved with man as a participating partner.
At the centre of the park is the »Events Field«. A great field slopes into a stone-lined lake which can be drained for large events and festivals. Reinforced grass allows for the traffic of equipment for concerts and fairs, yet the field's spacious quality and central location makes it ideal for family picnics, lazy strolls and casual activities, such as kite-flying, ball games, and the energetic games of young children. The lake and »Amphitheatre Mound« to its north frame the space. The sculpted amphitheatre shields the park from the noise of the railway and provides a south-facing surface on which to comfortably recline whilst watching activities spread out on the field below. The proximity of water and stepping-stones in the lake make it a perfect area for play on hot summer days. At the North Plaza the Westerpark's existing large trees extend eastwards connecting with a band of new trees and woodland plants on a mound that runs the length of the park. The »Broadway« slices a diagonal path through these trees; it passes across the central »Axis« just north of the »Village«, before continuing southwest and linking to the circular aquatic and water-lily pools in the former gas holders. The character of the woodland planting changes in the vicinity of the gas holder pools. New *Salix babylonica* and *Salix alba »Tristis«* skirt the edge of the remaining basement structures of the gas holders which have been filled with the worst pollution and capped to become a contemplative water-lily pool and verdant aquatic garden. In these, floating timber walkways and terraces have been inserted. The »Water Terraces« occur along the central section of the band of water that defines the northern limits of the park. The water flows in a westerly direction over a series of weirs from the »Taxodium Pool« into the »Reed Bed« through which it is naturally filtered, and finally into the »Theatre Lake« and »Wet Gardens« beyond.
The Westergasfabriek Culture Park is recognised as a model of brownfield reclamation within a physically dense urban context, sensitively responding to the needs of a complex set of stakeholders. At the time of construction, few precedents existed apart from the IBA

Schlittschuhlaufen auf dem gefrorenen See [Ice skating on the frozen lake

Teichen hin wandelt sich die Waldvegetation. Neu gepflanzte Trauerweiden umsäumen den über Bodenhöhe liegenden Rand der in die Erde eingelassenen Gasbehälter. Diese wurden mit besonders stark verseuchtem Bodenmaterial teilweise verfüllt und versiegelt, um darüber einen beschaulichen Wasserlilienteich bzw. einen Wassergarten anzulegen. Beide Teiche können über mobile Holzstege und -terrassen entdeckt werden. Zu den Wasserelementen des Parks gehören auch die »Wasserterrassen«, die im mittleren Bereich jener aneinandergereihten Wasserflächen angelegt sind, welche die nördliche Grenze des Parks bilden. Das Wasser strömt in westlicher Richtung über eine Abfolge von Wehren von einem Teich mit Sumpfzypressen (»Taxodium Pool«) über das »Schilfbeet«, wo es auf natürliche Weise gefiltert wird, bis zum »Theatersee« und den dahinterliegenden »nassen Gärten«.
Der Kulturpark Westergasfabriek gilt in seinem Bemühen, möglichst sensibel mit der Vielfalt der zu berücksichtigenden Interessen umzugehen, als Modell für die Regeneration von Industriebrachen in verdichteten urbanen Kontexten. Zur Zeit des Baubeginns existierten außerhalb der IBA Emscher Park in Deutschland und vielleicht der Bilbao Ría 2000 in Spanien kaum Vergleichsprojekte; allerdings unterscheiden sich beide in Kontext und Dimension von diesem Projekt. Gustafson Porter hat mit seinem Entwurf eine robuste Landschaft geschaffen, die in kohärenter Weise deutlich werden lässt, wie viel Synergien in der Verbindung von industriellen Artefakten mit einer neu definierten natürlichen und kulturellen Umgebung entstehen können.
Neil Porter und Kathryn Gustafson

Emscher Park, Germany, and perhaps Bilbao Ría 2000 in Spain, both responding to quite different contexts and scales. Gustafson Porter's vision creates a robust landscape – a coherent expression of the synergy that can be created between industrial artefacts and a redefined natural and cultural context.
Neil Porter and Kathryn Gustafson

Blick auf den See vom »Amphitheater-Hügel« [View of the lake from the »Amphitheatre Mound«

GRÜN (WEITER)ENTWICKELN! [THE UPKEEP OF URBAN GREEN!

Norbert Kühn

Ihren Band zur Zukunft der Gartendenkmalpflege überschrieben die Herausgeber Erik de Jong, Erika Schmidt und Brigitt Sigel 2006: *Der Garten – ein Ort des Wandels*.[1] Auch wenn dieser Titel sicher in verschiedener Hinsicht zu interpretieren ist, weist er doch eindeutig auf den dynamischen Charakter der gebauten Natur hin. In die gleiche Richtung dachte 1834 schon Hermann Fürst Pückler als er schrieb: »Wir sind nämlich nicht im Stande in der landschaftlichen Gartenkunst ein bleibendes, fest abgeschlossenes Werk zu liefern, wie der Maler, Bildhauer oder Architekt, weil es nicht ein todtes, sondern ein lebendes ist, und gleich den Bildern der Natur auch die unsrigen, [...] immer werden, und nicht sind.« Und daraus leitet er folgerichtig ab: »Es ist also eine leitende, geschickte Hand Werken dieser Art fortwährend nöthig.«[2] Die Erkenntnis, dass Gartenkunstwerke ohne eine pflegende Weiterentwicklung ihre Wirkung, ihre Schönheit und auch ihre Funktion verlieren, ist daher alles andere als neu.

Was in der Gartendenkmalpflege ein ganz zentrales Thema ist, weil hier der Verfall am deutlichsten hervortritt, scheint für den alltäglichen Freiraum bislang weitgehend verdrängt. Wenn man sich schon mit den selten einzuhaltenden Erstellungskosten herumärgern muss, möchte man nicht auch noch an die anschließend drohende Pflege erinnert werden. Viele Parks und Freiräume werden daher erst einmal nach der Maßgabe »Fakten schaffen« angelegt, der Rest wird sich schon irgendwie richten. Wenn die Pflegeproblematik doch Berücksichtigung finden sollte, führt es in der Regel dazu, dass man betreuungsintensive Flächennutzungen und differenzierte Pflanzungen so gut es geht zu vermeiden sucht und nur in Metall, Stein und Beton mit extensivem Rasen und einer einfachen Gehölzkulisse plant.[3]

Der entwerfende Landschaftsarchitekt begeistert, weil er aus dem Nichts – in einem kreativen Akt, angesiedelt zwischen Konstruktion und Kunst – den neuen Raum erschafft. Der Entwurf ist somit seine originäre Leistung. Auch wenn es immer schwieriger wird die Errichtung neuer Freiräume zu finanzieren, lassen sich für diese Phase doch immer wieder Geldgeber finden. Die weitere Entwicklung des Freiraums, die aus einer Neuanlage erst den Park entstehen lässt, gilt als wenig »sexy«. Hier möchte kein Sponsor mehr unterstützend eingreifen. Dauerhafte Kosten sind bei Privaten und Stiftungen unbeliebt, sie werden daher der Allgemeinheit anheim gegeben. Aber wann funktioniert ein Park nicht mehr, wer kümmert sich um seine schleichend schwindende Qualität? Anders als in der Hochbauarchitektur rebellieren die Nutzer nur selten

Der Garten – ein Ort des Wandels (The Garden – A Place of Change) is the title the editors Erik de Jong, Erika Schmidt and Brigitt Sigel chose for their book on the future of garden conservation, published in 2006.[1] While this title can certainly be interpreted in a number of different ways, it clearly refers to the dynamic nature of constructed natural environments. This sentiment was shared as far back as 1834 by Hermann Fürst Pückler who wrote: »It is impossible to create a finished, permanent work of art in landscape gardening, such as the painter, sculptor, and architect are able to produce, because our material is not inanimate, but living [...]; we can say of the landscape gardener's art as of all nature's own pictures [...] ›It is about to be, but never is‹«, before concluding, quite correctly, that »a skillful guiding hand is always necessary for works of this kind.«[2] The realisation that without upkeep and ongoing development, landscaped gardens lose their qualities, their beauty and their function is therefore anything but new.

But what is such a central theme of garden conservation – because this is where disintegration and decay is most evident – seems to be largely ignored when it comes to the design of everyday open spaces. When planners already have their hands full trying to stay within building cost constraints, they are often unwilling to be reminded of the maintenance costs that will follow. Many parks and open spaces are therefore planned according to the brief in the hope that the rest will somehow sort itself out. And when the aspect of ongoing development is taken into consideration, the result is often that designs avoid high-maintenance land uses and complex planting compositions in favour of metal, stone and concrete along with expanses of lawn and a simple backdrop of wooded plants.[3]

The landscape architect as a designer is met with enthusiasm because – through a creative act that lies somewhere between construction and art – he creates a new space out of nothing. The design is his original creation. And although it is becoming ever more difficult to finance the realisation of new green spaces, one can still find investors willing to fund this phase. By contrast, the later upkeep and development of open spaces is regarded as less »sexy«, although it is through this that the fledgling creation develops into a functioning park. Sponsors are much less willing to invest in this phase. Ongoing costs are unpopular with private clients and foundations alike, and as a result the problem is generally left to the public to deal with. But at

gegen die schleichenden Veränderungen. Und so altern die Parkanlagen, ohne wirklich weiter entwickelt zu werden.
Seit den 1980er Jahren gibt es auch für neue Parks Pflegewerke. Sie definieren den intendierten Zielzustand, listen die Erhaltungsmaßnahmen auf und ermitteln den Handlungsbedarf. Dicke Wälzer, viel Papier – aber nur dort erfolgreich, wo diesen Werken auch dauerhaft Leben eingehaucht wird. Es braucht eine Institution, die Kontrolle ausübt, die Veränderungen registriert und auch Gegenmaßnahmen einleitet. Die Mitarbeiter müssen in der Lage sein, die Entwurfsziele zu begreifen, um auf spontane, unvorhersehbare Veränderungen – seien sie durch natürliche Dynamik bedingt oder durch menschliche Eingriffe verursacht – reagieren zu können. Eine höchst undankbare Arbeit, die paradoxerweise erst dann wirklich gut ausgeführt ist, wenn sie von keinem bemerkt wird. Verantwortungsbewusst eine Arbeit auszuführen, die allen nützt aber von keinem bemerkt wird – gibt es irgendetwas, das dem Zeitgeist mehr entgegensteht und schlechter politisch vermarktbar ist? Eigentlich funktionieren Parkpflegewerke nur dort gut, wo nicht die öffentliche Verwaltung direkt – denen es durch unverantwortliche Kürzungen in den letzten Jahren an Zeit, Geld und fachlich versiertem und motiviertem Personal mangelt –, sondern eine zumindest politisch unabhängige Instanz, die eigenständig wirtschaften kann, diese Aufgabe übernimmt. In Berlin hat sich die Grün Berlin Park und Garten GmbH als ein solches Erfolgsmodell etabliert, in historischen Anlagen sind es in der Regel Stiftungen, die solche Aufgaben übernehmen.
Manchen Worten liegt ein Zauber inne..., und nicht nur Politiker neigen dazu, an Wunder zu glauben. »Grünflächenmanagement« ist ein solches Zauberwort. Die Auseinandersetzung mit dem Begriff hat sich durchaus gelohnt – man weiß heute zumindest, wie effiziente Entscheidungsstrukturen entstehen könnten, wie Aufgaben verteilt werden, wie man sie über GIS-Anwendungen[4] auf die Fläche bringt und wie viel Grünflächenpflege kostet.[5] Die verschiedenen Qualitätsstufen, nach denen Grün eingeteilt wird, lassen immerhin erkennen, wie viel (oder auch wie wenig) Geld für diesen Typ von Grünfläche zur Verfügung steht. Und sie lassen erkennen, wie gut sich weitere 50 000 Euro einsparen lassen, wenn man fünf Hektar Parkanlage weiter extensiviert. Am grundsätzlichen Problem der geringen personellen und finanziellen Ausstattung des Pflegebereichs ändert allerdings auch eine gute Managementstruktur nichts.
High-Tech-Pflege – der Garten auf Knopfdruck – ist eine weitere Hoffnung, um die Pflegearbeiten zu rationalisieren, effizienter zu gestalten und damit letztlich Arbeitskräfte einzusparen. Aber was lässt sich tatsächlich gut automatisieren? Bewässerungsanlagen ohne Zweifel, die von zahlreichen Firmen in vielen Varianten angeboten und immer weiter perfektioniert werden.[6] Rasen- und Wiesenpflege, Heckenschnitt vielleicht – mit der nötigen Phantasie in Zukunft auch mit dem Roboter per Joystick. Aber hier setzt es auch schon aus. Individuelle Baumpflege, Unkrautentfernung, die Pflege von Stauden und Einjahresblumen – hier mussten sogar die Firmen des Facility Managements in der Zwi-

what point does a park stop functioning and who steps in to halt its gradual decline? Users are quick to rebel against decay in architecture, but this is not the case with open spaces. As a result the parks are left to age without really developing any further.
In the 1980s maintenance plans started to be developed for new parks. They define the intended end condition, describe measures for its upkeep and establish when action needs to be taken. These thick tomes are only really successful when life is continually breathed into their pages. An institution is needed that monitors the situation, registers changes and implements appropriate measures. The staff must be able to understand the design aims in order to be able to react spontaneously to unforeseen changes – whether caused by dynamic natural processes or human intervention. It is a rather thankless job, and moreover one that is paradoxically most successful when it is imperceptible. There can be few things less appealing or politically marketable in our day and age than a conscientious and responsible job that benefits everyone but is noticed by no-one. Park maintenance plans really only function well when the task is not undertaken by public services – which in recent years have suffered irresponsible budgetary cutbacks in time, money and professionally qualified and motivated personnel – but by a politically independent authority that is able to manage its own economic funding. In Berlin the Grün Berlin Park und Garten GmbH has established itself as a successful model while historic parks and grounds are usually maintained by foundations.
Some words appear to hold an almost magical promise and it is not only politicians who succumb to their attraction. »Urban green management« is such a case. The ensuing debate surrounding this term has in the end proved fruitful – we now have a better idea of how efficient decision-making structures can come about, how responsibilities can be shared, how one can apply these to the land in question using GIS application[4] and how much the maintenance of green spaces actually costs.[5] The categorisation of green areas into different quality levels does at least make it clear how much (or how little) money is available for each type of green area. However, it also allows one to work out how to save 50 000 Euros by, for instance, reducing the level of maintenance for a further five hectares of parkland. But better management structures are not able to change the fundamental problem of a lack of staffing and financial resources.
High-tech maintenance – gardening at the flick of a switch – is a further dream for rationalising and making garden maintenance more efficient, and not least for reducing personnel costs. But how many maintenance tasks have the potential to be automated? Watering and irrigation systems are certainly a candidate and numerous firms now offer a variety of different types which are continually being perfected.[6] Perhaps also lawn mowing and hedge trimming – with a bit of imagination one can envisage robots controlled by a joystick. But that's where it ends. Individual tree cutting, weeding and the pruning and

schenzeit erkennen, dass es neben Maschinen auch noch realer Menschen bedarf – und gut ausgebildeter dazu. Die tiefere Ursache des Problems liegt in dem hilflosen Umgang einer Informationsgesellschaft mit einem zutiefst archaischen Objekt: Ein Park lässt sich nicht fernbedienen, nicht über den PC steuern, es wird ein ständiges Beobachten notwendig, um die Veränderungen zu registrieren, ein zielgerichtetes Planen, um die Weiterentwicklung zu bestimmen und ein Eingreifen, um die Gestalt neu zu formen. Es braucht also reale Verantwortliche, Planer und Gärtner, um Grünflächen dauerhaft zu erhalten.

Es ist nicht absehbar, dass die Einsicht, verstärkt Freiraumentwicklung betreiben zu müssen, im 21. Jahrhundert zunehmen wird. Alle Politiker sind stolz auf ihre grüne Stadt – aber trotzdem besitzt Grünflächenerhaltung auf der politischen Entscheidungsebene keine Priorität. Eine neue Prioritätensetzung wird durch die heraufziehende Erderwärmung erzwungen werden, die nicht mehr verhindert, aber durch eine ausreichende Grünversorgung der Städte auch für den Einzelnen doch entscheidend gemildert werden kann. Doch sind es dann wirklich noch die gut gepflegten Parks und Gärten? Oder eher Grün nach der Devise je mehr, desto besser? Vermutlich wird es auf öffentlichen Freiflächen kein Zurück zu intensivem Grün mit Blumenbeeten, intensiv betreutem Rasen und differenzierten Strauchpflanzungen geben.[7] Das wird den historischen Gartenanlagen vorbehalten bleiben – so wie die Erhaltung der Biodiversität den ausgewiesenen Naturschutzgebieten – solange man es sich leisten will und kann.

Wichtiger denn je werden bei Grünflächen in Städten die klimatische Ausgleichsfunktion, die verschiedensten Formen der Aneignung und die Möglichkeit zur Naturerfahrung. Deshalb sollten auch künftige öffentliche Freiräume keine sterilen Platzhalter werden. Landschaftsarchitektur in Zeiten schwindenden Reichtums und höherer Temperaturen sollte als Herausforderung zur Phantasie im Umgang mit dem Notwendigen verstanden werden. Die Diversität der Natur und ihrer Erscheinungen im Kontakt mit dem Menschen gehören dazu. Vom privaten Gartenland über Formen der urbanen Landwirtschaft und des Gartenbaus, wenig definierten und daher vielfach nutzbaren Freiräumen, erlebnisreichen Parks mit vielfältiger Vegetationsstruktur bis zu Naturerlebnisflächen sollte die Palette reichen.

Eine solche »vielfältige Vegetationsstruktur« scheint im Widerspruch zur anfangs thematisierten Pflegeproblematik zu stehen. Aber es gibt die Möglichkeit, ökosystemare Sichtweisen in der Bepflanzungsplanung zu nutzen, um die Erlebnisvielfalt zu erhöhen. Im Bereich der Staudenverwendung kann man schon seit einigen Jahren feststellen, dass der Trend zu Pflanzengemeinschaften geht, die der Natur nachempfunden sind, deren Schmuckwirkung aber gesteigert wurde. Nicht mehr die Einzelpflanze, sondern der Blühaspekt des Gesamtbestandes zählt. Gemeint sind hier Wiesen- oder Präriegestaltungen, die in den vielen heute angebotenen Samenmischungen und Pflanzmodulen ihren Ausdruck finden. Einfache Pflegeschritte, wie sie im Biotopmanagement üblich sind, lassen durch Variation von Intensität, Häufigkeit und Art des

planting of perennials and annuals all require actual people – a fact that even the facility management firms have slowly come to realise – and, moreover, people who are adequately trained. The root of the problem lies in the helplessness of our information society when faced with a profoundly archaic object: a park cannot be remote-controlled or computer-driven; it requires constant observation to monitor changes, a goal-oriented plan for its ongoing development, and intervention to keep it in shape. Green spaces need real people – responsible people, planners and gardeners – for their continued existence.

It is not to be expected that the willingness to invest in the development of green spaces will increase in the twenty-first century. Politicians are united in being proud of their green cities – but the ongoing development and maintenance of green spaces still has low political priority. A new prioritisation may arise out of the necessity to tackle climate change, which although no longer avoidable can at least be made more bearable for the individual by ensuring the sufficient provision of green spaces in cities. But will this really result in well-tended parks and gardens? Or will simply quantitative aspects prevail: »the more green the better«? Most probably, public green areas will in future shy away from intensive greenery with flower beds, carefully tended lawns and elaborate herbaceous planting.[7] This will instead be the realm of the historic gardens – much in the same way that nature reserves are the remaining enclaves of biodiversity – at least for as long as one is able and willing to afford it.

The aspects of the role of green spaces in cities that will become more important than ever will be their function as a compensatory climate buffer, their use by different groups of people and the opportunity to experience nature. For this reason future public spaces should not be degraded to sterile patches of green. Landscape architecture in an age of waning prosperity and higher temperatures should be understood as a challenge to imaginatively make the best out of necessity. The diversity of nature and how it appears in contact with people are part of this. The palette should range from private garden land to forms of urban agriculture and horticulture, from public spaces that are loosely defined and can therefore serve multiple purposes to parks rich in experience with varied vegetation structures as well as nature trails and parks.

Such »varied vegetation structures« seem to contradict the problem of ongoing maintenance discussed at the outset. But it is possible to incorporate an ecosystemic viewpoint in the planning of planting in order to increase the variety of experience. In recent years the planning of herbaceous plants has seen a trend towards the creation of plant communities that emulate naturally-occurring constellations while also creating a stronger aesthetic impression. Instead of highlighting individual plants, the intended effect is the overall impression of the group in flower. These include meadow or prairie species that are available today in pre-designed seed mixtures or plant modules. Through simple maintenance and tending methods, similar to those

Eingriffs vielfältige Vegetationsformen entstehen. Wendet man dann noch diese Prinzipien auf unterschiedlichste, auch spontan auftretende und nicht heimische Pflanzengemeinschaften an, so entsteht hier ein bei weitem noch nicht ausgeschöpftes Repertoire. Kreativität und ökologische Fachkenntnisse könnten trotz der notwendigen Rationalisierungsmaßnahmen neue Vielfalt entstehen lassen. Die Zukunft der Freiflächen liegt damit eindeutig in einer stärkeren Verzahnung von ökologischem Wissen und entwurflicher Kreativität – wohl nicht nur für diesen Bereich.

used in habitat management, a variety of different vegetation forms can arise depending on the intensity, frequency and kind of intervention. If one applies these principles to all manner of different spontaneously occurring as well as non-native plant communities, this opens up a repertoire that has by no means been exhausted. With creativity and ecological knowledge it is possible to engender new variety despite the necessary rationalisation measures. The future of public green spaces clearly lies in a stronger connection between ecological knowledge and design creativity – a combination that also has potential in other areas.

1 Erik A. de Jong, Erika Schmidt, Brigitt Sigel (Hrsg.), *Der Garten – ein Ort des Wandels. Perspektiven für die Denkmalpflege*, Zürich: VDF Hochschulverlag, 2006. Eine Veröffentlichung des Instituts für Denkmalpflege an der ETH Zürich, Band 26.

2 Hermann Fürst von Pückler-Muskau, *Andeutungen über Landschaftsgärtnerei, verbunden mit der Beschreibung ihrer praktischen Anwendung in Muskau*, Stuttgart: Hallberger'sche Verlagshandlung, 1834, S. 141f.

3 Ich bin im Übrigen nicht der Meinung, dass dies der einzige Grund für eine schwindende Bedeutung der Pflanze in neu geplanten Parkanlagen ist. Hier kommt vieles zueinander: die Design-Verliebtheit, was der Pflanze ein schlechtes, weil unspektakuläres Image beschert, die fehlenden Kenntnisse der Planer, die eine differenzierte Bepflanzungsplanung im eigenen Büro gar nicht mehr erbringen können, die Kapitulation vor den vielen Partikularinteressen, so dass eine genaue Zweckbestimmung einer Fläche vermieden wird, und die Sehnsucht nach weitestgehend informationsfreien Räumen, die in einem Leerraum der Parkflächen mündet.

4 GIS ist die Abkürzung für »Geografische Informationssysteme«.

5 Ausführlich hierzu siehe Alfred Niesel (Hrsg.), *Grünflächen-Pflegemanagement. Dynamische Pflege von Grün*, Stuttgart: Eugen Ulmer, 2006.

6 Sollte die Bewässerung von Grünflächen im Zeichen des bevorstehenden Klimawandels wirklich unser Hauptproblem sein – oder ist es nicht zukunftsweisender, kluge Vegetationskonzepte zu erarbeiten, die ohne zusätzliche Bewässerungen auskommen?

7 Aber vielleicht ist das alles letztlich nur ein mentales Problem der Besitzstandswahrung westlicher Konsumgesellschaften. Andere neu entstehende urbane Konglomerationen (von Städten mag man in diesem Zusammenhang eigentlich gar nicht sprechen) in Schwellen- und Entwicklungsländern verfügen nicht einmal über eine grüne Grundversorgung. Freiräume auszuweisen, nur um die Lebensgrundlagen zu sichern, ist dort nichts weniger als eine Überlebensfrage.

1 Erik A. de Jong, Erika Schmidt, Brigitt Sigel (Eds.), *Der Garten – ein Ort des Wandels. Perspektiven für die Denkmalpflege*, Zurich: VDF Hochschulverlag, 2006. A publication by the Institute for Historic Building Research and Conservation at the ETH Swiss Federal Institute of Technology in Zurich, Volume 26.

2 Hermann Fürst von Pückler-Muskau, *Hints on Landscape Gardening*, translated by Bernhard Sickert, edited by Samuel Parsons, Jr., Boston, New York: Houghton Mifflin: 1917, p. 105.

3 Incidentally, I am not of the opinion that this is the only reason for the dwindling importance of plants in newly planned parks. A number of reasons coincide: a general infatuation with design in which plants have a comparatively unspectacular image; a lack of knowledge among planners with the result that many are no longer able to develop complex planting plans in-house; the difficulty of resolving many different competing interests leads to a reluctance to give areas a clear purpose; and a general longing for space that is as free as possible from information but which ultimately leads to the creation of empty open spaces.

4 GIS stands for »Geographic Information Systems«.

5 For detailed information see Alfred Niesel (Ed.), *Grünflächen-Pflegemanagement. Dynamische Pflege von Grün*, Stuttgart: Eugen Ulmer, 2006.

6 Is the watering and irrigation of green spaces really our main problem in response to impending climate change – or would it not be more forward-looking to develop intelligent vegetation concepts that do not require any extra irrigation?

7 Perhaps this is all just a mental problem of the protection of vested rights in western consumer societies. Other emerging urban conglomerations (one cannot really speak of cities in this context) in developing and emerging industrial nations do not even have the most basic of green spaces. There the designation of open spaces, if only as a basic provision for human life, is nothing less than a matter of survival.

Paul Andreas
* 1973. Kultur- und Kunsthistoriker, M.A. Seit 2000 Fachjournalist und Autor zu Themen der Architektur und des Designs für verschiedene Fachzeitschriften, Tageszeitungen, Hörfunk und TV. Seit 2007 Leitung eines Büros für Kommunikation und Vermittlung für Architektur, Kunst, Design; u.a. Presse- und Öffentlichkeitsarbeit für das Deutsche Architekturmuseum, Frankfurt am Main. Lebt und arbeitet in Düsseldorf.

Dorothea Deschermeier
* 1976. Studium der Kunstgeschichte in München, Berlin und Bologna. 2007 Promotion an der Università di Bologna über die Firmenarchitektur des Energiekonzerns Eni. 2003 – 2008 Mitarbeit in der Galerie »Studio G7«, Bologna. 2008 – 2010 Wissenschaftliche Volontärin am Deutschen Architekturmuseum in Frankfurt am Main. Seit 2010 Wissenschaftliche Mitarbeiterin an der Accademia di architettura in Mendrisio/Schweiz.

Yorck Förster
* 1964 in Hannover. Studium der Philosophie, Soziologie und Kunstpädagogik an der J.W. von Goethe-Universität, Frankfurt am Main. Als freier Kurator und Publizist für das Deutsche Architekturmuseum in Frankfurt am Main tätig.

Inken Formann
* 1976, Studium der Landschafts- und Freiraumplanung an der Universität Hannover, Promotion am dortigen Zentrum für Gartenkunst und Landschaftsarchitektur, wissenschaftliches Volontariat in der Verwaltung der Staatlichen Schlösser und Gärten Hessen, wissenschaftliche Mitarbeiterin am Lehrstuhl für Geschichte der Landschaftsarchitektur der TU Dresden, seit 2009 Leiterin des Fachgebiets Gärten der Verwaltung der Staatlichen Schlösser und Gärten Hessen.

Christophe Girot
* 1957 in Paris. Master of Architecture, School of Architecture, University of California, Berkeley 1986. Master of Landscape Architecture, UC Berkeley 1988. Dozent UC Berkeley und UC Davis 1987 – 1990. Professor und Vorsteher der Abteilung für Landschaftsarchitektur und Entwurf, École Nationale Supérieure du Paysage, Versailles 1990 – 2000. Ordentlicher Professor, Professur für Landschaftsarchitektur, ETH Zürich, seit 2001. Leiter des Netzwerks Stadt und Landschaft (NSL), ETH Zürich, 2002 – 2005. Gründer des Institutes für Landschaftsarchitektur ILA, ETH Zürich 2005. Seine Forschungstätigkeiten befassen sich mit drei wesentlichen Themen: neue topologische Methoden im Landschaftsent-

Paul Andreas
Born in 1973, Paul Andreas holds an M.A. in the history of art and culture. Since 2000 he has worked as a journalist and author, writing on topics concerning architecture and design for a variety of magazines and daily newspapers as well as for radio and television. In 2007 he became head of a communications and public relations office for architecture, art and design and undertakes press and publicity work for the Deutsches Architekturmuseum in Frankfurt am Main. He lives and works in Düsseldorf.

Dorothea Deschermeier
Born in 1976, she studied history of art in Munich, Berlin and Bologna, earning her doctorate on the corporate architecture of the energy concern Eni at the Università di Bologna in 2007. She worked from 2003 – 2008 at the »Studio G7« gallery in Bologna, from 2008 – 2010 as an academic trainee at the Deutsches Architekturmuseum in Frankfurt am Main. Since 2010, she is academic assistant at the Accademia di architettura in Mendrisio, Switzerland.

Yorck Förster
Born in 1964 in Hanover, he studied philosophy, sociology and art education at the J.W. von Goethe-Universität, Frankfurt am Main. He works as a freelance curator and journalist for the Deutsche Architekturmuseum in Frankfurt am Main.

Inken Formann
Born in 1976, she studied landscape and open space planning at the Universität Hannover, earning her doctorate at the University's Centre for Horticulture and Landscape Architecture. After a traineeship at the Administration of the Public Stately Homes & Gardens in Hesse she became a member of the academic staff at the Chair for History of Landscape Architecture at the TU Dresden. In 2009 she was appointed head of the Gardens Section of the Administration of the Public Stately Homes & Gardens in Hesse.

Christophe Girot
Born in 1957 in Paris, Christophe Girot received a double Masters in Architecture and in Landscape Architecture at the University of California at Berkeley. From 1987 – 90, he was a lecturer at UC Berkeley and UC Davis. In 1990, he was named professor at the Department of Landscape Design at the École Nationale Supérieure du Paysage in Versailles, France, and later became its chairman. Since

wurf, neue Medien in der Landschaftsanalyse und -wahrnehmung sowie moderne Geschichte und Theorie des Landschaftsentwurfes.
Christophe Girot ist praktizierender Landschaftsarchitekt in Zürich. Seine Arbeiten wurden in mehreren Ländern veröffentlicht und ausgestellt, dazu gehören »Groundswell«, die erste Ausstellung über Landschaftsarchitektur im MoMA in New York, und die Ausstellung über europäische Landschaft in Harvard. Christophe Girot ist Mitglied des Kuratoriums der IBA Hamburg 2013.

Wolfgang Haber
* 1925 in Datteln. Studium der Biologie, Geographie und Chemie an vier Universitäten. Promotion an der Westfälischen Wilhelms-Universität Münster. 1958 – 1966 Kustos am Naturkundemuseum in Münster. 1966 – 1994 Professor für Landschaftsökologie an der TU München. 1981 – 1990 im Sachverständigenrat für Umweltfragen der Bundesregierung. Über 400 Publikationen zu Naturschutz und Landnutzung. Gastprofessuren in Japan, China, Österreich und der Schweiz.

Hans Ibelings
* 1963 in Rotterdam. Architekturhistoriker und Herausgeber der Zeitschrift *A10 new European architecture*. 1989 – 2000 Kurator am Nederlands Architectuurinstituut in Rotterdam. 2005 – 2007 Gastprofessur für Architekturgeschichte an der École Polytechnique Fédérale de Lausanne. Autor mehrerer Bücher, darunter: *Supermodernism: Architecture in the Age of Globalisation*, 1998/2003.

Richard Ingersoll
* 1949 in Kalifornien. Promotion in Architekturgeschichte an der University of California, Berkeley. 1986 – 1997 Professor an der Rice University in Houston. Gegenwärtig Professur an der Syracuse University in Florenz. 1983 – 1998 Herausgeber des *Design Book Review*. Publikationen u.a.: *Architecture and the World. A Cross-Cultural History of the Built Environment* (2010), *Sprawltown, Looking for the City on its Edge* (2006), *World Architecture. A Critical Mosaic, 1990 – 2000, Volume 1: Canada and the United States*.

Detlev Ipsen
* 1945 in Innsbruck. Studium der Soziologie und Psychologie in München, Wien, Mannheim, Ann Arbor/Michigan und Colchester/Großbritannien. Professor für Stadt- und Regionalsoziologie in Kassel. Gastprofessuren in Porto Alegre/Brasilien und El Minia/Ägypten. Forschungsbereich: Raumbilder von Städten, die Rolle der räumlichen

2001, Christophe Girot has been full Professor at the Chair of Landscape Architecture at the Department of Architecture of the Swiss Federal Institute of Technology in Zurich (ETH). His research addresses three fundamental themes: new topological methods in landscape design, new media in landscape analysis and perception, and the recent history and theory of landscape design.
Mr. Girot practices landscape architecture in Zurich. His work has been published and exhibited in several countries including »Groundswell«, the first exhibition on Landscape Architecture at the MoMA in New York, and the exhibition on European Landscape Architecture at Harvard. Christophe Girot is on the curatorial board of the IBA Hamburg 2013.

Wolfgang Haber
Born in 1925 in Datteln, he studied biology, geography and chemistry at four universities, receiving his doctorate from the Westfälische Wilhelms-Universität in Münster. From 1958 – 1966, he was curator at the Natural History Museum in Münster, from 1966 – 1994, professor for landscape ecology at the TU München. From 1981 – 1990 he was a member of the German federal government expert council for environmental issues. He has authored over 400 publications on nature conservation and land use. Visiting professorships in Japan, China, Austria and Switzerland.

Hans Ibelings
Born in 1963 in Rotterdam. Architectural historian and editor of the journal *A10 New European Architecture*. From 1989 – 2000 he was curator at the Nederlands Architectuurinstituut in Rotterdam, from 2005 – 2007, visiting professor of architectural history at the École Polytechnique Fédérale de Lausanne. He is the author of several books, including *Supermodernism: Architecture in the Age of Globalisation*, 1998/2003.

Richard Ingersoll
Born in 1949 in California, he earned a doctorate in architectural history at the University of California at Berkeley. He taught at Rice University from 1986 – 1997 and currently teaches at Syracuse University in Florence. From 1983 – 1998 he was editor of the *Design Book Review*. Recent publications: *Architecture and the World. A Cross-Cultural History of the Built Environment* (2010), *Sprawltown, Looking for the City on its Edge* (2006), *World Architecture. A Critical Mosaic*, 1900 – 2000, *Volume 1: Canada and the United States* (2000).

Ästhetik für regionale Entwicklung. Aktuelle Forschung: Entwicklung mega-urbaner Landschaften in China.

Falk Jaeger
* 1950 in Ottweiler/Saar. Studium Architektur und Kunstgeschichte in Braunschweig, Stuttgart und Tübingen. Promotion an der TU Hannover. 1983 – 1988 Assistent am Institut für Baugeschichte und Bauaufnahme der TU Berlin; Lehraufträge an verschiedenen Hochschulen. 1993 – 2000 Professor für Architekturtheorie an der TU Dresden. Lebt als freier Architekturkritiker, Publizist, Kurator und Hochschuldozent in Berlin. Träger des 1. Preises im Journalistenwettbewerb für Architekturkritik der Bundesarchitektenkammer und des DAI-Literaturpreises Baukultur.

Karen Jung
* 1974 in Münster. Studium der Architektur an der Universität Karlsruhe und der ETH Zürich. Mitarbeit in verschiedenen Architekturbüros. 1999 – 2002 Mitarbeiterin am Institut für Grundlagen der Architektur der Universität Karlsruhe. 2005 Promotion an der ETH Zürich bei V. M. Lampugnani und Á. Moravánszky zum »Porösen Baublock«. 2006 – 2008 Volontärin und seit 2008 Freie Kuratorin am Deutschen Architekturmuseum in Frankfurt am Main. Seit 2009 Freie Kuratorin am M:AI Museum für Architektur und Ingenieurkunst NRW in Gelsenkirchen.

Norbert Kühn
* 1964. Studium der Landespflege an der TU München-Weihenstephan, anschließend Promotion am Lehrstuhl für Vegetationsökologie. Ab 1998 Oberingenieur für Freilandpflanzenkunde und -verwendung an der TU Berlin, seit 2003 Leiter der Fachgebietes Vegetationstechnik und Pflanzenverwendung. Arbeitsschwerpunkte: Theorie in der Pflanzenverwendung, extensive Staudenverwendung, Spontanvegetation, Grünflächenmanagement, historische Pflanzenverwendung.

Cassian Schmidt
* 1963 in Essen. Studium der Landschaftsarchitektur an der TU München-Weihenstephan und Staudengärtnermeister; einjährige Gärtnertätigkeit in den USA. Seit 1998 Leiter des Schau- und Sichtungsgartens Hermannshof in Weinheim/Bergstraße. Publikationen, Referenten- und Beratertätigkeit zur urbanen Pflanzenverwendung im In- und Ausland. Seit 1999 Dozent für Pflanzenverwendung und Entwurf an der Hochschule RheinMain in Geisenheim. Seit 2004 Vorsitz im Arbeitskreis Pflanzenverwendung im Bund deutscher Staudengärtner.

Detlev Ipsen
Born in 1945 in Innsbruck, he studied sociology and psychology in Munich, Vienna, Mannheim, Ann Arbor/Michigan and Colchester/UK. He is a professor for Urban and Regional Sociology at the University of Kassel, visiting professorships at the University of Porto Alegre (Brazil) and El Minia (Egypt). Research areas: spatial images and semiotics of the city, the role of the aesthetics of place and landscape for regional development. Current research: the dynamics of mega-urban landscapes in China.

Falk Jaeger
Born in 1950 in Ottweiler/Saar, he studied architecture and history of art in Braunschweig, Stuttgart and Tübingen, earning his doctorate at the TU Hannover. From 1983 – 1988 he was research associate at the Institute for History of Architecture and Building Surveying at the TU Berlin, thereafter numerous teaching positions at various universities. From 1993 – 2000 he was professor for theory of architecture at the TU Dresden. He works as a freelance architectural critic, journalist, curator and lecturer based in Berlin. He was awarded first prize for architectural journalism by the German National Chamber of Architects and the DAI Literature Prize for Architecture.

Karen Jung
Born in 1974 in Münster, she studied architecture at the Universität Karlsruhe and the ETH Zürich. After working in various architecture offices, she became a member of staff at the Institute for Principles in Architecture at the Universität Karlsruhe. In 2006 she earned her doctorate on »Porous Building Blocks« at the ETH Zürich under V. M. Lampugnani and Á. Moravánszky. From 2006 – 2008 she was a trainee at the Deutsches Architekturmuseum in Frankfurt am Main, becoming a freelance curator for the same institution in 2008. Since 2009 she has been freelance curator at the M:AI Museum für Architektur und Ingenieurkunst NRW in Gelsenkirchen.

Norbert Kühn
Born in 1964, he studied land conservation at the TU München-Weihenstephan, earning his doctorate at the chair for vegetation ecology. From 1998 he was chief engineer for field botany and plant use at the TU Berlin, since 2003 head of the department for vegetation technology and plant use. Work areas: theory of plant use, extensive use of herbaceous perennials, spontaneous vegetation, open space planning and the historic use of plants.

Thies Schröder
* 1965. Studium der Landschaftsplanung an der TU Berlin. Seit 1986 als Fachjournalist und Redakteur sowie Autor und Moderator selbstständig tätig. Seit 1999 leitet er ts redaktion (seit April 2009 ts|pk), Berlin. Thies Schröder entwickelt und betreut Kommunikationsprodukte und -konzepte in Zusammenarbeit mit privaten oder öffentlichen Auftraggebern. Verschiedene Lehrtätigkeiten, unter anderem an der ETH Zürich und der TU Berlin. Seit 2009 Gastwissenschaftler an der Leibniz Universität Hannover. Seit 2004 Geschäftsführer der Ferropolis GmbH, Gräfenhainichen, und dort Leiter eines der wichtigsten europäischen Referenzprojekte der Industriekultur.

Ulrich Maximilian Schumann
Studium der Kunstgeschichte, Islamwissenschaft und Ägyptologie in Heidelberg und Bonn. Promotion an der ETH Zürich; Habilitation an der Universität Karlsruhe. Museumsausbildung. Lehrtätigkeit in Kunst-, Architektur- und Städtebaugeschichte an der ETH Zürich, Harvard University, TU Delft und Universität Karlsruhe. Zahlreiche Veröffentlichungen, Vorträge, Tagungen und Ausstellungen.

Hans-Peter Schwanke
* in Essen, Studium der Kunst- und Architekturgeschichte, Archäologie und Geografie in Trier und Bonn; Promotion. Berufliche Tätigkeiten im Museumsbereich, in der Denkmalpflege, der öffentlichen kommunalen und bundesministerialen Verwaltung, im Kulturmanagement und Journalismus. Seit 2002 Redakteur beim Magazin www.kunstmarkt.com. Zahlreiche Veröffentlichungen, Führungen und Vorträge zur Kunst und Architekturgeschichte sowie diverse Lehrtätigkeiten.

Beate Taudte-Repp
* 1953. Nach Lehramtsstudium Lektoratstätigkeit in verschiedenen Verlagen (Herold, Union, Suhrkamp). Bis 1999 Redakteurin der *Frankfurter Allgemeinen Zeitung*, seither freiberufliche Journalistin, Autorin und Übersetzerin (Frz./Ital.). Publikationen: *Immergrüne Gärten* (2002), *Der Frankfurter Palmengarten* (2005) sowie Beiträge in Anthologien, Katalogen und Fachbüchern. Übersetzungen (u.a.): Jean-Henri Fabre, *Ich aber erforsche das Leben* (2008).

Marc Treib
Professor Emeritus für Architektur an der University of California, Berkeley; Grafiker und ausgewiesener Historiker und Kritiker auf dem Gebiet der Architektur und Landschaftsarchitektur. Autor zahlreicher

Cassian Schmidt
Born in 1963 in Essen, he studied landscape architecture at the TU München-Weihenstephan and is a trained master gardener with a specialisation in herbaceous plants. He spent one year in the USA working as a master gardener. Since 1998, he has been director of the Hermannshof Exhibition Garden in Weinheim, Baden-Württemberg. He publishes, lectures and consults nationally and internationally on the use of plants in urban environments. Since 1999, he has been lecturer for plant use and design at the Hochschule RheinMain in Geisenheim. In 2004, he became chair of the plant use task group of the German Association of Master Gardeners.

Thies Schröder
Born in 1965, he studied landscape planning at the TU Berlin. Since 1986 he has worked as a freelance journalist and editor, author and presenter. He founded the consulting firm ts redaktion in 1999 (renamed ts|pk in April 2009) in Berlin. Thies Schröder develops and provides ongoing consultation on communication products and concepts together with private and public clients. He has taught widely, for example at the ETH Zürich and TU Berlin. Since 2009, visiting lecturer at the Leibniz Universität Hannover. Since 2004, managing director of Ferropolis GmbH, Gräfenhainichen, where he heads one of the most important European industrial cultural heritage projects.

Ulrich Maximilian Schumann
Studied art history, Islamic studies and Egyptology in Heidelberg and Bonn. He earned his doctorate at the ETH Zürich and his post-doctoral qualification at the Universität Karlsruhe. His training background is in museums and he has lectured on the history of art, architecture and urbanism at the ETH Zürich, Harvard University, TU Delft and Universität Karlsruhe. He has published and lectured widely, and frequently participates in conferences and exhibitions.

Hans-Peter Schwanke
Born in Essen, he studied history of art and architecture, archaeology and geography in Trier and Bonn where he earned his doctorate. He has worked in the field of museums, in historic conservation, local and national government, and in culture management and journalism. Since 2002, he has worked as an editor of the magazine www.kunstmarkt.com. He has published widely, held diverse teaching positions and gives tours and lectures on the history of art and architecture.

Veröffentlichungen zur Architektur und Gartenkunst der Moderne und anderen Epochen in den USA, Japan und Skandinavien, unter anderem *An Everyday Modernism: The Houses of William Wurster* (1995) und *Space Calculated In Seconds: The Philips Pavilion, Le Corbusier, Edgard Varèse* (1996). Eine Auswahl jüngster Werke: *Noguchi in Paris: The UNESCO Garden* (2003), *Thomas Church, Landscape Architect: Designing a Modern California Landscape* (2004), *Settings and Stray Paths: Writings on Landscapes and Gardens* (2005), *Drawing/Thinking: Confronting an Electronic Age* (2008) und *Spatial Recall: Memory in Architecture and Landscape* (2009).

Udo Weilacher

*1963. Gärtnerlehre, Studium der Landschaftsarchitektur an der TU München-Weihenstephan und an der California State Polytechnic University in Pomona/Los Angeles. 1993 – 1998 wissenschaftlicher Assistent bei Dieter Kienast an der Universität Karlsruhe und an der ETH Zürich, danach Lehrauftrag und Promotion an der ETH Zürich. 2002 – 2009 Professor für Landschaftsarchitektur und Entwerfen an der Leibniz Universität Hannover. Seit April 2009 Professor für Landschaftsarchitektur und industrielle Landschaft an der TU München.

Beate Taudte-Repp

Born in 1953. After training as a teacher, she worked as an editor for various publishers (Herold, Union, Suhrkamp). She was an editor at the *Frankfurter Allgemeinen Zeitung* until 1999 before going freelance as a journalist, author and translator (French/Italian). Her publications include *Immergrüne Gärten* (2002), *Der Frankfurter Palmengarten* (2005) as well as contributions to numerous anthologies, catalogues and specialist books. She has translated (among others) Jean-Henri Fabre, *Ich aber erforsche das Leben* (2008).

Marc Treib

Professor of Architecture Emeritus at the University of California at Berkeley; he is also a practising graphic designer and a noted landscape and architectural historian and critic. He has published widely on modern and historical subjects in the United States, Japan, and Scandinavia, including *An Everyday Modernism: The Houses of William Wurster* (1995) and *Space Calculated In Seconds: The Philips Pavilion, Le Corbusier, Edgard Varèse* (1996). Recent books include: *Noguchi in Paris: The UNESCO Garden* (2003); *Thomas Church, Landscape Architect: Designing a Modern California Landscape* (2004); *Settings and Stray Paths: Writings on Landscapes and Gardens* (2005); *Drawing/Thinking: Confronting an Electronic Age* (2008); and *Spatial Recall: Memory in Architecture and Landscape* (2009).

Udo Weilacher

Born in 1963, he trained as a gardener and studied landscape architecture at the TU München-Weihenstephan and California State Polytechnic University in Pomona/Los Angeles. From 1993 – 1998 he was academic assistant under Dieter Kienast at the Universität Karlsruhe and ETH Zürich, thereafter lecturer and doctorate at the ETH Zürich. From 2002 – 2009 professor for landscape architecture and design at the Leibniz Universität Hannover. Since April 2009, professor for landscape architecture and industrial landscape at the TU München.

BILDNACHWEIS [ILLUSTRATION CREDITS

2 © Wirtz International nv | 4, 10 © raderschall partner | 11 © Augustenborg's Botanical Roof Garden | 13 © Atelier Le Balto | 15 ullstein bild – Schöning | 16 or tr, 17 ol tl, or tr, 18 ol tl, 19 ol tl, or tr, 20 ol tl, or tr, 21 ol tl, or tr, 22, 23, 24 © Marc Treib | 26, 27 ul bl © Patrick Blanc | 27 or tr, ur br © Mario Ciampi | 29 © Roland Halbe/arturimages | 31 ol tl, or tr © Patrick Blanc | 32, 33 o t © raderschall partner | 33 u b © Jakob AG | 35 o t, u b , 36, 37 © raderschall partner | 44, 45 o t © Jacques Vergely | 45 u b © Semaest | 46 ol tl, or tr, 47 ol tl © Apur | 47 mr mr © Semaest | 47 ul bl © Paul Andreas | 48 © Jacques Vergely | 49 ol tl, or tr © Semaest | 49 ur br © Jacques Vergely | 50, 51 ml ml, mr mr, u b, 53 ol tl, or tr © Michel Desvigne Paysagiste | 54, 55 ul bl, ur br, 56 ol tl, or tr, 57 or tr, u b, 59 l l, r r © Holger Koppatsch | 60 © Stefan Cop, Rechte Grünflächenamt Frankfurt am Main | 61 m m © Grünflächenamt Frankfurt am Main | 61 ur br, 62 ol tl, or tr © Nadja Schuh | 63 ol tl © Stefan Cop, Rechte Grünflächenamt Frankfurt am Main | 63 or tr, u b, 65 o t © Nadja Schuh | 65 u b © Stefan Cop, Rechte Grünflächenamt Frankfurt am Main | 66, 67 ul bl, ur br, 68, 69 ol tl, or tr, u b, 70 ol tl, or tr, 71 © West8 urban design & landscape architecture | 72 © Cassian Schmidt | 73 ol tl, or tr, 74 ol tl © Bettina Jaugstetter | 74 or tr, 75 ol tl, or tr © Cassian Schmidt | 76 ol tl © LUZ Landschaftsarchitekten, München | 76 or tr © Bettina Jaugstetter | 77 ol tl © Cassian Schmidt | 77 or tr © Bettina Jaugstetter | 78 ol tl, or tr © Cassian Schmidt | 79 © Bettina Jaugstetter | 80, 81 m m, u b, 82, 83 o t, u b © Atelier Girot | 84, 85, 86, 87 ol tl, or tr, ml ml mr mr, u b © Mosbach Paysagistes | 88 © Alex S. MacLean/Landslides | 89 Kevin Baumann | 90 ol tl, or tr, 91 o t, m m Foster + Partners | 93, 95 ol tl, or tr Richard Weller, University of Western Australia | 96, 97 m m © Isabelle Van Groeningen | 97 u b © Gabriella Pape | 98, 99 ml ml, ul bl, r r © Isabelle Van Groeningen | 100 © Christian Vogt | 101 © Vogt Landschaftsarchitekten | 102, 103 o t, u b, 104, 105 o t, u b © Christian Vogt | 106, 107 ol tl, ul bl, r r, 108, 109 o t, u b © Wirtz International nv | 110 © Dario Fusaro – Moncalieri | 111 © Paolo Pejrone | 112, 113 o t, u b, 114, 115 © Dario Fusaro – Moncalieri | 116, 117 m m © Max-Liebermann-Gesellschaft e.V. | 117 u b © Reinald Eckert | 118 ol lt, or tr, 119 o t, u b, 121 © Max-Liebermann-Gesellschaft e.V. | 128, 129 l l, r r, 130 ol tl, or tr, 131 o t, u b © Michael van Gessel | 132, 133 l l © Yann Monel | 133 r r © Atelier Le Balto | 134, 135, 137 l l, r r © Yann Monel | 138, 139, 140 ol tl, or tr, 141, 143 or tr, ul bl, ur br © Atelier Le Balto | 144, 146, 147, 148, 149, 150, 151 ol tl, or tr, 153 © Inken Formann | 154, 155, 156 ol tl, or tr, ur br, 157 o t, u b © GROSS.MAX. | 158 © Studio Hagens | 159 ul bl © Johan Mullenders | 159 o t, ur br, 160 ol tl, or tr © Karres en Brands landschapsarchitecten | 161 o t, ul bl © Thyra Brandt | 161 ur br, 162 © Karres en Brands landschapsarchitecten | 163 o t © Studio Hagens | 163 u b © Jeroen Musch | 164, 165, 166 © Richard Ingersoll | 167 © Dario Fusaro – Moncalieri | 168 ol tl, or tr, 169, 170, 171 ol tl, or tr © Richard Ingersoll | 172, 173 ol tl, or tr, ul bl, ur br, 174 ol tl, or tr, 175 © LANDsrl | 176, 177 o t, u b, 179 o t, ul bl, ur br, 180, 181 © Michael Latz | 182 © Peter Schinzler | 183 l l, r r © Levin Monsigny Landschaftsarchitekten | 184 ol tl, or tr © Claas Dreeppenstedt | 185 o t © Peter Schinzler | 185 u b © Claas Dreeppenstedt | 186, 187 m m, u b, 188, 189 o t, u b, 191 © Rehwaldt Landschaftsarchitekten | 192, 195 © Detlev Ipsen | 196, 197 © ullstein bild – Imagebroker.net | 199 © iStockphoto.com/Brian Grove | 200 © ullstein bild – Imagebroker.net | 203 © ullstein bild – Heilke Heller | 208, 209 m m, ul bl, ur br, 210, 211 o t, u b © Breimann & Bruun | 212 © Jordi Bernadó | 213 ul bl, ur tr © EXPOAGUA | 215 o t, u b, 216 ol tl, or tr, 217 or tr, m m © Jordi Bernadó | 226 © Umweltamt Frankfurt am Main | 227 ol tl © Stadtvermessungsamt Frankfurt am Main | 227 ul bl, ur br © Klaus W. Rose, Lübeck | 228 ol tl, or tr, 229 ol tl © Stefan Cop, Frankfurt am Main | 229 or tr © Markus Gnüchtel, GTL, Düsseldorf | 230, 231 u b, 232, 233 o t © Hélène Binet | 233 ul bl © Jacqueline Verheugen | 233 ur br © Jeroen Helle | 234 o t © Gustafson Porter | 235 u b © Hélène Binet

Oben [top o t
Unten [bottom u b
Links [left l l
Rechts [right r r
Mitte [middle m m

IMPRESSUM [IMPRINT

Buchkonzeption [Book concept Annette Becker, Peter Cachola Schmal
Assistenz [Assistants Dorothea Deschermeier, Clara Innocenti, Georgios Kontos
Bibliothekarische Recherche [Library research Erich Wagner
Übersetzungen [Translations *Deutsch/Englisch German/English* Julian Reisenberger; *Englisch/Deutsch English/German* Elizabeth Schwaiger und [and Michael Wachholz; *Italienisch/Deutsch Italian/German* Heide Röhrscheid; *Französisch/Englisch French/English* Elizabeth Kugler; *Spanisch/Deutsch Spanish/German* Norma Kessler; *Holländisch/Englisch Dutch/English* D. H. Mader
Umschlagfoto [Front cover Caixa Forum in Madrid mit einem vertikalen Garten von [Caixa Forum in Madrid showing a vertical garden by Patrick Blanc, Paris; Copyright: Roland Halbe/ARTUR IMAGES
Projektkoordination [Project coordination Henriette Mueller-Stahl, Berlin; Michael Wachholz, Berlin
Grafische Gestaltung, Umschlag und Typografie [Layout, cover design and typography Miriam Bussmann, Berlin
Druck [Printing Medialis, Berlin

Library of Congress Control Number: 2010923433

Bibliographic information published by the German National Library
The German National Library lists this publication in the Deutsche Nationalbibliografie;
detailed bibliographic data are available on the Internet at http://dnb.d-nb.de.

Birkhäuser GmbH
P.O. Box 133, CH-4010 Basel, Switzerland

Printed on acid-free paper produced from chlorine-free pulp. TCF ∞
Printed in Germany

ISBN 978-3-0346-0313-3

9 8 7 6 5 4 3 2 1
www.birkhauser-architecture.com